Hans Queisser
Kristallene Krisen

Serie Piper
Band 738

Zu diesem Buch

Hans Queisser – international bekannter Festkörperphysiker – beschreibt in seinem vielgerühmten Buch den schwierigen, durch viele Krisen gekennzeichneten Weg der Erforschung der Kristallstrukturen bis hin zu deren erfolgreicher Nutzung in der Mikroelektronik. Rückschläge und Umwege, Enttäuschungen und strahlende Siege begleiteten die Entwicklung bis heute. Aus den Krisen der Forschung und des Verständnisses sind heute Krisen der alten Industrien und der Verteilung von Arbeit geworden. Am Ende steht die Frage, ob Europa angesichts des »Halbleiterkrieges« zwischen den USA und Japan den Wettlauf um die Beherrschung der neuen Technik nicht schon verloren hat.

In einem Nachtragskapitel zur Taschenbuchausgabe schildert Queisser die atemberaubende Entwicklung in der Mikroelektronik seit dem ersten Erscheinen seines Buches im Jahr 1985. Füe dieses Buch erhielt der Autor 1985 die Medaille für naturwissenschaftliche Publizistik der Deutschen Physikalischen Gesellschaft.

»Informativ, nachdenkenswert und unterhaltsam ist dieses mit viel Witz und Herz geschriebene, ganz und gar ›ungelehrsame‹ Buch eines Gelehrten über seine Wissenschaft und deren gesellschaftliche Wirkungen. Es bildet uns, regt an zur Meditation und ist vorzüglicher Lesestoff. Was will man mehr?«

Thomas von Randow, DIE ZEIT

Hans Queisser, geboren 1931 in Berlin. Studium der Physik in Berlin, Kansas und Göttingen, 1956 Diplom, 1958 Promotion, 1959–1963 Mitarbeiter bei Shockley Transistor in Palo Alto/Kalifornien (dort Arbeit an Halbleitern und Sonnenbatterien), Dozent in Frankfurt, 1964–1966 bei den Bell Telephone Laboratories, 1966 o. Professor für Experimentalphysik an der Universität Frankfurt, seit 1970 Direktor am Max-Planck-Institut für Festkörperforschung in Stuttgart, Honorarprofessor an der Universität Stuttgart.

Hans Queisser

Kristallene Krisen

Mikroelektronik –
Wege der Forschung, Kampf um Märkte

Überarbeitete
und aktualisierte Neuausgabe

Mit 32 Abbildungen

Piper
München Zürich

Das Umschlagbild zeigt eine hochintegrierte Mikroelektronik-Schaltung für die integrierten digitalen Netze der künftigen Übertragungstechnik (ISDN) (Siemens PEB 2070).

ISBN 3-492-10738-9
Neuausgabe 1987
2. Auflage, 11.–18. Tausend Mai 1987
(1. Auflage, 1.–8. Tausend dieser Ausgabe)

Umschlag: Federico Luci,
unter Verwendung eines Fotos der Siemens AG
Gesamtherstellung: Clausen & Bosse, Leck
Printed in Germany

Inhalt

Einführung
Am Ende der Eisenzeit 7

I. Empfänger unbekannt 9

Schwarze Kristalle für die Funkentelegraphie 9 – Ferdinand Brauns rätselhafte Resultate 13 – Röhren verdrängen die Kristalle 24 – Ein Vorvater wird vergessen 33

II. Harmonie in Erstarrung 38

Die stummen Lehrer der Klassik 38 – Kristalle speichern Licht 41 – Theorien scheitern am Kristall 48

III. Atome im Raum 56

Röntgenlicht enthüllt die Symmetrie 56 – Diamantsplitter und Kochsalzwürfel in Göttingen 66 – Vornehme Isolation 72

IV. Unter Radarschirmherrschaft 81

Detektoren für Luftkriege 81 – Germanium wird wichtig 85 – Halbleiter: Eine neue Stoffklasse 87

V. Spitzen der Forschung 98

Fernsprechnetze fordern Wissenschaft 98 – Der Transistor wird erfunden 104 – Das Wesentliche muß ins Innere 116 – Nobelpreise für Industrieforschung 122

VI. An zwei Fingern abzuzählen 131

Mühsamer Start des Transistors 131 – Maschinen als Rechnergehilfen 143 – Anbruch des digitalen Zeitalters 150 – Gesucht: Viele kleine Schalter 154

VII. Silicon Valley 157

Neuer Schwung in alten Scheunen 157 – Meuterei im Laboratorium 163 – Zellteilungen und Zusammenleben 171

VIII. Integre Kreise 179

Katzenjammer mit den Einzelbausteinen 179 – Schaltkreise im Silizium 180 – Die Kleinen im Westen, die Großen im Osten 183 – Preisverfall und Lernkurve 186 – Geflechte der Gegenseitigkeiten 190 – Komplette Rechner im Silizium 193

IX. Handotai Senso 201

Information sammeln 201 – Siliziumschaltkreise für den Sonnenaufgang 206 – Neue Prüfsteine einer Wirtschaft 209 – MITI lenkt 211 – Massive Investitions-Ströme 219 – Kreativität um jeden Preis 222 – Integrierte Gesellschaft 226

X. American Return 229

Schockierend gute Importe 229 – Industrielenkung im Land der freien Märkte 233 – Schwächen der Ausbildung 237 – Die Kleinen wehren sich 241 – Anpassung der Großen im Osten der USA 244 – Informatik-Kampf über den Pazifik hinweg 253

XI. Europa in der Abseitsfalle 258

Müdes Abendland 258 – Geschickte Verzichtspolitik? 262 – Gründe für den Rückstand 267 – Europäische Vielfalt in der Passivität 272 – Wo und wie den Anschluß finden? 277

XII. Siliziumzeit 288

Material für alle Zwecke 288 – Konkurrenten des Siliziums 292 – Oberflächen- oder Raumerfüllung? 298 – Wettlauf mit Biomolekülen 300 – Eine neue Feinstmechanik 304

XIII. Mikrokosmos 309

Die fünfte Generation 309 – Abstraktion, Koordination, Kommunikation 313 – Universelle Herausforderung 319 – Wo ist Europas Platz? 321

XIV. Nachlese 335

Anmerkungen 342
Bildnachweis 351
Personenregister 352
Sachregister 354

Einführung

Am Ende der Eisenzeit

Feste Stoffe haben den großen kulturgeschichtlichen Epochen der Menschheit ihre Namen verliehen. Stein, Bronze und Eisen haben umwälzende Veränderungen verursacht, als man gelernt hatte, diese Materialien als Werkzeuge und Werkstoffe einzusetzen. In der zweiten Hälfte unseres Jahrhunderts deutet sich immer klarer eine weitere Umwälzung an. Kristalle mit ganz besonderen elektrischen Eigenschaften und vielfältigem Nutzen erobern sich überall neue Anwendungen. Es sind die Kristalle der Halbleiter; sie sind die Substanz, aus der die moderne Mikroelektronik entsteht.

Wenn sich je ein technisches Produkt der Vollkommenheit genähert hat, dann ist es der Silizium-Kristall, bei dem jedes Atom am vorgeschriebenen Platz in symmetrischer Erfüllung des Raumes sitzt. Höchste chemische Reinheit, wie sonst bei keinem anderen Erzeugnis jemals gefordert und erreicht, ist heute normale Grundlage für Schaltkreise und Transistoren. Nie zuvor konnte ein neues industrielles Gebiet so schnell wachsen wie es heute die Halbleitertechnik vermag. Die jährliche Produktion von Speicherzellen im Siliziumkristall ist auf zehntausend Milliarden Stück angeschwollen, eine Zahl mit dreizehn Nullen! Und dennoch fällt diese Technik kaum auf, denn sie ist erstmals in atomare Größenordnungen vorgestoßen und scheitert nicht mehr an Grenzen des Bedarfs von Rohstoffen und Energie, was alle bisherige Technik beschränkt hatte.

Die Mikroelektronik, im Innern des Kristalls verborgen, wird jeden einzelnen immer mehr und überall im täglichen Leben beeinflussen, bedrängen und bedrohen – aber auch neue Wege weisen und hilfreiche Unterstützung sein. Diese Wissenschaft und ihre Anwendungen möchte ich schildern.

Als junger Festkörperphysiker hatte ich das Glück, den Anfang der Mikroelektronik in Kalifornien selbst miterleben zu können; seitdem hat mich dieses faszinierende Abenteuer, die risikoreiche Herausforderung in meiner eigenen Forschung nicht mehr losgelassen. Auch ohne Mathematik und Fachjargon möchte ich die Krisen beschreiben, die diese neue Wissenschaft und die sich mit ihr entwickelnde Technik zu bewältigen hatte. Einige der beeindruckenden Forscherpersönlichkeiten werden geschildert. Ihre Beiträge zum soliden Verständnis der Physik und des Aufbaus der Kristalle waren die Grundlagen. Erst nach der Kenntnis der Eigenschaften des einzelnen Atoms konnte die ungleich schwierigere Aufgabe angegangen werden, die schier unendlich große Zahl der Atome im Kristallverband zu beschreiben und dann zu nutzen. Diese Wissenschaftsentwicklung ist untrennbar mit kulturellen und historischen Abläufen verwoben.

Märkte und Anwendungen ergeben sich aus der Beherrschung der Kristalle aus der neuen Familie der Halbleiter. Diese unglaublich rasche Entwicklung möchte ich – aus dem Blickwinkel eigener Erfahrung – schildern und einen Ausblick auf die durch Mikroelektronik geprägte Zukunft geben. Wir werden auch weiterhin Krisen zu bestehen haben.

Europa hat seine industrielle Vorherrschaft wesentlich auf die Beherrschung der Metalle aufgebaut. Eisen und Stahl werden auch weiterhin wichtig bleiben, genau wie die Technik für Stein und Bronze nicht vergessen wird. Das Ende der Eisenzeit aber deutet sich unmißverständlich an. Japan und die Vereinigten Staaten befinden sich bereits in einem scharfen Wettbewerb um die Führung in der Beherrschung der Halbleiter. Gerade in den letzten Jahren hat diese Auseinandersetzung zu dramatischen internationalen Verwicklungen geführt. Diese neuesten Entwicklungen um den Halbleiter-Kristall sind am Schluß der Taschenbuchausgabe in einer Nachlese enthalten. Dort finden sich die wichtigsten Tendenzen der jüngsten Zeit, die seit dem Erscheinen der ersten Auflage dieses Buches sichtbar geworden sind.

Wir stehen vor dem Anbruch einer neuen Zeit, auch sie wird nach aller Voraussicht wieder den Namen eines festen Stoffes erhalten, dessen Beherrschung völlig Neues entstehen läßt. Wahrscheinlich wird das Zeitalter nach dem Kristall benannt werden, der schon heute mit seinen besonderen Eigenschaften die Szene beherrscht: Diese neue Epoche wird vielleicht Siliziumzeit heißen. Den Weg in diese Zeit will ich beschreiben.

I. Empfänger unbekannt

Schwarze Kristalle für die Funkentelegraphie

Einäugig verkennt man die Tiefe des Raumes. Deshalb hatte Graf Guglielmo Marconi Schwierigkeiten. Die groben Kupferdrähte an die Klemmen des kleinen Holzbrettchens anzuschließen war kein Problem, aber die feine Nadelspitze sorgfältig auf eine günstige Stelle des schwarz glänzenden Kristalls aufzusetzen, das war mit einem Auge nicht richtig möglich. Drei Jahre nach der Verleihung des Nobelpreises für Physik im Jahre 1909 hatte ein Verkehrsunfall den italienischen Marchese Marconi fast das Leben – und ein Augenlicht – gekostet.

Der junge Assistent hatte sich schon im Vorzimmer des Chefs der Firma Marconi Wireless Limited bereitgehalten, um das kleine Gerät vorzuführen. Große Hoffnungen für eine weite Verbreitung der neuen Rundfunktechnik knüpften sich an die simpel wirkende Konstruktion. Kernstück dieses billigen Empfängers für Radiosendungen war der schwarze Bleiglanzkristall. Auch andere Mineralien, wie der Psilomelan, der »schwarze Glatzkopf«, ließen sich verwenden. Auf die spiegelnden Flächen dieses Kristalls mußte eine spitze, federnde Nadel vorsichtig aufgesetzt werden. Mit Glück konnte dann tatsächlich aus dem angeschlossenen Kopfhörer Sprache und Musik eines Radiosenders empfangen werden. Keine umständliche und unhandliche Apparatur war notwendig. Jener Haushalt müßte sich einen solchen Empfänger leisten können, Rundfunk könnte mit einem so einfachen Gerät schnell zu einer selbstverständlichen, alltäglichen Einrichtung werden. Marconis Gesellschaft und all die anderen Mitbewerber in den Industrienationen wurden Sender, Lautsprecher und vieles andere Gerät vertreiben können. Auf das Herzstück dieses Geräts, den kleinen Kristall, konzentrierte sich diese Hoffnung.

Marconi war skeptisch. Sein Traum und Ruhm war und blieb mit der Funkentelegraphie verknüpft. Nachrichten mit Morsezeichen über den Ärmelkanal, dann über den Atlantik zu senden, war ihm, dem Amateur, gelungen. Schiffe zu erreichen, Seenot zu erkennen, helfen zu können, hatte seinen Ruhm in der ganzen Welt verbreitet. Die Funkentelegraphie jetzt für banale Musik oder gar für niedere Werbung einzusetzen, erschien ihm wie Verrat.

Die Zweifel richteten sich aber besonders gegen diesen Kristall, der, in einen kleinen Messingtopf eingeklemmt, die Radiowellen empfangen und gleichrichten sollte. Die größten Schwierigkeiten hatte Marconi stets mit diesen unzuverlässigen Empfängern gehabt. Vielleicht war ihm seine Unwissenheit der größte Helfer gewesen, sich überhaupt in das Wagnis der Telegraphie zu stürzen. Als Kind schon hatte ihn, den Bologneser Adligen, die neue Entdeckung der elektrischen Wellen begeistert. Die Eltern hatten einen Privatlehrer engagiert, er war heimlich als Schwarzhörer zu dem damals mächtigen Professor Righi in die Physikvorlesung gelaufen. Im großen Garten des elterlichen Sommerhauses in Pontecchio waren schon 1895 die ersten Versuche so gut gelungen, daß bereits ein Jahr später auf dem Dach des englischen Postministeriums den technischen Fachleuten die Zweifel genommen werden konnten: Nachrichten mit elektrischen Wellen zu übermitteln war tatsächlich möglich.

Der Empfänger war das schwächste Glied in dieser verbindenden Kette. Beim Sender ließen sich mit kräftigerer Energie, mit höheren Antennen und unterstützenden Metallspiegeln schon einige der Probleme verringern. Aber die sich ausbreitenden Wellen mußten aufgefangen und dann in ein hörbares Morsezeichen umgewandelt werden. Hier lagen anfangs schier unüberwindliche Schwierigkeiten. Zum rettenden Ausweg wurde ein recht zweifelhaftes und völlig unverstandenes Werkzeug, das mehr zufällig bei Spielereien im Labor gefunden worden war. In einem kleinen Glasröhrchen wurden Eisenfeilspäne zwischen zwei Drähtchen gebracht. Dieses zerkleinerte Eisen reagierte ganz offenkundig auf ankommende elektrische Wellen. Selbst geringe Signale vermochten den elektrischen Widerstand zwischen den Drähten zu verändern. Niemand wußte, warum. Die feinst verteilten Kriställchen jedenfalls reagierten, wenn eine Welle auftraf. Die gelehrten Fachleute der Physik konnten diese Wirkung nicht erläutern, der Praktiker aber griff zu diesem Werkzeug, auch wenn es nur recht und schlecht funktionierte. Diese Eisenkriställchen waren immer noch besser als die meisten anderen Hilfsmittel – bisher jedenfalls.

Die Fachleute hatten in Marconis Leben letztlich falsche Vorhersagen gemacht. Der große Poincaré, Fürst der französischen Naturwissenschaft, hatte scheinbar klar und unmißverständlich bewiesen, daß elektrische Wellen niemals von Europa aus den amerikanischen Kontinent erreichen könnten, weil die Krümmung der Erde die Wellen in gänzlich andere Richtung weisen würde. Marconi hatte es aber trotzdem versucht, das »Prinzip optimaler Ignoranz« zu seinem Nutzen eingesetzt –, und es gelang. Die theoretische Erklärung wurde von den Fachleuten nach dem gelungenen Experiment selbstverständlich nachgeliefert. Aber bei den empfindlichen Eisenfeilspänen kam solche Erklärung nicht. Man wußte noch zu wenig über die Eigenschaften der festen Materie.

Marconi fühlte sich also ganz und gar nicht wohl, daß der große Konzern, der seinen Namen trug, sich nun mit einem Kristall als Herzstück neuer Gerätschaft wieder auf ein neues Wagnis einlassen sollte. Keineswegs nämlich war gesichert, daß die wacklige Anordnung der Nadelspitze auf dem Kristall funktionierte. Man mußte geduldig eine Stelle suchen, bei der zufällig ein Empfang möglich war. Von außen war nicht zu erkennen, wo es gelang. Manche Kristalle waren überhaupt unbrauchbar, obwohl sie vom gleichen Fundort stammten wie andere, die vorzüglich geeignet waren. Wie kann man solche Unzuverlässigkeit einem Publikum verkaufen? Marconi war sowieso davon überzeugt, daß die gesamte Telegraphie überhaupt nur den Fachleuten überlassen und nicht in jeden Haushalt Einzug halten sollte.

Das Mißbehagen hatte aber noch eine gänzlich andere Wurzel. Der Erfinder dieser Anordnung Kristall-mit-Nadel war immer wieder als Marconis Hauptkonkurrent aufgetreten. Größere Gegensätze zwischen den beiden Wettbewerbern waren kaum denkbar. Ein gründlicher deutscher Professor stand dem wagemutigen italienischen Dilettanten gegenüber. Ferdinand Braun, 1850 in Fulda geboren, hatte diese ungewöhnliche Eigenschaft der Bleiglanzkristalle entdeckt. Braun hatte in seinem Physikalischen Institut der reichsdeutschen Universität Straßburg systematisch an der Telegraphie gearbeitet.

Der Marchese legte die Kopfhörer wieder ab, der Empfang mit dem Kristall seines Gegenspielers war leidlich gut, offenbar hatten ihm seine technischen Mitarbeiter ein ausgesucht gutes Exemplar zur Vorführung gebracht. Nachdenklich ging Marconi im Zimmer auf und ab. Die Wände des Büros waren behängt mit Urkunden, Ehrungen, Bildern. Ein ganz kleines Stückchen Papier, eingerahmt, zog ihn an, sein besonderer Stolz. Die schwedische Post hatte es im Jahre 1909 in millionenfacher Zahl zu seinem Ruhme verbreitet. Zu Ehren der beiden Preisträger des noch jungen Nobelpreises für Physik erschien das Postwertzeichen. Zwei Männerköpfe blicken den Betrachter an: links – bartlos, ernst und mit strenger Eleganz – Guglielmo Marconi, gerade 35 Jahre alt; rechts – mit Vollbart und seiner typischen schmalen randlosen Brille – Ferdinand Braun. In der Mitte zwischen beiden steht ein

Radiogerät mit Antenne. Wie eine Girlande verbindet die beiden Nobelpreisträger von 1909 ein Spruchband in Morsezeichen »Nobelpreis«.

Die Teilung des Preises mit Ferdinand Braun hatte Marconi zunächst wie eine Beleidigung empfunden; er wollte ablehnen und mußte von seinen Freunden überzeugt werden, daß schon in den Jahren 1902 und 1903 der Physikpreis geteilt und angenommen worden war. Marconi wurde besänftigt und sah ein, daß Brauns wissenschaftliche Leistung auch zu der mutigen Einführung dieser neuen Technik beigetragen hatte. Die Presse war sensationslüstern nach Stockholm gefahren, um über dramatische persönliche Konflikte vor und nach der Nobelfeier berichten zu können, aber die beiden Kontrahenten taten den Zeitungen keinen solchen Gefallen.

Ferdinand Braun sprach in seiner Nobelpreisrede natürlich viel von dem neuen, modernen Gebiet der drahtlosen Telegraphie. Er erwähnte auch zwei seiner anderen Erfindungen. Da war einmal ein nur den Fachleuten wichtiges Meßgerät, das einen Elektronenstrahl in einer luftleer gepumpten Glasröhre hin und her bewegen ließ und schnelle Vorgänge beobachten konnte. Schließlich gab es da noch dieses merkwürdige, einstweilen unverstandene Verhalten des elektrischen Stromes zwischen Metallnadel und Bleiglanzkristall. Nebensächlichkeiten, der Vollständigkeit halber von einem deutschen Gelehrten mit aufgezählt, aber nur am Rande. Kein Mensch ahnte damals, 1909, daß schon ein halbes Jahrhundert später die gesamte Menschheit ganz entscheidend von diesen beiden nebensächlichen physikalischen Entdekkungen beeinflußt werden würde: Aus der Braunschen Röhre sollte der Fernsehempfänger werden, aus Nadel und Kristall die Mikroelektronik entstehen. Es dauerte ungefähr ein halbes Jahrhundert und führte durch manche zunächst unauflösbar erscheinenden Schwierigkeiten. Eine neue Technik entstand in engem Wechselspiel von wissenschaftlicher Forschungsarbeit und waghalsigem technischem Vorpreschen. Kristalle, diese regelmäßig aufgebauten Stoffe, haben bei der Entwicklung dieser neuen Technik eine entscheidende Rolle gespielt. Der Weg in das moderne Zeitalter der Mikroelektronik und der neuen Medien wurde erst frei, als das Geheimnis der Kristalle gelüftet war.

Ferdinand Braun war ein guter Schüler im kurfürstlichen Gymnasium zu Fulda. Er war an der Natur interessiert und, wie oft im Leben späterer Naturforscher, es war auch hier das Vorbild seines Lehrers, Dr. Gies, von prägendem Einfluß. Gies war unerschrocken, er trat für den Unterricht in den Naturwissenschaften als Bestandteil des kulturellen Lebens ein. Solches Bekenntnis war zu dieser Zeit – wie auch heute – nicht selbstverständlich, hatte doch gerade der Historiker Theodor Mommsen unter Beifall verkündet, die Naturwissenschaften seien »Barbarika, auf die man einen Jagdhund abrichten kann«. In Berlin predigte der einflußreiche Philosoph Wilhelm Dilthey die Einheit der Geisteswissenschaften, die »aus der Opposition lebensvoller Geister gegen die exakte Naturwissenschaft, aus der Stärke des Hasses einen Protest einer lebendigeren und tieferen Anschauung« erhebe. Naturwissenschaft erschien den Geisteswissenschaftlern als »eine dürftige und niedere Beschäftigung«, die nur die »leere und öde Wiederholung mechanischen Naturlaufs« betrachte.

Gies fühlte sich herausgefordert und führte seine Schüler in die Naturbeobachtung und die Kunst der vereinfachenden Beschreibung durch die exakte Mathematik ein. Braun lernte, mit offenen Augen selbst scheinbar einfache und selbstverständliche Vorgänge kritisch zu betrachten. Gies staunte nicht schlecht, als sein gerade fünfzehnjähriger Schüler eines Tages mit einem vollständigen Buchmanuskript über die Kristallkunde bei ihm erschien. Eine Veröffentlichung, selbst unter falschem Namen, war für einen Schüler ungebührlich und darum unmöglich. Später wurde jedoch ein anschaulicher Artikel, »Das Wasser«, in Kassel gedruckt. Braun hatte dafür geschickte Experimente durchgeführt. Er hatte Wasser so sauber und frei von chemischen Zusätzen hergestellt und so vorsichtig abgekühlt, daß es erst bei minus 12 Grad zu Eis erstarrte! Braun war selbst überrascht: Er hatte einen Zustand aufrechterhalten können, der eigentlich gar kein Gleichgewicht darstellte. Er sah, daß eine Zustandsänderung – hier vom flüssigen Wasser zum festen Eis – schon von äußerst geringen Mengen fremder Zusatzstoffe beeinflußt werden kann. Er hat diese Beobachtung nie vergessen. Die entscheidende Wirkung geringfügiger Beimischungen sollte später als einer der wichtigsten Grundsätze der heutigen Mikroelektronik verstanden und genutzt werden.

Als jüngster Abiturient seiner Schule ging Braun ins benachbarte Marburg, um Naturwissenschaften zu studieren. Damals konnte man mit einem solchen Studium fast nur Lehrer werden; nur wenige konnten hoffen, nach langem Warten eine Hochschulprofessur zu erreichen. Seinen Doktor erwarb Braun im Jahre 1872, also mit 22 Jahren. Heute beginnen viele Studenten in der Bundesrepublik nach 13 Schuljahren und Wehrdienst in diesem Alter erst ihr Studium!

Als Assistent am Physikalischen Institut der Universität Würzburg begann Braun mit Untersuchungen zur Elektrizität. Überall in der Welt interessierte man sich für diese neue Erscheinung, die mit immer mehr verfeinerten Meßgeräten angegangen werden konnte. Alle Arten von Stoffen wurden zielstrebig darauf hin untersucht, in welcher Stärke ein elektrischer Strom in ihnen fließen kann. Würzburg besaß eine riesige Sammlung von Mineralien und Kristallen. Diese Sammlung war so umfangreich, daß Braun besorgt berichtete, wie sehr sich die Decken durchbogen und ständige Gefahr bestand, daß die empfindlichen physikalischen Geräte von der Wucht der schweren Steinmassen im darüberliegenden Geschoß des Gebäudes hätten erschlagen werden können. Ferdinand Braun aber nutzte diese Fülle von Kristallen, um mit systematischen Messungen des Stromdurchgangs durch feste Materie zu beginnen.

Die Hoffnung auf eine spätere Professur war gering, darum ging Ferdinand Braun im Jahre 1874 als Schulmeister nach Leipzig. Er wurde »nach vorangegangener Lehrprobe provisorisch auf sechs Monate als Hilfslehrer« am Thomas-Gymnasium eingestellt. Der junge Hilfslehrer aber konnte die Mineraliensammlung und die Apparate seiner Schule zur Fortsetzung seiner Studien ausnutzen. Und so konnte das Unwahrscheinliche geschehen, daß eine der wichtigsten wissenschaftlichen Revolutionen der Neuzeit an einem Gymnasium in Leipzig ihren Anfang nahm.

Die Entwicklung der Naturwissenschaften geht sprunghaft voran. Nach dem Vorschlag des amerikanischen Historikers Thomas S. Kuhn unterscheiden wir normale und revolutionäre Wissenschaft. Die normale Wissenschaft erarbeitet neue Erkenntnisse, die sich ohne große Schwierigkeit in ein schon vorhandenes System einordnen lassen. Normale Wissenschaft liefert Mosaiksteinchen zur Erweiterung eines Bildes, über das sich die Wissenschaftler im wesentlichen einig sind. Die Verständigung und Übereinkunft in der Bezeichnung und Beschreibung ist gewährleistet. Es gibt allgemein anerkannte Spielregeln, die für alle Mitglieder der Forschergemeinschaft festlegen, wie neue Tatsachen und Daten zu gewinnen sind und wie sie einzuordnen sind. Genaue Definitionen und Begriffsbezeichnungen liegen vor, Lehrbücher geben dem Neuling ein festes Gerüst zum Einstieg in die schon bestehende Wissenschaft. Kuhn spricht vom »Paradigma«, dem scharf definierten und ausgefeilt dargebotenen Musterfall, an dem sich die gesamte Menge des Stoffs beispielhaft behandeln läßt. Newtons »Principia«, berühmtes Standardwerk der klassischen Mechanik, ist ein Beispiel für ein Buch, das für lange Zeit das Paradigma festlegte.

Es dauert geraume Zeit, bis ein Zweig der Naturwissenschaft diesen überblickbaren Stand erreicht hat. Die ursprünglichen ersten Versuche einer Beschreibung neuer physikalischer Tatsachen, ihre mathematische Fassung und die wesentlichen Experimente werden in den meisten Fällen nicht in die endgültige Fassung übernommen. Planck hat die Quantentheorie auf einem umständlichen Wege ableiten müssen. Kein Student lernt heute in den Einzelheiten diese Art der Ableitung, das Studium historischer naturwissenschaftlicher Abhandlungen ist verpönt und unüblich. Diese Situation ist also anders als in den Geisteswissenschaften, wo die Quelle – und läge sie noch so weit zurück – immer wörtlich ernst genommen wird. Die Physik dagegen entwickelt aus der internationalen Zusammenarbeit bei sich verstärkender Zurückhaltung des einzelnen gegenüber der anonymen Gemeinschaft der Wissenschaftler allmählich einen Kodex strenger Regeln, Begriffe und Methoden, denen sich jeder zu unterwerfen hat, um verstanden zu werden. Naturwissenschaftler verdrängen ihre eigene Geschichte, um sich auf ein streng ausgefeiltes System internationaler Verständigung einigen zu können. Aus diesem System heraus entstehen dann riesige Sammlungen von Fakten, Zahlen, Daten. Anwendungen der Technik können verläßlich aus dieser großen Sammlung entstehen, denn sie ist durch die Regeln überschaubar geworden.

Diese strenge Übereinkunft soll ein genaues Weltbild in der Beschreibung der Natur festlegen. Bei jedem neuen Ergebnis einer Messung soll somit sofort erkannt werden, ob das neue Resultat auch wirklich widerspruchsfrei in das allgemein anerkannte Bild paßt. Mit diesen laufenden Prüfungen am Modellfall wird auch immer wieder das gesamte System überprüft. Abweichungen vom Modellfall werden darum naturgemäß mit Zurückhaltung und Skepsis angesehen. Ein Forscher, dessen Resultate im Gegensatz zum Modell stehen, wird zuerst den Fehler in seinen Arbeiten suchen und zu größter Sorgfalt und Zurückhaltung neigen. Bleibt ein Widerspruch aber auch nach aller Prüfung bestehen, so ist das, nach Thomas S. Kuhn, der Beginn einer wissenschaftlichen Revolution.

Der Fortschritt in der Naturwissenschaft geht auf diese Weise nicht stetig und unaufhaltsam vor sich. Nicht durch geduldiges Ansammeln, sondern durch schlagartiges Versagen eines vorher langsam aufgebauten Bestandes an Wissen, durch plötzliche Revolutionen, geschieht das Neue. Ein Gegenbeispiel genügt, um sofort eine genaue allgemeine Überprüfung der bisherigen Ansichten zu veranlassen. Es kann aber lange dauern, bis eine neue Theorie entstanden ist, die nicht unbedingt das Alte für falsch und nichtig erklärt, sondern dem Alten und dem Neuen einen gemeinsamen Überbau verschafft. Meist enthält das neue Weltbild der Natur das alte Bild, aber nur als einen Sonderfall. Einsteins Relativitätstheorie enthält auch die alte, klassische Mechanik – jedoch unter der Voraussetzung, daß nur Geschwindigkeiten weit geringer als die des Lichtes betrachtet werden dürfen. Oft entwickeln sich solche Revolutionen zunächst unmerklich; das Festhalten an den bewährten alten Modellen ist verständlich.

Am 14. November 1876 wurden die Zuhörer eines Vortrags der Naturforschenden Gesellschaft zu Leipzig zu Zeugen einer wissenschaftlichen Revolution, nur haben es die meisten nicht gemerkt. Der Physiker Ferdinand Braun, inzwischen zum 17. ständigen Oberlehrer am Thomas-Gymnasium befördert, durfte der berühmten Gesellschaft vortragen. Sein Thema lautete »Versuche über Abweichungen vom Ohmschen Gesetz in metallisch leitenden Körpern«. Im Zuhörerraum saßen gleich in der ersten Reihe die anerkannten Fachleute der Welt. Der Ordinarius für Physik, Professor Wilhelm Hankel, 62jährig, war der Senior in Leipzig und international der Fachmann für Fragen der elektrischen Leitfähigkeit in Kristallen. Er hatte zwei Dutzend bedeutende Abhandlungen verfaßt und nie solche Abweichungen beobachtet, wie der Schullehrer Braun behaupten wollte. Der Physiker Wiedemann, Herausgeber des bedeutendsten Handbuchs dieses Fachgebiets, war ebenfalls gekommen.

Braun berichtete von seinen einfachen, aber mit Sorgfalt und Ausdauer durchgeführten Experimenten. Er hatte die Elektrizitätsleitung durch Schwefelkies-Kristalle untersucht. Den elektrischen Strom lenkte er durch eine federnd aufgebrachte metallische Nadel in den Kristall, an einem großflächigen Kontakt konnte der Strom wieder austreten. So ließ sich prüfen, wie groß die Stärke des durch den Kristall fließenden Stroms wird, wenn man aus einer Batterie eine elektrische Spannung anlegt. Georg Simon Ohm, auch ein Schulmeister, sagte mit seinem Gesetz, daß Strom und Spannung immer in einem festen Verhältnis stehen. Verdoppelt man die Spannung, so muß sich der Strom auch verdoppeln. Die Richtung des fließenden Stroms spielt keine Rolle, es gibt keinen Unterschied zwischen Hin und Zurück. Braun aber berichtete den Leipziger Zuhörern, daß bei seiner Versuchsanordnung und mit den Bleiglanz- oder Schwefelkies-Kristallen keine Rede vom Ohmschen Gesetz war. Die Stärke des Stroms hing von der Richtung ab! In einer Stromrichtung ließ sein Kristall einen großen Fluß zu, in der entgegengesetzten Richtung dagegen konnte fast gar kein Strom fließen. Am Schluß des Vortrags zeigte Braun fünf überzeugende Experimente, die wir heute in den Sitzungsberichten nachlesen können. Mit »hochpolirten, frisch blankgeputzten Krystallen und möglichst innigen Contacten« wurden den Anwesenden Experimente vorgeführt. Die damals modernsten Geräte zur Messung des Stromes hatte Braun zur Verfügung, eine raffiniert ausgedachte Quecksilberwippe schaltete den Strom in seiner Richtung um. In gesperrter Schrift weist Braun auf die Überraschung hin: »Es zeigte sich mit geänderter Stromrichtung verschiedener Ausschlag!«

Noch eine zweite unerwartete Erscheinung bekam die Leipziger Naturforschende Gesellschaft augenfällig zu sehen. Der elektrische Widerstand war keine feste Größe, wie das bislang für ehern gehaltene Ohmsche Gesetz verlangte, sondern änderte sich mit der Stärke des Stromes. Diese geradezu ketzerische Aussage war so bedeutsam, daß Braun für die Versuchsanordnung jede einzelne Feinheit seines Versuchsaufbaus peinlich genau erläuterte und dem Publikum auf dem Experimentiertisch jede Verbindung, jeden Schalter, jedes Gerät pedantisch erklärend vorführte. Unbestreitbar war darum das Resultat: Der elektrische Widerstand im Kristall verminderte sich mit steigendem Strom.

Braun war trotz seiner Jugend ein so gut geschulter Physiker, daß er sehr wohl wußte, wie schlecht seine Resultate in das bisher für festgefügt gehaltene Bild der Elektrizitätsleitung in Kristallen paßten. Zwei fundamentale Grundsätze der Physik waren verletzt: die Umkehrbarkeit und die Linearität. Diese beiden Prinzipien hatten und haben sich in vielen Bereichen der Naturwissenschaft bewährt und die vereinfachende Beschreibung erst ermöglicht. Ein elementarer Vorgang dürfte nicht von seiner Richtung abhängen. Ob ein Teilchen nach rechts oder nach links fliegt, sollte für das Wesen der Bewegung unerheblich sein. Die physikalischen Grundgesetze müssen prinzipiell erfüllt sein, selbst wenn man den Film von einem Vorgang rückwärts – also in der Umkehr der Zeit – betrachten würde. Umkehrbarkeit der elementaren Ereignisse ist also ein fundamentaler Prüfstein für ein physikalisches Gesetz. Genau dieses Postulat der Umkehrbarkeit aber schien verletzt bei

Brauns Experimenten. Ähnliche Entdeckungen einer Unsymmetrie – im Bereich der Atomkerne – haben beispielsweise achtzig Jahre später für Unruhe und danach für neue, tiefere Einsichten gesorgt.

Linearität bedeutet, daß Strom und Spannung sich in einem Kurvenschaubild durch eine gerade Linie darstellen lassen. Das Ohmsche Gesetz sagt, daß Strom und Spannung immer in einem festen Verhältnis stehen sollen. Der Widerstand des Körpers, der dem Stromfluß entgegengesetzt wird, ist das Verhältnis von Spannung zu Strom. Dieser Widerstand soll eine feste Größe sein und nicht von der Stromstärke abhängen – das ist die Aussage des Ohmschen Gesetzes, einem Grundpfeiler der gesamten Lehre von der Elektrizität. Brauns Leipziger Versuche aber zeigten unmißverständlich einen groben Verstoß gegen dieses Paradigma der Wissenschaft, was Unruhe und Betroffenheit unter den Anwesenden ausgelöst haben muß. Keiner aber konnte an diesem Novembertag 1876 das Ausmaß dieser Entdeckung auch nur annähernd erahnen, denn die beiden Verstöße gegen Umkehrbarkeit und Linearität wurden zu den unabdingbaren, entscheidenden Voraussetzungen für die moderne Elektronik.

Braun hatte seinen Leipziger Zuhörern ein neues Bauelementprinzip vorgeführt: den Gleichrichter. Seine Metallspitze auf dem Kristall ließ Stromfluß nur in einer Richtung zu. Aus einem in der Richtung wechselnden Strom könnte man mit dem Kristall einen nur in einer Richtung fließenden Strom, einen Gleichstrom, erzeugen. Ein Ventil für den elektrischen Strom war gefunden worden, das war Ferdinand Braun sofort klar. Bislang kannte man diese Erscheinung nur bei manchen elektrisch leitfähigen Flüssigkeiten. Solche Ventile sind wichtig, denn sie gestatten es, Gefälle und Gegensätze aufzubauen. Die Geschehnisse um uns haben eine natürliche Neigung zu Einebnung und Ausgleich. Heißes Wasser kühlt sich ab, bis es die Temperatur der Umgebung angenommen hat. Berge und Täler werden durch Regen und Wind genauso einander angeglichen wie die Unterschiede der Temperatur oder wie ein Tropfen Tinte in einem Wasserglas, der sich allmählich gleichmäßig verteilt. Jede Organisation, im Leben oder in der Technik, muß ständig dieser natürlichen Gleichmacherei entgegenwirken, sie muß gezielt für Gegensätze, für Spannungszustände und Unterschiede sorgen. Ohne eine Vorrichtung zur Einseitigkeit einer Flußrichtung ist diese Einstellung von Nichtgleichgewichten unmöglich. Wir benutzen eine Fahrradpumpe und ein Ventil – das die Luft nur in eine Richtung passieren läßt – zum Aufbau eines höheren Drucks im

Schlauch als in der Umgebung. Unser Herz ist Pumpe und Ventil zugleich; nur in einer Richtung darf der Kreislauf geschehen, um den Sauerstoff zum Leben an die richtige Stelle zu transportieren. Ein elektrisches Ventil ist ebenso notwendig, um elektrische Ladung an einer gewünschten Stelle anzusammeln und sie an der natürlichen ausgleichenden Tendenz des Rückflusses zu hindern. Der Kristall war in der Lage, die Umkehrbarkeit zu überwinden, wieso, wußte noch niemand.

Die unerwartet entdeckte Abhängigkeit des Widerstandes vom Strom ist von ähnlicher Wichtigkeit. Sie ist eine nichtlineare Beziehung, und solche Beziehungen wirken immer gegen gleichförmige, anteilmäßige Verteilungen. Nur zu vertraut ist uns dafür das Beispiel der Besteuerung unserer Einkommen durch das Finanzamt. Der Steuersatz steigt mit dem zu versteuernden Einkommen. Der Widerstand gegen Bereicherung nimmt also mit dem Strom des einfließenden Geldes zu. Diese bewußt eingeführte Nichtlinearität sorgt für Ausgleich, begrenzt die Ansammlung, hebt das Schwache empor und beschneidet das Starke. Ganz entgegengesetzt aber wirkt das Absinken eines Widerstandes mit dem Stromfluß, wie es Ferdinand Braun an seinen Kristallen fand. Die Unterschiede werden hier noch weiter verstärkt, der starke Strom wird noch leichter durchgelassen, das schwache Signal aber trifft auf hohen Widerstand. Gegensätze werden aufgeschaukelt. Ein Prinzip des »Alles oder nichts« entsteht. Ein solcher Kristallwiderstand kann beispielsweise dazu benutzt werden, um eine Schwelle zu bauen. Nur jenseits einer Mindeststärke wirkt ein Strom, alles Darunterliegende wird unterdrückt. Nur noch zwischen Strom und Nichtstrom wird unterschieden. Diese Diskriminierung verdrängt die Größe und kennt nur noch Null oder Eins. Diese Zurückführung auf eine einfache Ja-Nein-Entscheidung ist das entscheidende Prinzip der modernen Rechenmaschinen. Der Kristall bot sich schon 1876 für eine Verwirklichung dieses Grundsatzes an. Aber es dauerte noch viele Jahrzehnte. Niemand konnte auch nur annähernd erklären, was Braun auf seinem Experimentiertisch vorführte.

Unverstandenes ist von Technikern und Kaufleuten durchaus genutzt und eingesetzt worden. Einigermaßen beherrschbar und wiederholbar, zuverlässig müssen die Dinge nur sein, ein wissenschaftliches Verständnis war bei allen bisherigen Techniken der Menschheit nie die Voraussetzung zur Verwendung gewesen. Wieso Kupfer weich, Eisen aber hart gemacht werden konnte, schien bedeutungslos. Wichtig aber war die Wiederholbarkeit eines durch reines Probieren gefundenen Rezeptes. Die eigenartigen Verhältnisse am Kristall aber waren viel zu verwickelt und erlaubten keine Wiederholbarkeit.

Braun muß viele Nächte und Wochenenden im physikalischen Kabinett seines Thomasgymnasiums zugebracht haben, um wenigstens einige Gemeinsamkeiten und dürftigste Erklärungen zu finden, es gelang nicht. Immerhin war sicher, daß all die neuen Erscheinungen nicht durch eine simple Erwärmung des Kristalls zustande kommen. Beeindruckend liest sich auch für die heutige Physikergeneration, mit welcher Sorgfalt und welchem Geschick Braun zu diesem wichtigen Schluß kommt. Wenn es nicht die Wärme ist, die verantwortlich ist, dann muß es die Elektrizität selbst sein. Die fließenden Teilchen sind die Elektronen, denen man zu Brauns Zeit allmählich auf die Spuren kam. Was zur Erklärung gebraucht wurde, schien also eine Lehre vom Verhalten der Elektronen im Kristall zu sein, eine »Elektronik« als Wissenschaft.

Irgend etwas am Kontakt, an der Grenzfläche zwischen der Metallnadel und dem Körper des Kristalls schien die ungewöhnlichen Erscheinungen zu verursachen. Braun schreibt immer wieder von der »Eigenthümlichkeit der Contacte«. Er versucht alle möglichen Anordnungen, schmilzt Eisendraht in Bleiglanz ein, bohrt winzige Löcher in die verschiedenen Flächen seiner Kristalle und füllt Quecksilber als Kontaktmetall ein, reibt sie mit Öl und Terpentin ein, splittert und spaltet seine Kristalle, setzt Nadeln auf und preßt Graphit, Gold und alles, was er finden kann, an den Kristall. Die Vielfalt der Erscheinungen ist zu groß. Enttäuscht und mit der gebotenen Zurückhaltung des disziplinierten Naturforschers schreibt er: »Ausführlichere Mittheilungen erscheinen so lange ohne Interesse, als es nicht gelingt, durchgängige Regelmässigkeiten zu finden. Als eine solche kann ich aber den Nachweis, dass unter gewissen Bedingungen die anomalen Erscheinungen ausbleiben, nicht betrachten und ich kann daher Versuchen, bei welchen nicht die Bedingungen in ähnlicher Mannichfaltigkeit abgeändert wurden, wie bei den mitgetheilten, eine Berechtigung zu allgemeineren Schlussfolgerungen nicht zugestehen.«

Ferdinand Braun mußte sich nämlich verteidigen, weil viele seiner Zeitgenossen seine Ergebnisse anzweifelten und Gegenexperimente veröffentlichten. Besonders der Franzose Dufet und auch ein gewisser Werner Siemens, der sich mit Selenkristallen befaßte, hatten Gegenteiliges gemeldet. Die daraufhin entstandene wissenschaftliche Debatte hatte ein wichtiges Endergebnis, das Braun auch schon klar ausdrükken konnte. Die ungewöhnlichen Resultate traten besonders dann auf, wenn einer seiner beiden Stromkontakte klein war. »Ich habe deshalb meistens als eine Electrode einen Draht benutzt, welcher durch eine in eine Büchse eingeschlossene Spiralfeder gegen den Krystall gepreßt wurde.« Diese handwerkliche Kunst, einen federnden Draht mit winziger Spitze unter sauber kontrollierten Bedingungen aufzupressen, war Brauns Verdienst, diese Kunst sollte sich erst im nächsten Jahrhundert in ihrer ganzen Wirkung zeigen. Das Kleine, das Mikroskopische schien in irgendeiner bisher völlig unbegreiflichen Weise eine wichtige Rolle zu spielen. Ahnungen zu einer »Mikroelektronik« ließen sich aber nicht widerspruchsfrei formulieren.

Ferdinand Braun (1850–1918)

Diese »Complication der Resultate« bedrückte Braun so sehr, daß er berichtet, »dass ich oft an den Erscheinungen selbst irre wurde und die Ursache derselben immer wieder Versuchsfehlern zuschrieb, so viele Gründe auch dagegen vorlagen«. Eine Weile erliegt er fast einer trügerisch einfach erscheinenden Analogie zu ähnlichen, verwickelten Erscheinungen der elektrischen Leitung von Gasen. Solche Analogieschlüsse gehören zu den gefährlichsten Fallen, in die ein Naturforscher tappen kann. Andererseits haben die übertragenen Modelle und Verfahren aus einem wohlverstandenen Zweig der Physik auf einen neuen, noch ungesicherten Bereich oft den entscheidenden Durchbruch zum Verständnis erbracht. Braun quält sich: »Ob nun nicht die an der Oberfläche sich verdichtenden Gasschichten, wenn sie auch nicht selbst Träger des Electricitätsstromes sind, doch noch secundär, vielleicht gewissermassen katalytisch, eine Rolle bei den Erscheinungen spielen, darüber wage ich nicht, mich auch nur vermuthungsweise in dem einen oder anderen Sinne auszusprechen. Ich muß gestehen, dass – so sonderbar die Ansicht sein mag – ich mich von dem Gedanken an die Möglichkeit eines solchen Einflußes nicht habe losmachen können, wenn ich mit jeder Ausdehnung der Versuche oder Aenderung der Bedingungen, stets nur auf wachsende Complicationen im Resultate stiess.« Braun ergänzt diese Stellungnahme durch eindrucksvolle Beschreibungen sorgfältiger Versuche, die andeuten, daß sich die Erscheinungen nicht durch oberflächliche Gasschichten erklären lassen, sondern sich offenbar in einer dünnen Oberflächenschicht im Innern des Kristalls abzuspielen scheinen. Das Geheimnis lag im Kristall selbst, aber vermutlich dicht unter der Oberfläche.

Im Rückblick wird heute klar, daß mit Brauns Leipziger Vortrag, mit seinen Versuchen, eine Revolution der Wissenschaft eingeleitet wurde, so wie sie Thomas S. Kuhn in seinem inzwischen berühmt gewordenen Buch »Die Struktur wissenschaftlicher Revolutionen« beschreibt. Das Paradigma des Ohmschen Gesetzes war unmißverständlich widerlegt; der ordentliche, geregelte Modellfall für die elektrische Leitung in festen Stoffen war durch Brauns »Complicationen« in Bedrängnis geraten.

Die damalige, etablierte »normale« Wissenschaft reagierte darauf so, wie es meistens im Falle von Revolutionen und Krisen geschieht: Man wehrte sich gegen das Neue, bewahrte das Althergebrachte. Für den ehrwürdigen Senior der Physik, Professor Hankel, gefährdete dieser Vortrag des jungen Schullehrers das gesamte bisherige Lebenswerk. Er hatte sich viele Jahre lang den Kristallen gewidmet, aber nie solche sensationellen Eigenschaften gefunden, stets waren die erwarteten Gesetze von ihm und seinen vielen Mitarbeitern bestätigt worden. Ein solcher Vertreter der »normalen« Wissenschaft konnte den Experimenten Brauns nur mit Unbehagen und voller Voreingenommenheit zugesehen haben. Anerkennung jedoch mußte auch Hankel dem jungen Manne zollen, denn die Experimente und die saubere Methodik sprachen für ihn. Ein Nebeneinander entgegengesetzter Meinungen, wie es in Philosophie oder Literatur nicht nur möglich, sondern sogar der Vielfalt wegen erwünscht ist, kann es in der Naturwissenschaft nicht geben. Polemik oder eine Verständigung durch eine politische oder juristische Verordnung zur Auflösung einer Meinungsverschiedenheit helfen bei der Naturbeschreibung nicht weiter. Die einzige

Möglichkeit, die bleibt, um mit unliebsamen Entdeckungen umzugehen, besteht darin, sich einfach nicht mit ihnen zu befassen, sie totzuschweigen. Und so geschah es auch. Die Koryphäen waren vorsichtig genug, sich nicht auf das von Braun beschrittene Gelände zu begeben.

Die Schulmeinung widersprach zwar den Braunschen Ergebnissen nicht, denn dazu waren sie viel zu nachdrücklich und augenscheinlich demonstriert worden. Aber es ließ sich einwenden, daß der junge Gymnasiallehrer eben doch gegen ein Tabu ordentlicher, normaler Experimentier-Regeln verstoßen hatte. Ein anständiger Physiker untersuchte seine Stoffe nicht mit winzigen Nadelspitzen als Kontakte, sondern führt den Strom mit großflächigen metallischen Berührungen in den Kristall. Mit dieser althergebrachten Regel war alles in traditioneller Ordnung. Die normale Wissenschaft bewahrte ihr Paradigma durch Verbannung des Unverstandenen aus ihrem wissensmäßig abgesicherten Bereich. Einen Kristall mit der Nadelspitze anzugehen, wurde als unzulässig und nicht mehr zur Physik gehörig empfunden. Das Neue konnte sich gegen diese Verbannung nicht zur Wehr setzen; keine neuen, besseren Versuche konnten durchgeführt werden; auch gab es keine Interessenten, die aus wirtschaftlichen Gründen eine technische Weiterentwicklung hätten anstreben wollen.

Ferdinand Brauns Leben wurde in andere Bahnen gelenkt und entfernte sich immer weiter von den Kristallen. Er wurde als leidenschaftlicher und einfühlsamer Erzieher berühmt und gab ein vielgelobtes Buch, »Der junge Mathematiker und Naturforscher«, heraus, das die Begeisterung der Schüler für diese Fächer weckte und sicherlich zur Weltgeltung der deutschen Physik im nächsten Jahrhundert seinen kleinen Teil beisteuerte. Braun ging auf akademische Wanderschaft, Professuren in Marburg, Straßburg und Tübingen waren die Stationen. Neue Gebiete der klassischen Physik kamen in Mode und wurden überall zu Themen der Forschung und Ausbildung. Der Gleichrichtereffekt im Kristall mußte zurückstehen und geriet erst recht in den Hintergrund, als um die Jahrhundertwende die großen physikalischen Sensationen der Röntgenstrahlen, der beginnenden Atomphysik und der Quantentheorie Interesse und Faszination erweckten.

Im Jahre 1895 wurde Ferdinand Braun als ordentlicher Professor für Physik an die nach Berlin wichtigste Universität des Deutschen Reiches berufen, nach Straßburg in den Reichslanden Elsaß-Lothringen. Berlin ließ es sich viel Geld kosten, um in den von Frankreich eroberten Gebieten an dieser Universität mit einer staatlich gelenkten nationalen Bildungspolitik Eindruck zu machen. Das Straßburger Physikalische Institut wurde zu einem bestens ausgerüsteten, mit Apparaten und Personal verwöhnten Forschungszentrum. Die Anziehung auf gute Studenten blieb nicht aus. Ein begeisterter junger Mann namens Albert Schweitzer werkelte – obwohl Medizinstudent – mit den Mechanikern des Instituts und lernte Physik von Braun und seinen Kollegen. Ein junger Soldat, der »Einjährige« Max von Laue, hatte sich nach seinem Abitur in Straßburg eingeschrieben und konnte bei Braun manche Physikvorlesung hören und erfuhr dabei von Brauns altem Lieblingsthema, der Kristallographie.

Röhren verdrängen die Kristalle

Die Leitung der Elektrizität blieb auch in Straßburg eine wissenschaftliche Fragestellung für Braun, aber unter anderen Bedingungen als in Leipzig. Die Physiker hatten gelernt, Glaskolben auszupumpen, Drahtdurchführungen in diese Kolben einzuschmelzen und mit diesen wohlüberschaubaren Geräten die Bewegung der Elektronen in der verdünnten Luft zu untersuchen. Elektronen ließen sich aus weißglühend aufgeheizten Drähten herauslocken und durch den Kolben schießen. Mit solchem Gerät hatte Röntgen völlig unvermutet seine neuen Strahlen entdeckt. Jeder Physiker mußte sich um dieses aufregende und für die Erforschung des Atombaus wichtige Gebiet kümmern. Auch Braun war dabei. Wieder gab es Berührungspunkte mit den Kristallen, denn feines Kristallpulver, am Kolbenrande angebracht, konnte zum Aufleuchten gebracht werden, wenn man Elektronen daraufschoß. Damals war das eine schwierige Kunst, schöne leuchtende Schirme zu bauen. Heute stehen in jedem Hause vergleichsweise riesige Modelle solcher Schirme, das Fernsehen benutzt Brauns Röhre mit den feinen Kristallen, um dem Zuschauer die Bilder zu präsentieren.

Sauberes Messen ist stets der Anfang neuer Physik. Braun suchte nach einem Gerät zur Messung des zeitlichen Verlaufs elektrischer Schwingungen. Die Elektrizität hielt gerade ihren Einzug in die Alltagswelt bei der Beleuchtung der Städte und zum Betrieb von Motoren. Man mußte wissen, wie die sich schnell ändernden Wechselströme aus den Generatorstationen aussahen. Ein Zeigerinstrument zur Messung war zu langsam; es zappelt nur immer ein wenig hin und her und kann der schnellen Änderung nicht folgen. Man braucht etwas, das eine möglichst kleine Masse und darum wenig Trägheit besitzt, um dem schnellen Verlauf zu folgen. Am 15. Februar 1897 führte Braun im

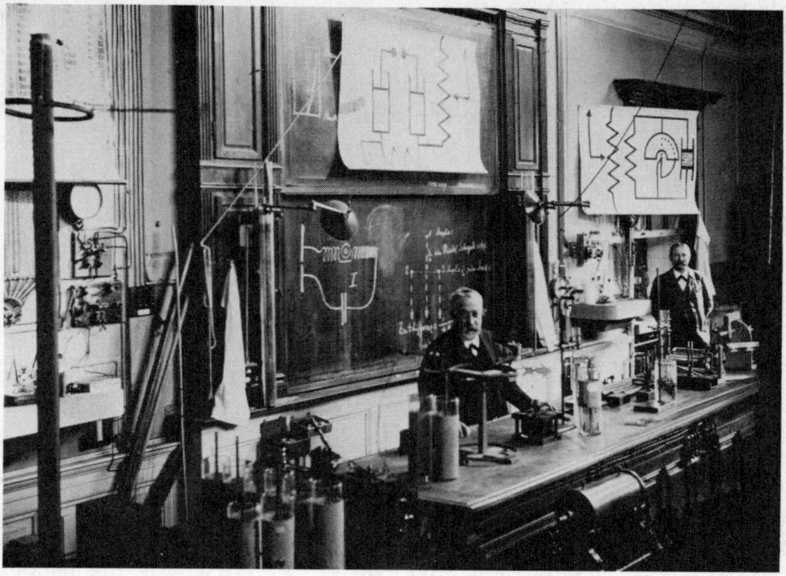

Ferdinand Braun im Hörsaal des Physikalischen Institutes der Universität Straßburg

Straßburger Institut ein neues Gerät vor. In einer ausgepumpten Röhre lenken Magnetspulen, an die die Wechselspannung gelegt wird, einen Strom vorbeifliegender Elektronen ab. Auf dem Schirm kann man diese Ablenkung als Kurvenverlauf erkennen und zur exakten Messung ausnutzen. Die »Braunsche Röhre« war erfunden. Sie ist zum wichtigsten Meßgerät bis heute für die Elektronik geworden und in Millionenzahl als Fernsehgerät in der ganzen Welt verbreitet. Braun hatte eine weitere Grundlage für die moderne Elektronik gelegt und dabei die Bedeutung sicherlich unterschätzt.

Eine fröhliche, ausgelassene Gesellschaft war es, die im Straßburger Hörsaal mit dem neuen Meßgerät zum ersten Male hantierte. Voller Begeisterung sah man den leuchtenden Punkt auf dem phosphoreszierenden, aus Kristallpulver aufgeschlämmten Leuchtschirm herumzappeln. Zum ersten Male konnte man richtig sehen, daß die Straßburger Electricitäts-Centrale wirklich einen sauber sinusförmigen Strom lieferte. Wäre ein Prophet erschienen und hätte vorhergesagt, daß zwei Generationen später ganz Europa bunte Fernsehbilder aus einem –

freilich mager besetzten – europäischen Parlament in Strasbourg mit dem gleichen Prinzip würde empfangen können, wie wäre die Reaktion der Forscher gewesen? Ein Europaparlament hätten Braun und seine Mitarbeiter begrüßt, waren sie doch als Physiker ohnehin international eingestellt, oft zum Stirnrunzeln der Berliner Bürokratie des Kaisers, der bei Braun gerne viel mehr völkische Gesinnung gesehen hätte. Zweifel wären wohl allen Fachleuten gekommen, wenn man ihnen gesagt hätte, man könnte klare Farben aus dem Kristallpulver des Leuchtschirms herauslocken. Braun und alle seine Fachkollegen in der Welt waren froh, überhaupt ein bißchen graugrünes Licht mit dem Elektronenbeschuß zu erzielen. Was da im Kristall vor sich ging, daß Licht entstand, war rätselhaft. Man durfte gar nicht zu stark darüber nachdenken, sondern hatte dieses rätselhafte Geschehen geschickt auszunutzen.

Die Physiker hätten wohl geglaubt, daß man elektrische Wellen durch den Äther senden würde und irgendwann auch große Entfernungen ohne Drähte würde überbrücken können. Telegraphie mit elektrischen Wellen war eines der ganz großen Forschungsthemen des ausgehenden neunzehnten Jahrhunderts. Braun stellte sich der Konkurrenz in der Wissenschaft und geriet, ohne es im voraus ahnen zu können, immer schneller in ein Netzwerk fremder Interessen. Die großen seefahrenden Nationen, allen voran Großbritannien und dann natürlich als Emporkömmling auf den Weltmeeren das Deutsche Reich, sahen sehr wohl die Wichtigkeit einer drahtlosen Übermittlung von Nachrichten zwischen den Schiffen und zu den Kommandozentralen auf dem Festland. Aber auch die Reedereien und die Schiffsversicherer drängten alle, die auch nur vorgaben, etwas von der Technik und Wissenschaft der elektromagnetischen Wellen, von Antennen, Sendern und Empfängern zu verstehen. Wissenschaftliche Grundlagenforschung war nicht mehr so wichtig, nachdem die grundlegenden Prinzipien sich andeuteten. Der unbelastete Techniker, der nicht von des Gedankens Blässe angekränkelt schien, unbedenkliche Versprechen nicht scheute und zupackte, er war der am meisten begehrte Partner. Der junge Autodidakt Guglielmo Marconi, mutig und entschlußkräftig, geschickt von Patentanwälten und Geldgebern beraten, erwuchs zum erfolgreichsten Kontrahenten des akademischen Forschers Braun.

Braun und seine Mannschaft bauten immer größere Sendeantennen im Hof des Instituts und dann an der Nordsee. Die Grundlagen zur Erzeugung und Verstärkung möglichst starker und langanhaltender elektromagnetischer Wellen wurden erforscht. Braun hatte gegenüber den meisten Wettbewerbern den Vorteil, über sehr genaue Meßwerkzeuge verfügen zu können. Hier lag auch das wichtigste Problem. Die Wellen waren anfangs noch so schwach, daß man auf die Entfernung den klatschenden Funken des Senders deutlicher hören konnte, als das übertragene elektrische Signal empfangen werden konnte. Schrittweise verfeinerten sich die Methoden, allerdings mehr durch Probieren und geduldiges Versuchen als durch wissenschaftliche Erkenntnis.

Wichtigstes Kernstück des Empfängers war eine heftig verfluchte und gehaßte, aber eben doch notwendige kleine Glasröhre, die mit Eisenspänen locker angefüllt war. Die Wirkungsweise war im Prinzip unbekannt, zur Verheimlichung dieses peinlichen Unwissens hatten die Gelehrten sich auf einen vornehm klingenden Namen geeinigt: Kohärter nannte man das von Edouard Branly entdeckte Gerät. Die wörtliche Übersetzung, die vielleicht am besten »Zusammenbacker« hätte lauten müssen, hätte natürlich keinerlei Eindruck hinterlassen. Dieses merkwürdige Röhrchen erfüllte manchmal, wenn man geheime Tricks und Hexenkünste anwendete, wirklich seinen Zweck zum Empfang der hochfrequenten Wellen. Die locker aneinanderliegenden Späne ließen einen elektrischen Strom fast gar nicht durchfließen. Wenn aber eine schnellschwingende Welle – selbst ganz geringer Stärke – auf das Röhrchen auftraf, dann wurden die Eisenfeilspäne auf unbekannte Weise zusammengebacken und machten den Weg für den elektrischen Strom im Empfangskreis frei. Ein Morsezeichen konnte auf diese Art aus einer Radiowelle herausgehört werden. Nach dem Stromdurchgang mußte wieder der alte, lockere Zustand mit dem hohen Widerstand hergestellt werden. Dazu klopften die Techniker ans Gläschen und brachten die Späne auf solche Weise wieder auseinander. Später gab es raffiniert ausgeklügelte automatische Klopfmaschinchen. Alle Welt versuchte sich an Verbesserungen dieses Kohärers. Wir wissen von hinterlistiger Spionage zwischen den Wettbewerbern, um an die Geheimrezepte der Gegner heranzukommen. Für die Wissenschaftler war dieses ziemlich ziellose, aber dafür um so eifriger betriebene Probieren eine schmachvolle Niederlage.

Für Ferdinand Braun war diese Kapitulation der Wissenschaft vor der unverstandenen Nutzung nichts Neues. Das Kohärer-Dilemma hatte sehr große Ähnlichkeit mit dem ebenfalls ungelösten Stromdurchgang an der Nadelspitze. In beiden Fällen waren es feste Körper, Kristalle, die an den ungewöhnlichen Verhältnissen des Stromdurchgangs beteiligt waren. Kleine Berührungsflächen waren nicht nur bei den nadligen Kontakten aus Brauns Leipziger Zeit von Bedeutung, sondern spielten vermutlich auch zwischen den Eisenkriställchen im Kohärerglas eine wichtige Rolle. Grobere Späne oder gar massives Eisen erfüllten den gewünschten Zweck nämlich überhaupt nicht. Ein weiteres verbindendes Merkmal schien auch die Gleichrichtung des elektrischen Stroms zu sein: In beiden Fällen mußte den schnell schwingenden Wellen mit ihrem Hin und Zurück des elektrischen Stroms das aufgeprägte Morsesignal als ein nur in einer Richtung fließender Gleichstrom entzogen werden.

Braun muß sich entsetzlich über die Stümperei mit einem so unzuverlässigen und gleichzeitig so unerläßlichen Gerät geärgert haben. Er nahm seine alten Leipziger Studien wieder auf. Anders als seine Konkurrenten im Wettbewerb, die den Kohärer nur verbessern wollten, hatte Braun sich zum Ziel gesetzt, ihn durch eine Anordnung eines sauberen großen Kristalls mit einem feinen Spitzenkontakt zu ersetzen. Es gelang auch, der Kristalldetektor wurde zum gleichwertigen, manchmal sogar zum besseren Konkurrenten des eisengefüllten Röhrchens. Auch dieser Empfänger blieb in seinen physikalischen Grundlagen unbekannt. Die Anordnung war aber bedeutend einfacher und sah schon ein wenig wissenschaftlicher aus. Man konnte hoffen, diesen Kristalldetektor zu verbessern, wenn es nur gelänge, die elektrischen Abläufe im Kristall nahe der Oberfläche und der Spitze grundlegend zu verstehen. So ist die spätere Entwicklung – nach vielen Umwegen – gelaufen und hat zum Transistor, dem ersten wirklich verstandenen Element der Mikroelektronik geführt.

Zunächst nahm die Entwicklung hin zur Elektronik einen großen Umweg. Einer der allerersten Grundsteine der Elektronik wurde schon im Jahre 1883 im Laboratorium von Thomas Alva Edison gelegt. Er wollte die Lebensdauer der von ihm erfundenen Glühlampe mit dem Kohlefaden verbessern. Die glühende Faser verzehrte sich, dampfte stetig ab, bis nur noch ein häßlicher, verdunkelnder Niederschlag an den Wänden des gläsernen Kolbens der Lampe übrigblieb. Edison war Praktiker und dennoch Wissenschaftler genug, um zu wissen, daß er nur durch eine genaue Messung dieser Wanderung der Kohle von der Faser zur Wand den Zusammenhang klären und eine Lösung zur Verbesserung finden konnte. Also führte er durch den Glaskolben ein Stückchen Metall herein, um diesen Strom zu messen. Er merkte zu seiner Verblüffung, daß er diesen Strom, der aber in Wirklichkeit von Elektronen aus dem Glühfaden kam, auch steuern konnte. Mit einer angelegten elektrischen Spannung ließ sich der Strom vergrößern und verkleinern. Dieser Edison-Effekt hätte den Erfinder der Glühbirne und vieler anderer technischer Geräte vielleicht auch die Elektronenröhre entdecken lassen, wenn nicht Edison selbst um diese kritische Zeit herum so sehr mit den eben entstandenen Kraftwerken beschäftigt gewesen wäre und seine alte Erfindung fast vergessen hätte. Erst im Jahre 1904 nahm John Ambrose Fleming die Idee wieder auf, er nutzte den von Edison gefundenen Effekt und stellte den ersten Röhrengleichrichter her, der Brauns und Branlys Kristalldetektoren den Todesstoß versetzen sollte.

Fleming, Professor in London, wurde sofort von Marconi als Berater herangezogen, als klar wurde, wie eine solche geheizte Röhre auch einen Strom gleichrichten kann, so daß sie – genau wie der unzuverlässige Kristalldetektor – einen Strom nur in einer Richtung durchläßt. Bei diesem Glaskolben aber konnte man alle Einzelteile genau sehen, mit ihnen hantieren und mußte sich nicht auf Geheimnisse der Kristalloberfläche einlassen. Es war alles überschaubar: Die Elektronen konnten nur aus einer genügend aufgeheizten Faser austreten und wurden im ausgepumpten Kolben auf eine kalte Platte gelenkt. Elektronen tragen negative elektrische Ladung, also kann nur dann ein Strom fließen, wenn der negative Pol mit dem heißen Draht verbunden ist, denn an der kalten Platte läßt sich kein Elektron herausholen. Ein schöner, übersichtlicher Gleichrichter war gefunden. Der Preis für diese Übersichtlichkeit war allerdings beachtlich. Man mußte Glasgefäße auspumpen, Zuführungen einschmelzen und viel Energie zum Betrieb bei weißglühendem Draht aufwenden. Der viel kleinere, handlichere und energiesparende Kristall wurde also von einer umständlichen – aber eben zuverlässigen – Röhre verdrängt. Die Elektronik schlug mit dem Weg zur Vakuumröhre aber den Weg in eine Sackgasse ein, sie wurde eine Makroelektronik voller Verschwendung.

Den großen Sprung nach vorn tat diese Röhrenelektronik, als nicht nur die Gleichrichtung, sondern auch die Verstärkung eingebaut wurde. Der Österreicher von Lieben und der Amerikaner Lee de Forest schubsten mit wichtigen Entdeckungen die Elektronik tiefer in ihre zunächst so erfolgreiche Sackgasse. Sie führten einen dritten Metallkontakt in den Glaskolben ein, ein Steuergitter. Dieses Gitter, durch das der Strom zu fließen hatte, war wie eine Hürde, die man hoch und niedrig einstellen konnte. Mit geringer Energie ließen sich so große Veränderungen im Durchfluß erzielen. Aus einem kleinen Signal an der Steuerelektrode entsteht ein großes Signal im Hauptstrom, eine Verstärkung ist erreicht. Dazu waren die Kristalldetektoren nicht in der Lage.

Regeneration, also Wiedererschaffung, nannte man ein wenig großspurig dieses Prinzip der Verstärkung. Tatsächlich spielt es eine wesentliche Rolle auch noch bei allen heutigen Überlegungen für neue Methoden der Elektronik. Überall, wo Signale in der Fernsprechtechnik oder im Computer weitergeleitet, vermittelt und verarbeitet werden, treten Verluste auf. Das Signal wird schwächer und leiser und muß immer wieder aufgefrischt werden. Darum werden Komponenten gebraucht, die mit der Möglichkeit einer Verstärkung den alten Pegel wieder zurückgewinnen können. Sie müssen dabei mit geringem Aufwand die Energie aus einem bereitgestellten Speicher steuern können. Drei Zugänge braucht man stets, den Eingang und Ausgang des Hauptstroms und einen Zugriff für die Steuerung.

Doktor Lee de Forest erkannte sehr wohl die Wichtigkeit seiner Erfindung und stritt sich entsprechend heftig mit seinem Gegner Fleming. Er, Doktor der Philosophie aus dem mittleren Westen Amerikas, führte klassische altsprachliche Terme in die elektronische Sprache ein und nannte sein Rohr das »Audion«. Man konnte mit ihm laut und deutlich hören, die gesteuerte Energie war ausreichend, um einen richtigen Lautsprecher zu betreiben, auf den Kopfhörer ließ sich verzichten. Später sollten so beeindruckende griechisch-römische Wortmischungen wie Triode, Pentode, Klystron oder Magnetron die Heerscharen von Vakuum-Elektronenröhren benennen.

Als guter und mutiger Amerikaner hatte de Forest zunächst versucht, seine eigene kleine Firma aufzumachen und mit seiner Erfindung Geld zu verdienen. Aber der beste Geschäftsmann war der Doktor der Philosophie doch nicht, er gab auf, wurde Angestellter des neu gegründeten Labors der »Federal Telegraph Company« und zog aus dem hektischen Osten der Vereinigten Staaten in das noch menschenleere Kalifornien, nach Palo Alto, einem in Obstplantagen eingebetteten kleinen, noch ein wenig verträumten Städtchen mit einer Universität, die der Eisenbahnbaron Stanford hatte gründen lassen.

Wer einen Verstärker hat, der kann auch Schwingungen erzeugen. Man braucht dazu nur einen geschickten Kunstgriff, Rückkopplung genannt. Eine zunächst sacht angefachte Schwingung im Hauptstrom wird wieder auf die Steuerung zurückgegeben und verstärkt sich so selbst. Der unkontrollierte Funken als Quelle von Schwingungen für die Radiowellen konnte durch eine geregelte Anordnung ersetzt werden. Kein Wunder also, daß nach diesen Entdeckungen der Siegeszug des Radios als ein Gerät für die Massen entstehen konnte. Selbst die komplizierte Vakuumröhre konnte mit den großen Stückzahlen so billig hergestellt werden, daß die neue Technik ihre eigene wirtschaftliche Rückkopplung zur Anfachung erlebte. Die Produktion von Radiogeräten erreichte in den Vereinigten Staaten schon im Jahre 1929 die ersten zehn Millionen, trotz der damals hohen Preise. Mit der Wirtschaftskrise flaute das Geschäft ab, auch schienen die Käufer übersättigt von der neuen Technik. Lee de Forest wurde 1930 zum Präsidenten des neuen florierenden Verbandes im Institut der Radioingenieure gewählt und hielt als der Vater des Radios – wenigstens der Radioröhre – eine verbitterte Rede über die banale, triviale und kulturlose Ausnutzung seiner wissenschaftlichen Arbeit. Er verteilte harte Schelte an die amerikanischen Rundfunkstationen, die mit einem Übermaß primitiver Werbung das Publikum vergraulten.

Der Sturm von neuer Technik, Kommerz und Geld wehte durch alle physikalischen Laboratorien. Wer Forschung auf dem Gebiet der elektrischen Wellen betrieb, fand sich unversehens aus der Welt der Maxwellschen Theorie oder der Prinzipien der Hertzschen Wellen herausgerissen. Marconi heuerte Professor Fleming an, den später ein Adelstitel erwartete. Jenseits des Atlantiks aber übernahm der wachsende Gigant General Electric Company die amerikanische Tochter Marconis. Eines der ersten großen Industrielaboratorien, das General Electric Research Laboratory, entstand im Jahre 1900. Leiter wurde Willis Whitney, der seinen Doktorgrad in Leipzig erworben hatte. Andere berühmte Wissenschaftler und Ingenieure kamen dazu, darunter William D. Coolidge, auch mit einem Leipziger Doktortitel, und vor allen Dingen der spätere Nobelpreisträger Irving Langmuir, der in Göttingen promoviert worden war.

Ferdinand Braun konnte sich in Straßburg diesem Sog nicht entziehen, war aber auch fasziniert von dieser neuen Herausforderung, mit sauberer wissenschaftlicher Grundlage eine neue, nützliche und zuverlässige Technik zu schaffen. Der leistungsstarke Braunsche Sender entsteht kurz vor dem Ende des Jahrhunderts. Die Erfahrungen mit seiner ungeschützt verbreiteten Kenntnis von der neuen Braunschen Röhre haben ihn jetzt vorsichtiger gemacht, der neue Sender wird zum Patent angemeldet. Damit hat sich der Wissenschaftler aus dem stillen, abgewandten Forschen im Labor heraus und in die harte Realität der technischen Nutzung begeben. An dieser Frage scheiden sich gerade in Deutschland immer wieder die Geister, schon allein der Gedanke an eine potentielle Nutzung oder gar einen Patentanspruch geltend zu machen und die Verwicklung in Prioritätsstreitigkeiten in Kauf zu nehmen, und dann das Schielen nach dem Geld aus erhofften Lizenzen, das alles galt dem beamteten deutschen Hochschullehrer von jeher als weitaus anrüchiger und schmutziger als seinem angelsächsischen Kollegen. Braun hatte aber bereits Erfahrung, denn er hatte seinen Brüder Wunibald beraten, als dessen Firma Hartmann und Braun gegründet wurde und sich auf dem Markt der elektrischen Meßgeräte behauptete.

Das Geschäft mit der neuen Telegraphie ist so verlockend, daß sich das Risikokapital – wie man heute sagt – darum riß. Der Kölner Schokoladenfabrikant Stollwerck beschaffte die Mittel zur Gründung einer »Funkentelegraphie GmbH«. Erbitterter Wettbewerb entsteht im Deutschen Reich, nicht immer ist die wissenschaftliche Grundlage eine Hilfe zum Vorsprung, oft wird gerade das Nachdenken und Innehalten zum lähmenden Nachteil, eine schmerzliche Erfahrung für jeden Wissenschaftler, der dem unbeschwerten und unbelasteten Bastler und dem drängenden Finanzier im Wettlauf – jedenfalls kurzzeitig – nicht gewachsen zu sein scheint.

Seine Majestät der Kaiser zu Berlin, sahen es ausgesprochen ungern, daß sich in seinem Deutschen Reich verschiedene Gruppen so harte Wettbewerbskämpfe lieferten. Hier entwickelte sich ein Gebiet, das für die schimmernde Wehr der deutschen Flotte zur Nachrichtenübermittlung nach Samoa, nach Togo und Kamerun von den Admiralen dringend gebraucht wurde. Unter diesem Druck einigten sich die Parteien. Braun, der im Jahre 1898 die Firma »Telebraun« und dann zwei Jahre später mit dem schon mächtigen Siemenskonzern die »Braun-Siemens-Gesellschaft« gegründet hatte, willigte ein, daß am 27. Mai 1903 die »Telefunken« gegründet wurde. Mit diesem Namen sollte über Jahrzehnte hinweg der gute Ruf und der Ruhm deutscher Technik verknüpft sein, bis in unsere Tage, bis zum Zusammenbruch einstiger deutscher Forschung und Ingenieurkunst mit dem Niedergang der Muttergesellschaft AEG. Seine Majestät geruhten dann auch, einem Vortrag von Braun zu lauschen und sich intensiv über Physik und Technik der drahtlosen, funkengetriebenen und röhrenunterstützten Telegraphie belehren zu lassen.

Im Dezember 1909 nahmen Braun und Marconi den geteilten Nobelpreis für Physik in Stockholm entgegen. Nur wenige Jahre später entbrannte der Streit um die Vorherrschaft, um Patente, Märkte und Stützpunkte immer schärfer zwischen den beiden Preisträgern, deren einer für die britische, der andere für die deutsche Krone zu arbeiten hatte. Zu Kriegsausbruch mußten beide Seiten ihre Interessen in den noch neutralen Vereinigten Staaten wahrnehmen, der gesamte Funkverkehr – vor allem auf dem Nordatlantik – wurde zu wichtig. Braun wurde von der Reichsregierung aufgefordert, mit dem Prestige des Nobelpreisträgers in den USA vor den Patentgerichten und auch sonst für das Reich zur Verfügung zu stehen. Er reiste unter falschem Namen von Norwegen nach New York. Bei Kriegsausbruch mit den USA wird sein Schüler und Helfer Jonathan Zenneck sofort interniert, der alte Braun aber wird auf Ehrenwort durch die Unterstützung seiner amerikanischen Fachkollegen in Freiheit gelassen, aber er muß im Lande bleiben. 1918 stirbt Ferdinand Braun in Brooklyn. In der Campbell Funeral Church for Cremation fand die Einäscherung statt. Erst 1921 konnte der Sohn die Urne in der Geburtsstadt Fulda beisetzen lassen und so den letzten Wunsch seines Vaters erfüllen. Der Fuldaer Magistrat sandte einen niederrangigen Beamten an die Grabstelle, denn zur gleichen Zeit fand die Hauptkundgebung eines Diözesan-Katholikentages statt.

Ein Vorvater wird vergessen

Der Lebenslauf Ferdinand Brauns erscheint heute wie ein Modellfall, das Paradigma für einen Forscher, Lehrer und Erfinder in einer Person. Was für ihn selbstverständlich aus eigenem Antrieb und in großer Bescheidenheit als erstrebenswert und als Pflicht galt, muß der moderne Wissenschaftsbetrieb unserer Tage mit einem ganzen Verwaltungsapparat zu realisieren versuchen. Kommissionen und Kuratorien, Ratgeber der Wissenschaft und Politik mühen sich in Sitzungen, Symposien, Anhörungen und Debatten, das zu erreichen, was früher offenbar selbständig ablief. Ferdinand Braun gehörte schon als Schüler zur forschenden Jugend, aus eigenem Antrieb, ohne Wettbewerbe von Illustrierten und Rundfunkgesellschaften. Er zeigte als Student die vielbeschworene Mobilität, war in Marburg, Berlin und Würzburg eingeschrieben und hatte mit 20 Jahren schon eine Assistentenstelle. Einseitiges Verbohren in die Physik war ihm, einem Meister der alten Sprachen und witzigem Autor einer satirischen Zeitschrift, nicht vorzuwerfen. Als Pädagoge im Gymnasium und an der Hochschule galt er den Zeitgenossen als ein Vorbild. Ein hochnäsiges Sich-Abwenden des Hochschullehrers von der Gymnasialschule gab es nicht, im Gegenteil: »Es ist sehr gesund, einmal an einer höheren Schule zu unterrichten!« war seine Meinung, die heute bei der strikten Trennung gar nicht mehr in dieser Form denkbar ist. Die meisten deutschen Bundesländer sorgen für eine ordnungsgemäße Spaltung in je ein Kultus- und in ein

Forschungsministerium. Auch in der Bundesregierung sind Bildung und Forschung in verschiedenen Ministerien vertreten.

Als Physiker hat Braun in Theorie und Experiment gleichermaßen Verdienste erworben, in der Methodik beider Zweige war er bewandert und hielt die Klammer zwischen den beiden Teilbereichen der Physik, die sich heute, zunehmend professionalisierend, voller argwöhnischem Stolz immer weiter voneinander zu entfernen scheinen. Gesellschaften zur Wagnisfinanzierung und zur Risikokapital-Ermunterung gab es für Braun nicht, als er seine Firmengründungen wagte und dabei für Tausende der späteren Generationen anspruchsvolle Arbeitsplätze zu schaffen mithalf. Dienst am Vaterland hat er im guten Glauben nie verweigert, obwohl er gerade in seiner Straßburger Zeit den Mut zu einer versöhnlichen, auf ein Europa ausgerichteten Menschlichkeit gezeigt hat. In New York, in den letzten Monaten seines Lebens, hat er die Beschneidung seiner Freiheit genutzt, um physikalische Vorträge ganz ungewöhnlicher Art zu halten, mit großem Einfühlungsvermögen und unerwartet starkem Erfolg: »Physik für Frauen« – physics for women, ein halbes Jahrhundert vor ähnlichen Aktionen der Amerikanischen Physikalischen Gesellschaft.

Ferdinand Braun hat mit seinem Leben als Gelehrter, Nobelpreisträger, Erfinder der Fernsehröhre und der Grundlagen späterer Mikroelektronik für die nachfolgenden Generationen Maßstäbe gesetzt. Eigentlich sollte er in seinem Heimatland recht bekannt sein. Doch das fünfbändige Werk »Die großen Deutschen«, herausgegeben von Hermann Heimpel, Theodor Heuß und Benno Reifenberg, enthält in den achtzig Seiten seines enggedruckten Personenverzeichnisses großer und auch schon mittelgroßer Deutscher nur den Holzschnitzer und Verleger Kaspar Braun. Ferdinand Braun ist schlicht vergessen. Sein Name verschwand auch von der Braunschen Röhre. Kathodenstrahlröhre heißt sie nüchtern, auf Englisch abgekürzt »CRT«.

An den europäischen Stätten seines Wirkens hat man Braun vergessen. Allerdings kann man von den französischen Kollegen und Nachfolgern in Strasbourg schwerlich erwarten, daß sie sich ein Bild Brauns aufhängen und sich so an die schmachvolle Zeit der »Germanisierungsanstalt« nach Berliner Weisung erinnern müßten. Auch die europäischen Parlamentarier wußten nichts vom genius loci, als sie sich im Jahre 1983 in Strasbourg über ein europäisches Forschungsprogramm unterhielten – ein von europäischen Industriellen vorgeschlagenes und mit dem hoffnungsvoll klingenden Namen »ESPRIT« benanntes

Programm zur Erforschung der Informationstechnik. Leipzig, andererseits, ist auch nicht mehr das von Goethe gelobte kleine Paris, das seine Leute bildet; Paris ist unerreichbar. Aber immerhin haben sich die Chemiker und Physiker der Karl-Marx-Universität zusammengetan und erforschen die Grundlagen der Materialien zur Mikroelektronik mit solchem Erfolg, daß der Thomasgymnasiallehrer Braun wohl seine Freude hätte.

Wieso aber haben die Physiker den Namen Braun vergessen? In der Tat wird heute kaum ein Student zu diesem Vorvater belehrt oder in der Prüfung befragt. Die Physik ließ in den zwanziger Jahren in Göttingen, München und Berlin so helle Sterne erstrahlen und war so erfolgreich, daß der in der Fremde gestorbene Braun nurmehr ein Schattendasein in der Geschichte der Physik führt. Die Atomphysik, die Quantentheorie, die Relativitätstheorie fesseln mit ihren prinzipiellen philosophischen Folgerungen nicht nur die Öffentlichkeit, sie bestimmen auch die Tradition in Lehre und Forschung für die nächsten Generationen. Braun hat keine Schule gebildet, zuletzt ging seine Wirkung auch stärker in die Richtung der industriellen Anwendungen. Zwar würdigte sogar die Pravda anläßlich des großen Sputnik-Erfolgs, daß Mandelstam und Papolexi, die wissenschaftlich Verantwortlichen für den sowjetischen Weltraumtriumph, sich stolz als Braun-Schüler bekennen, aber die Physikalische Gesellschaft in Berlin stellte beim 50jährigen Jubiläum der Erfindung der Braunschen Röhre fest, »daß der Name Braun in vielen Physikerkreisen fast vergessen ist«. Auch die von Braun noch mitbegründeten, einst technisch an der Spitze stehenden Industriefirmen sind von größeren Konzernen aufgesogen und zum Teil an ausländische Interessenten abgestoßen worden. Zwei Kriege haben einen Bruch in der Tradition bewirkt, der Bruch ist in besonders schmerzlicher Weise auf den von Braun begründeten Gebieten der modernen Elektronik und der Festkörperphysik erfolgt. Hier liegt einer der Gründe für die jetzt düster erscheinende europäische Lage in der Mikroelektronik.

Kann man feststellen, ob jemand die alten Werke aus dem vorigen Jahrhundert noch liest und für wichtig erachtet? Tatsächlich ist diese – bei der Riesenflut wissenschaftlicher Literatur fast hoffnungslos anmutende – Frage zu beantworten, dank des Computer. Die Wissenschaftler besitzen heute ein vielbändiges, kleingedrucktes Nachschlagewerk, den Zitier-Index. In ihm ist für jede überhaupt nur denkbare wissenschaftliche Veröffentlichung vermerkt, wer sie als Referenz-Zitat angegeben hat und in welcher der vielen Fachzeitschriften. Eine solche mühselige

Einordnung in ein überschaubares Lexikon ist nur mit der geduldigen Schnelligkeit großer Elektronenrechner möglich. Die Einrichtung ist für den Forscher hilfreich; er kann eine wichtige ältere Publikation seines Fachgebiets wie einen Köder für alle nachfolgenden Arbeiten neueren Datums benutzen und findet sofort, was als Folge der älteren Arbeit seine unmittelbaren Zeitgenossen Neues zu sagen haben.

Dieser Index ist zu einem Jahrmarkt der Eitelkeit geworden. Jeder einzelne Autor schaut nach, von wem und wie oft die eigenen Arbeiten des Erwähnens für würdig gehalten wurden. Je länger die Spalte der Zitierenden, um so wichtiger fühlt man sich. Mancher Wettbewerb um eine amerikanische Professur wurde durch Abzählen im Zitierindex entschieden; die Bürokratie stürzt sich in ihrer Unsicherheit gern auf die vermeintlich quantitative Meßlatte wissenschaftlicher Ergiebigkeit. Brüderschaften des gegenseitigen Zitierens formieren sich, und mancher Gutachter entscheidet sich in seinem Urteil, ob etwas zu drucken sei oder abzulehnen sei, an der Zahl, wie oft er selbst zitiert wurde – und das weiß häufig der Autor und richtet sich danach.

Wer im Jahre 1982 noch den alten Ferdinand Braun mit seiner Arbeit in den längst verstaubenden »Poggendorfschen Annalen« von 1874 erwähnt, läßt sich schnell herausfinden. Zwei polnische Physiker, die an der Warschauer Militärakademie Nachtsichtgeräte erforschen und dabei auf die Braunschen Resultate zurückgreifen, sie sind verzeichnet. Sonst ist Europa nicht vertreten. Aber aus den Vereinigten Staaten erinnert man sich. Sicherlich nicht zufällig sind es drei aus Europa stammende Festkörper-Experten. Einer arbeitet in den Forschungslaboratorien einer großen Computerfirma an der Ostküste. Ein zweiter in einem berühmten Labor einer Telefongesellschaft bei New York. Er sorgte für Schlagzeilen im »Wall Street Journal«, als bekannt wurde, daß er trotz bester Angebote nicht nach Europa zurückzukehren bereit war. Die meisten Zitate aber verzeichnet ein Professor der Elektrotechnik aus der Staatsuniversität Kaliforniens in Berkeley; er hat eine vollständige Biographie Ferdinand Brauns verfaßt. Der Autor, als Karl Süßkind in Prag geboren, mußte wie viele den Erdteil in höchster Not verlassen und schreibt nun als Charles Susskind in einem Fachbuch einen Rückblick »Forgotten Forefather«, eine späte Anerkennung des vergessenen Vorvaters der modernen Mikroelektronik. Kalifornien, das seine Zukunft in der Mikroelektronik sucht, erinnert sich eines Mannes, den Europa vergessen hat.

Ganz wird Braun jedoch nicht verdrängt. Ein sonst den Wissenschaften meist bei Sensationen gewogenes Nachrichtenmagazin widmete ihm im Jahre 1956 eine ganze Seite und präsentierte ein Foto des vergessenen Vorvaters. Anlaß war ein Problem der Geburtsstadt Fulda. Der hessische Kultusminister ordnete an, sämtliche höheren Schulen seien mit individuellen Namen zu taufen. Zwei der drei Fuldaer Schulen waren schon versorgt: die nach Fuldas mönchischem Gründer benannte Winfriedschule und das Domgymnasium mit dem Namenspatron Rabanus Maurus, der die mittelalterliche Klosterschule ins Leben gerufen hatte. Ein Mathematik- und Physiklehrer brachte Brauns Namen zum Vorschlag und mußte zuerst erläutern, wer dieser Sohn der Stadt eigentlich sei. Die Firma Telefunken bot unterstützende Hilfe an und versprach, Einrichtungen für den Schulfunk zu spenden. Der aufkeimende Stolz verflog jäh nach sorgfältiger Prüfung. Braun entstammte einer konfessionellen Mischehe, schlimmer noch: Der Nobelpreisträger hatte seine Gebeine verbrennen lassen. Die katholische Kirche hatte ihm die Sterbesakramente verweigern müssen. Auch der Hinweis auf die besonderen Umstände seines Todes im damals feindlichen Amerika nutzte nichts. Der Verdacht wurde laut, der evangelische Braun sei sogar Freimaurer gewesen. Die Namensgebung konnte nicht erfolgen, wurde abgelehnt und zunächst verschoben. Später, unter dem Druck der öffentlichen Meinung, entschloß man sich doch; Fulda hatte eine Ferdinand-Braun-Realschule. Ein Gutes aber hatte diese betrübliche Affäre: Ein neugierig gewordener Journalist, Friedrich K. Kurylo, forschte so gründlich nach, daß er die einzige Biographie Brauns verfaßte. Sie erschien inzwischen gemeinsam herausgegeben mit Susskind auch in englischer Sprache in den USA, im Verlag der berühmten Technischen Hochschule von Massachusetts.

Kurylo zitiert Fürsprecher aus der Sowjetunion und den Vereinigten Staaten; ein großer amerikanischer Gelehrter gedachte Brauns mit den Worten »... der Erfinder ist ein vergessener Genius. Ich hoffe, irgend jemand läßt ihm in der Literatur Gerechtigkeit widerfahren«. Brauns Schicksal ist ein Spiegelbild auch für die Einstellung Deutschlands, vielleicht gar Europas, für – oder besser gesagt eigentlich gegen – ein neues Gebiet der Wissenschaft und seine Anwendungen. Nicht nur der Forscher Braun scheiterte in einer Krise und geriet in die Vergessenheit. Die plumpe Elektronenröhre beherrschte unangefochten an Brauns Todestag trotz aller ihrer Nachteile das neue Feld der Radiotechnik. Vollkommen vergessen waren die ersten Hoffnungen, kleine Kristalle zum Empfang elektrischer Signale auszunutzen. Der unbekannte und unzuverlässige Kristall war verdrängt worden. Der Kristall hatte diese Krise nicht überwinden können.

II. Harmonie in Erstarrung

Die stummen Lehrer der Klassik

Der Kristall kommt aus dem Kalten. Kryos nannten die Griechen den Frost, Eiskristalle bilden die feste Kruste beim Erstarren des Wassers. Der Kristall ist das Urbild der festen Stoffe. Wärme verwandelt ihn in Flüssigkeiten oder in Gas zurück, in die Zustände, aus denen er erkaltend entstand.

Fasziniert beobachtete schon die Antike diesen Wandel zwischen den elementaren Zuständen der uns umgebenden Stoffe. Das Gefrieren und Auftauen des für uns unentbehrlichen Wassers im Laufe der Jahreszeiten hat gerade solche Beobachter immer von neuem verwundert, die auch das alltäglich Wiederkehrende zu Staunen und Nachdenken anregt. Ein Eintritt in den festen Zustand verändert viel. Eine Flüssigkeit wie das Wasser gibt äußerer Kraft nach, ist verschiebbar, obwohl zusammenhängend. Regellos scheint der Raum erfüllt. Der Kristall wird spröde und starr, er bringt Ordnung in den Raum. Aus der Gleichförmigkeit des Flüssigen entstehen Richtungen, denen der Kristall besonderen Vorzug gibt. Ein Bau mit Regeln wird errichtet, den die Wärme wieder zur Regellosigkeit des flüssigen oder gasigen Elementes zerstören kann.

Die Schneeflocke zeigt am klarsten, in welch schöner Regelmäßigkeit das Wasser erstarren kann. Die Eiskristalle haben eine sechszählige Symmetrie. Sechseckige Nadeln, Säulen oder flache Plättchen sind die Regel. Dendritische Eiskristalle – ›dendritisch‹ ist wörtlich mit ›bäumchenartigem Wachstum‹ zu übersetzen – entstehen, wenn das Wasser sich in der Atmosphäre bis auf sehr niedrige Temperaturen abkühlen läßt, weil zum Kristallisieren ein Keim vorhanden sein muß, der das geregelte räumliche Aneinanderlagern erst bewirken kann. Die geringfügige Wassermenge, die zur Flocke erstarrt, offenbart ungestört die Architektur des Kristalls. Sie ist uns sonst verborgen im viel zu dicht gepackten Gewirr vieler kleiner Kristallite in anderen festen Stoffen, wie etwa dem Sand oder einem Stück Metall. Alle festen Stoffe bestehen aus Kriställchen, sie sind nur regellos aneinandergepackt und verbergen dem Auge das Wesen ihrer Symmetrie.

Symmetrie ist das Grundelement des Schönen. Das Gleichartige zu beiden Seiten, das Ebenmaß einer sich wiederholenden oder widerspiegelnden Form oder das ungebrochene Rund einer in sich ruhenden Symmetrie von Kugel und Kreis sind unseren Sinnesorganen besonders angenehm. Das schon einmal Gesehene oder Gehörte kehrt wieder, wir erkennen die Grundzüge eines Bauplanes und bringen das neu Erfaßte mit dem schon Bekannten in Einklang. Die Erfüllung des Raumes und der Zeit mit regelmäßigen Strukturen erzeugt ein Gefühl von Harmonie, Harmonie als das gesetzmäßig aufeinander Abgestimmte.

Naturverständnis und Harmonie sind unzertrennlich. Naturerforschung ist stets Suchen nach dem Schönen. Das Auffinden einer die Natur beherrschenden Regel war für alle erfolgreichen Naturforscher ein Glückserlebnis religiöser Tiefe. Keplers astronomisches Werk »Kosmische Harmonie« beschreibt in Dankbarkeit und Demut dieses Erkennen: »So wie nämlich die in der Außenwelt sinnlich gegebenen Dinge uns diejenigen, die wir vorher im Traum wahrgenommen haben, in Erinnerung bringen, so locken auch in der Sinnlichkeit gegebene mathematische Beziehungen jene intelligiblen Urbilder hervor, die schon von vornherein innerlich gegeben sind, so daß sie jetzt wirklich und leibhaftig in der Seele aufleuchten.«

Der theoretische Physiker Wolfgang Pauli, Schöpfer wesentlicher Grundlagen der Quantentheorie, hat einmal geschrieben: »Der Vorgang des Verstehens in der Natur, sowie auch die Beglückung, die der Mensch beim Verstehen empfindet, scheint demnach auf einer Entsprechung, einem Zur-Deckung-Kommen von präexistenten inneren Bildern der menschlichen Psyche mit äußeren Objekten und ihrem Verhalten zu beruhen.« Schönheit wurde schon von den griechischen Philosophen, die gleichzeitig und untrennbar Naturforscher waren, als die Übereinstimmung der Teile zueinander und zum von ihnen gebildeten Ganzen gesehen. Aber ebenso lag für sie die Schönheit in einer dauerhaften Einheitlichkeit des Ganzen.

Das Suchen und Finden von Symmetrien in der verwirrenden Vielfalt der Natur ist stets eine der wichtigsten und fruchtbarsten Methoden gerade der Physik gewesen. Plato vermutete in der Natur ein Abbild einfacher geometrischer Formen. Die heutigen Theorien zur Erklärung der Materie forschen nach Symmetrien in komplizierten symbolischen Räumen der Mathematik. Unser modernes Verständnis der kristallinen festen Körper erfordert ebenfalls die mathematische Lehre der Gruppentheorie, die eine Wissenschaft von den Symmetrien darstellt.

Der antike Mensch sah sich im Mittelpunkt einer meist feindlichen und regellosen, sich wandelnden Welt. Zufällig schwankend und ständigem Wechsel unterworfen schien die Umwelt zu sein. Der Lauf der Flüsse, die Linien einer Küste, Winde und Wolken erschienen ihm ungeregelt. Aus dieser unmittelbaren Umwelt die Gesetze für sein eigenes Verhalten abzuleiten, erschien nicht möglich. Auf der Suche nach Bleibendem, Gleichmäßigem, Ungestörtem und Einfachem entdeckte man nur zwei Systeme im Materiellen: die Gestirne, vor allem die Planeten in ihrer überschaubaren Zahl und mit ihrem unablässigen Lauf, zum anderen aber die manchmal inmitten einer regellosen anorganischen Welt gefundenen Kristalle. Auch die Kristalle, Bergquarze, Rubine oder Saphire schienen in Zahl und Mannigfaltigkeit begrenzt, in Bau und Form gleichbleibend und von erstaunlicher Symmetrie, somit voller Schönheit.

Kristallene Edelsteine wurden nicht nur zum Schmuck der Mächtigen, sie waren auch die geheimnisvollen Objekte okkulter Wissenschaft mit großem Anspruch. Die Familie der Kristalle wurde eingespannt in ein System, das den Gestirnen entsprach und mit ihnen in der Hoffnung auf einen einheitlichen Zusammenhang der geregelten Natur zur Deckung gebracht wurde. Priester und Wahrsager bedienten sich der Kristalle. Aus kristallenen Kugeln wurde die Zukunft geweissagt. Das gebrochene Licht, unerwartet bunt aus farblosem Kristallkörper funkelnd, verlieh dem Kristall eine kosmische Tiefe, in die man sich ekstatisch und hypnotisch versenken konnte.

Die Äbtissin Hildegard von Bingen meint im zwölften Jahrhundert in ihrer Schrift »Physica«, einem »Artzeneyenbuch«: »Aber wie Gott für Adam wieder ein besseres Teil zurückgewonnen, so ließ er auch die Zier und die Kraft der Edelsteine nicht zugrunde gehen; er wollte vielmehr, daß sie zur Ehre und zum Segen und als Heilmittel auf der Erde blieben.«

Kristalle besaßen magische Kräfte, dieser Anspruch ließ sich aus der schönen Regelmäßigkeit der Tracht und der klaren Farbe dem Hilfesuchenden unschwer klarmachen; natürlich hatte er dem Wissenden für diesen Zauber zu zahlen. Zermörserte Kristalle galten als Medikamente, eine lange Liste der Wirksamkeiten pulverisierter Steine ist uns in den Arzneibüchlein des Mittelalters hinterlassen worden. Paracelsus vor allem vermehrte den Arzneischatz durch Mineralien. Für ihn und manchen seiner zeitgenössischen Arztkollegen war Krankheit in erster Linie der Ausdruck einer gestörten Harmonie. Der Mensch war für ihn der Mikrokosmos, der in einem Gleichgewicht mit dem Makrokosmos der Gestirne des Himmels gehalten werden mußte. Dann war nur folgerichtig, daß Arzneien aus Kristallen wirken sollten, denn sie waren die Vertreter der himmlischen Körper. Ihre steinerne Symmetrie war die Verheißung einer größeren Symmetrie zwischen Mensch und Welt. Aus diesen ersten unbeholfenen Versuchen der alchimistischen Heilkunde ist über die Jahrhunderte schließlich die Chemotherapie entstanden.

Ein Weltbild, verschwommen und mystisch, aber mit dem Ziel einer allumspannenden Einheit hatten sich die Alchimisten aufgebaut. Für sie hatte die Materie nicht nur stoffliche Eigenschaften, es gab daneben auch noch andere Qualitäten, innewohnende Eigenschaften, die einige Stoffe auf andere übertragen konnten. Die Sterne mußten richtig stehen, Beschwörungen und Zauber waren nötig, um Stoffe ineinander richtig umwandeln zu können. Hoher Lohn winkte, wenn man den Stein der Weisen finden könnte oder ein unedles Metall in das edle Gold verwandeln könnte. Kristalle spielten in dieser schwarzen Kunst eine besonders große Rolle.

Kristalle speichern Licht

Beseelt von dieser Mystik, aber gleichermaßen beflügelt von der Aussicht auf Gewinn muß auch der Schuhmacher Vincenzo Casciarolo gewesen sein. Zu Anfang des 17. Jahrhunderts lebte er in Bologna. Bologna, »la dotta«, die Gelehrte, war das wichtigste geistige Zentrum Europas zu dieser Zeit. Die ehrwürdige Universität, die älteste und stolzeste Europas, schickte sich gerade an, ihren fünfhundertsten Geburtstag zu feiern. Handel und Gewerbe blühten. Die deutsche Konkurrenz jenseits der Alpen war durch die religiösen Konflikte geschwächt. Offiziell gehörte man als Bologneser zum Kirchenstaat, in Wirklichkeit aber war man frei und widmete sich den Künsten und einer immer mehr zum Exakten strebenden Wissenschaft. Naturwissenschaft ist schwierig, immer wieder bringen die Experimente widersprüchliche oder unsichere Aussagen, Geräte versagen, Berechnungen erweisen sich als unmöglich. Selbstbewußtsein und das Gefühl, mindestens so gut zu sein wie die anderen, ist nötig, um trotz all der Widrigkeit weiter zu forschen. Bologna mangelte es um diese Zeit nicht an solchem Selbstbewußtsein.

Vincenzo Casciarolo war nur tagsüber ein zünftiger Schuhmacher. Jede freie Minute galt alchemistischen Versuchen. Als Schuster fühlte er sich ohnehin in Technik und Handwerkskunst an der Spitze. Er geht in der Umgebung Bolognas auf Suche nach Mineralien, die Ungewöhnliches verheißen. Eines Tages findet er auf dem nahegelegenen Monte Paterno Steine, die ihm besonders schwer erscheinen und ihm auch anders als üblich zu glänzen scheinen. Sie werden in die Schusterwerkstatt getragen, nachts beginnen die Experimente nach den Regeln der Schwarzen Kunst. Mit allerlei Zutaten und Mischungen werden die Steine geglüht, mit Kohle und Kalk vermengt. Die Werkstatt muß gut verdunkelt werden, damit die Nachbarn nichts merken. Es ist schon fast wieder Morgen, da bedeckt er das Feuer, legt die Gerätschaft an den ordentlichen Platz, löscht das Lämpchen. Beim tastenden Verlassen des völlig dunklen kleinen Raumes sieht er plötzlich einen fahlen Lichtschein, zweifelt zuerst an seinen Sinnen, aber es ist wahr, aus seinen Steinen vom Monte Paterno ist etwas geworden, was im Dunkeln leuchtet!

Casciarolo muß erschrocken sein und hat in dieser Nacht sicherlich keinen Schlaf mehr finden können. In vielen weiteren Versuchen zeigte er, daß aus diesen schweren Steinen durch richtige Behandlung mit Holzkohle tatsächlich eine vollkommen kalte Lichtquelle hergestellt werden konnte. Die von ihm kunstvoll gefertigten kleinen Kriställchen waren völlig abgekühlt und sandten dennoch Licht aus. Casciarolo weiß sofort, daß er hier etwas vollkommen Neues gefunden hat. Weder in der Bibel noch bei Aristoteles liest man etwas über kalte Lichtquellen. Natürlich gibt es Glühwürmchen und Leuchtkäfer, aber das ist lebendiges Licht. Und von den Griechen haben die Alchimisten die strikte Unterscheidung zwischen künstlichen und natürlichen Stoffen übernommen, daran wird festgehalten. Aus künstlichem Stoff kann nie Natürliches geschaffen werden, lautet die Regel. Künstliches Licht ohne Wärme ist so unerhört wie es künstliche Intelligenz, künstliches Leben wäre!

Der Schuster leitet aus dem Weltbild seiner Zeit eine ganz große Hoffnung ab. Er muß dem Gold, dem edelsten der Metalle schon sehr nahe sein. Gold gehört zur Sonne, strahlendes Metall entspricht strahlendem Gestirn. Weil sein neuer Stoff so leuchtet und nicht nur durch anderer Sterne Licht bestrahlt wird, nennt er seinen kristallenen Fund »Sonnenei«. Von hier aus sollte es zur Golddarstellung nur ein Schritt sein.

Gold fand Casciarolo nicht. Er hatte aber den ersten Nachweis für fluoreszierende und phosphoreszierende Leuchtstoffe erbracht. Damit hatte er der Physik sein Sonnenei ins Nest gelegt, an dem sie über Jahrhunderte rätseln sollte. Erst in unserem Jahrhundert hat die Quantentheorie das richtige Verständnis dafür entwickelt, viele Forscher mußten sich vorher verzweifelt den Kopf über diese kalte Lichtquelle zerbrechen. Heute werden von Vincenzos Nachfahren jährlich sieben Millionen Quadratmeter Leuchtschirme allein für die Fernseher hergestellt. Mehrere hundert Millionen Quadratmeter werden sogar jährlich mit leuchtfähigem Kristallitpulver ausgelegt, um über eine Milliarde Leuchtstoffröhren in aller Welt herzustellen, dazu sind über 4000 Tonnen in jedem Jahr nötig von einem Material, dessen erste wenige Gramm in der Bologneser Werkstatt entstanden.

Casciarolo wird vermutlich schwer daran getragen haben, daß mit seinem Fund zu seiner Zeit keine großen Hoffnungen auf Ruhm und Wohlstand verbunden werden konnten. Sicherlich hat seine Frau gedrängt, doch endlich Geld aus der Entdeckung zu machen, vermutlich gab es auch einen Schwager, der sich zur Risikofinanzierung breitschlagen ließ und Dividenden sehen wollte. Vincenzo teilte schließlich seinen Fund den Gelehrten der Stadt mit. Ihnen, den Herren Mont'Albano, Licetus, Marsiglius und anderen verdanken wir auch die ersten schriftlichen Zeugnisse. Der Bologneser Stein wird in einfachem Latein beschrieben, auch die ersten Definitionen des ungewöhnlichen Lichtes ohne Wärme, des Speicherns von Sonne und Flamme im Inneren eines Kristalls, sind klar und leicht verständlich. Dennoch merkt der Leser, wie sehr hier eine Krise des Weltbildes mit äußerster Vorsicht und Zurückhaltung beschrieben wird. Alle Arbeiten beginnen zunächst mit langen und demütig gehaltenen Einleitungen, um keine Schwierigkeiten mit der religiösen Obrigkeit zu bekommen.

Poetischer schon klingen die Berichte des Goldmachers Scipio Bagatello und des Astronomen und Mathematikers Giovanni Antonio Magini über das schöne neue Mineral, das über Tage das Licht der Sonne trinkt und es nachts wieder ausstrahlt. Wir wissen heute, daß Vincenzo Cascariolo einen Schwerspat gefunden und zu einem Sulfid reduziert hatte.

Das gelehrte Bologna darf von einem nördlichen Touristen keinesfalls auf einer klassischen Italienfahrt ausgelassen werden. Des nachts am 18. Oktober 1786 kommt Goethe in die Stadt. Selbstverständlich werden Kirchen und Kunstschätze besucht, aber selbstverständlich war es damals auch, daß sich der Reisende um die Naturwissenschaft bemühte. Den heiteren schönen Tag des 20. Oktober hat er ganz unter freiem Himmel verbracht. Kaum naht er sich den Bergen, so wird er schon wieder vom Gestein angezogen. Er kommt sich vor wie Antäus, der sich immer neu gestärkt fühlt, je kräftiger man ihn mit seiner Mutter Erde in Berührung bringt.

»Ich ritt nach Paderno, wo der sogenannte Bologneser Schwerspat gefunden wird, woraus man die kleinen Kuchen bereitet, welche kalziniert im Dunkeln leuchten, wenn sie vorher dem Lichte ausgesetzt gewesen, und die man hier kurz und gut Fosfori nennt.«

»Nun stieg ich in die Schluchten des bröcklig aufgelösten Gebirgs hinauf, wie sie von den letzten Regengüssen durchwaschen waren, und fand zu meiner Freude den gesuchten Schwerspat häufig, meist in unvollkommener Eiform, an mehreren Stellen des eben zerfallenden Gebirgs hervorschauen, teils ziemlich rein, teils noch von dem Ton, in welchem er stak, genau umgeben. Das schwerste Stück, welches ich gefunden, wiegt siebzehn Lot. Und ich wäre nun also schon wieder mit Steinen beladen! Ein Achtelszentner dieses Schwerspats habe ich aufgepackt.«

Die schwere Ladung der Steine, die Goethe als Andenken aus Arkadien nach Hause schleppen ließ, bedeutete ihm viel. Steine waren ihm die stummen Lehrer. Sie machen den Beobachter still, und das Beste, was man von ihnen lernt, ist nicht mitzuteilen. Form und Farbe, Ursprung des Gesteins und die Umgebung des Fundorts sollten als Einheit empfunden und erlebt werden, sollten vom betrachtenden Schüler in Stille verehrt werden. Goethe wollte sich diese alte antike Sehnsucht nach der Harmonie, die im Kristall versteckt zu sein schien, nicht rauben lassen. Es schien ihm unschicklich und ohne Kultur, die Steine durch ein zerlegendes Erforschen, durch eine mathematische Beschreibung oder durch Ausmessen der Winkel und Flächen zum Sprechen bringen zu wollen.

Um die Zeit des sich zu Ende neigenden achtzehnten Jahrhunderts aber begann die Naturwissenschaft sich dem Quantitativen und Exakten zuzuwenden. Mit Strenge und Unterwerfung unter die Übereinkunft sachlicher Methoden wurden auch die Kristalle betrachtet. Erster Schritt der systematischen Erfassung konnte nur eine möglichst vollständige Liste der vielen Formen und Gestalten sein, danach der Versuch eines Katalogs und ein Zurückführen auf möglichst wenige Grundprinzipien. Sammlungen wurden mit Sorgfalt und trockener Genauigkeit beschrieben. Goethe äußerte seine Kritik voller Abscheu: »Die Kristallographie, als Wissenschaft betrachtet, gibt zu ganz eigenen Ansichten Anlaß. Sie ist nicht produktiv, sie ist nur sie selbst und hat keine Folgen, besonders nunmehr, da sie so manche isomorphische Körper getroffen hat, die sich nach ihrem Gehalte nach ganz verschieden erweisen. Da sie eigentlich nirgends anwendbar ist, so hat sie sich in dem hohen Grade in sich selbst ausgebildet. Sie gibt dem

Geist eine gewisse beschränkte Befriedigung und ist in ihren Einzelheiten so mannigfaltig, daß man sie unerschöpflich nennen kann; deswegen sie auch vorzügliche Menschen so entschieden und lange an sich festhält.«

Eine unangemessene und öde Sammlerei des Vielfältigen also schien ihm die neue Wissenschaft der Kristallographie zu sein, die Goethe sogar als »mönchisch-hagestolzartig« bezeichnete und deren praktische Lebenseinwirkung er streng abstritt. Als Beweis sah er vor allem, daß die Kristallographen eine ihm widernatürlich vorkommende Einteilung gefunden hatten. Die Suche nach dem Gemeinsamen hatte zum Begriff der Isomorphie geführt, der gleichartigen Gestalt. Völlig unterschiedlich wirkende Gesteine fanden sich plötzlich in ein und derselben Klasse wieder. Was die Wissenschaftler aber als einen Erfolg in der Beschränkung der Vielfalt feierten, war Goethe ein widernatürlicher Zwang. Dem Gehalte nach verschiedene Kristalle in die gleiche Familie zu zwängen war für ihn unproduktiv. Niemand wird bestreiten, daß der blutigrote Rubin sich nach seinem Gehalte drastisch und unmißverständlich vom kaltblauen Saphir unterscheidet. Antike und Alchimisten hatten diesen beiden kristallenen Vertretern auch ganz unterschiedliche Symbolik, Wirkung und Zuordnung gegeben. Nun hatten die Kristallographen aber mit ihren Messungen der Winkel zwischen den Flächen und mit ihren anderen rechnerischen Forschungen herausgefunden, daß diese beiden so völlig unterschiedlichen Steine ein und dieselbe Gestalt und Form hatten. Sie gehörten also zur gleichen Familie, weil sie isomorph, also gleichgestaltig waren. Das war für Goethe unannehmbar. Wir wissen heute aber sehr wohl, daß Rubin und Saphir tatsächlich ganz enge Verwandte sind. Beide Mineralien bestehen aus der gleichen chemischen Verbindung, dem Oxid des Aluminiums. Der Unterschied liegt in den Zutaten: Rubin hat Spuren von Chrom, der Saphir dagegen Spuren von Eisen in sein Kristallgebäude aufgenommen. Die Farbe des Edelsteins ist nicht eine Wirkung des gesamten Aufbaus des Kristalls, sie wird nur von geringen Spuren eines fremden Zusatzes bestimmt. Diese ernüchternde Erkenntnis war damals zu schwierig, als daß man sie vermuten konnte oder gar nachzuweisen vermochte; die Menge des fremden Zusatzes war viel zu klein für die noch recht naiven chemischen Prüfverfahren. Heute aber wissen wir, daß diese im Goetheschen Sinne verschiedenen Körper eng miteinander verwandt sind.

Der polemische Streit um die Kristallographie der Goethezeit kennzeichnet den Beginn einer Spaltung, die im Laufe der Zeit gerade in

Europa und besonders nachhaltig in Deutschland sich vertiefte. Die Klassiker wollten die Harmonie bewahren, obwohl nüchterne mechanische Nachprüfung immer mehr Widersprüche aufdeckte. Der Riß zwischen Natur und Geist wird größer. Die Gegensätze verschärfen sich. Die neumodischen Wissenschaftler mit ihren künstlichen Instrumenten versuchen, die Natur zu erjagen; der Dichter rät dazu, die Welt zu erfühlen. Mit immer schwierigeren, mathematisierten Methoden versucht der Forscher ordnend zu erklären, dagegen rät der dem klassischen Schönen verschriebene Dichter zum stummen Erleben.

Schon die Wortwahl in der damaligen streitbaren Zeit ist bezeichnend. Auf der einen Seite steht das Lebendige, das Goethe »organisiert« nennt, aber nicht im heutigen Sinne, wo Organisation nach Bürokratie und Zwang, nach Zucht und Disziplin menschlichen Zusammenlebens klingt und der ursprüngliche Kern des Wortes, das Organische, Lebendige, verdrängt ist. Im faustischen Laboratorium läßt Goethe den Wagner als rücksichtslosen, kalten Naturforscher ohne Achtung vor dem Menschlichen sagen: »Was man an der Natur Geheimnisvolles pries, das wagen wir verständig zu probieren, und was sie sonst organisieren ließ, das lassen wir kristallisieren.« Und Mephistopheles antwortet ungerührt, daß ihn solche Kristallisation sogar schlimme Folgen für die ganze Menschheit erwarten läßt: »Wer lange lebt, hat viel erfahren, nichts Neues kann auf dieser Welt geschehn. Ich habe schon in meinen Wanderjahren kristallisiertes Menschenvolk gesehn.« Und beide betrachten gebannt, wie aus der leuchtenden und dampfenden Phiole der Homunkulus entsteht. »Kristallisieren« ist also für Goethe das kalte, erbarmungslose Unterwerfen, das Nachgeben einem seelenlosen Zwang. Größtes Unheil würde geschehen, wenn der Mensch sich nur der genauesten physikalischen Apparate bedienen würde und sich nicht mehr allein auf seine gesunden Sinne verlassen würde. »Man suche nur nichts hinter den Phänomenen, sie selbst sind die Lehre!«

Diese kristallene Krise der Goethezeit wurde nicht überwunden. Die alte Idee der harmonischen Einheit schwand, je erfolgreicher die Naturforscher wurden. Daß eine neue Harmonie und Schönheit auf viel tieferen, solider gebauten Fundamenten entstand, konnte nur der sehen, der die Mühe mit der Wissenschaft auf sich nahm. Dieses neue Gebäude war auch zu Anfang nur in den Umrissen sichtbar. Mit der unterschiedlichen Meinung über die Kristalle aber begann jene verhängnisvolle kleinliche Unterscheidung zwischen Zivilisation und Kultur, zwischen den Naturwissenschaften und den Geisteswissenschaften, zwischen den zwei Kulturen. Aus ihr entsteht die moderne Angst, von den Kristallen der Mikroelektronik zum kristallisierten Menschenvolk gepreßt zu werden.

Die Verzeichnisse vom Aufbau der Mineralien schwellen schnell an. Von den Fundstellen auf der ganzen Welt werden die Kristalle aufgesammelt und in den Katalogen notiert. Rhomben, Prismen, Oktaeder und Würfel werden beobachtet, ausgemessen, verglichen. Allmählich gelangt Ordnung in eine verwirrende Vielfalt; einfache geometrische Formen scheinen es letzten Endes zu sein, die die Vorschriften zum Aufbau ergeben. Schon ein normales Vergrößerungsglas zeigt dem Beschauer, daß seine wichtigste Würze, das Kochsalz nämlich, aus gleichmäßig geformten Würfeln besteht, aus einem Körper also, dessen regelmäßige Harmonie schon Plato für grundsätzlich angesehen hatte. Warum aber das Kochsalz diese Form und nicht eine Kugel oder irgendeine Pyramidenform bevorzugt, diese Frage war überhaupt nicht beantwortbar. Auch der Ursprung der besonders schönen, großen und regelmäßig ausgeformten Bergkristalle des Quarzes beispielsweise war rätselhaft. Diese Kristalle schienen aber etwas Gewachsenes zu sein und stellten somit aus der toten Welt der Mineralien am ehesten eine Verbindung zum Lebendigen dar. Genauere Untersuchungen der Umgebung eines solchen gleichmäßigen Kristalls ließen vermuten, daß ein möglichst langsames Entstehen aus dem Flüssigen günstig für die Regelmäßigkeit des Aufbaus war. Überstürztes Erstarren ließ den Bestandteilen des späteren Kristalls dagegen zu wenig Zeit, sich den richtigen, regelmäßigen Ort zu suchen. Dann entstanden lediglich viele, voneinander unabhängige Kriställchen in wirrem Durcheinander anstelle eines regelmäßigen Gebäudes. War die Störung beim Aufbau nicht zu abrupt, dann konnten Zwillinge entstehen: nebeneinander stehende, einander spiegelbildlich entsprechende kristallene Brüder.

Von der sich immer mehr in ihren Methoden verfeinernden Chemie erhofften die Kristallographen Hinweise über den Grundplan des Aufbaus der festen Stoffe. Aber nur wenig Hilfe kam von dieser Seite. Ja, es wurde die Verständniskrise zuerst noch verschärft. Manche chemische Verbindung schien sich gar nicht für einen einzigen Kristallaufbau entscheiden zu können. Es gab zwei, drei oder sogar noch mehr verschiedene Kristallformen für ein und denselben Stoff. Chemisch sehr verwandte Stoffe teilten sich zwar oft ähnliche Formen der Kristallisation, aber auch hier fehlten einfache und überzeugende Regeln. Auf der anderen Seite gab es wiederum chemisch sehr unterschiedliche

Stoffe, die doch die gleiche Struktur ihrer kristallenen Form aufwiesen. Das geduldige Sammeln und die hingebungsvolle Zahlenarbeit der Kristallographen blieb einstweilen vollständig in einer Beschreibung ohne Erklärung stecken. Kein Wunder war es also, daß Goethe keinen nützlichen Gegenwert und kein ordnendes Muster sah, dem die stumme Verehrung hätte geopfert werden können zugunsten der künstlichen Meßapparate.

Glanz, Farbe und Leuchten der Kristalle mußten als Nächstes untersucht und verstanden werden. Das Wesen des Lichtes und der Farbe war ein altes, besonders wichtiges Thema der Naturforscher und hatte harte Auseinandersetzungen gebracht. Darum war diese eigenartige Erscheinung des Speicherns von Sonnenlicht im Bologneser Stein eine Beobachtung, die man eigentlich nicht unbeachtet lassen durfte, sondern in das Theoriengebäude vom Licht einbauen mußte.

Theorien scheitern am Kristall

Der scharfe Schattenwurf und die geradlinige Ausbreitung der Lichtstrahlen hatten Isaac Newton bewogen, kleine Teilchen als die Träger des Lichts anzunehmen. Viele Ergebnisse seiner Zeit ließen sich mit dieser Idee recht ordentlich beschreiben. Als die Methoden feiner wurden, ließ sich der Durchgang des Lichts durch schmale Öffnungen und Spalte studieren. Wenn man nur genügend kleine Abmessungen einstellen konnte, dann wurde das Licht so abgebeugt, wie man es vom Durchgang einer Wasserwelle an einem Hindernis längst kannte. Licht mußte also eine Wellenbewegung, eine sich im Raume mit sehr hoher Geschwindigkeit fortpflanzende Schwingung irgendeines noch vollkommen unverstandenen Mediums sein. Diese flaue Annahme war zwar unbefriedigend, aber immer mehr Versuche schienen diese Theorie zu untermauern. Man konnte einzelne Wellenzüge einander überlagern und entdeckte Muster von Helligkeit und Dunkelheit, wie sie nur durch die Überlagerung von Wellen erklärbar waren. Das Übereinander einer Wellenschwingung nach oben und einer mit entgegengesetzter Richtung nach unten erklärt ganz zwanglos, daß auch Dunkelheit bei Beleuchtung auftreten kann, mit kleinen Teilchen schien so etwas undenkbar.

Kristalle wurden in diesen Streit zwischen Teilchen und Welle hineingezogen. Die Farbe des Lichtes sollte beim Teilchenmodell von der Geschwindigkeit dieser Teilchen bewirkt werden, rote und blaue

Lichtteilchen sollten unterschiedlich schnell fliegen. Die Wellenanhänger meinten dagegen, daß der unterschiedliche Eindruck durch unterschiedliche Wellenlängen verursacht wird. Beide Parteien versicherten, sie könnten die Zerlegung weißen Lichts in verschiedene Farben, wie es durch ein Prisma möglich war, ohne weiteres erklären.

Goethe verabscheute zutiefst diese zerteilende Wirkung des Prismas, Weiß mußte ihm eine Einheit bleiben. Aber auch er experimentierte mit farbigem Licht an seinen Kristallen, einschließlich derer des Achtelzentners aus Bologna. Es traten nämlich sehr aufregende Unterschiede durch die Farbe des Lichts auf, die Goethe in seiner Auffassung sehr gelegen kamen. In seiner »Farbenlehre« von 1808 beschreibt er ausführlich den Sachverhalt, den er und seine Zeitgenossen herausgearbeitet hatten. Blau, Gelb und Rot zeigten Differenzen! »Die Mitteilung des Lichtes durch farbige Beleuchtung zeigt dieselbige Differenz. Den Bononischen (das heißt aus Bologna stammenden) Phosphoren (also den Sonneneiern des Schuhmachers Cascariolo) teilt sich das Licht mit durch blaue und violette Gläser, keineswegs aber durch gelbe und gelbrote; ja, man will sogar bemerkt haben, daß die Phosphoren, welchen man durch violette und blaue Gläser den Glühschein mitgeteilt, wenn man solche nachher unter die gelben und gelbroten Scheiben gebracht, früher verlöschen als die, welche man im dunkeln Zimmer ruhig liegen läßt.«

Die von Goethe benutzten farbigen Gläser waren Filter, um aus dem Lichtgemisch nur einzelne Farben hindurchzulassen. Damit ließ sich auf das Newtonsche zerlegende Prisma verzichten. Eine eigenartige Entdeckung, schon um 1800 deutlich gesehen: blaues Licht teilt sich mit, nicht aber gelbes und rotes! »Mitteilen« ist die unverbindliche Aussage, daß durch das Licht der Stein aus Bologna zum Nachleuchten im Dunkeln angeregt werden kann. Rotes Licht war machtlos, die blaue Farbe mußte es sein. Das war eine ungemein wichtige Entdekkung, nicht nur für Goethe, der sie natürlich gern in seinem Sinne ausgelegt hätte. Aber bei so vielen Rätseln und so viel Unsicherheit in allen Erklärungen war diese Beobachtung halt damals nur eine von vielen, bei denen nichts weiter übrigblieb als sie der Nachwelt unerklärt aufzuzeichnen.

Tatsächlich aber ist diese Beobachtung der unterschiedlichen Wirkung verschiedenfarbigen Lichts die erste unmißverständliche Botschaft von der Quanteneigenschaft der Natur gewesen! Ein Jahrhundert später erhielt Einstein den Nobelpreis für die Erklärung dieses Sachverhalts. Der unterschiedliche Einfluß blauen und roten Lichts war aber inzwischen nicht mit einem komplizierten Stück Kristall, sondern unter weitaus einfacheren Verhältnissen nachgemessen worden. Mit einer ausgepumpten Glasröhre und einer eingeschmolzenen Metallplatte hatte sich der »photoelektrische Effekt« viel klarer und eindringlicher gezeigt: Nur mit eingestrahltem Blaulicht ließen sich Elektronen aus dem Metall herauslocken, auch noch so kräftiges Rotlicht war völlig wirkungslos. Wieder war die Vakuumröhre – genau wie bei Ferdinand Braun und seinem Detektor – der überlegene Konkurrent geworden. Die Überschaubarkeit und Einfachheit der Anordnung, trotz der weitaus komplizierteren Apparatur, hatte zu klaren Ergebnissen geführt. Die vom Licht herausgelösten Elektronen ließen sich sauber nachweisen, ihre Flugenergie ließ sich messen und der Farbe des Lichtes zuordnen. Die Quantenhypothese des Lichts war gefunden.

Einstein erklärte die Quantennatur des Lichts durch Photonen, deren Energie je nach der Farbe unterschiedlich war. Nur die blau wirkenden Lichtteilchen hatten dem Elektronen des Metalles genügend Energie »mitzuteilen«, so daß es die einsperrende Hürde des Metallverbandes überspringen und ins Vakuum der Röhre austreten konnte. Erst viele Jahre nach Einsteins Erklärung für diesen einfachen Fall einzeln handhabbarer Teilchen ließ sich diese Erklärung auf die Mitteilung des Lichts an den Kristall erweitern. Die vielen eng im Kristall aneinandergepackten Teilchen stellen ein viel komplizierteres Gebäude dar. Der Kristall hatte zu Beginn des neunzehnten Jahrhunderts die Krise der Quanteneigenschaft nicht überstanden. Zu verschwommen und neblig war dieser erste Einblick in die neue Welt der Quantenphysik gewesen. Das viel zu komplizierte Vielteilchensystem des Kristalls mußte ersetzt werden durch ein Verfahren, mit dem einzelne Teilchen isoliert werden konnten und einzeln verfolgt und gemessen wurden. Erst durch diese Vereinfachung gelang die Erkenntnis des Lichtquants Photon, und der jahrhundertelange Streit zwischen Teilchen und Welle wurde geschlichtet mit einem übergreifenden, vereinigenden Begriff.

Vielleicht sind die Theorien vom wissenschaftlichen Fortschritt zu idealistisch. Naturerkenntnis erfordert nach der geltenden Lehre eine so ausreichend scharfe Festlegung der Begriffe, daß Voraussagen entweder widerlegt oder bestätigt werden. Hypothesen und Theorien sind nur dann erlaubt, wenn sie das Merkmal der Widerlegbarkeit, genannt Falsifikation, schon von vornherein in sich tragen. So sollte das Widersprüchliche, wenn es entdeckt wurde, sofort den alarmierenden Verstoß gegen das vorherrschende Paradigma allen Forschern erkennbar ankündigen. Theoretisch sollte sich die Wissenschaft auf den Widerspruch von der Regel konzentrieren, mit allen zur Verfügung stehenden Kräften dem Ungelösten die Aufmerksamkeit schenken, bis das neue Theoriengebäude errichtet ist, unter dessen Dach auch das bis dahin Unpassende seinen geordneten Platz finden kann.

Die Wirklichkeit ist aber durch viel Unsicherheit geprägt. Erst im Rückblick wird der Regelverstoß gegen das Paradigma überhaupt erkennbar. Die Physiker neigen vielmehr dazu, ganze große Bereiche der Unordnung einfach abzuschnüren, um der Vergiftung und Verunsicherung des Körpers der halbwegs schon gesicherten Erkenntnis zuvorzukommen. Zur Physik wird nur gezählt, was sich ordentlich beschreiben läßt, was wiederholbare und überall und immer bestätigte Ergebnisse zeitigt. Das Nichtreproduzierbare wird verdrängt und abgestoßen, wohl aber wenigstens in den Bibliotheken für spätere Zeiten einer möglichen einbeziehenden Erklärung aufbewahrt. Es kann aber sehr lange dauern, bis sich eine solche Erklärung ergibt. Weil solchen unordentlichen Bereichen der Charakter des Wissenschaftlichen entzogen wird, flüchten die meisten Forscher zurück in die geregelten und anerkannten Bereiche. Die Abschnürung kann tödlich wirken, man darf sich nicht mit der Erforschung eines amputierten Teiles seinen Ruf verscherzen.

Die Wellentheorie des Lichtes wurde im letzten Jahrhundert sehr wohl von Beobachtungen an Kristallen in arge Bedrängnis gebracht. Es waren nicht allein die eigenartigen Unterschiede zwischen Rot und Blau, die überhaupt nicht stimmten. Die alte Bologneser Schuster-Erfahrung von dem speicherbaren Licht im Inneren des kristallenen Sonneneis war tatsächlich außerordentlich unpassend und beunruhigend.

Alexandre Edmond Becquerel fühlte sich der Physik und der naturwissenschaftlichen Tradition seines Vaters verpflichtet. Er war seinem Vater auf dem Posten des leitenden Professors am Naturgeschichtlichen Museum in Paris gefolgt. Auch der Sohn Henri wurde im Geiste der strengen Naturwissenschaft erzogen, er sollte später einen der ersten Nobelpreise für Physik für die Entdeckung der Radioaktivität erhalten. Die Einrichtungen des Museums waren keineswegs üppig, ja eher spartanisch. Die Intelligenz des Beobachtens und Interpretierens mußte und sollte das Wichtigste bleiben. An die Natur mußten die richtigen Fragen gestellt, sorgfältig die Antworten registriert werden. Der Vater hatte sich der Elektrizität und dem Magnetismus verschrieben, für den Sohn war das Licht das große Thema. Sein Buch »La lumière, ses causes et ses effets«, das Licht, seine Quellen und Wirkungen, sollte im Jahre 1868 das gesamte damals bekannte Wissen in zwei sorgfältig geschriebenen Bänden zusammenfassen.

Die Quellen waren schnell und einfach beschrieben: Sonne, Flamme, Funken. Auch über die Wellennatur des Lichtes war kaum ein ernsthafter Zweifel anzumelden, doch die Wirkungen des Lichts, ses effets, waren verwirrend und ergaben immer neue Widersprüche. Die Kristalle spielten dabei immer ganz besonders herausragende Rollen.

Der Kristall spannt einen Raum auf, der nicht mehr gleichförmig ist, sondern durch Achsen einige Richtungen vor den anderen auszeichnet. Dieser ungleichwertige Raum des Kristalls verändert auch die Ausbreitung des Lichtes. Manche Kristalle zeigen sogar eine doppelte Brechung des Lichts, sie spalten einen Strahl in zwei Bündel auf, jedes ergibt ein Bild. Der Kalkspat-Kristall zeigt diese Verdopplung besonders deutlich. Im Wellenbild ließ sich diese Erscheinung gut deuten. Der Kristall zerlegt die Schwingungen des Lichts in zwei Teile, deren Schwingungsebenen verschieden sind. Damit hatte man einen sehr wichtigen Beweis dafür gewonnen, daß Licht am besten durch eine schwingende Welle zu erklären war, und noch mehr: Man wußte, daß diese Schwingung in einer Richtung verlaufen mußte, die senkrecht zur Richtung der Ausbreitung verläuft. Keine Frage für Becquerel, daß diese wichtige Aussage in sein Buch aufgenommen werden mußte: Licht durchläuft den Kristall als eine Schwingungsform.

Jetzt mußte man nur noch begreifen, warum manche der Kristalle das Licht so lange Zeit zu speichern vermochten. Diese Erklärung aber erwies sich als so problematisch, daß umfangreiche Forschung notwendig wurde. Edmond Becquerel tat es mit Hingabe und Geschick. In die Fensterverdunklung seines Laboratoriums im Museum wurde eine kleine Öffnung geschnitten, die mit einer Klappe wieder verschlossen wurde. Das Sonnenlicht fiel ins Labor, wenn Becquerel die Klappe hob. Der Strahl mußte durch ein Prisma und wurde so in alle Farben des Regenbogens zerlegt. Jetzt konnte Becquerel, wie damals Goethes Zeitgenossen, die »Mitteilung« des Lichtes für alle Farben in Ruhe studieren. Edmond kniff die Augen zu, die sich ans Dunkel gewöhnt hatten und nun auch den schwächsten Lichtschein wahrnehmen konnten, öffnete kurz das Fensterkläppchen, ließ geschwind einen Teil des Sonnenlichts, vielleicht den grünen Teil, auf den Kristall fallen, schloß die Klappe und öffnete sofort wieder die Augen, um das Leuchten des Steines zu vermerken, das durch das Sonnenlicht angeregt wurde. Schrittweise wurde der Kristall mit immer wieder anderen Teilfarben belichtet, immer wurde die Farbe des phosphoreszierenden Leuchtens aufgezeichnet.

Kein Zweifel bestand mehr, daß das blaue Licht kräftigeres Leuchten verursacht als der rote Teil. Becquerels Buch enthält eine schöne Sammlung eigenhändig kolorierter Aufzeichnungen für alle möglichen Minerale. Rotes Licht zerstört manchmal die Leuchtkraft, wie es schon Goethe in der Farbenlehre berichtet. Diese Eigenart wird sich erst in unserem Jahrhundert richtig deuten lassen.

Die Wellentheorie des Lichts machte einige Vorhersagen zur Speicherung möglich, die Becquerel umsichtig mit vielen Versuchen und den unterschiedlichsten Kristallproben nachweisen wollte. Das Brechungsvermögen der kristallinen Substanz müßte eine ganz bestimmte Rolle spielen. Aber jeder Versuch des Beweises schlug fehl, es ließ sich kein eindeutiger Zusammenhang finden. Dafür sah sich Becquerel immer mehr gezwungen, alten Berichten Glauben zu schenken, die er vorher als unglaubwürdig eingestuft hatte. Künstliche Leuchtstoffe herzustellen war eine Art Geheimwissenschaft geworden, zunächst mehr Zeitvertreib, später sehr wichtig, weil man mit Leuchtschirmen alle Arten von Strahlen nachweisen konnte und so eine Sichtbarmachung des Mikroskopischen, der Atome und Elektronen, erreichen konnte. Argwöhnisch wurden die ans Alchemistische erinnernden Kochrezepte bewacht und durch emsiges Probieren und Experimentieren ergänzt und verbessert.

Einige der Lieferanten schworen darauf, daß Austernschalen, fein zerrieben und zerstoßen, mit in die Mixtur gehörten. Andere glaubten an Perlen. Die in der Chemie Bewanderten wußten aus langen Versuchsreihen, daß ganz kleine Zusätze, beispielsweise von Mangan, vielleicht auch Kupfer, selbst nichtleuchtende Stoffe zum Lichtspeichern veranlassen konnten. Diese Rezepturen hörten sich so unwissenschaftlich an, daß Becquerel gehofft hatte, sie widerlegen und statt dessen eine ordentliche Beweisführung im Sinne der Wellentheorie anbieten zu können. Aber je länger er suchte, um so mehr schien sich zu bewahrheiten, daß es tatsächlich die Spuren von Zusätzen waren, weit unter einem Promille in den meisten Fällen, die am stärksten das Leuchten beeinflußten. Gequält mußte Becquerel all diese unordentlichen Beobachtungen in seinem Buch notieren. Der Traum von der Vereinheitlichung wich einer unüberschaubaren Vielfalt.

Immer weniger verstand man das Wechselwirken zwischen Licht und Kristall. Wie war es nur möglich, daß sich die Schwingung des

Lichtes so lange aufrechterhalten ließ? Einmal im Zeitraum eines Hundertmilliardsten Teiles einer Milliardstel Sekunde schwingt das Licht hin und her, aber über Sekunden und Minuten, ja Stunden, läßt sich das Licht speichern. Milliarden und Abermilliarden von Schwingungen also sollte das Licht in diesen Kristallen ausdauern können, ohne schwächer zu werden? Das wäre eine phantastische, ganz und gar ungedämpfte Pendeluhr, die so lange unabgeschwächt hin und her schwingen kann. So etwas erschien jedoch fast unmöglich, denn man konnte ja sehen, wieviel Licht beim Durchgang durch einen Kristall verschluckt wird. Die Rechnung ging überhaupt nicht auf. Die gesamte Vorstellung des Atombaus der Materie schien in Frage gestellt.

Also waren die Schwingungen vielleicht doch nicht auf den gesamten Kristall verteilt, sondern sie beschränkten sich nur auf diese fremden Zusätze? Dazu hätte man verlangen sollen, daß das Licht sich zuerst wie eine sich unglaublich schnell fortpflanzende Welle benimmt, dann sich eine lange Zeit irgendwie zusammenzieht, sich auf eine Stelle im Kristall konzentriert, wo sich die fremden Zusätze befinden, an dieser Stelle ungeschwächt Rast halten kann und schließlich wieder zur Welle wird und den Kristall als Lichtblitz wieder verläßt. Nichts als Gelächter über solche krausen Ideen würde man bei den Kollegen ernten, die sich mit den ordentlichen Gebieten der Physik abgaben. Aber Becquerel als guter Physiker notierte all das, was nach sorgfältiger Beobachtung unausweichlich zu sein schien. Die bisherige Vorstellung der Wesenart des Lichts war in Gefahr. Was war zu tun?

Die unausgegorenen Versuche mit Licht im Kristall werden verdrängt, aus dem überschaubaren Zentralbereich der Physik verbannt. Es muß eine andere, ideale, möglichst völlig materiefreie Lichtquelle her. Genauso wie Galilei kühn die Luft und ihren Widerstand auf einen fallenden Körper einfach ignorierte und damit die allgemeinen Fallgesetze am schiefen Turm zu Pisa auffand, genauso wurde jetzt gehandelt. Der nur mit Strahlung erfüllte Hohlraum konnte im Laboratorium in guter Annäherung realisiert werden. Damit konnte erforscht werden, wie sich die Temperatur der Hohlkugel auswirkte auf die Ausstrahlung, die durch eine winzige Öffnung von außen beobachtet wurde. Saubere Kurven ergaben sich, ohne die lästigen Störungen der kristallinen Materie. Diese Kurven waren völlig unerwartet, aber man konnte sich auf die Korrektheit unbedingt verlassen. Ihre Deutung stellt zu Beginn unseres Jahrhunderts eine der größten Revolutionen unseres naturwissenschaftlichen Weltbildes dar: Max Planck zeigt, daß nur die Annahme gequantelter Energie die Strahlungskurve erklären kann. Die Quantentheorie mit allen ihren Folgen unseres Verständnisses und unserer Ausnutzung atomarer Vorgänge war gefunden. Großer Verlierer war wieder der Kristall. Er hatte der gesamten Entwicklung im Wege gestanden, war zwar nützliches Hilfsmittel für allerlei Gerät gewesen, aber hatte alles nur unverständlich und kompliziert gemacht. Die größte Krise schien darin zu liegen, daß durch diese entsetzliche Empfindlichkeit gegenüber winzigsten Spuren von Beimischungen so große Veränderungen auftauchten und eine nicht mehr einzugrenzende Vielfalt und Regellosigkeit entstand. »Dreckeffekte« waren das! Und gerade diese Dreckeffekte sollten später die wichtigste Grundlage der Mikroelektronik werden. Einstweilen hatte der Kristall, genau wie bei Brauns elektrischem Detektor, auch mit dem Licht die Bewährungsprobe nicht bestanden. Mehr Forschung tat not, um Aufbau und Wirkung der Kristalle zu verstehen.

III. Atome im Raum

Röntgenlicht enthüllt die Symmetrie

Was nützte die beste Forschung, gäbe es nicht auch Lehrer, die ihre Ergebnisse bewahren und weitergeben und die dafür sorgen, daß weiter daran gearbeitet wird. Aus den Lebenserinnerungen der Naturforscher spricht immer wieder Dankbarkeit und Verpflichtung für den Lehrer. Ein Riß in der Kette zwischen Meistern und Schülern gefährdet die Physik.

Max von Laue hatte es als Einjähriger in Straßburg geschickt eingerichtet, daß er trotz des preußischen Militärdienstes in die Experimentalvorlesung zu Ferdinand Braun an der Straßburger Universität kommen konnte. Eine solche Vorlesung ist ein gut einstudierter, fesselnder Zirkus. In freier Rede hat der Professor die Wissenschaft zu erläutern. Die Kreidephysik an der Wandtafel zeigt Grundlagen und mathematische Deutung, dann aber wird dem Publikum in einfachen Versuchen, bis in die höchste Bankreihe sichtbar, die Natur lebendig vorgeführt. Niemand, der solch eine Vorlesung zu zelebrieren hat, läßt sich dabei gerne stören. Besonders ärgerlich ist es, wenn Nachzügler zu spät in die Vorlesung kommen und sich während der Versuche in die Bankreihen quetschen müssen.

Laue blieb manchmal nichts anderes übrig, als sich, in Uniform und mit Pickelhelm unter dem Arm, abgehetzt noch in einen freien Platz hineinzudrängeln. Aber es lohnte sich, wie Laue berichtet: »Ich erinnere mich seiner glänzenden Versuche, seines eleganten, manchmal witzigen Vortrags. Wenn ich aber zu spät kam, rief dies, besonders weil ich Uniform trug, einiges Aufsehen und etwas Unruhe hervor. Am Ende des Semesters mußten die Studenten abtestieren; das sollte eigentlich die Bescheinigung ihres regelmäßigen Vorlesungsbesuchs abgeben. Bei den Hunderten seiner Hörer aber war Braun selbstverständlich nicht in der Lage, darüber ein Urteil abzugeben. Er saß also in einem Nebenraum zum Hörsaal an einem Tisch, die Studenten traten einer nach dem andern heran und legten ihre Testierbücher vor, und er schrieb mechanisch und fast ohne aufzusehen seinen Namen hinein. Nur wie ich in meiner Uniform an die Reihe kam, blickte er ein wenig auf und sagte mit leichtem ironischem Seufzer: ›Ja, daß *Sie* dagewesen sind, das kann ich bescheinigen.‹« Später konnten die beiden Nobelpreisträger auf einer Physikertagung ausgiebig über diese Erinnerung lachen.

Lehrer in den Gymnasien und an den Hochschulen waren es, die um die Jahrhundertwende die Besten für Physik und Naturwissenschaften gewinnen konnten. Gepackt wurde, wer in die Eleganz und Schönheit eines mathematischen Beweises eingeführt wurde und miterleben konnte, wie einfach und harmonisch die vier Gleichungen des James Maxwell alle verwickelten Erscheinungen sowohl der Elektrizität wie der Optik erklärend vereinen. So wie die besten zu Mozarts und Beethovens Zeit sich von der Musik angezogen fühlten, so kamen sie jetzt zur Physik. Theoretische Physik wollte Max von Laue lernen. Er ging zu Max Planck, der ihm als Doktorthema eine Aufgabe aus dem Bereich der Überlagerung von Lichtwellen stellte. Nebenfächer waren Philosophie und Chemie bei der Doktorprüfung. Laues gute Chemiekenntnisse halfen über unverhohlene Schwächen in der Kristallkunde hinweg, wohl mit Rücksicht darauf, daß der junge Theoretiker wohl kaum jemals etwas mit Kristallen zu tun haben würde, erklärten die Prüfer das Examen für bestanden.

Kristallographie war ja ohnehin kaum eine richtige Wissenschaft, sie war nur eine beschreibende Disziplin der Mineralogie. Man hörte als Student ein wenig davon in der Optik, bei der Lehre vom Licht – wobei viel Ungereimtes verdrängt wurde. Es gab so viele spannendere Dinge um diese Zeit, die die Aufmerksamkeit beanspruchten. Röntgens Entdeckung der durchdringenden Strahlung war beispielsweise viel aufregender als die langweilige Beschreibung von Mineralien. Laue ging von Berlin nach München, wo der große Röntgen lehrte und Arnold Sommerfeld, der einflußreiche Theoretiker. In München war in diesem ersten Jahrzehnt des neuen Jahrhunderts aber immer noch die Raumgitterhypothese des Kristallbaus lebendig. An der Technischen Hochschule zu München hatte der Physikprofessor Sohncke sich überlegt, wie man gleichartige Teilchen regelmäßig im Raume anordnen kann. Alle möglichen periodischen, sich also im Raume stets wiederholenden Bauprinzipien hatte er erforscht und systematisch zusammengestellt. Ob diese Mühe sich gelohnt hatte, war den meisten Physikern nicht klar, vielleicht sogar ziemlich einerlei. Die meisten jungen Forscher aber freuten sich an den alten, langsam vor sich hinstaubenden Modellen, die aus Zigarrenkistchen, Stricknadeln und Glasperlen der Anschaulichkeit der Prinzipien dienen sollten. Sie standen in Glasschränken der »physikalischen Sammlung des Staates«. Jeder, der in die Vorlesungen des berühmten Arnold Sommerfeld ging, mußte an dieser kuriosen Ausstellung vorbeilaufen. Der Mineralogieprofessor konnte in seinen Vorlesungen auf die Modelle hinweisen, ohne die man sich die Regelmäßigkeit räumlich allerdings nur schwer vorstellen kann; räumliches Sehvermögen braucht anschauliche Hilfe.

Im Jahre 1910 kommt ein junger Mann zu Sommerfeld und bittet um ein Thema für eine Doktorarbeit. Sommerfeld hat eine Fülle von Vorschlägen und überläßt dem Kandidaten die Wahl. Jeder gute Lehrer weiß, daß der Doktorand schon bei dieser eigenen Entscheidung lernt, wie wissenschaftliches Urteil entsteht und was zu beachten sei, um zum richtigen Zeitpunkt etwas Neues und gleichzeitig Lösbares zu finden. Eine selbständig erwählte Aufgabe – im Rahmen der Arbeitsrichtung eines Instituts – wird auch mehr Schwung und Begeisterung entfachen, Mut und Selbstbewußtsein vermitteln und das Gefühl, eigenständig am Gebäude der Wissenschaft mitwirken zu dürfen. Der junge Mann, Paul Peter Ewald, sucht sich das Thema aus, wovor der Lehrer am meisten warnt, woran er zweifelt, dann aber doch zustimmt. Ewald will theoretisch untersuchen, ob im Inneren von Kristallen schwingende Gebilde angenommen werden könnten, deren Eigenschaften die Brechung des Lichtes im Kristall erklären könnten. Über diesem Thema hatte schon Becquerel in seinem verdunkelten Pariser Museumszimmer verzweifelt gesessen, viele Kollegen nach ihm hatten sich den Kopf zerbrochen.

Es muß spät im Jahre 1910 oder Anfang 1911 gewesen sein – Ewald erinnert sich nicht mehr genau –, da sucht der Doktorand den Rat des Privatdozenten von Laue. Laue und seine Frau hatten Ewald zum Abendessen in ihre Wohnung in der Bismarckstraße in Schwabing eingeladen. Beide laufen gemeinsam durch den Englischen Garten von der Universität nach Hause. Ewald freut sich über die Gelegenheit, seine Probleme und seine ersten Ergebnisse vortragen zu können. Laue versteht zuerst gar nicht, oder er gibt es jedenfalls vor: »Wozu denn diese Annahme, daß im Kristall schwingungsfähige Dinge sein sollen, die in Resonanz kommen können?« Ewald fühlt sich geschmeichelt, erklärt, daß die Kristallographen der Ansicht seien, dies allein könne den Unterschied zwischen Kristallen und den formlosen, amorphen Stoffen wie den Gläsern erklären. Die Vermutung gehe dahin, daß der Kristall aus einer gleichmäßigen räumlichen Anordnung von ganz kleinen Schwingern bestehe. Immerhin könne man sich dann vorstellen und vielleicht sogar später einmal zahlenmäßig nachrechnen, wie ein Kristall das Licht bricht und wie sich Licht im Kristall überhaupt fortbewegt.

»Was heißt klein?« will Laue genauer wissen. Wie groß soll denn der Abstand dieser Schwingungsgebilde sein? Ewald fühlt sich überfragt, stolpert ein bißchen auf dem Parkweg im Englischen Garten. Er weicht aus: »Es hängt davon ab.« Diese undeutliche Antwort ärgert Laue. Wovon hängt der Abstand ab? »Das weiß man eben nicht.« Es ist unklar, ob es vielleicht Atome sind, die im Kristall die Schwinger sind, oder ganze Moleküle oder vielleicht nur einige wenige von solchen Molekülen. Man weiß eben überhaupt noch nichts Ordentliches über das Geheimnis der Kristalle. Die dicht gepackte Materie ist zu kompliziert, man kann halt in so kleine Dimensionen nicht hineinsehen. Viele Physiker und Chemiker halten die ganze Atomvorstellung auch jetzt, im Jahre 1911, noch für überflüssig und krampfhaft. Laue drängt weiter; ein Physiker muß lernen, intelligente Abschätzungen zu machen. Genaue Zahlen hat der Ingenieur zu wissen, der Physiker muß mit Instinkt und Intuition nur zunächst das Ungefähre, die Größenordnung erahnen, um in Neuland vorzustoßen.

»Mir ist der Abstand zwischen diesen Schwingern nicht wichtig, er geht in meine Rechnungen nicht ein. Aber ich vermute, dieser Abstand ist etwa ein Tausendstel bis ein Zehntausendstel der Wellenlänge des sichtbaren Lichtes.« Laue sagt nichts, ein Gespräch kommt jetzt nur noch stockend zustande. Ewald spricht von seinen Problemen, erwähnt Einzelheiten. Immer mehr ärgert er sich, daß Laue überhaupt nicht zuzuhören scheint und zweimal völlig zusammenhanglos fragt: »Was geschieht denn mit ganz kurzen Wellen im Kristall?« Ewald bleibt höflich: »Ich weiß nichts über das Verhalten von ganz kurzen Wellen, aber man kann das aus den Formeln in meiner Arbeit herauslesen, in denen die Summe von Kugelwellen in eine solche von ebenen Wellen transformiert wird. Diese Formeln sind streng gültig für alle Wellenlängen; ich lasse sie Ihnen gern da – ich selbst aber muß erst meine Dissertation abschließen und einreichen und kann jetzt keine Zeit auf Ihre Frage verwenden.«

Enttäuscht kehrt Ewald nach dem gemeinsamen Abendessen aus Schwabing wieder zurück, am 16. Februar 1912 besteht er sein Doktorexamen und verläßt gleich darauf München. Laue aber ließ diese Unterhaltung nicht los. Wie so oft in der Geschichte der Physik tat sich hier eine Möglichkeit auf, zwei zunächst völlig zusammenhanglose Unklarheiten in einem Experiment zu vereinigen und beide gleichzeitig zu lösen. Kristallbau und die Natur der Röntgenstrahlen schienen plötzlich zusammenzugehören. Stiefkind und Modetochter der Physik dieser Jahre traten auf einmal gemeinsam auf.

Wilhelm Conrad Röntgen, der erste Träger des Nobelpreises für Physik, hatte mit seiner Entdeckung der neuen Strahlen im Jahre 1895 die wissenschaftliche Welt in ein wahres Fieber versetzt. An allen physikalischen Instituten der Welt, aber auch bei den Medizinern und Technikern, ahmte man seine Versuche nach. Die größte Ehre für den Entdecker wurde ein neues Tätigkeitswort der deutschen Sprache: Man konnte einen Körper *röntgen*, damit den Knochenbau erkennen. Das Unsichtbare und Verborgene wurde von dieser neuen Strahlung durchleuchtet. Die Strahlung entstand durch Kathodenstrahlen, die man an einer Metallplatte durch den Aufprall abbremste. Röntgens erste Veröffentlichungen waren so sorgfältig und so umfassend, daß für die Nachfolger kaum noch etwas Wichtiges übrigblieb.

Die Natur der neuen Strahlung aber war immer noch umstritten und stellte damals eines der lebendigsten Gebiete der Physik dar. Waren Röntgens Strahlen etwas wie das Licht, also eine Wellenbewegung? Dann müßte man zum Beweis die gleichen Welleneigenschaften sehen wie im Sichtbaren. Beugung und Erzeugung von Dunkelheit aus überlagerten, entgegengesetzt schwingenden Wellenfeldern müßten möglich sein. Alle Versuche, dies klar nachzuweisen, waren aber nicht eindeutig positiv verlaufen. Das konnte heißen, daß Röntgenstrahlen entweder keine Wellen sind, oder aber, daß die Wellenlänge so kurz ist, daß man nur mit ebenso kurzen Abständen als Hindernisse für die Wellen den Nachweis führen kann. Die Wellennatur einer Strahlung wird erst dann erkennbar, wenn sie auf Öffnungen oder regelmäßige Strukturen – wie ein geritztes Gitter – trifft, bei denen die Abstände ungefähr so groß sind wie die Wellenlänge der Strahlung. Die bisherigen zweideutigen Versuche ließen allenfalls den Schluß zu, daß das Röntgenlicht Wellenlängen von höchstens einem Tausendstel des sichtbaren Lichtes haben könnte. Darum hatte Laue bei Ewalds Bemerkung im Englischen Garten so aufgehorcht und war verstummt seinen Gedanken nachgehangen!

Die Gegner des Wellenbildes aber, vor allem der Engländer Bragg, vermuteten aufgrund mancherlei Hinweise, daß sich die neue Strahlung wie eine Sammlung schnell fliegender Teilchen mit sehr hoher Bewegungsenergie benahm. Die Röntgenstrahlen sollten sich genau wie Billardkugeln verhalten, wenn sie von Hindernissen abprallten. Der alte Streit zwischen England und dem Kontinent war mit dem Röntgenlicht wiederentstanden. Heute liefert die Quantentheorie die Synthese, sie vereinigt Welle und Teilchen in einem übergeordneten Bild und harmonisiert die Unterschiede.

Sommerfeld und Röntgen arbeiteten an Fragestellungen, die zur eindeutigen Klärung des Problems beitragen sollten. Darum wußte Laue natürlich sehr genau von der Wichtigkeit des Streits und erkannte sofort, daß ein Kristall, wenn er im Inneren wirklich auch nur annähernd so aussah, wie es Ewald sich vorstellte, ein geradezu ideales Hindernis für Röntgenstrahlung sein mußte. Wenn die Abstände zwischen den Schwingern ungefähr so groß waren wie die Wellenlänge der Strahlung, dann mußte Röntgenlicht gebeugt werden. Ein Strahl konnte dann nicht mehr ungestört den Kristall durchlaufen, die ständigen Hindernisse mußten das Licht abbeugen, überlagern und irgendein Muster von Licht und Dunkelheit ergeben.

Das Café Lutz war beliebter Treffpunkt der Münchner Physiker, manche wichtige Idee wurde dort geboren. Nach Tisch kam man zusammen und besprach, was in den einzelnen Arbeitsgruppen Neues geschehen war. Walther Friedrich, eben bei Röntgen zum Doktor promoviert und jetzt Assistent beim Theoretiker Sommerfeld, hörte sich Max von Laues Ideen an und wollte sofort mitmachen. Aber Chef Sommerfeld lehnte den Vorschlag Laues zunächst ab. Sommerfeld wollte, daß Friedrich ein anderes Thema schnell bearbeitete, er sollte sich nicht der unsicheren Idee Laues widmen. Erst als ein Doktorand von Röntgen, Paul Knipping, hinzugezogen und abgeordnet wurde, konnte ein Experiment begonnen werden. Ein kleiner blauer Kristall aus Kupfersulfat wird besorgt und sorgfältig gehaltert in den Strahl gebracht. Die ballonförmige Röntgenlampe, in einer Schraubzwinge befestigt, wird durch eine dicke Bleiplatte abgeschirmt. Nur ein kleines Loch läßt einen scharf gebündelten Strahl auf den Kristall fallen. Das meiste Licht wird vermutlich ungestört und geradlinig den Kristall durchlaufen, es würde stören beim Nachweis des vom Kristall abgebeugten Röntgenlichts. Also wird es durch ein Stückchen Blei von der photographischen Platte ferngehalten, auf der man sich eine Schwärzung durch die abgelenkte Strahlung erhofft. Der erste Versuch schlägt fehl. Aber beim zweiten Experiment sind deutlich einzelne Punkte in halbwegs regelmäßiger Anordnung zu erkennen, ein Muster von Helligkeit und Dunkelheit ist tatsächlich gefunden.

Die Diskussionen im Café Lutz wurden immer heftiger. Man wußte, daß der Chef Röntgen, der sich ohnehin immer mehr zurückzog und unter seinem Ruhm mehr litt als sich daran freute, nicht so sehr viel von dem Versuch hielt. Sommerfeld hatte ja schon vorher die Bedenken angemeldet. Laue selbst sprach immer von seinem »optischen Gefühl« und von seinem durch lange Beschäftigung gewonnenen »Instinkt« als Grundlage seiner Behauptung, daß irgendeine Art Beugung stattfinden sollte, ohne aber sagen zu können, wie das Muster aussehen sollte. Die Zeit um Ostern 1912 war aufregend, voller Hoffnung, Vorsicht, Skepsis. Tag und Nacht läßt Laue dieser »Kranz der abgebeugten Gitterspektren« nicht los. Eine solche neue Entdeckung ist nur wenigen Forschern vergönnt. Die meisten Physiker aber können nachfühlen, wie vollständig ein solches Ereignis eine Person in Beschlag legen kann. Alle Teile des Gehirns, alle Winkel des Gedächtnisses werden belegt, um nur jede mögliche Verknüpfung mit dem schon Bekannten durchzuspielen. Der Außenwelt zeigt sich ein zerstreuter Gelehrter.

Tief in Gedanken geht Laue nach Hause, denkt über die Aufnahme und die dort verzeichnete Verteilung von Licht und Dunkelheit nach. Er ist schon durch die Leopoldstraße gelaufen und hat fast die Wohnung in der Bismarckstraße 22 erreicht, als er stehenbleibt und das untrügliche Gefühl hat zu wissen, wie die mathematische Theorie lauten muß! Er merkt, daß etwas Wichtiges passiert ist; als gelernter Forscher notiert er die Stelle: Er steht vor dem Haus Siegfriedstraße 10 in München-Schwabing. Die Beugung von Wellen am optischen Gitter, einer dichtgedrängten Reihe feiner Striche, ist ihm aus früherer Arbeit bekannt. Ein flächenhaftes Kreuzgitter ist der nächstschwierigere Schritt, aber auch er ist lösbar. Wenn der Kristall ein regelmäßiges Gitter im Raum darstellt, dann muß er für alle drei Dimensionen dreimal die Gleichungen hinschreiben und die Lösung finden, um die neue Entdeckung zu deuten. Der Kranz der strahlenden Punkte muß auf Kegeln im Raum liegen, die durch die drei Beugungs-Bedingungen bestimmt werden. Die Theorie ist noch nicht völlig richtig, aber sie trifft das Wesentliche, und sie ist mathematisch lösbar. Die Ergebnisse lassen sich der kritischen Gemeinde der Wissenschaftler in der eindeutigen Sprache der Mathematik präsentieren.

Am 8. Juni 1912 will Laue seine Entdeckung in Berlin vorstellen, im selben Saal an der Berliner Universität, wo im Dezember 1900 Max Planck zum ersten Male von der Quantentheorie berichtet hatte. Er schreibt Planck im voraus und sendet Wilhelm Westphal, der die Sitzung organisiert, einen Brief: »Lieber Herr Kollege! Ich beabsichtige, im Juni in der Deutschen Physikalischen Gesellschaft vorzutragen, und zwar in der ersten Sitzung, die auf den 8. Juni folgt. (Letzteres ist nämlich der Termin, an welchem die Arbeit der hiesigen Akademie vorgelegt wird.) Das Thema möchte ich heute noch nicht genau formulieren. Doch will ich Ihnen sagen, daß die beiliegende Photographie dabei eine große Rolle spielt. Ich empfehle Ihnen und den Herren Kollegen ein eifriges Raten, was die bedeuten. Wer's rät, bekommt einen Thaler. Aber fragen Sie nicht Planck. Der weiß es, sagt aber nichts.«

Die Deutung erweist sich als richtig. Andere wiederholen die Versuche. Vater und Sohn Bragg erweitern und ergänzen, vereinfachen die Methoden und ihre Deutung. Der Kristall hat eine große Krise erfolgreich bestanden. Der Weg ist frei für eine große neue Teildisziplin der Physik: Die Festkörperforschung beginnt. Jetzt war nicht nur klar, daß Röntgenlicht tatsächlich die Eigenschaften einer Welle besitzt, sondern auch, daß es die Wellenlänge von etwa einem Milliardstel Zentimeter hat.

Aber noch wichtiger ist, daß es mit dieser Entdeckung jetzt erstmals eine Möglichkeit gibt, in die Struktur der Kristalle hineinzuleuchten. Eine genaue und zahlenmäßige Deutung der abgebeugten Strahlenbündel führt zu präzisen Aussagen über die Lage der Atome. Die Röntgenstrahlen sondieren die Positionen der Atomkerne und tragen die Botschaft über die Verteilung der Elektronenhülle der Atome nach außen. Feinste Einzelheiten der Bindungen zwischen den Atomen, durch die miteinander geteilten Elektronenbahnen vermittelt, werden jetzt meßbar. Aber auch jede Verwerfung des Wachstums, jede Störung im regelmäßigen Aufbau ist mit den kurzen Wellen der Röntgenstrahlen aus dem Verborgenen ins Sichtbare gerückt.

Die Atome bauen den Kristall auf. Mit ihren Elektronenhüllen sind sie die schwingenden Gebilde, wie sie sich der junge Paul Peter Ewald vorgestellt hatte. Die kugeligen Verteilungen der Elektronen um das Natriumatom und das Chloratom machen verständlich, warum Kochsalz eine so einfache Würfelstruktur besitzt. Komplizierter schon sind die keulenförmigen Elektronenbahnen bei Silizium und Sauerstoff, wenn sie gemeinsam den Quarzkristall bilden. Die strengen tetraedrischen Ausrichtungen der Elektronen im Kohlenstoffatom fügen sich zum Diamantkristall. Chemie, die Lehre von den Bindungen und Verbindungen der Atome untereinander, war nun eng verknüpft mit der Physik und der Kristallographie. Eine neue Einheit war damit dem Kristall gegeben, auf einer Basis ungleich stärkerer Begründung als in früheren Jahrhunderten. Der feste Körper war nun auch zugänglich geworden, Chemie fand nicht nur in Lösungen und Gasen statt, sondern man hatte nun auch mit wissenschaftlicher Methodik einen Zugang zu den Reaktionen der Partner im festen Zustand.

Die Harmonie der Symmetrie, das Grundelement des Schönen, hatte sich im Licht der Röntgenstrahlung in neuem Gewande dargestellt. Die Idee des räumlichen Gitters, dieser regelmäßigen Schrittfolge der Raumerfüllung durch die Atome, war eindeutig nachgewiesen worden. Der Kristall besitzt eine Symmetrie der Translation. Nach bestimmten Wegstrecken im Raum, die man Translation zu nennen pflegt, wird ein Kristall wieder in sich übergeführt. Darin liegt das wiederholende, wiedererkennende Element der Kristallsymmetrie. Man denke sich einen Kristall mit allen seinen Atomen. Nun denke man sich einen zweiten, zunächst an exakt gleichen Stellen angeordnet. Den zweiten bewege man in eine Richtung des Raumes so, daß gleiche Atome wieder übereinanderliegen. Die Translation gibt einen neuen Zustand, der sich aber nicht vom alten unterscheidet. Diese Art der Symmetrie allein ermöglicht schon viele physikalische Schlüsse über die Eigenschaften des Körpers. Nur unter Zuhilfenahme der Symmetrie ist es in vielen Fällen möglich, das komplizierte physikalische Problem so vieler Atome überhaupt anzugehen. Symmetrie erleichtert das Rechnen, legt von vornherein fest, welche mathematischen Funktionen dem Kristall angemessen sind. Der Theorie des festen Körpers war durch den Nachweis der Symmetrie ihr wichtigstes Hilfsmittel zugesprochen worden. Eine Quantentheorie des festen Zustandes konnte jetzt erhofft werden. Mit dem Nachweis seiner Symmetrie erwarb der Kristall den Anspruch, rechtmäßiger Gegenstand mathematisch-physikalischer Forschung zu sein.

Viele hatten die Fäden zu dieser neuen Entdeckung in den Händen, aber Max von Laue war es, der den Sprung wagte. Die Forschung hatte sich seit Goethes Beschreibung hundert Jahre zuvor stark gewandelt. Probieren und schlichtes, wenn auch fleißiges und unermüdliches Tüfteln und Sammeln kamen nicht mehr in Betracht. Ein Modell, eine Arbeitshypothese mußte zugrunde gelegt werden. Ewald hatte ein solches Modell, an dem er rechnerische, wirklich überprüfbare Vorhersagen machen konnte. Das Modell wurde, je nach Ausgang der gezielten Frage an die Natur, entweder bestätigt, seine Grenzen ausgelotet, oder es wurde verworfen. Präzis gezielt wurde tatsächlich im ersten Versuch von Laue, Friedrich und Knipping. Schon oft hatten die Forscher Kristalle mit Röntgenlicht durchstrahlt. Stets aber hatten sie nur die Wirkung auf den direkten, den durchgehenden Strahl gemessen. Niemand hatte um diesen direkten Strahl nach weiteren Strahlen gesucht. Ein solches Ereignis wäre wohl kaum je gefunden worden aus rein zufälliger Beobachtung. Das Zeitalter der Amateure in dieser Wissenschaft, ob sie nun Forscher oder Poeten gewesen sein mochten, war unwiederbringlich vorüber. Die quantitative Strenge einer sich immer stärker mathematisierenden Physik übernahm den Kristall.

Die Wissenschaft wurde immer mehr in das tägliche Geschäft der Politik gezogen. Max von Laue erhielt zu Beginn des ersten Weltkriegs im Jahre 1914 den Nobelpreis für Physik. Er hätte eine ruhige Professur in der Schweiz übernehmen können, blieb aber in Deutschland. Auch 1933, als viele seiner besten Freunde und engsten Kollegen aus dem Lande vertrieben wurden, blieb Laue. Er hatte schon als Gymnasiast in Straßburg Respekt vor seinem Schuldirektor gehabt, der keinen Lehrer zwang, gegen sein Gewissen bombastische nationale Reden zu Kaisers Geburtstag zu halten. Toleranz und Fairness hatte Laue mutig bewiesen. Seinen einzigen Sohn schickte er 1937 in die USA, damit er nicht in die Zwangslage käme, für einen Hitler kämpfen zu müssen. Max Planck dagegen mußte miterleben, daß sein Sohn als Widerstandskämpfer des 20. Juli hingerichtet wurde.

Laue hat es verhindert, daß ein Nationalsozialist Mitglied der Berliner Akademie wurde, er hat auch dafür gesorgt, daß ein von der braunen Regierung gewünschter »Deutscher Physiker« nicht zum Präsidenten der Deutschen Physikalischen Gesellschaft bestellt wurde, sondern ein Wissenschaftler, der das Vertrauen seiner Kollegen besaß. Er hielt mutige Ansprachen, so im Jahre 1934 einen Nachruf auf Fritz Haber, den unglückseligen jüdischen Chemiker, der aus seinem Berliner Kaiser-Wilhelm-Institut nach Oxford verjagt wurde. Selbst im Jahre 1938 wagte er bei einer Feierstunde öffentlich für einen friedlichen Ausgleich mit Frankreich einzutreten. Einstein schrieb aus Princeton im Jahre 1934 an seinen »lieben alten Kameraden«, er sei »nicht nur ein Kopf, sondern ein Kerl«. Nach dem zweiten Weltkrieg hatte Einstein ihm geschrieben: »Du hast Dich wundervoll gehalten in diesen unsagbar schweren Jahren, daß Du keinen Kompromiß gemacht hast und Deinen Freunden und Überzeugungen treu geblieben bist, wie nur ganz wenige. Es ist nur recht und billig, wenn die Menschen im Ausland dies schätzen und sogar bewundern. Denn jeder weiß, daß es nicht leicht gewesen ist.«

Die Wissenschaft ist heute größer, damit auch anonymer geworden. Als Laue das Geheimnis der Kristalle lüftete, waren nur wenige an diesen Fragen interessiert, jeder kannte den anderen, selbst wenn er in einem anderen Lande am gleichen Thema arbeitete. Diese internationale Zusammenarbeit gehört zum Schönsten, was ein Physiker in ganz besonderem Maße erleben darf. Die Verständigung mit der universellen Sprache der Physik fällt leichter als in anderen Gebieten. Physiker sind darum besonders verpflichtet, zu warnen und Opposition zu wagen, wenn es nötig wird. Laue hat es getan und damit eine Ehrenrettung deutscher Physik in den unseligen Tagen des Naziregimes geleistet.

Das unmittelbare Erlebnis menschlichen Kontaktes mit großen Lehrern bleibt eine der wichtigsten Triebfedern zu eigener Leistung und ein Ansporn in der Wissenschaft. Unsere heutigen Massenvorlesungen sind zu solcher Berührung nicht mehr geeignet. Um so dankbarer bin ich für eine Begegnung mit dem Vorbild Max von Laue; es hat meine eigenen Wege und die Wahl der Arbeitsrichtung mitgeprägt. Laue sollte nach dem Kriege das verwaiste Kaiser-Wilhelm-Institut für Physikalische Chemie wieder beleben und sein Chef werden. Er kam im Jahre 1950 zu einem ersten Besuch, um zu inspizieren. Ich hatte damals nach meinem Abitur keinen Studienplatz erhalten, nach einem Schlosserpraktikum aber eine Anstellung als Hilfslaborant erwischen können. Unsere gesamte Abteilung, die an Lichtemission von Kristallen arbeitete, wartete ungeduldig auf Laue. Längst war der angesagte Termin verstrichen, Laue hatte sich irgendwo im Institut festgeredet. Immer länger dauerte die Wartezeit, schließlich war es nach ein Uhr. Jetzt wurde es kritisch, denn um halb zwei verfielen die Essensmarken in der Mensa, die dann schloß. Alle gingen zum Essen, nur der Hilfslaborant nicht, denn ein Zeithilfemensch hat kein Anrecht auf Essenszuschuß. Also saß ich auf einem Laborhocker allein vor einer Apparatur und aß meine mitgebrachte Stulle, wie man in Berlin ein Butterbrot nennt. Da ging die Tür auf, Laue und Begleiter traten ein. Entsetzt versuchte der Verwaltungsleiter Laue zu einem späteren Termin zu überreden, aber Laue bestand darauf, der Jüngste sollte ihm die gesamten Geräte und die Arbeitsrichtung erklären. So kam ich zu unerwarteter Ehre und ermutigenden, freundlichen Kommentaren. Später konnte ich ihm für die Deutsche Physikalische Gesellschaft einen Dank abstatten, als ich dafür sorgte, daß die Deutsche Bundespost zu Laues einhundertstem Geburtstag eine Briefmarke herausbrachte, auf der in voller Schönheit ein »Laue-Diagramm« zu sehen ist: Punkte, vom Röntgenlicht gezeichnet, die das Innere eines Kristalles sichtbar machen.

Diamantsplitter und Kochsalzwürfel in Göttingen

Nicht nur in München, auch in Göttingen – einem der Ursprungsorte der Quantentheorie – wurde an Kristallen gearbeitet und der Boden für die kommende Mikroelektronik mit ersten Grundlagenarbeiten vorbereitet. Die Göttinger Studenten in den zwanziger Jahren sprachen davon, daß man an dieser Universität als Physiker »franckiert, borniert und pohliert« würde, nach den drei Direktoren der Institute, James Franck, Max Born und Robert Wichard Pohl. Pohl, der Experimentator und Hochschullehrer par excellence, kam 1919 aus Berlin in Göttingen an. Ihm war der Lehrstuhl zwar schon im Kriege angeboten worden, aber die Nachkriegswirren hatten die Ankunft verzögert. Atomphysik wollte Pohl gerne betreiben, es war das Thema der Stunde. Er wollte dazu zunächst die Aussendung von Photoelektronen von Atomen studieren, die sich an der Oberfläche von Metallen angelagert haben. Für solche Studien braucht man Glasröhren, die man möglichst weitgehend ausgepumpt hat. Pohl war darum sehr ärgerlich, als er feststellen mußte, daß zur Erzielung eines ordentlichen Vakuums keine flüssige Luft in Göttingen verfügbar war. Mit der flüssigen Luft kann man den Wasserdampf ausfrieren und das Vakuum verbessern. Das Kultusministerium konnte in dieser miesen Nachkriegszeit keine Hilfe anbieten. Pohl witzelte zuerst mit Galgenhumor, dann müsse man eben billiger und am anderen Extrem anfangen. Wenn man nicht mit Vakuumröhren arbeiten konnte, dann mußten die einzelnen Atome ins Innere eines Kristalls verlegt werden. An diesen Atomen sollte dann auch ein Photoeffekt zu sehen sein. Was zunächst wie ein verzweifelter Spaß klang, wurde aber zur realen Physik des festen Körpers.

Pohl und sein Assistent Gudden suchten nach Kristallen. Pulver aus Zinksulfidkristallen funktionierte gut, aber alle diese pulvrigen Leuchtstoffe waren unzuverlässig. Ein möglichst ordentlicher, regelmäßiger Kristall mußte her, an dem man gut studieren konnte, wie die durch das Licht freigesetzten Elektronen sich im Kristall bewegen und auf diese Weise einen elektrischen Strom erzeugen. Photoleitung, elektrische Leitung durch Einstrahlung von Licht, lautete das Fachwort. Edelster Kristall überhaupt schien Pohl und Gudden der Diamant zu sein, also wurde ein gar nicht einmal so kleiner Diamant besorgt, die Versuche begannen. Wer genaue Kenntnis von der Zahl der sich als Strom bewegenden Elektronen und von ihrer Beweglichkeit haben will, der muß die Elektronen mit einem Magnetfeld von ihrer geraden Bahn ablenken und die so entstehende elektrische Spannung ausmessen. Pohl und Gudden spannten also ihren Diamanten vorsichtig in einen großen Elektromagneten ein, befestigten sorgfältig alle Zuleitungen, justierten ihre Lampen und Filter. Sie vergaßen leider nur, die Polbacken, schwere eiserne Kegel an den Enden des Magneten, richtig festzuschrauben. Als alles fertig zu sein schien, gab Pohl den Befehl zum Einschalten des Magneten. Statt der erwarteten Ablenkung der Elektronen gab es einen splitternden Diamanten, denn die Polschuhe sausten ungehemmt aufeinander los, von magnetischen Kräften aufeinander gelenkt und pulverisierten den wertvollen Kristall. Pohl hat immer seinen Fehler zugegeben, er hat auch zugegeben, daß von dieser Stunde an, verärgert über die eigene Dummheit, keine Messungen des Stromtransports mit diesem wichtigen Verfahren mehr durchgeführt wurden: »Solche Messungen wurden später in Amerika ausgeführt. Sie erwiesen sich als sehr wichtig für die Entwicklung des Transistors.«

Pohl und seine Schule, die später von entscheidender Bedeutung nicht nur für die deutsche Festkörperphysik sein sollte, befaßten sich also mit anderen Eigenschaften der Kristalle. Zunächst mußte eine einfache und saubere Familie von Kristallen gefunden werden für wiederholbare und überzeugende Versuche. Diamanten waren zu teuer. Also blieb das Kochsalz und seine nahen Verwandten. Die Ausgangsstoffe, Natrium, Kalium, Rubidium und Chlor, Brom und Jod, waren erschwinglich, die aus den Verbindungen dieser Elemente entstehenden Kristalle von einfacher, würfeliger Struktur.

Man fand schnell, daß Kristalle aus den Mineraliensammlungen viel zu schmutzig und unzuverlässig waren. Das alte Elend der nicht wiederholbaren Versuche an natürlichen Mineralien hatte ja bereits viele andere Forscher vor Pohl abgeschreckt. Pohl schuf Abhilfe. Ein Besucher hatte erwähnt, daß es möglich wäre, große Kristalle aus sauberen Ausgangsmaterialien herzustellen. Unter dem Dach des altehrwürdigen Physikalischen Instituts in der Göttinger Bunsenstraße wurde also ein Kristall-Laboratorium eingerichtet. Heute sind solche Laboratorien die erste Grundlage jeder sauberen wissenschaftlichen Arbeit; in riesigen Mengen werden die Grundstoffe der Mikroelektronik industriell nach ähnlichen Methoden als große Kristalle ge»züchtet«.

Sehr sauberes, von allen fremden Stoffen chemisch gereinigtes Pulver des Salzes wird in einen Tiegel gefüllt. Dieser Tiegel kommt in einen Ofen, der den Stoff bis zum Schmelzpunkt erwärmen kann. In diese Kristallschmelze wird nun langsam und vorsichtig ein kleines Kristallstückchen hineingelassen. Diese Kristallspitze ist ein wenig kälter als die Umgebung, man kann solche Abkühlung auch durch eine Wasserkühlung erreichen. An der eingetauchten Spitze erstarrt die umgebende Schmelze. Wenn diese Erstarrung genügend langsam und ohne Erschütterung geschieht, dann findet jedes Atom aus der Schmelze seinen richtigen Platz, so wie es die mathematische Idee der Symmetrie als Idealfall fordert. Allmählich wächst der Kristall, schiebt die Grenze zwischen fest und flüssig stetig weiter. Jetzt wird der Kristall langsam und behutsam aus der Schmelze herausgezogen, natürlich muß ständig die Temperatur geregelt werden, und das Herausziehen muß dem Erstarrungsprozeß angemessen sein. So kommt ein großer Kristall zustande, wie ihn die Natur selbst in Jahrhunderten langsamen Wachstums in dieser Reinheit nie herstellen kann.

Mit dieser Idee des künstlichen Kristalls war das Ende der langen Zeit der Unsicherheit gekommen. Der alte Gegensatz zwischen natürlichen und künstlichen Stoffen erhielt einen neuen Akzent durch die gezielte Herstellung künstlicher, aber anorganischer Stoffe hoher Perfektion. Zwei wesentliche Vorteile hat dieser »Einkristall« seinen natürlichen Konkurrenten voraus. Einmal besteht ein solcher Einkristall eben nicht mehr aus vielen regellos aneinandergepackten kleinsten Kristallitchen, sondern wirklich aus einem und nur einem Kristall, der sich ohne Störung von einem Ende zum anderen regelmäßig fortsetzt und keine Verwerfungen mehr besitzt. Ein Atom am Kristallanfang steht zu einem Atom am Ende in einem fest geregelten Abstand. Die mathematische Idealisierung, wie sie Max von Laue zur Erklärung seiner Beugungspunkte angenommen hatte, war jetzt auch in guter Annäherung experimentell verwirklicht. Auf Wiederholbarkeit der Resultate konnte bei solchen Kristallen gehofft werden.

Zum zweiten zeigen künstliche Kristalle, unter den sterilen Bedingungen eines Laboratoriums gezüchtet, einen Grad chemischer Reinheit, der in der Natur undenkbar ist. Selbst saubere Kristalle kommen in mineralischen Fundstätten immer mit Verunreinigungen vor, die mindestens Prozente oder Promille betragen. Je nach den zufälligen örtlichen Bedingungen wird einmal etwas mehr Eisen, ein andermal etwas mehr Aluminium oder irgendein anderes Metall in einen Kristall eingebaut, während er in seiner natürlichen Umgebung erstarrt. Dieser Einbau stört den Kristall, führt zu gewaltsamen Unterbrechungen des regelmäßigen Raumgitters. Dazu schwankt auch noch der Grad des Einbaus, an einigen Stellen sind wenige Fremdatome, gleich daneben vielleicht klumpenförmig viele Störer vereinigt. Darum hatte man mit den Detektorkristallen immer diese unangenehmen Schwierigkeiten und unzuverlässigen Wirkungen gehabt, man hatte zufällig eine gute Stelle finden müssen. Jetzt war durch das künstliche Herstellen der Kristalle eine um viele Größenordnungen bessere und kontrollierbare

Lage geschaffen worden. Heute werden für die Mikroelektronik große Silizium-Kristalle routinemäßig hergestellt, bei denen allenfalls unter einer Milliarde rechtmäßiger Siliziumatome nur ein oder zwei Fremdlinge sitzen!

Die sauberen Kristalle führten mit jedem Versuch immer stärker zu einer weiteren neuen Einsicht. Viele der augenfälligen Merkmale, die Farbe zum Beispiel oder das Leitvermögen für die Elektrizität, waren gar nicht Eigenschaften des Kristalls, sondern wurden in Wirklichkeit fast ausschließlich von den fremden Zusätzen bestimmt. Die Minderheiten, so schwach sie auch zahlenmäßig sein mochten, bestimmten das Geschehen! Sehr unterschiedliche Eigenschaften konnten aus ein und demselben Kristall nur durch verschiedenes Würzen mit fremden Stoffen erzielt werden. Aus dem Nachteil einer unzuverlässig schwankenden Vielfalt der Erscheinungen erhob sich langsam aber sicher die Hoffnung auf eine beherrschbare und einstellbare Vielfalt. Man hatte nur zunächst einen vollständig sauberen Kristall herzustellen und ihm dann in der rechten Dosierung die wirksamen Zusätze einzuführen, zu »dotieren«. Thallium war für die Pohlsche Schule ein typisches Zusatzatom in den Salzkristallen, die untersucht wurden. Immer wieder wurden dotierte mit sauberen Kristallen verglichen, bis man beispielsweise sicher war, daß es der Einfluß des fremden Thalliumatoms war, der sich in irgendeiner physikalischen Eigenschaft bemerkbar machte.

Aber nicht nur die chemischen Fremdlinge schienen wichtig zu sein, auch ein Fehler im Aufbau des regulären Raumgitters machte sich möglicherweise in vollkommen neuen Eigenschaften der Kristalle bemerkbar. Wenn man an einer Stelle aus dem Kochsalz ein negatives Chloratom herausnahm und dafür – durch geschickte Erwärmung in einem metalldampfgefüllten Kolben – ein negatives Elektron hineinsetzte, dann wurde der Kristall plötzlich farbig. Über viele Jahre wurde dieses »Farbzentrum« in allen möglichen Materialien zum wichtigsten Studienobjekt der Göttinger Schule, bis diese Erkenntnis sichergestellt war. Jede Abweichung, jeder Defekt zeigt sich in Kristallen als etwas Neues, das die Merkmale vollständig verändern kann. Die übergroße Empfindlichkeit des Kristalls gegen störende Einflüsse von außen beruht auf dieser Tatsache.

Eine Entzauberung des sich vorher so geheimnisvoll vielfältig darstellenden Kristalls hatte ihren Anfang genommen. Mehr und mehr wurde der Kristall nur noch zum bloßen Raster im Raum, das in seinen Punkten die Orte für Atome festlegt. Saßen die regulären Bewohner auf diesen Plätzen, so war wenig Aufregendes zu erwarten. War aber ein Platz leer geblieben oder von einem Eindringling fremder Atomsorte besetzt, so traten Farbe, Magnetismus, elektrische Leitung und Empfindlichkeit gegen eingestrahltes Licht auf. Die Speicherung des Lichts, im vorigen Jahrhundert als unerklärbar verdrängt, ist auch ein solcher Vorgang, der durch Defekte verursacht wird. Aus der Not der mangelhaften Geräte hatte Meister Pohl eine Tugend gemacht, indem er zu Erkenntnissen der festen Materie vorgedrungen war! Seine anfangs noch naive, nicht ernst genommene Programmidee hatte sich durchführen lassen. Man konnte Atomphysik nicht nur in den Kolben und Röhren betreiben, wo Atome isolierbar und einzeln beobachtbar waren. Man konnte Atome als Gäste in den Wirtskristall – und das wurden die akzeptierten Benennungen – hineinsetzen, ordentlich einen bestimmten Platz zuweisen und dann diese Atome in Sorgfalt und mit recht billigen Geräten studieren. Die Quantentheorie, das große Thema des Göttinger Zentrums der Physik, ließ sich im Kristall nachweisen. Präzise Messungen bestätigten nun die alten Beobachtungen Goethes und seiner Zeitgenossen über die unterschiedliche Wirkung blauen und roten Lichts. Jetzt ließ sich jedes einzelne Lichtteilchen und die ihm zustehende Energiemenge genau verfolgen.

Die Quantentheorie des festen Körpers ließ auch das Rätsel der Lichtaussendung, der langen Aufbewahrung und Speicherung von Licht im Festkörper verständlich machen. Teilchen und Welle sind in der Quantentheorie in einem Bild vereinigt. Je nach der Frage an die Natur zeigt sich einmal der eine, einmal der andere Charakter. Als Welle läuft das Licht in den Kristall. Am fremden Atom aber sieht man ein Paket voller Energie ankommen, in der Menge genau festgelegt durch die Farbe des Lichts. Ein Elektron des fremden Atoms kann sich den Energieinhalt dieses Pakets, genannt Photon, zunutze machen. Mit der angebotenen Energie springt das Elektron auf einen Quantenzustand höherer Energie. Dort kann es – glückliche Umstände angenommen – möglicherweise eine lange Zeit verweilen. Lange genug jedenfalls, um den Bologneser Schuhmacher in Ruhe seine Werkstatt aufräumen und das letzte Lichtlein löschen zu lassen – danach kann der gleiche Prozeß in Umkehrung verlaufen: Das Elektron springt wieder herab und sendet dafür wieder Licht aus. Nur wenn genügend Energie angeboten wird, funktioniert das Spiel – und Blau hat mehr Energie als Rot. Manchmal geht aber auch ein Teil der Anfangsenergie als Tribut an den Wirt verloren, so kann trotz blauer Einstrahlung vielleicht grünes, gelbes oder rotes Licht herauskommen. Ein Restbetrag der Energie wurde dann in Schwingungen der Kristallatome verwandelt. Die dem fleißigen Becquerel so hoffnungslos verworren erschienene Vielfalt des Lichtes war mit der Quantentheorie verständlich geworden. Aus dem verdrängten Schmutzeffekt, der überhaupt nicht ins Bild vom Licht passen wollte, wurde jetzt eine Wissenschaft, die Auskünfte über das Innere des Kristalls und seiner Bewohner fremden Ursprungs gab. Der zunächst unüberbrückbare Gegensatz zwischen einer im Raume laufenden, sich ausbreitenden Welle und einer an einer winzigen Stelle im Raum konzentrierten Energie ist eine typische Quanteneigenschaft der Materie. Jeder Fernsehzuschauer sieht diese Quanteneigenschaft vor sich, wenn er die bunten Farben des Bildschirms aufnimmt, die von den schnellen Elektronen aus dem hinteren Teil der Bildröhre ähnlich wie mit dem Licht erzeugt werden und die gewünschten Farben aus dem Kristallpulver des Bildschirms locken.

Pohl und seine Schüler hatten sich einfache Salzkristalle als Modelle gewählt, eine glückliche Vereinfachung war es gewesen. Überall in der Welt wurde man auf dieses neue Betätigungsfeld der Physik aufmerksam. In Bristol war es Nevill Mott, späterer Nobel-Laureat und Vater großer Gruppen erfolgreicher Festkörper-Forscher; in den USA wurde Frederik Seitz auf die Göttinger Resultate aufmerksam, auch er hat dann wesentlich für die Einrichtung dieses neuen Zweiges der Forschung und Lehre in seinem Lande gesorgt.

Vornehme Isolation

Im eigenen Land aber gilt der Prophet nicht so viel. Max Born, der Lehrer Heisenbergs, trug zwar selbst viel zum theoretischen Verständnis der festen Materie bei; sein Hauptaugenmerk und erst recht das seiner Schüler aber galt der saubereb, der isolierten Physik der Atome und Quanten. James Franck, Pohls Experimentalkollege im gleichen Hause, hörte überhaupt nicht zu, wenn Pohl ihm von den Kristallen erzählen wollte. Das war für Franck immer noch unzuverlässige, schmuddelige Physik voller Zufälle. Das neue Bild des Bohrschen Atommodells war zu faszinierend. Die Verscuhe an einzelnen, voneinander getrennten Atomen in Strahlen und Dämpfen waren leichter mathematisch zu erfassen. Der Kristall dagegen, mit seiner unübersehbar großen Zahl von Atomen, stemmte sich noch überall gegen eine vereinfachende Behandlung, die sich in richtigen zahlenmäßigen Theorien überprüfen und sogar vorhersagen ließ. Man konzentrierte sich sicherlich zu Recht auf das einzelne Atom. Erst als alle Einzelheiten dieses Bausteins des Kristalls sauber dokumentiert waren, konnte man den ungleich schwierigeren Fall des vielatomigen Systems angehen. Die Aufgabe wurde erleichtert durch die regelmäßige räumliche Anordnung der Atome im Kristell.

Patriarchische Autokratie, getragen von wissenschaftlicher Überzeugung, war zu dieser Zeit noch möglich und sorgte für drastische Farben im Spiel der Physik. Pohl hat später noch bemerkt, ihm sei die wissenschaftliche Literatur eigentlich ziemlich gleichgültig geblieben. Es gehe auch ohne Zeitschriftenlesen, hat er gemeint und auch seinen Schülern gepredigt. Entweder man lese Physik oder man mache sie. Auch wer in neue Gebiete einsteige und an der Spitze forsche, brauche nicht zu lesen. Solche Forschung ganz an der Front gehört zu den schönsten Erlebnissen, die in der heute so überbesetzten Welt der Physik leider immer seltener geworden sind. Pohl lebte seinen Schülern diese Art einer schöpferischen Arroganz vor, die immer wieder Mut und Optimismus trotz aller unvermeidbaren Rückschläge verbreitet und wohl doch eine Voraussetzung zum Vorstoß ins Unbekannte bleibt.

Robert Wichard Pohl (1884 bis 1976), Experimentalphysiker an der Universität Göttingen

Der Theoretiker Wolfgang Pauli dagegen wollte überhaupt nichts von dieser Beschäftigung mit festen Körpern wissen. Die elementaren Bausteine der Materie waren für ihn der entscheidende Gegenstand der physikalischen Untersuchungen. Pauli hat ganz wesentliche Beiträge zur Quantentheorie der Atome geliefert. Das nach seinem Namen benannte Prinzip besagt, daß auf jedem Quantenzustand immer nur ein

Elektron sitzen darf. So kam Klarheit in das Verständnis des Aufbaus der Atome und ihrer chemischen Eigenschaften. Die elementaren magnetischen Eigenschaften des einzelnen Elektrons erklärte Pauli. Damit konnten auch die magnetischen Verhältnisse in Metallen gedeutet werden. Und dennoch wandte sich der durch seine drastischen Urteile gefürchtete Lehrer gegen alle Wünsche seiner Schüler, dieses Gebiet der festen Stoffe zu bearbeiten und die Kristalle verstehen zu lernen. Rudolf Peierls hatte es dennoch gewagt und seinem Meister ein Manuskript über das elektrische Leitvermögen der Metalle übersandt. Voller Schelte erhielt er den Entwurf zurück: »Man soll nicht im Drecke wühlen!« war die lakonische Ansicht. »Gußeisenphysik« kam überhaupt nicht in Betracht! Schließlich hätte der junge Mann doch wohl bessere Themen finden können. Überhaupt solle er froh sein, daß er, der Meister Pauli, das Manuskript nicht gleich zerrissen habe, »so wie die Bolschewisten die Kirchen in die Luft sprengen«. Die Quantentheorie der einzelnen, säuberlich getrennten Atome und die der dicht aneinandergereihten Atome im Kristall waren einstweilen noch wie feindliche Schwestern im Märchen. Die Gunst der Stunde gehörte der Theorie der Atome. Das Publikum, die Öffentlichkeit, waren begierig, von diesen weltbewegenden neuen Fortschritten zu erfahren. Atombau und Relativitätstheorie waren Gesprächsthemen auch der interessierten Laien, auch der Philosophen. Die Erkenntnistheorie, die Frage nach der Realität des Umgebenden, nach dem Eingriff des Messenden in die Natur, solche Fragen waren so fundamental, daß es lohnte, sich konzentriert ihrer Bearbeitung zu widmen. Die Kristallforscher aber saßen wie das Aschenputtel hinterm Herd. Fleißig waren sie wohl, aber ein wenig unreinlich, dienstbar und nützlich mit ihren Hilfsmitteln, doch weit von strahlender Schönheit entfernt. Dem Aschenputtel winkt aber die Verwandlung zur Prinzessin! Einstweilen jedoch tat noch geschäftige Bescheidenheit not.

Der Brief des Wolfgang Pauli an seinen Schüler Peierls, der heute als Sir Rudolf jedem Festkörperphysiker vertraut ist, hängt vergrößert als Bild im Max-Planck-Institut für Festkörperforschung in Stuttgart. Nicht nur eine historische Kuriosität soll er sein für die jetzige Forschergeneration, sondern auch Mahnung, daß in diesem Institut wirklich nach allgemeinen und fundamentalen Wahrheiten gesucht werden soll, ohne daß die neuen Möglichkeiten der Technik dabei verdrängt werden. Pauli hat zuletzt mit seinem alten Freund und Streitgenossen Werner Heisenberg gearbeitet; nicht immer war er mit den Ideen des Freundes zur Deutung der Elementarteilchen einverstanden. Heisenberg wiederum war – auch noch ein halbes Jahrhundert nach seiner Göttinger Zeit und trotz vieler eigener Beiträge zur Theorie der Kristalle – nicht überzeugt, daß der feste Körper ein wirklicher Gegenstand der Grundlagenforschung sein könnte. Kurz vor seinem Tode saß ich mit Heisenberg in der Residenz in München zusammen; wir warteten auf ein Gespräch mit Adolf Butenandt, damals Präsident der Max-Planck-Gesellschaft. Pläne wurden besprochen, ob und wie ein neues Institut gegründet werden soll. Ich berichtete Heisenberg, bei dem ich selbst in Göttingen manche Vorlesung gehört hatte, über die Vorarbeit. Er war melancholisch und skeptisch. Es sei dann wohl doch schon beschlossen, dieses Institut zu gründen. Ob das denn richtig sei? Ob da denn nicht nur einfache Anwendung der alten klassischen Theorie herauskommen würde? Woher sollte hier Neues entstehen?

Solche Skepsis eines überragenden Forschers hat zweifellos auch die Beachtung und Entwicklung der Physik des festen Körpers in Deutschland beeinflußt. Nach dem zweiten Weltkrieg fand die Forschung am Kristall in der jungen Bundesrepublik weniger starke Impulse als etwa in den USA. Auch beispielsweise in Italien, wo man in Enrico Fermi das große Vorbild eines berühmten Kernphysikers sah, wurden in ähnlicher Weise die Gewichte anders verteilt. Heute denke ich bei jedem Rechenschaftsbericht der Stuttgarter Forscher an die zweifelnde Resignation Werner Heisenbergs und bin sicher, daß ihn die neuen Resultate der Quantenphysik im Kristall überzeugt hätten. Heisenberg hatte bei Pohl eine Prüfung zu machen, die Prüfling und Prüfer nicht gerade in harmonischem Einverständnis erinnerten. Die getrennten Wege, die schon ganz früh in Göttingen eingeschlagen wurden, liefen in Deutschland auf lange Zeit immer weiter auseinander. Weil zu Beginn der Forschung die Trauben der Theorie für den Kristall noch viel zu hoch hingen, wurden sie als sauerschmeckend angesehen. Pohl sagte noch in hohem Alter: »Ich war immer mehr an den Tatsachen interessiert, sie allein bleiben schließlich übrig; Theorien kommen und gehen.«

Solche Einstellung gegenüber der Theorie mag in der stürmischen jugendlichen Entwicklung einer Wissenschaft noch gerechtfertigt erscheinen, des Gedankens Blässe lähmt oft mehr, als daß sie beflügelt. Aber die Physik hat ihre Erfolge nur erzielen können, weil sie mit der Unerbittlichkeit zahlenmäßiger, exakter Überprüfung ihrer Theorien arbeiten konnte und spekulative Spreu vom gewichtigen Weizen getrennt wurde. Das Wechselspiel zwischen quantitativer Vorhersage, praktischer Prüfung und rechnerischer Deutung ist unerläßlich für den physikalischen Fortschritt. Das Göttinger Auseinanderleben hat letztlich in eine Sackgasse geführt. Noch in viel späteren Jahren wurde von beiden Seiten, den theoretischen wie den experimentellen Physikern die Trennung krass und fast argwöhnisch beibehalten. Als experimentell arbeitender Doktorand durfte man fast nur heimlich ein Seminar der theoretischen Physik besuchen. Ein Überwechseln von Theorie zu Experiment war kaum möglich. Pohls großer Einfluß auf nahezu sämtliche Professuren für experimentelle Physik in Deutschland hat damit andere Voraussetzungen geschaffen als in den angelsächsischen Ländern, wo das Einheitliche der Physik auch in der Behandlung der festen Stoffe stärker gefördert wurde. Schon in dieser immer künstlichen Spaltung liegen die Wurzeln des Rückstandes deutscher Mikroelektronik.

Eine zweite Abkapselung war aber noch wichtiger. Die Wahl der Salze als Gegenstand der Forschung war nicht nur erfolgt, weil hier einfache, modellartige Substanzen von überschaubarer Chemie und handhabbarer Physik gefunden waren. Diese Stoffe waren geradezu ausersehen, keine Anwendung in der Industrie oder gar im Kriegsgewerbe finden zu können. Störungen in der wissenschaftlichen Forschung und der akademischen Lehre konnten also nicht von außen herangetragen werden. Patente anzumelden war nicht nötig. Solche Rücksicht hindert die Forschung tatsächlich, sie verzögert die wissenschaftliche Berichterstattung in Wort und Schrift und belastet eine der wichtigsten Stützen der Forschung, nämlich den unbeschwerten und ehrlichen, frühzeitigen Austausch der neuesten wissenschaftlichen Resultate. Die Salze leiteten den elektrischen Strom nur schlecht, waren aber auch als Isolatoren nicht praktisch zu verwerten. Pohl hat zwar mit seinem Schüler Hilsch kurz vor Kriegsausbruch einen Kristallverstärker demonstrieren können, der in der Wirkungsweise annähernd der verstärkenden Elektronenröhre entsprach. Mit Spitzenkontakten konnten Elektronen in den Kristall gelenkt werden. Eine zweite Elektrode konnte den Strom steuern, in einer farbigen Wolke war dieser Strom sogar sichtbar, und darum war diese Demonstration in hohem Maße ein pädagogischer Erfolg. Die Deutung wurde in chemisch-atomistischer Sprache gegeben, kein Bezug zur damals langsam aufkommenden Theorie der Leitung von Elektronen wurde versucht. Die elektrische Leitung in diesen Salzkristallen mußte durch Aufheizen noch verstärkt werden, um überhaupt genügend wirksam zu werden. Dennoch waren alle elektrischen Erscheinungen sehr langsam, denn die Elektronen mußten von einem leeren Atomplatz zum nächsten hüpfen, es erforderte viel Zeit. Ein solcher Modellversuch konnte nie zu einem Transistor führen, nur Kristalle ganz anderer Stoffklassen ließen schnell reagierende Verstärker bei Zimmertemperatur ohne Energiebedarf durch Heizung erhoffen. Beschäftigung mit anwendungsträchtigen Stoffen aber hat Pohl ganz bewußt abgelehnt, vor allem als in den Tagen des Zweiten Weltkriegs solche Untersuchungen von ihm verlangt wurden.

Diese Abwendung von den Anwendungen hatte schwerwiegende Folgen. Pohl hat Generationen von Physikern ausgebildet, seine besten Schüler wurden überallhin zu Professoren der sich neu entwikkelnden Festkörperphysik berufen und wirkten an den Universitäten als Lehrer und Vorbilder im Sinne der beeindruckenden Vaterfigur Robert Pohl weiter. Nicht nur die Liebe zur Physik, die unglaubliche Klarheit der Experimentalvorlesungen des »Pohlschen Zirkus«, sondern auch die Abneigung zur Technik und Industrie pflanzte sich fort. Man muß Verständnis hierfür aufbringen. Pohl hatte während des Ersten Weltkriegs an Radiowellen und Sendern zu arbeiten. Im gleichen Labor, so erinnert sich Pohl, war auch ein schwedischer Forscher beschäftigt gewesen, der sich schon damals mit Raketen und ihrer Steuerung befaßte. Preußischer Militärgeist und freiforschende Physik sind so gegensätzlich, daß die Abneigung Pohls und vieler seiner Kollegen nur zu gut verständlich ist. Rang und Befehlsgewalt widersprechen dem Stil der Physik, wo gute Arbeit nicht befehlbar ist, sondern von innen heraus entsteht. Bedingungsloser Gehorsam des Jüngeren und in der Hierarchie Niedrigeren hat es in der Physik nie gegeben, gerade der vorwitzige Widerspruch der Jugend hat in der Forschung immer wieder die neuen Impulse geliefert. Auch hier sollte sich ein immer krasser zuspitzender Unterschied besonders zu den angelsächsischen Ländern auftun.

Göttingen war zwar Hauptstadt der neuen Physik in den Zwanziger Jahren geworden, aber sonst blieb es die ruhige Provinzstadt. Kein mächtiges Forschungslaboratorium war in enger Nachbarschaft zu erreichen. Berlin, die Metropole der sich eben stürmisch entwickelnden Elektrotechnik, war viel zu weit entfernt. Dort hätte es auch in den Laboratorien der Großindustrie wirkliche Forscher von Weltrang als Gesprächspartner gegeben, darunter erstklassige theoretische Physiker wie den Wegbereiter der modernen Halbleiter-Mikroelektronik, Walter Schottky. Diese Laboratorien hätten auch nicht nur als Abnehmer von Forschungsergebnissen wirken können, sie hätten Geräte und verfeinerte technische Methoden zur Hilfe und Anregungen anbieten können. Aber die geknüpften Fäden blieben schwach, der für die Physik der festen Körper später so wesentliche Austausch in beiden Richtungen zwischen den Studierstuben und den Werkstätten kam in Deutschland nicht recht in Gang.

Wer ein wirklich guter Physiker bei Pohl war, wurde zielstrebig zum Hochschullehrer ausgebildet, in Rhetorik und Präsentation getrimmt und in der Kunst der persönlichen Betreuung von Studenten hervorragend vorbereitet. Die nicht ganz so Guten konnten dann in der Industrie etwas finden. Und nur ganz wenige, sehr Mutige schafften es, mit der neuen Physik sogar eine eigene kleine Firma zu gründen. Ein technisch-wissenschaftliches Zentrum im Leinetal um Göttingen hätte entstehen können, die Zeit wäre reif gewesen, aber es geschah nicht. Göttingen wurde zum Vorbild der reinen, akademischen Forschung an festen Körpern; das Vorbild der neuen Form der Zusammenarbeit in Industrieparks rund um eine große Universität konnte erst viel später in den Vereinigten Staaten von Amerika geschaffen werden.

Verfehlt wäre es, den deutschen Hochschullehrern jener Zeit aus dieser Haltung einen Vorwurf zu machen. Gegen große Widerstände und mit viel Mut hatten deutsche Professoren für ihre Unabhängigkeit gegenüber Staat, Religion, Wirtschaft gekämpft. Sieben Göttinger Professoren hatten gegen Verfassungswidrigkeit protestiert und waren ihres Amtes enthoben worden, ihnen war noch keine Unabhängigkeit garantiert und freie Meinungsäußerung gewährt. Wilhelm von Humboldt hatte ein System der hohen Schulen geschaffen, das Ideale der Bildung und Kultur in freier Unabhängigkeit verwirklichen konnte. Die Rechte des Staates auf Eingriff in die Selbständigkeit der Universität und ihrer Lehre und Forschung wurden zurückgedrängt.

Die deutsche Hochschule des ausgehenden 19. und des beginnenden 20. Jahrhundert wurde geleitet von der Idee, daß nur eine zweckfreie, unabhängige Forschung und Lehre die wirkliche Bildung und einen kulturellen Wert an sich darstellt. Der Geist kann nur in dieser Freiheit gedeihen. Das Recht, sich nicht an die Tagesfragen anschließen zu müssen, sondern etwas Ungewöhnliches und Neues, vielleicht sogar sinnlos erscheinendes wie die Salze als Objekt der Forschung zu wählen, war Vorrecht und Vorbedingung kultureller Leistung. Der Staat war verpflichtet, als Mäzen dieser kulturellen Leistung, das Geld zu gewähren, aber nicht als Herrscher einzugreifen.

Die Industrialisierung gegen Ende des letzten Jahrhunderts gefährdete ernstlich die Stellung und das Ansehen des Standes der »gelehrten Mandarine« an den deutschen Universitäten. Wie in einem Schock mußte man erkennen, daß plötzlich eine neue wichtige Gruppierung im Staate auftauchte. Technik erschien als ein Gespenst, das zu einer seelenlosen und kalten Bedrohung der Kultur ansetzte. Technische Hochschulen entstanden zwar langsam aus den schon früher vorhandenen unbedeutenden Ingenieurschulen, aber es dauerte lange ehe sie einen Status erhielten, der den Universitäten ebenbürtig war und beispielsweise die Verleihung von Doktortiteln erlaubte. Der Kampf der Geisteswissenschaftler gegen die immer mächtiger werdende Technik und die ihr zugrunde liegende Naturwissenschaft wurde in Deutschland so heftig wie in keinem anderen Lande ausgefochten und wirkt bis in unsere heutige Zeit hinein.

Abhängigkeit von einem industriellen Partner oder nur eine Anlehnung war für einen Physiker, der ja Mitglied einer Philosophischen Fakultät an einer Universität war, vollkommen ausgeschlossen und hätte einen sozialen Abstieg bedeutet. Der Zugang zur privilegierten Klasse der gebildeten Akademiker durch den mühseligen Ausleseprozeß des Gymnasiums mit seinem humanistischen Bildungsideal und durch die Universität mit ihrer für den Privatdozenten zunächst völlig unabgesicherten Existenz war so teuer und schwer, daß man eine gewonnene Position nicht durch einen Abstieg ins Wirtschaftliche, ins Fabrikantentum gefährdet hätte. Ein ordentlicher Professor genoß hohes Ansehen gerade durch seine Verkörperung der reinen, zweckfreien wissenschaftlichen Forschung. Als Ordinarius erhielt er ein hohes Einkommen, besonders aus den Anfängervorlesungen mit ihren vielen Studenten, die alle ein Hörergeld zu zahlen hatten. Spezielle Vorlesungen für die wenigen Spitzenforscher wurden dagegen oft gerade von den Jüngeren gehalten. Zusatzeinnahmen erwarb man sich nicht durch Industrieberatung, sondern allenfalls als Autor für Lehrbücher.

Die Achtung eines Professors stieg mit der Zahl seiner Schüler, die wiederum Professoren geworden waren, den Stand bewahrten und erhielten. Einen Physiker für die Industrie oder gar für eine eigene kleine Firma auszubilden, erschien in diesem System keinesfalls erstrebenswert oder voller Prestigegewinn. Allenfalls die Chemie machte von Anfang an hier eine Ausnahme. Sie ist eine weitaus praktischere Wissenschaft als die reine Mathematik oder die viel stärker naturphilosophisch sich erweisende Physik. Der Schritt vom Universitätslabor zur Fabrik ist hier weniger schwierig. In der Chemie besteht auch heute noch ein weit engeres und ungestörteres Verhältnis zwischen akademischer Forschung und industrieller Anwendung. Vielleicht auch deswegen sind Chemiker, nicht etwa Kaufleute oder Juristen, stets an der

Spitze großer Industriefirmen gestanden und sind es heute noch. Deutschland hat überdurchschnittlich viele Nobelpreise in der Chemie gewonnen. Chemiker können noch heute in Deutsch veröffentlichen und werden gelesen. In der Physik mit ihren viel grundsätzlicheren und stärker theoretisch geprägten Fragestellungen hat es länger gedauert, »Wissenschaft als Beruf« – wie Max Weber es formuliert und erläutert hat – anzuerkennen. Dieser Schritt wurde erst erleichtert, als sich die bis dahin nur praktisch und handwerklich orientierte junge Industrie mehr einer wissenschaftlichen Tradition zuwandte und eigene Forschungslaboratorien errichtete, die in ihrem Geist und Arbeitsstil den vertrauten Umgebungen der Universitäten nicht zu fremd war.

Als das erste Drittel unseres Jahrhunderts zu Ende ging, hatte der Kristall zwei große Krisen mit Erfolg überwunden. Die Struktur seiner regelmäßigen Atomanordnung im Raum war nicht nur glanzvoll bewiesen worden, sie ließ sich auch in allen Einzelheiten ausmessen und immer feiner kontrollieren. Zum anderen war verständlich geworden, welche weitreichende Folgen jede Abweichung von der idealen symmetrischen Anordnung hat. Damit waren die Jahrhunderte des Forschens und des Scheiterns an der verwirrenden zufälligen Vielfalt doch nicht umsonst gewesen, mehr noch: Eine neue Mannigfaltigkeit bot sich der menschlichen Phantasie zur Beherrschung mit technischen Kunstgriffen an. Seinen mystischen Schimmer hatte der Kristall offensichtlich verloren, seinen Zauber als Träger einer unzugänglichen kosmischen Harmonie hatte er eingebüßt. Er war vielleicht sogar zu einem im Raume sich wiederholenden Gerüst erniedrigt worden. Aber es war das Gerüst, das Bauwerke von ungeahnter Vielfalt auf kleinstem Raume verheißen konnte. Die moderne Festkörperphysik konnte jetzt beginnen. Die internationale Brüderschaft der Forscher war bereit und nun auch gerüstet für einen friedlichen Wettbewerb auf diesem neu geschaffenen Turnierplatz. Das Turnier aber sollte auch eines des Leids und der Tränen werden. Zuerst wurden die jüdischen Kollegen verschmäht und vertrieben aus dem Lande, dem sie ihre Zuneigung und Zugehörigkeit auch durch ihre Beiträge zur Forschung bewiesen hatten. Von Scham und Entsetzen gelähmt und vom Rat der einstigen Freunde verlassen, versiegte die Kraft der Zurückgebliebenen. Die Tragödie setzte sich unaufhaltsam fort und verlangte bald vom Kristall, eine neue Krise zu bestehen: sich als Kriegsgerät mißbrauchen zu lassen.

IV. Unter Radarschirmherrschaft

Detektoren für Luftkriege

Blut, Schweiß und Tränen hatte Premierminister Winston Churchill seinen britischen Landsleuten abverlangt, als 1940 nach dem Rückzug aus Dünkirchen die Entscheidung bevorstand. Die Situation sah in der Tat bedrohlich aus. Das Land stand vor einem Staatsbankrott und sah sich nach der deutschen Besetzung Frankreichs alleingelassen. Im Mai 1940 schienen Deutschland und Italien in Europa zu triumphieren, Japan auf der anderen Seite des Globus. Die Vereinigten Staaten hielten sich zurück, wollten sich nicht noch einmal in ein europäisches Gemetzel hineinziehen lassen. Erst im März 1941 wurde der Pacht- und Leihvertrag zur Unterstützung der Gegner Hitlers amerikanisches Gesetz, in den nächsten 4 Jahren sollten dann mehr als 50 Milliarden Dollar, davon mehr als die Hälfte an Großbritannien, von den Amerikanern aufgebracht werden. Aber schon früher, bereits im Jahre 1940 begannen die angelsächsischen Vettern wissenschaftliche Kenntnisse auszutauschen, besonders über ein elektronisches Verfahren zur Erkennung von weit entfernten, sich schnell bewegenden Objekten: das Radar.

Robert Watson-Watt, ein Schotte, war zum Physiker ausgebildet worden und zunächst einmal Lehrer. Er interessierte sich für Experimente mit Radiowellen. Seine Versuche zeigten, daß man kurze Impulse von Radiostrahlung aussenden konnte und ein Echo zurückerhielt, wenn sich irgendwo in der Entfernung ein metallisches Objekt befand, das die Strahlung wieder zurückwarf. Man mußte dazu nur genügend starke Radioquellen besitzen und empfindliche Empfänger, um das nur noch schwache Echo nachweisen zu können. Aus der Zeit, die zwischen Absenden und Wiederempfangen verstreicht, kann man die Entfernung des Objekts errechnen, denn man kennt die Geschwindigkeit der Radiowellen sehr genau: Es ist die Lichtgeschwindigkeit. Watson-Watt interessierte sich zuerst für Wetterbeobachtung und Vorhersage mit dieser neuen Technik. Die britischen Militärs erkannten aber schnell den wesentlichen Wert für die Verteidigung ihrer Insel gegen Angreifer. Ein »Royal Radar Establishment« verstärkte die Forschung. Große Vakuumröhren zur Erzeugung extrem kurzer elektrischer Wellen wurden konstruiert. Im Jahre 1939, gerade rechtzeitig zu Kriegsbeginn, umgab eine Radarkette die britischen Inseln.

Im Juli 1940 begannen die Deutschen mit massiven Luftangriffen auf England. Die Sicherung der Luftherrschaft sollte erreicht werden als Vorbedingung des Unternehmens »Seelöwe«, dem Sprung der deutschen Armee über den Kanal zur Besetzung der britischen Inseln. Die zahlenmäßige Überlegenheit der deutschen Luftwaffe ließ dieses Ziel erreichbar erscheinen – 2500 Bomber und Jagdflugzeuge standen zur Verfügung –, dem die Royal Air Force allenfalls 900 Jäger entgegenzusetzen hatte. Alle strategischen Vorteile sprachen für die Deutschen. Genügend Hinterland für Flugplätze bot sich auf dem gesamten Kontinent an. Eine Flotte deutscher Unterseeboote umzingelte Großbritannien. Dennoch war bereits im Oktober 1940 die »Battle of Britain«, diese wichtige Schlacht des Zweiten Weltkriegs, eindeutig zugunsten der Briten entschieden. Dem massiven Einsatz einer neuen, einer wissenschaftlichen Kriegsführung mit der Radar-Elektronik hatten die Deutschen nichts Ebenbürtiges entgegenzusetzen. Zwar hatte es ebenfalls eine Entwicklung gegeben, sie war jedoch auf längere Radiowellen beschränkt, die leichter herzustellen sind und weniger empfindliche Meßtechniken notwendig machen. Die Massenproduktion und der gezielte Einsatz von Wissenschaft und Produktionstechnik jedoch fehlte. Hitler ließ sogar zu einem wesentlichen Zeitpunkt die Forschung drastisch einschränken.

Die USA und Großbritannien entfachten einen bisher nie gekannten Aufwand. Radar hat wahrscheinlich mehr Finanzmittel verschlungen als die zweite große Aktion der Wissenschaft für Kriegszwecke in den USA, nämlich das »Manhattan Project« zur Entwicklung der Atombombe. Jeder fünfte Physiker in Amerika wurde zu Forschung und Entwicklung an Radar dienstverpflichtet. Riesige neue Laboratorien entstanden an den traditionellen Bildungszentren der Ostküste der USA. Das berühmte Massachusetts Institute of Technology richtete ein großes Strahlen-Labor ein. Harvard und Columbia, zwei große Universitäten widmeten sich in großem Stil der Physik und Technik der kurzen Radiowellen. Bald wurden enge Verbindungen zu den klassischen Elektrofirmen hergestellt, die zur Produktion der neu entwikkelten Geräte eingesetzt wurden. Es folgte eine Massenproduktion: 2000 Radargeräte monatlich wurden bereitgestellt. Riesige Antennenkonstruktionen wurden fertig, die exakte Entfernungsmessungen gestatteten, darunter ein Gerät, das mit seinen großen, runden Antennen wie eine Mickymaus aussah und natürlich so getauft wurde. Man entwickelte eine immer empfindlichere Empfangstechnik. Vor allen Dingen gelang die Beherrschung immer kürzerer Wellen. Je kürzer die Welle ist, die man für Radar benutzt, um so höher wird die Auflösung, das heißt man kann immer weiter entfernte oder kleinere Gegenstände noch erkennen.

Die Zusammenarbeit zwischen akademischen Lehrern, Technikern, Geschäftsleuten und Politikern entwickelte sich in solcher Harmonie und Einigkeit, daß dieses bis dahin beispiellose Riesenprogramm in kürzester Zeit auf vollen Touren lief. Eine Reihe von Gründen bewirkten in den USA diese Schnelligkeit. Das Land war bereit, nach langen Jahren einer gedrückten Wirtschaftslage schnell und mit vielen verfügbaren Arbeitskräften große neue industrielle Anstrengungen zu unternehmen. Mit dem Zweiten Weltkrieg begann Frauenarbeit in Amerika üblich zu werden. Die Zahl der in der amerikanischen Elektronik Arbeitenden stieg von rund 110000 Beschäftigten kurz vor dem Krieg auf über 560000. Insgesamt expandierte die Elektronikindustrie auf ungefähr das Zwölffache! Die praktische und pragmatische Einstellung der Industrie gegenüber neuen Erfindungen im Lande eines Thomas Alva Edison beschleunigte diese Entwicklung.

Wesentlich war aber vor allen Dingen die Einstellung der Wissenschaftler gegenüber der Nazityrannei in Deutschland und Europa. Die vielen jüdischen Emigranten hatten die Schreckensnachrichten persönlich über den Atlantik gebracht. Alle wissenschaftlichen Organisationen und die Präsidenten der großen amerikanischen Universitäten verfaßten Resolutionen, in denen Präsident Roosevelt die uneingeschränkte Unterstützung und der Verzicht auf die bisherigen unabhängigen wissenschaftlichen Arbeiten zugesichert wurde. »Die Naziherrschaft kann nur durch Ingenieurarbeit vernichtet werden. Die faszinierende Suche nach Wahrheit um ihrer selbst willen muß jetzt zurückgestellt werden, denn Gedanken und Anstrengungen müssen auf militärische Vorbereitung konzentriert werden. Forschung und Entwicklung müssen wie nie zuvor zusammenarbeiten für das gemeinsame Ziel.« Diesen Aufruf verfaßte bereits im September 1940 ein leitender Ingenieur von der General Electric Company, L. A. Hawkins, für das Amerikanische Institut der Elektroingenieure. Berühmte Physiker und Chemiker, vor allem von den Universitäten der Ostküste und aus Stanford in Kalifornien wurden von der amerikanischen Regierung zu einem Nationalen Verteidigungsforschungs-Komittee zusammengezogen, das im Juni 1940 geschaffen wurde. Völlig neue Organisationsformen wissenschaftlicher Kooperation wurden in kurzer

Zeit geschaffen, zum Beispiel hochtheoretische wie auch praktische Arbeit gegen die Unterseebootgefahr. Große staatliche Laboratorien wurden gebaut, in einem Lande, das sonst Forschung und Ausbildung lieber privaten Kräften überließ. Wissenschaftler, die zu diesen Programmen verpflichtet wurden, sprechen noch heute von der ungewöhnlichen Aufbruchstimmung in der Einigkeit gegen ein unmenschliches Regime trotz der allgemeinen Abneigung der Amerikaner, sich in einen europäischen Konflikt und in einen Krieg überhaupt hineinziehen zu lassen.

Völlig anders war die Stimmung auf der deutschen Seite. Ingenieure hatten hier ebenfalls in kurzer Zeit bedeutende militärische Fortschritte, vor allem aber auf konventionellem Gebiet, erreicht. Eine Zusammenarbeit mit der Wissenschaft für gänzlich neue Systeme, wie es die Radartechnik darstellte, kam nur in viel schwächerem Maße zustande, besonders bei den Raketenwaffen und Strahlantrieben. Die traditionelle, sorgfältig in der Weimarer Republik und in den Anfängen der Nazizeit verteidigte Unabhängigkeit der Hochschulforschung von staatlichen Eingriffen ließ sich sogar im Kriege noch überraschend stark gegen politische Eingriffe bewahren. Die Physiker waren durch die Vertreibung ihrer jüdischen Kollegen zum größten Teil so geschockt, daß sie versuchten, sich eher zurückzuziehen. Im Ersten Weltkrieg hatte es viele patriotische Aufrufe und Angebote der Zusammenarbeit gegeben, die Enttäuschungen aus dieser Zeit waren nur zu lebendig. Aber auch die politische Seite war voller Mißtrauen gegen Wissenschaft im Kriege.

Als Göring eines der ersten Radargeräte in einem Flugzeug demonstriert wurde, sagte er voller Abscheu: »Ich will kein Kino im Flugzeug«. Für ihn, den Jagdflieger aus dem Ersten Weltkrieg, sollte der Mensch ohne technische Gerätschaft dem Feinde entgegentreten. Der Mythos des germanischen Heldenmenschen, dessen kühler Kopf und dessen mutiges Herz auf gar keinen Fall durch eine leblose elektronische Technik ersetzt werden dürfte, herrschte nicht nur beim Reichsmarschall. Das Naziregime war höchst mißtrauisch gegen die international gesinnten, intellektuellen Wissenschaftler. Die Führung forderte eine »Deutsche Physik«, die ohne Einsteins Relativitätstheorie und leicht verständlich, in natürlicher Weise dem deutschen Menschen und seiner Weltanschauung entsprechen sollte. Diese Verfälschung der Physik war aber von den meisten deutschen Forschern nicht mitgemacht worden. Eine Einigkeit zwischen Wissenschaft und Politik – wie in den angelsächsischen Ländern selbstverständlich und spontan –

konnte also von den Nazis auch mit Druck nicht in ähnlicher Form erreicht werden. Zudem glaubte die militärische Führung vor allem an schnelle Überfälle und Blitzkriege mit einer starken zahlenmäßigen Überlegenheit konventioneller Waffen; für gänzlich neue Dinge wie Radar oder Atomstrategie gab es kaum vergleichbare Konzepte.

Germanium wird wichtig

An einem Septembertag im Jahre 1940 wurden, durch Radar entdeckt und angepeilt, allein 185 deutsche Flugzeuge über England abgeschossen. An diesem Tage war die Schlacht um England entschieden. Ironisch mutet es an, daß an diesem Sieg über die »Germans« ein bislang unwichtiger Stoff mitwirkte: das Germanium.

In der Bergakademie im sächsischen Freiberg hatte der Chemiker Clemens Winkler sorgfältig Mineralien erforscht und ihre Zusammensetzung festgestellt. Im Jahre 1886 kamen seine Forschungen in eine mißliche Krise. Jedesmal, wenn er Argyrodit-Kristalle zerlegte, gab es Unstimmigkeit. Immer fehlte an der Gesamtsumme der Bestandteile etwas. Silber und Schwefel bilden diesen Kristall, den man vor der Haustür im Erzgebirge finden konnte. Irgend etwas anderes mußte zusätzlich dabei sein, für das man damals keine Methode des chemischen Nachweises kannte. Vielleicht ein neues chemisches Element? Eine solche Entdeckung wäre eine Sensation. Oder doch nicht? Der Russe Mendelejew hatte nämlich 14 Jahre zuvor eine einleuchtende Systematik der Anordnung aller Elemente vorgeschlagen. Unterhalb der Stelle des Siliziums mußte in seiner schön ordentlichen Aufstellung aller chemischen Elemente ein Platz frei bleiben. Nur so fand das nächstfolgende Element, das Arsen, einen vernünftigen Platz nahe bei seinen offensichtlichen Verwandten Phosphor und Antimon. Mendelejew hatte dieser Harmonie wegen gefordert, daß es noch ein unbekanntes Element geben sollte, das den freigehaltenen Platz einzunehmen hätte. Er hatte aus dieser Forderung schon ungefähre Angaben abgeleitet, welche Eigenschaften dieses vermutete neue Element besitzen sollte. Clemens Winkler konnte zeigen, daß sein Fehlbetrag in der Kristallzusammensetzung haargenau diese Vorhersagen erfüllte. Er war damit der Entdecker eines neuen Elements, ihm kam der Namensvorschlag zu. Ein guter Patriot im deutschen Kaiserreich konnte nur »Germanium« vorschlagen. Endlich war ein Gegengewicht gefunden für das vor einem Jahrzehnt jenseits des Rheines entdeckte »Gallium«.

Allerdings wurde später klar, daß dessen Entdecker Lecoq de Boisbaudran mehr an der Verewigung seines Namens Lecoq – der Hahn, lateinisch gallus, – interessiert war als am Ruhme Galliens.

Schnell stürzten sich die Physiker auf den neuen Stoff und untersuchten seine Eigenschaften. Das Material erwies sich in seinem elektrischen Verhalten als unzuverlässig. Kein eindeutiger Zahlenwert für sein elektrisches Leitvermögen ließ sich festlegen. Über weite Bereiche schwankten die Meßzahlen, jedes Stückchen Germanium schien anders als die vorherigen auszusehen. Einigkeit ließ sich nicht erzielen. Das Germanium war demnach kein ehrenvoller Vertreter der Klasse der Metalle. Dieser Kristall verärgerte die Wissenschaftler wieder durch »Dreckeffekte«, die eine saubere Einordnung verhinderten.

Und dennoch hatte jahrzehntelange Suche und eifriges Probieren erwiesen, daß das Germanium am besten geeignet schien, um ordentliche Detektoren für den Empfang von Radio und Radarwellen zu bauen. Ferdinand Brauns alte Leipziger Anordnung kam zu neuer Ehre. Eine feine Nadel wurde auf den Germaniumkristall gedrückt. Der angespitzte Draht wurde wie zu einem S gebogen; damit entstand ein federnd elastischer Kontakt. Kristall und Nadelspitzenkontakt wurden in ein schützendes kleines Glasröhrchen eingeschmolzen. Die Verbindung zur Außenwelt besorgten zwei kleine Kontaktbeinchen. Ein solcher Detektor erwies sich nach vielen eingehenden Versuchen als besonders günstig, um auch noch schwache Radarwellen mit sehr kurzen Wellenlängen gut zu empfangen. Germanium also war ein kriegsentscheidendes Element geworden; der Germanium-Gleichrichter wurde in großen Mengen eingesetzt, obwohl man die Wirkungsweise dieses Kristalls nur ungenügend verstand.

Wer kurze Wellenlängen nachweisen will, braucht ein Gerät, das schnell zu reagieren vermag. Kurze Wellenlänge einer Strahlung bedeutet ein schnelles Hin- und Herschwingen. Die Schwierigkeit im Nachweis besteht darin, daß der Empfänger der Welle folgen kann und nicht nur einen sinnlosen Mittelwert der Strahlung angibt. Um schnelle Bauelemente zu bauen, muß man mit kleinen Strukturen arbeiten, man muß eine »Mikro-Elektronik« beherrschen. Die auffallende Welle soll nicht zuviele Elektronen in Bewegung setzen und diese Elektronen sollen durch einen möglichst kleinen Widerstand schnell fließen können. Genau diese Erfordernisse erfüllt der alte Braunsche Spitzenkontakt, den die Engländer später, teils liebevoll teils fluchend ob der Unzuverlässigkeit, einen »Cat's whisker« – ein Katzenschnurrbarthaar nannten. Ferdinand Braun war auch schon aufgefallen, daß einer seiner Kontakte klein sein mußte, um ordentliche Gleichrichtung zu erhalten.

Halbleiter: Eine neue Stoffklasse

Mit dem Germanium betrat im Zweiten Weltkrieg ein verdrängtes Stiefkind die Szenerie: ein Halbleiter. Schon der Name sagt, daß nichts Ganzes und Ordentliches, sondern irgendein Mitteldingm, ohne klare Konturen vorzuliegen scheint, wieder ein ungelöstes Rätsel der Kristalle. Der Halbleiter steht zwischen den guten Leitern der Elektrizität und den fast überhaupt nicht leitenden Stoffen, den Nichtleitern oder Isolatoren. Die Trennung zwischen diesen beiden Stoffklassen ist eindeutig. Die Metalle sind Stoffe, die dem elektrischen Stromfluß nur geringen Widerstand entgegensetzen und gleichzeitig auch gute Leiter für den Wärmefluß sind. Metalle sind undurchsichtig, sie werfen das Licht zurück und zeigen an ihren Oberflächen den typischen Glanz.

Die Isolatoren dagegen sind meist durchsichtige Stoffe, werfen das Licht also nicht zurück. Ein Stück Quarzkristall, Glas oder ein Salzkristall sind Vertreter dieser Stoffklasse. Sie sind nicht nur schlechte Leiter für den elektrischen Strom sondern meist leiten sie auch den Wärmefluß nur schlecht.

In der klassischen Physik war diese Unterscheidung so schwierig nicht. Aus irgendeinem nicht völlig verstandenen Grunde sind die Metalle dadurch ausgezeichnet, daß sie viele freibewegliche Elektronen im Kristall besitzen. Das einzelne Metallatom gibt beim Zusammenrükken zu einem gemeinsamen Kristall eines, vielleicht gar zwei seiner Elektronen an den Gesamtverband ab. Ein Metallkristall besteht nach dieser Vorstellung also aus einer regelmäßigen Anordnung von Atomrümpfen, an denen die meisten Elektronen des Atoms noch festsitzen; daneben aber erfüllt eine Elektronensuppe das gesamte Kristallgitter. Diese Elektronen sind Gemeineigentum ohne festen Wohnsitz. Dann läßt sich leicht verstehen, daß ein solcher Kristall so gute Leitfähigkeit für den elektrischen Strom abgibt: Eine elektrische Spannung bewirkt die Wanderung der Elektronen zum positiven Pol. Eine solche Wanderung nennt man elektrischen Stromfluß. Auch läßt sich verstehen, warum so gute Wärmeleitung gefunden wird, denn die Elektronen können Wäremeenergie am heißeren Teil aufnehmen, als Bewegungsenergie im Stromfluß mitnehmen und am kälteren Teil wieder abladen. Man kann sogar einsehen, daß Licht nicht in einen solchen Kristall eindringt, denn die vielen so leicht verschiebbaren Elektronen reagieren auf das einfallende Licht, schwingen im gleichen Takt mit und senden dadurch wieder Strahlung aus, so entsteht das an einer Metalloberfläche spiegelnd reflektierte Licht.

Ganz anders aber scheinen die Nichtleiter zusammengesetzt zu sein. Aus irgendeinem Grunde verweigern die zusammentretenden Atome den Tribut, ein Elektron aus ihrem Bestand dem Gesamtkristall zur Verfügung zu stellen. Geizig hält jedes Atom an jedem seiner eigenen Elektronen fest, nur arrangieren sich die äußeren, einander nahekommenden Elektronen so, daß ein regelmäßig den Raum erfüllendes Gitter für den Kristall entstehen kann. Kein freies Elektron ist zu finden, das einen Strom bewirken könnte oder die Wärme rasch durch das Gitter leiten könnte. Kein Elektron ist zu sehen, daß ungehemmt im Takt des Lichtes mitschwingt und für den Glanz sorgen kann, den die Metalle haben.

So recht verständlich war es lange Zeit nicht, warum einige chemische Elemente es vorzogen, sich metallisch, andere aber sich als Isolatoren zu ordnen. Wenigstens aber schien die Unterscheidung sauber und klar. Ein einfaches Bild der Einteilung in diese zwei gänzlich unterschiedlichen Klassen deutete sich an. Doch die genauen Überprüfungen ergaben ein verschwommeneres Bild. Die Physiker nahmen sich alle nur möglichen Stoffe vor und prüften deren Stromleitung. Immer mehr Stoffe, ganz verschiedener Art fanden sich, die sich der strengen Einteilung widersetzten. Holz und Wolle, feuchter Bindfaden und andere unordentliche Materialien zeigten ein unentschiedenes Verhalten, aber auch immer mehr der kristallenen Mineralien ließen sich nicht exakt in die eine oder andere der beiden Familien einreihen. Diese ärgerliche Störung des einfachen Bildes ließ sich am besten beschreiben mit dem Verlegenheitsnamen »Halbleiter«. Ein unerfreulicher Umstand.

Die Halbleiter hatten aber, als man genauer hinsah, noch andere recht ungezogene Eigenschaften, jedenfalls die Kristalle unter ihnen. Es schien so, als sei ihre Leitfähigkeit auch von Probe zu Probe noch verschieden. Ein ordentliches Metall, wenn es nur halbwegs rein und sauber ist, zeigt einen widerspruchsfreien Wert des Leitvermögens: Der Elektroingenieur kann sich bei der Konstruktion von Kabeln und Leitungen auf eine klare Meßzahl aus seinen Tabellenbüchern verlassen. Halbleiter aber schwankten hemmungslos in ihren Werten. Man kannte das ja schon lange von den Kristallen und vermutete, daß dies eben wieder ein solcher typischer Schmutzeffekt war. Nicht der Kristall allein, sondern seine meist zufälligen chemischen oder anderen Störungen schienen die elektrische Leitfähigkeit zu bestimmen. Als Gegenstände ordentlicher Physik oder gar einer zuverlässigen Technik kamen also diese Zwittersubstanzen nicht in Betracht, als Forscher ließ man vielleicht doch besser die Finger davon.

Dennoch schauten sich viele diese Materialien etwas genauer an. Schon der praktisch-unvoreingenommene Michael Faraday stellte bei diesen Stoffen fest, daß sich ihr Vermögen der Elektrizitätsleitung bei Erwärmung verbesserte. Das war unerhört, denn von den Metallen war man genau das entgegengesetzte Verhalten gewöhnt. Später hatte man dann auch ein ganz vernünftig klingendes Schema der Erklärung. Wenn man ein Metall erwärmt, dann bewegen sich die Atome des Kristalls immer stärker, sie wackeln und schwingen um den Punkt herum, an dem sie eigentlich zu sitzen hätten. Wärme war als ungeordnete Bewegung erkannt worden. Auch die Ausdehnung eines Stückes Metall – wie wir es an Eisenbahnschienen zwischen Sommer und Winter unmittelbar merken – ist eine Folge dieser stärker werdenden ungeordneten Schwingung der Atome im Kristall. Wenn nun ein Elektron als Träger des Stromes sich durch den Kristall quälen muß, dann wird es immer schwieriger werden, den Atomen auszuweichen und den Weg zu vollenden. Erwärmung erschwert den Elektronen den Weg, die Fähigkeit den Strom zu leiten nimmt ab. Genau diese Erscheinung zeigen auch die Metalle, wie es sich nach der Theorie zu gehören scheint. Die widerspenstigen Halbleiter dagegen taten es genau umgekehrt, höchstes Mißtrauen gegen diese Klasse von Materialien schien angebracht.

Und noch etwas eigentlich recht Illegales schien die Halbleiter auszuzeichnen. Sie waren höchst empfindlich gegen Licht. Schon die Becquerels in ihrem schönen Pariser Museum mit den vielen kristallenen Mineralienschätzen hatten dies beobachtet. Im Dunkeln waren manche Kristalle ordentlich in die Gruppe der Isolatoren einzuordnen, im Licht dagegen waren es Metalle. Sie waren überhaupt ganz sensible Stoffe, die auch auf Druck und Zug, auf Magnetfelder zu reagieren schienen. Ganz unerhört schien sogar die Meldung, daß die Leitfähigkeit sogar von der Art und Menge des den Kristall umgebenden Gases abhing. Alles schien zu schwanken und sich ordentlicher Physik zu entziehen. Man konnte keine normale Eingliederung in Tabellen vornehmen, überall mußten Sternchen und Zahlen auf Fußnoten hinweisen, daß ein Wert etwa nur im Stockdunkeln gültig war oder nur, wenn man auf den Kristall drückte. Das Mißtrauen gegen solche ungebärdigen Stoffe wuchs.

Der Verband vieler Atome im Kristall war noch viel zu schwierig zu beschreiben. Als aber die Quantentheorie die Atome als einzelne Gebilde – mit ihrem Kern und den um den Kern verteilten Elektronen – immer besser erklärte, konnten sich die Theoretiker allmählich auch an den komplizierten Festkörper heranwagen. Die Quantentheorie legt strikte Einschränkungen fest, nach denen die Elektronen nur ganz bestimmte feste Energiewerte annehmen dürfen. Wolfgang Pauli formulierte zudem sein Ausschlußprinzip, nach dem auf jedem Energiezustand, der durch einen Satz von sogenannten Quantenzahlen festgelegt ist, immer nur ein Elektron sitzen darf. Diese Prinzipien der Quantentheorie müssen auch für die Materie im festen Zustand gelten. Die vielen aufeinander wirkenden Elektronen im eng gepackten Kristall bündeln ihre Energiezustände. Statt der scharfen Energien ergeben sich breitere Bänder von Energiewerten, die als Plätze für die Elektronen erlaubt sind. Daneben bleiben aber ausgedehnte Bereiche der Energie übrig, die für die Elektronen verboten sind. Diese grundsätzliche Schlußfolgerung, aus der Quantentheorie der einzelnen Atome abgeleitet, wurde früh erkannt, sie erhielt den Namen Bändermodell. Eine genaue Ausrechnung der erlaubten und der verbotenen Energien aber war noch lange Zeit zu kompliziert. Erst als die großen Elektronenrechner – aus festen Körpern erbaut – zur Verfügung standen, konnten die mathematischen Theorien wirklich in zahlenmäßige Berechnungen umgesetzt werden.

Das alte Problem des Kristalls blieb bestehen, nämlich zu verstehen, warum es einmal die ausgedehnten, über den ganzen Körper verteilten Elektronen gab, wie sie im Metall doch offensichtlich vorhanden waren und auf der anderen Seite Elektronen streng örtlich auf festen Plätzen an ihren Atomen sitzenblieben, wie es doch bei den Isolatoren den Anschein hatte. Für die Metalle brachte die Quantentheorie zuerst einen ernüchternden Schock, denn die einfache klassische Überlegung, daß frei bewegliche Elektronen die Verantwortlichen seien, ließ sich nicht mit dem Wärmeverhalten vereinbaren. Ein Metall hätte mit seinen vielen freien Elektronen viel, viel mehr Wärme aufnehmen müssen als die Experimente zeigten. Diese Krise wurde schließlich bereinigt, als man lernte, nur die Elektronen zu berücksichtigen, die mit der Aufnahme von Wärmeenergie einen noch unbesetzten neuen Platz im Energieband finden konnten; wieder also ein tieferes Verständnis des festen Körpers durch die Quantentheorie.

Die sogenannten Halbleiter dagegen boten weiterhin eine Fülle unerquicklicher Probleme. Manche dieser Stoffe zeigten ein völlig verrücktes Verhalten. In einem magnetischen Feld kann man die Ladungsträger ablenken und damit auch feststellen, ob es positive oder negative Ladung ist, die im Kristall fließt. Selbstverständlich glaubte man fest daran, daß es immer nur eine negative Ladung sein kann, denn das Elektron trägt ja – so ist die Verabredung – eine negative Ladung. Halbleiter und manche Metalle zeigten aber einen Fluß von positiven Ladungen! Diese anomale Eigenschaft bereitete viele Jahre großes Kopfzerbrechen. Aber auch hier konnte letzlich die Quantentheorie die Antwort geben. Wenn nämlich eines der erlaubten Energiebänder nicht ganz mit Elektronen angefüllt ist, dann kann man sich vorstellen, es seien »Löcher« – fehlende Elektronen – vorhanden. Ein solches Loch in der Gemeinschaft der Elektronen sieht aus, als habe es die entgegengesetzte Ladung seiner Umgebung, also benimmt es sich wie ein positives Teilchen. Eine Luftblase in einem Wasserglas ist ein grober Vergleich zu dieser Situation. Die Schwerkraft befördert die Wasserteilchen an der Blase nach unten, dadurch bewegt sich aber die Blase nach oben, ganz entgegengesetzt wie es einem normalen Teilchen zusteht. Diese grundsätzliche Idee, direkt aus der Quantentheorie abgeleitet, schien gut auf viele der Halbleiter zu passen.

Verunreinigungen waren gerade in diesen Halbleitern offenbar sehr bedeutsam. In einem Metall kommt es ja nicht so sehr auf ein Elektron mehr oder weniger an, es sind ohnehin so viele vorhanden. Wenn aber in einem elektronenarmen Stoff irgendwelche fremden Atome sitzen, die ein zusätzliches Elektron spenden können oder eines an sich reißen und festhalten, dann sollten im Verhältnis sehr große Veränderungen in der Bevölkerung der Elektronen stattfinden. Tatsächlich ist dies auch die Erklärung für das in so weiten Grenzen schwankende elektrische Verhalten dieser Stoffe. Setzt man ein Elektronen spendendes Atom in den Kristall, dann wird ein zusätzliches Elektron geliefert, der Kristall steigert seine verhältnismäßig geringe Leitfähigkeit, seine Elektronenzahl ist ja größer geworden. Sitzt aber ein elektronenraubendes Atom auf einem Kristallplatz, dann kann aus dem Elektronenvorrat der Atome eines entnommen werden, ein Loch entsteht. Wieder gibt es eine Leitfähigkeit, aber von einem anderen Vorzeichen. Diese Ideen entstanden allmählich in den ersten Jahren der modernen Theorie des festen Körpers und wurden dann während des Krieges von den amerikanischen Theoriespezialisten intensiv bearbeitet, denn sie schienen für ein besseres Verständnis der Radardetektoren von großer Wichtigkeit zu sein. Man konnte dann auch den ungewöhnlichen Temperaturgang der Leitfähigkeit verstehen. Je wärmer ein Kristall ist, um so größer ist die Wahrscheinlichkeit, daß ein Elektronen spendender Fremdling sein zusätzliches Elektron nicht mehr festhalten kann, die Wärmebewegung reißt dem Fremdatom das Elektron weg und macht es dem Gesamtkristall verfügbar. Die Leitfähigkeit steigt an, wenn man den Kristall erwärmt, obwohl das einzelne Elektron sich schwerer tut, durch den immer stärker wackelnden Atombau zu strömen.

Jetzt schien auch vernünftiger, daß ein Halbleiter so empfindlich auf äußere Einwirkung reagiert. Wenn Licht auf einen solchen Kristall fällt, dann kann das Lichtquant – Photon genannt – seine Energie einem noch fest gebundenen Elektron übergeben, das damit plötzlich genügend Energie besitzt, um aus seinem angestammten Bereich heraus einen großen Sprung durch die verbotenen Bezirke hindurch zu machen, frei zu werden und so Strom transportieren zu können.

Großartiger und faszinierender erschienen die prinzipiellen Möglichkeiten solcher Stoffe all denen, die sich mit der Theorie befaßten. Aber die Wirklichkeit sah auch noch gegen Ende des Krieges weniger eindeutig und klar aus. Die meisten Physiker hatten erhebliche Bedenken. Die chemische Sauberkeit der Kristalle war ungenügend. Gerade in Deutschland, vor allem in der Göttinger Schule, herrschte die Meinung, daß keine ordentliche, gesäuberte Substanz je ein Halbleiter sein könnte. Diese Ansicht der experimentell arbeitenden Physiker der Schule von Robert Pohl wurde von vielen geteilt. Das meinungsbildende Handbuch der Metallphysik, 1935 von Dehlinger geschrieben, beendet den hierfür wichtigen Abschnitt mit dem Schlußurteil: »Man kann qualitativ nur zwischen metallischen Leitern und elektrolytischen Leitern unterscheiden.« Elektrolytische Leitung entsteht bei der Wanderung von Ionen, also geladenen Atomen, zum Beispiel im Wasser oder in geschmolzenen Salzen. Halbleiter sollte es also nach dieser Meinung überhaupt nicht geben. Sir Alan Wilson, damals junger Student in Göttingen, wurde von Werner Heisenberg auf diese Meinung hingewiesen, als er eine Theorie für einen sauberen Halbleiter vorgeschlagen hatte. Ein Doktorand von Pohl, Josef Stuke, der in den letzten Kriegsjahren an Germanium Messungen durchgeführt hatte, die auf das Gegenteil hinwiesen, durfte seine Daten nicht veröffentlichen; sie widersprachen zu sehr dem fixierten Bild von diesen ungeratenen Kristallen, die ihre abnormalen Eigenschaften nur ihrer Unsauberkeit verdankten, Halbleiter waren in der deutschen Hochschulwelt eine Klasse von unberührbaren Stoffen.

In den dreißiger Jahren setzte aber zugleich auch ein langsam reifendes Verständnis des alten Braunschen Detektorproblems ein. In England war es Nevill Mott – in Göttingen an festen Stoffen geschult – und im Laboratorium der Siemenswerke Walter Schottky, die den

Walter Schottky, wegbereitender Theoretiker der Halbleitertechnik. In den Laboratorien der Siemens-Werke fand er (mit E. Spenke) 1939 die entscheidende Erklärung der elektronischen Vorgänge nahe der Halbleiter-Grenzschicht. Viele Begriffe der Mikoroelektronik tragen noch heute seinen Namen; besonders wichtig ist die Schottky-Diode.

Gleichrichter erklären konnten. Erinnern wir uns der Braunschen Experimente in Leipzig: Strom floß nur in einer Richtung, wenn eine Nadelspitze als metallischer Kontakt auf einen Kristall gedrückt wurde. Walter Schottky, ein vielseitiger theoretischer Physiker hat als Industrieforscher viele Grundlagen der Wirkungsweise elektronischer Geräte klargelegt. Obwohl die Elektronenröhre zu seiner Zeit mit großem Abstand das wichtigste Werkzeug der Elektronik war, ließ ihn die »Schande des Detektorproblems« nie los, er ahnte, daß hiner diesem Problem vielleicht eine ganz neue Festkörper-Elektronik stecken könnte.

Die Grenzfläche zwischen einem Metall und einem Halbleiterkristall erschien ihm als das wichtigste Problem: Seine und seiner Kollegen Idee war es, daß an dieser Grenze zwischen zwei unterschiedlichen Typen von Materialien eine Verarmung an freien Elektronen direkt an der Grenzfläche im Halbleiter stattfinden muß. Solche Grenzschichten kannte man schon, sie treten an jeder Taschenlampen-Batterie auf. Der unterschiedliche Elektronenhaushalt bewirkt an der Kontaktstelle Schichten einer Verarmung an Elektronen als notwendigen Ausgleich der elektronischen Unterschiede. Wer dieses Bild akzeptiert, kann unmittelbar folgern, daß nur in einer Richtung ein Strom fließen kann, nur wenn Elektronen aus dem Halbleiter die verarmte Zone »zuwehen« (wie Schottky selbst formulierte). Versucht man einen umgekehrten Stromfluß zu erreichen, dann fehlen die notwendigen Elektronen, die die Randschicht im Halbleiter ja nicht besitzt. Diese Grundidee erklärt den Gleichrichter. Im Kriege, als die Katzenschnurrbarthaare für die Radaranlagen gebraucht wurden, arbeitete man an diesen Theorien mit Hochdruck weiter. Die gut funktionierende Zusammenarbeit zwischen Theorie und Praxis, die von den Militärs in Großbritannien und in den USA eingeleitet wurde, führte zu tieferem Verständnis. In Deutschland dagegen gab es zwischen dem Theoretiker Schottky in einem Industrielaboratorium in Berlin und dem Experimentalphysiker und Theorieverächter Pohl an der unabhängigen Universität Göttingen kaum Verständigung; diese fehlende Brücke wirkte sich noch Jahrzehnte später auf die gesamte Entwicklung der modernen Halbleiter-Mikroelektronik aus.

Die Randschicht-Theorie von Walter Schottky hatte die vorsichtigen Schlußfolgerungen bestätigt, die Ferdinand Braun aus seinen Versuchen abgeleitet hatte. Die wichtigsten Ereignisse an einem solchen Gleichrichter mit Metallspitzenkontakt spielten sich nicht im Innern des Kristalls ab, sondern in einer außerordentlich dünnen Zone unmittelbar unter der Oberfläche des halbleitenden Kristalls. Nur ein kleiner Bruchteil des Kristalls war also aktiv, der Rest wirkte nur als leitende Stromzuführung. Damit lag endlich eine einleuchtende Erklärung dafür vor, daß jede Störung der Oberfläche, auch durch angelagerte Gasschichten, wie Ferdinand Braun ja immer wieder bedacht hatte, sich auf die elektrischen Eigenschaften auswirkte. Die Schichten können geladene Atome – also Ionen – enthalten, damit das Gleichgewicht der Ladungen im Kristall verändern und damit auch den Stromfluß beeinflussen. Diese Art der Empfindlichkeit gegen äußere Einflüsse ist typisch für Halbleiter. Ein Metall kann durch geringe Verschiebungen seiner vielen Elektronen solche Unebenheiten schnell ausbügeln. Der Halbleiter aber besitzt viel zu wenig Vorrat an Elektronen. Darum gelingt es in diesen Stoffen nicht, Störungen auszugleichen.

Selbst in diesen unruhigen Kriegsjahren aber gab es viele Träumer und Erfinder, die sich just diese empfindliche Reaktion der halbleitenden Kristalle dienstbar machen wollten. Wenn es wirklich wahr sein sollte, daß Halbleiter so leicht veränderbar sind, dann ließe sich ein einfacher Schalter, vielleicht gar ein Verstärker bauen. Von außen müßte man nur irgendwie den inneren Strom steuern. Ein Isolator ist für eine solche Idee schlecht zu gebrauchen, er hat ja ohnehin kaum Elektronen, allenfalls bei ungeschickt hohen Temperaturen wären sie zu erzeugen. Andererseits hat ein Metall so viele freie Träger der Leitfähigkeit, daß es hoffnungslos erscheint, hier durch äußere Einwirkung etwas maßgeblich verändern zu wollen. Schon Licht läßt sich nicht ins Innere eines Stückes Metall hineinbringen. Aber ein Halbleiter mit seiner offenbar durch so viele Dinge beeinflußbaren Leitfähigkeit schien sich für Ideen anzubieten. Viele Amateure erfanden Schreibtischpatente. In den letzten Kriegstagen wurde per Kurier ein Geheimpatent losgeschickt, das ein deutscher Physiker, Heinrich Welker, in einem Industrielaboratorium ersonnen hatte. Seine Grundidee ließ sich aber nicht mehr ausprobieren und schon gar nicht verwirklichen.

In England und den USA begann das Germanium allmählich einen etwas besseren Ruf zu erhalten. Wenn man ordentlich Aluminium dazutat, dann ließen sich recht anständige und zuverlässige Gleichrichter und Mischer für Radarzwecke bauen. Zunächst war die Frage nicht so wichtig, ob dieser Stoff Germanium und sein chemischer Verwandter, das Silizium, das man ebenfalls als einsatzfähig erkannt hatte, nun ein dreckiges Metall war oder nicht. Hauptsache war unter dem Zwang des Krieges, daß die Radargeräte funktionierten.

Am Ende des Krieges hatte sich die Welt grundlegend geändert. Die alte deutsche Gelehrtenrepublik war zerschlagen und nicht mehr arbeitsfähig. Wichtig für die Naturwissenschaftler war der nachweisliche große Erfolg einer konzentrierten, militärisch vom Staate gelenkten, gezielten Forschung. Die alte Arbeitsweise der freien naturwissenschaftlichen Forschung in der Zurückgezogenheit der Hochschulen in kleinen Städtchen war verschwunden. Naturwissenschaft als Teil der Philosophie, der reinen Erkenntnis gewidmet und von ihren Jüngern als »elitäre Muße« voller Hingebung aus eigenem Antrieb betrieben, war überrundet worden. Große Laboratorien mit massiver Unterstützung hatten ihre Erfolge der gesamten Bevölkerung bewiesen. Die gegnerischen Unterseeboote und Bombenflugzeuge waren von sorgfältig kombinierten Mannschaften aus vielfältig spezialisierten Fachleuten besiegt worden. Ein geschicktes Management hatte es verstanden, unterschiedliche Interessen so zusammenzubringen, daß unter der Gemeinsamkeit der nationalen Zielsetzung aus reiner Wissenschaft neue strategische Waffen entstanden. 2,5 Milliarden Dollar werden für das Radarprogramm der USA geschätzt, 2 Milliarden für das Atombombenprogramm. Die Naturwissenschaft hatte ihre Unschuld verloren, sie hatte den noblen Stil einer im Freundeskreis gepflegten Forschung eingebüßt. Große Mannschaften waren organisiert, motiviert und mit massiver Unterstützung aufgebaut worden; aber verloren wurde viel Selbständigkeit und Freiheit.

Für die Vereinigten Staaten war dieser Umschwung besonders nachhaltig. Ein Land, das bislang mehr dem Tüftler, Bastler, Erfinder und Geschäftsmann vertraut hatte und mit Skepsis die langhaarigen und oft so weltfremden Theoretiker betrachtet hatte, gewann durch die mit Begeisterung aufgenommenen Erfindungen Respekt vor der Wissenschaft. In den Laboratorien gab es neue Helden, die den Krieg verkürzt hatten und viele Menschenopfer erspart hatten. Die gewaltige Ausweitung der Wissenschaften war nicht mehr zurückzuschrauben, das Übergewicht der Physik und der modernen Elektrotechnik war zahlenmäßig bereits vollkommen zugunsten der USA gegenüber Europa verschoben. Was die Qualität der Forscher betraf, war das Übergewicht sogar noch stärker verschoben, viele der Besten kamen ja als Verfolgte und Verfemte aus dem alten Europa, besonders aus Deutschland und Österreich.

Auch der Stil der gemeinsamen Arbeit, wie sie sonst an den individualistisch strukturierten Universitäten selten vorkommt, wurde beeinflußt. Fast alle der Wissenschaftler, die in der Kameraderie der gemeinsamen Aufgabe den gemeinsamen Erfolg unmittelbar erlebt hatten, verloren diesen tiefgehenden Eindruck nicht mehr. Die Idee, daß ein »team« ganz unterschiedlicher Solisten fast unerreichbar erscheinende Ziele doch erreichen kann, war bewiesen worden. Das Verhältnis zum Staat als einem geschickt wenn auch zielstrebig handelnden Arbeitgeber entspannte sich, wurde mit Loyalität und geringerem Argwohn betrachtet. Auch die Politiker und Militärs hatten in den USA gelernt, mit welcher Zurückhaltung und Psychologie die Wissenschaft zu behandeln war. Wenn auch die Spannungen, vor allem bei den Atomprojekten, nie ganz vermieden wurden, so waren doch Rücksichtnahme und gegenseitiger Respekt ungleich stärker als im Nazideutschland und in Japan. Die amerikanischen Wissenschaftler waren Gewinner, unbeschwert konnten sie nach dem erfolgreich durch ihre Mitwirkung beendeten Kriege nun neue Aufgaben mit den eben erlernten Methoden angehen.

Eine große Zahl inzwischen hervorragend vorgebildeter und an ganz neue Ausrüstungen und Methoden gewöhnter Naturwissenschaftler und Ingenieure stand plötzlich zur Verfügung. Eine ins Riesenhafte expandierte Elektronikindustrie war freigeworden für neue friedliche

Produkte. Anders als in Europa, wo zu allererst einmal die alte Technik gefragt war, Häuser, Brücken, Straßen, Kohlegruben und Kraftwerke wiederaufzubauen, rief der amerikanische Markt nach neuen Produkten. Nutzung und Anwendung der neuen wissenschaftlichen Prinzipien bot sich in besonderer Weise an.

Wo lagen diese neuen Chancen? Im Vordergrund stand die Hoffnung, aus dem schrecklichen Schock der Atombombe eine friedliche Energiequelle schaffen zu können. Dies war eine Aufgabe, die vom Staat vor allen Dingen zu lösen war, mit Mitteln, die der Rüstungsarbeit nicht unähnlich waren: in großen Staatslaboratorien mit riesigen experimentellen Einrichtungen für Pilotprojekte zur erhofften Weitergabe an die Energieindustrie. Nicht so spektakulär und mit weit weniger Emotionen beladen dagegen erschien eine andere Aufgabe, aus der Kriegselektronik etwas Neues, Kleines, zu machen, das in jedem Hause verwendbar sein konnte.

Dem Kristall winkte vielleicht eine Zukunft. Halbleiter hatten sich aus der Verdrängung gelöst, aus dem erreichten wissenschaftlichen Verständnis dieser so ungebärdigen Gruppe von Kristallen sollte sich ein neues Werkzeug formen lassen. Sicher schien man sich nicht zu sein. Radar konnte man natürlich sofort in die friedliche Nutzung für die Wettervorhersage und die zivile Schiffahrt und den Flugverkehr übernehmen. Aber sonst? Der kleine Kristall, den die Soldaten auf dem Rücken für ihre Feldtelefone benutzt hatten, der wenig Energie benötigte, müßte auch gerade wegen seiner Kleinheit und seines geringen materiellen Aufwandes für etwas nützlich sein. Die Nachrichtentechnik, das Radio, ein besseres Fernsehen boten sich an. Aber der Durchbruch sollte von einer gänzlich anderen Seite erfolgen: Das Neue sollte in den Laboratorien einer Telefongesellschaft entstehen.

V. Spitzen der Forschung

Fernsprechnetze fordern Wissenschaft

Wer telefoniert, ist blind für den Weg seiner Botschaft. Er kann nicht sehen, wie es überhaupt gelingt, daß seine Stimme beim Partner ankommt – und wie schwierig es ist, daß er durch das Drehen der Wählscheibe jeden beliebigen Ort der Erde erreichen kann und unter Hunderten von Millionen genau nur das gewünschte Telefon am anderen Ende läutet. Verborgen ist ihm ein riesiger Apparat von Leitungen. Noch wichtiger aber sind die Schalter; das Telefonsystem vermittelt das Gespräch an den richtigen Ort, weil überall Schalter für die korrekten Pfade sorgen. Diese Schalter haben zuverlässig zu sein und laufenden Belastungen immer wieder standzuhalten, sie sollten so klein wie möglich sein, so wenig Energie wie nur möglich verbrauchen. Mechanische Schalter schufen das erste Vermittlungssystem der Telefonie. Mit einem kleinen Steuerstrom durch eine Magnetspule läßt sich eine metallene Zunge anziehen oder abstoßen, damit kann ein größerer Strom geschaltet werden. Eine Verstärkung der Wirkung des geringfügigen Steuerstroms wird so erreicht. Gewaltige Ingenieurleistungen gingen in diese Technik ein.

Viele Millionen Teilnehmer mußte die große amerikanische Telefongesellschaft »American Telephone and Telegraph«, von Alexander Graham Bell gegründet, in allen Teilen des Kontinents versorgen. Am Ende des Weltkrieges war deutlich vorauszusehen, daß eine gewaltige Ausdehnung des Netzes für eine anwachsende Bevölkerung und eine expandierende Wirtschaft unausweichlich war. Mechanische Schalter würden langfristig nicht in der Lage sein, alle diese Anforderungen zu erfüllen. Etwas Neues mußte her, bewegliche Teile mußten wenn irgend möglich vermieden, der Energieaufwand je Schaltvorgang gesenkt, der Platzbedarf erheblich verringert werden, damit die Vermittlungsgebäude nicht zu Palästen anschwellen würden. Viel zu einfallslos war die Strategie, lediglich die bekannten mechanischen Schalter noch weiter zu verkleinern. Mit Hilfe des Kristalls aber konnte man hoffen, völlig neue Lösungen zu finden. Dazu aber war saubere und tiefschürfende Erforschung der Grundlagen die unbedingte Voraussetzung.

Forschung aber betrieb die amerikanische Telefongesellschaft in imponierendem Maße. Schon 1925 war eine getrennte, damit unabhängige Organisation gegründet worden, die den Namen des Erfinders und Firmenvaters trug: »Bell Telephone Laboratories«. Aus den schnell zu klein gewordenen Laboratorien in der West Street in New Yorks Manhattan zog man bald in große neue Laboratorien in der hügeligen Parklandschaft New Jerseys nach Murray Hill. Der Forschung und Entwicklung eine getrennte und eigenständige Organisation in einer völlig separaten Gesellschaft zu geben, war ein wichtiger und fruchtbringender Schritt. Bei allem Bewußtsein für die Ziele seiner Firma muß der Forscher genügend Freiraum haben, seine eigene Umgebung schaffen können, seinen persönlichen, oft eigenwilligen Stil pflegen dürfen, um wirklich etwas grundlegend Neues schaffen zu können. Im alten Haupteingang von Murray Hill sind an der Wand des Foyers groß die Weisungen des Alexander Graham Bell angebracht: »Verlaßt den ausgetretenen Pfad gelegentlich, taucht ein in den Wald. Mit Sicherheit werdet ihr etwas finden, was ihr noch nie gesehen habt!«

Diese Mahnung mag melodramatisch und fast naiv klingen, aber sie gibt dem Wissenschaftler in einer industriellen Umgebung einen Freibrief, der ihm sonst eher verweigert wird. Der Finanzmann und der Fabrikleiter schauen mit Mißtrauen und Unbehagen auf die teure Forschung. Würde man den gestreßten Fertigungsleiter zum alleinigen Herrscher einer Forschung machen, so würde zwangsläufig Routine eintreten. Verständlich, daß die Fertigung ungern etwas völlig Neues herbeiruft. Wenn der Forscher den Fabrikmann fragt, was gebraucht wird, so wird man ihm vermutlich immer sagen, das bisherige Produkt sei eigentlich ordentlich. Man bräuchte nur etwas mehr Zuverlässigkeit, vielleicht Verbesserungen in den Eigenschaften, aber vor allen Dingen solle der Forscher sich mit all seiner Theorie doch gefälligst überlegen, wie die Fertigung und Produktion billiger würde, ohne daß vollständig neue Methoden eingeführt werden müssen. Die großen Investitionen, die die Fabrikation verschlingt – vor allem im Vergleich mit den dazu gering erscheinenden Investitionen in Forschung und Entwicklung –, ergeben diesen Widerstand in sehr verständlicher Weise. Revolutionen können ganze Industriezweige zur Bedeutungslosigkeit degradieren, Investitionen entwerten und die betroffenen Menschen, vom Direktor bis zum Hilfsarbeiter abwerten und ins Ungewisse stürzen. Deshalb ist die Zurückhaltung gegenüber Neuerungen die logische Folge.

Um so eindrucksvoller war die Organisation und das Ausmaß der

Forschung, das die »American Telephone and Telegraph« – eine von Haus aus eher konservative Telefongesellschaft – betrieb. Schon in den vierziger Jahren waren, mit einem Aufwand von vielen Hunderten von Millionen Dollar aus dem Geschäft abgezweigten Geldes, mehr als 6000 Forscher und Entwickler auf vielen Gebieten der Nachrichtentechnik beschäftigt. Vor allem die Grundlagen galten als »der Wald«, in dem Neues zu finden war. Mervin Kelly war der Chef der Forschung zu dieser Zeit, ein Mann von Mut und Weitsicht, der es verstand, das Können und den Ehrgeiz der Forscher mit den weitreichenden Zielen der Firma in Einklang zu bringen.

Kelly gab eine sehr allgemeine Leitlinie heraus, die bei allen seinen Mitarbeitern einen tiefen Eindruck hinterließ und stark motivierte: Das alte mechanische Relais mußte langfristig durch Besseres ersetzt werden. Alle Wissenschaft, alle Technik, jede Idee sollte verfolgt und verbessert, diskutiert und erforscht werden, die Schalten, Verstärken, Speichern in neuer Form versprach. Im Zentrum dieser anfangs noch unsicheren Hoffnung und verschwommenen Zielvorgabe stand der Kristall. Der feste Körper in seiner geordneten Form des kristallinen Aufbaus bot im Grundsatz die Chance eines neuen Schalters, ohne aus grobschlächtigen Einzelteilen zusammengesetzt zu sein. Die Elektronenröhre war zwar vorhanden, aber man konnte leicht nachrechnen, daß diese plumpe, auf Weißglut aufzuheizende Einrichtung niemals in der notwendigen großen Zahl für die Telefonvermittlung eingesetzt werden konnte. Ein Ersatz der Röhre im Kristall, mit den gleichartigen Wirkungen und Funktionen, war das Ziel.

Walter Brattain kam 1929 zu den Bell Laboratorien, er war ein geschickter Praktiker mit Gespür für Versuchsaufbauten und Talent für das Experiment. An seiner Hochschule, der University of Minnesota, hatten ihn Gastvorlesungen der berühmten europäischen Quantenphysiker Schrödinger und Sommerfeld beeindruckt, aber er war in erster Linie ein experimentell arbeitender Forscher. Nach einer Lehrzeit mit den Vakuumröhren begann er mit Versuchen, die alte Röhre im Kristall nachzuahmen. Ein junger, ehrgeiziger theoretischer Physiker, der die Quantentheorie des Festkörpers gelernt und praktiziert hatte und für eine Industriekarriere von den Bell Laboratories gewonnen werden konnte, kam dazu: William Shockley.

Shockley war von der herausfordernden Zielsetzung seines Chefs Kelly besonders beeindruckt und ging mit großer Konzentration ans Werk. Zwei grundsätzliche Wege kamen in Betracht. Einmal konnte man versuchen, wirklich eine Art Röhre im Kristall zu bauen, so ähnlich wie es Pohl mit seinen Salzen getan hatte, aber mit günstigeren Stoffen. Der zweite Weg war vorgezeichnet durch einige Schreibtischpatente; er beruhte auf der Hoffnung zur Lenkung der elektronischen Leitung von Halbleiter-Kristallen durch eine von außen angebrachte Steuer-Vorrichtung.

Der erste Weg war schon von anderen Forschern und Bastlern versucht und aufgegeben worden, dennoch wurde 1939 von Brattain und Shockley diese Idee nochmals verfolgt. Kupferoxidul, eine damals so benannte kristalline Verbindung von Kupfer mit Sauerstoff, war ein Material, das sich für Fotozellen und auch als Gleichrichter bewährte. Mit diesem Stoff wurden bereits große Mengen von Bauelementen hergestellt; man hatte praktische Erfahrungen, die aber keineswegs wissenschaftlich untermauert waren. Die Kollegen aus der Fabrik waren an solchen Arbeiten interessiert und drängten sogar auf Forschung, von der sie sich Verbilligung und Verbesserung erhofften. »Western Electric« nannte sich dieser Teil der »American Telephone und Telegraph Company«, eine riesige Fabrikationsorganisation, die alle Geräte und Apparate für das Telefonnetz herstellte und an die örtlichen Telefongesellschaften vertrieb.

Eine Röhre besteht aus drei wichtigen Teilen: Aus der erhitzten Kathode treten Elektronen aus und laufen zur empfangenden Anode, dazwischen sitzt ein Gitter, mit dem man die Stromstärke zwischen den beiden Teilen mehr oder weniger abschwächen, also damit steuern kann. Ein solches Steuergitter versuchte man mit feinen Drähtchen in den Kristall einzubauen und damit den Stromfluß durch den Kupferoxidulkristall zu beeinflussen. Die Versuche scheiterten kläglich. Keine Änderung des Stromes war zu sehen. Der Kristall weigerte sich strikt, zu reagieren. Die Störung durch die eingeschmolzenen Drähtchen war zu unbeholfen. Die elektrische Leitung wurde durch andere, unkontrollierte Geschehnisse, vermutlich durch die Verunreinigungen im Kristall, vollständig beherrscht und entzog sich äußerer Beeinflussung.

Der Fehlschlag war betrüblich. Von etlichen Seiten kamen hämische Reaktionen: Man hatte es ja von vornherein gesagt, daß hier nichts zu holen war. Solche deprimierende Enttäuschungen gehören zum Geschäft der Wissenschaft. Rückschläge sind häufiger als die Erfolgserlebnisse, vor allen Dingen, wenn man sich Neuland nähert. Wer solche Forschung zu leiten und zu betreuen hat, dem ist als wichtigste Verpflichtung auferlegt, immer wieder Mut zu machen. Mut allein genügt freilich nicht, es muß eine neue Richtung gefunden werden, es muß aus den Fehlschlägen wenigstens die ungefähre Richtung erkannt werden, der man sich neu zuzuwenden hat. Es muß erkannt werden, wo Lücken bestehen oder Hilfen aus der Theorie und den Grundlagen geboten werden. Die große Stärke der industriellen Forschung bei den Bell Laboratorien war es und ist es noch heute, daß Rückschläge nicht Mutlosigkeit und Kapitulation erzeugen, sondern daß der Fehlschlag zur Konzentration auf die Grundlagenforschung führt. Die Bedeutung einer solchen Forschungspolitik kann gar nicht hoch genug eingeschätzt werden. Man stelle sich nur vor in der Rolle eines Forschungsleiters zu sein. Man müßte vor seine Chefs treten, einen Mißerfolg beichten und gleichzeitig für mehr Geld zu rein theoretischer Forschung betteln. Die Bell Organisation aber wählte diesen unwahrscheinlichen Weg.

Shockley und seine Kollegen wandten sich der Theorie zu. Das alte Detektorproblem in seiner grundsätzlichen Erklärung durch den Siemens-Forscher Walter Schottky wurde studiert. Die Idee der Gleichrichtung elektrischer Ströme an den Oberflächen-Randschichten, die wir heute »Schottky-Barrieren« nennen, wurde Shockleys Thema. Vielleicht konnte man durch äußere Veränderungen solcher Randschichten eine Verstärkung von Strömen erzielen? Am 29. Dezember 1939 schreibt Shockley in sein leinengebundenes Patent-Notizbuch – wie es jeder Bell-Mann zu führen hat – die Grundidee ein, die sich später erst verwirklichen und zum »Schottky-Feldeffekt-Transistor« führen sollte. Realisierung scheiterte damals am störrischen Kristall, aber es blieb jetzt auch weniger Zeit. Shockley wurde zu Kriegsarbeit verpflichtet; er mußte neue theoretische Konzepte entwickeln, wie der Abwehrkampf gegen die deutschen Unterseeboote optimiert werden konnte.

Mervin Kelly, der Bell-Boss, hatte seinen Mitarbeiter nicht vergessen, gegen Ende des Krieges besuchte er ihn in seinem Büro im Pentagon und versuchte Shockley zur Rückkehr nach Murray Hill zu bewegen. Nach der Kapitulation Japans kam er dann auch. Ein weiterer Physiker mit großem Fundus an Wissen über den Kristall konnte ebenfalls gewonnen werden: John Bardeen, der in Wisconsin und an der Eliteuniversität Princeton bei den besten Lehrern die Theorie des festen Körpers erlernt hatte und schon wesentliche eigene Beiträge geliefert hatte. Erstaunlich fast, daß ein junger Theoretiker, der so eng und voller Hingabe und Begeisterung die rein akademische Forschung an einer Universität betrieben hatte, nun in ein Industrielabor eintrat. Diese Situation wäre aber nur im alten Europa verwunderlich gewesen. Bei Bell zu arbeiten war eine Ehre, ein Gewinn an Prestige, ein richtiger Schritt zu einer Karriere. Shockley, Bardeen und Brattain standen gemeinsam in einer Arbeitsgruppe, die sich der neuen Herausforderung annahm.

Diese Mannschaft zur Erforschung neuer Wege war vielfältig zusammengesetzt: Theoretische und experimentelle Physik, Chemie, Kristallographie und Metallurgie, Elektrotechnik und Feinmechanik waren durch Spezialisten vertreten. Ein zurückhaltend beobachtendes, aber in Streitfällen glättendes Management lenkte die Gruppe und sorgte für maßvolle und sachgerechte Konkurrenz zwischen den Mitgliedern des Teams. Die Wissenschaft wurde professionell geführt. Die Erfahrungen die man mit der systematischen Zusammenführung von egozentrischen Solisten während der Kriegszeit hatte sammeln können, leiteten auch diese Aufstellung der Forschungsmannschaft. Die Industrieforschung erreichte damit eine Durchsetzungskraft, die eine auch noch so aktive und gute Universität nicht hätte aufbringen können. Tatsächlich zeigte sich dieser Klassenunterschied gerade in den kommenden Jahren, als die Purdue Universität unter dem aus Österreich eingewanderten Physiker Lark-Horovitz anfangs sogar einen Forschungsvorsprung bei den Halbleitern hatte, ihn aber nicht halten konnte.

Eine akademische Forschungseinrichtung, etwa ein physikalisches Institut einer Universität, muß sich spezialisieren und konzentrieren auf ein immer engeres Sachgebiet. Max Weber hat in eindringlicher Form auf diese wichtige Tendenz bei der berufsmäßigen Beschäftigung mit der modernen Wissenschaft hingewiesen, hat ihre schmerzhaften Seiten der Beschränkung und Flüchtigkeit bloßgestellt und zugleich das große Erlebnis forschender Arbeit gerühmt. Arbeitsgruppen an Hochschulen scharen sich um einen Meister, sie lernen seine Sprache und teilen seine Ansichten. Alle beherrschen das gleiche Instrument, spielen die gleiche Melodie einstimmig in mehrfacher Besetzung. Die nicht immer angenehme Auseinandersetzung mit Fachleuten anderer Prägung entfällt, eine Bloßstellung der eigenen Ignoranz gegenüber dem Spezialisten der anderen Fächer unterbleibt. Das Klima ist familiär und strahlt Geborgenheit aus.

Der Sprung in ein Orchesterteam eines industriellen Laboratoriums ist darum oftmals nicht leicht. Der erste Schock einer Vereinsamung muß überwunden werden, Spaß und die Erlebnisse erfolgreichen Miteinanders müssen erst vermittelt werden. Respekt und Fairness müssen in selbstverständlicher Weise herrschen, um einen Neuankömmling harmonisch eingliedern zu können; er muß bei aller Zusammenarbeit die Virtuosität seines eigenen Gebietes weiterpflegen dürfen und sich seiner Verantwortung als Könner beim Solospiel wie als Mitwirkender bei den Tutti-Stellen bewußt werden. Das Bell Laboratorium hat diese Einfühlung in die Persönlichkeit des Wissenschaftlers in vorbildlicher Weise verwirklicht. So wurden die Bedingungen geschaffen, daß Wissenschaft mit persönlichem Einsatz voller Leidenschaft betrieben werden konnte. »Denn nichts ist für den Menschen etwas wert, was er nicht mit Leidenschaft tun kann«, erkannte schon Max Weber; Bell Laboratories hielt sich an diesen Grundsatz und verhinderte, daß diese Riesenorganisation eines Laboratoriums zu einem Beamtenstaat wurde. Dieser organisatorische Vorteil erhöht noch den Vorteil der Konzentration auf nur eine Aufgabe, wie sie der Industrieforscher finden kann und oft finden muß, während sein Konkurrent an einer Universität sich der Vielfalt von Forschung, Lehre, Verwaltung widmet.

Der Transistor wird erfunden

Die Mannschaft wandte sich den Kristallen zu. Das kriegerische Radargeschäft hatte inzwischen allein aus der Fülle der praktischen Erfahrungen bereits eine immer deutlichere Auslese getroffen. Kupferoxidul oder auch das glasige Selen gerieten ins Hintertreffen, obwohl sie in noch steigender Menge in den Fabriken verarbeitet wurden. Dem Druck auf herkömmliche Weiterentwicklung und Verbilligung dieser Materialien konnte die Forschergemeinschaft bei Bell widerstehen. Man wurde sich einig, daß die größten Hoffnungen auf jeden Fall mit den Halbleitern Germanium und Silizium verbunden waren. Germanium hatte seine Bewährungsprobe als Detektor-Kristall bestanden, gegen Ende des Krieges hatte sich Silizium dazugesellt. Beide Stoffe sind Elemente, bestehen also chemisch nur aus einer Sorte von Atomen. Damit sind sie schon von vornherein einfacher und leichter überschaubar. Eine ganze Reihe von Komplikationen, unter denen beispielsweise die Göttinger Salzkristalle leiden, entfällt bei diesen einfacheren Kristallen. Silizium und Germanium stehen in der Mitte des Periodensystems der chemischen Elemente und nehmen darum auch eine Mittelstellung zwischen Metallen und Isolatoren ein. Sie wurden auch eindeutig als wirkliche Halbleiter erkannt und nicht als verschmutzte Metalle verdächtigt, wie man in Deutschland noch mehrheitlich gegen Kriegsende glaubte. Beide Stoffe ordnen sich im

Raum nach dem Vorbild des Kristallgitters des Diamanten, des Königs der Schmucksteine.

Im Diamant, wie auch im Germanium und Silizium ist jedes einzelne Atom von vier gleichartigen Nachbaratomen umgeben. Dadurch wird ein einfacher Körper aufgebaut, das Tetraeder. Schon Plato erkannte die schöne Symmetrie dieses regelmäßigen Aufbaus. Das Tetraeder, diese dreiseitige Pyramide, ist einer der Platonischen Körper. Die gesamte organische Chemie mit ihren vielen Verbindungen des Kohlenstoffatoms wird durch das Tetraeder in den Atombindungen bestimmt. Germanium und Silizium erschließen eine neue, eine anorganische Welt des Tetraeders. Ein Diamant ist spöde, hart, durchsichtig und voller Glanz und Feuer in der Brechung des Lichtes. Seine Brüder Germanium und Silizium teilen mit ihm diese Familieneigenschaften. Beide Halbleiter sind ebenfalls spröde, sie splittern, statt sich wie ein Metall schmiegsam einer äußeren Kraft anzupassen und verformen zu lassen. Die strenge räumliche Richtung der Bindung jedes Atoms an seine vier Nachbarn verhindert, daß sich die Atome leicht gegeneinander verschieben. Ein Metall dagegen, mit seiner fehlenden räumlichen Starre der Bindungen und seinem gestaltlosen Brei der zusammenhaltenden Elektronen ist weicher und fließt unter Belastung, läßt sich verformen und ergibt sich äußerer Gestaltung. Jahrtausende menschlicher Zivilisation, menschlicher Kultur, sind ohne diese Eigenschaft metallischer Verformbarkeit und Gestaltungsmöglichkeit nicht denkbar. Es ist eine makroskopische Eigenschaft, ein Verhalten des gesamten Stücks eines Werkstoffs. Mit dem Silizium und Germanium sollte eine mikroskopische Eigenschaft in das Rampenlicht rükken. Die Feinheiten des Atombaus und seiner Bindung sollte der Mensch zu beherrschen und nutzen lernen.

Die Elemente der mittleren Gruppe weisen ihren Atomen vier äußere Elektronen zu. Diese vier Außenelektronen bewirken die gegenseitige Bindung, darum entsteht Platos Tetraeder, daraus resultiert die im Raum sich symmetrisch ausbreitende Bindung an immer genau vier Nachbarn. Jedes Atom braucht dringend seine vier Außenelektronen um diese Verpflichtung zwischen den Nachbarn einhalten zu können. Keine Möglichkeit besteht, ein Elektron als Spende und Beitrag für den Gesamtkristall zu entbehren und freizusetzen. Darum sind Germanium und Silizium gerade in ihrer unverschmutzten, chemisch reinsten Form eben doch keine Metalle, denn Metalle sind nur jene Kristalle, bei denen jedes Atom eines seiner Elektronen dem Gesamtverband opfern kann. Diamant ist ein geradezu idealer Isolator, nirgendwo findet sich ein freies Elektron, das den Strom leiten könnte. Aber Silizium und Germanium sind andersartig, sie sehen grau-metallisch aus, werfen also einfallendes Licht genauso zurück wie Metalle es tun. Der Verdacht war gar nicht so unsinnig, die beiden seien nicht so eng mit dem Diamanten verwandt sondern eher mit dem richtigen Metall Zinn, das auch in der Mittelgruppe des chemischen Periodensystems steht.

Die Quantentheorie gab die Erklärung für die beiden Halbleiter. Wichtig ist die Größe der Energie, die man zur Freisetzung eines der tetraedrischen Bindungselektronen braucht. Im Diamant ist sie sehr groß, viel zu groß als daß die Photonen des sichtbaren Lichtes mit ihrer recht kleinen Energie irgend etwas zu bewegen vermöchten. Alles Licht geht glatt durch den Kristall hindurch, es fehlt jeder Angriffspunkt zur Verschiebung und Befreiung der Elektronen. Bei Silizium und erst recht beim Germanium reichen aber schon viel kleinere Energien aus, um Elektronen aus der tetraedrischen Bindungspflicht zu befreien und sie als ungezügelte Wanderer im Kristall strömen zu lassen. Sichtbares Licht genügt mit seiner Energie, um diese Freiheit gewähren zu können, darum sind beide Halbleiter für unsere Augen undurchsichtige Kristalle.

Strenge und systematische Arbeit war notwendig, um sicher zu sein und diese heute so einfach und logisch klingenden Erläuterungen aussprechen zu dürfen. Nur auf diese gezielte wissenschaftliche Forschung stützte sich die immer schneller wachsende Achtung und Anerkennung dieser neuen Klasse von Stoffen, die vorher über Jahrhunderte mit ihren schwankenden Eigenschaften nichts als Verachtung und Verkennung gefunden hatten. Auch die elektrischen Eigenschaften wurden durch die grundlegende Forschung verständlich. Elektronen ließen sich beschaffen, wenn man ein Atom mit fünf äußeren Elektronen anstelle der Wirtsatome einbaute. Wenn man ein Germaniumatom im Kristall durch ein Arsenatom ersetzt, dann wird das Arsenatom vier seiner fünf äußersten Elektronen in ordentlicher tetraedrischer Gehorsamkeit zur Bindung mit seinen vier Germanium-Atomen hergeben. Das fünfte Elektron aber kann es kaum festhalten, es kann uneigennützig dem Kristall spendiert werden. Das Arsen-Atom bekam dafür den Namen »Donator«, der Spender. Ein absolut sauberer Silizium-Halbleiter-Kristall leitet die Elektrizität kaum, fügt man aber Arsen hinzu, so wird je nach Menge der Zugabe eine einstellbare Leitfähigkeit mit Elektronen möglich. Ein gewaltiger Fortschritt war erreicht. Je nach Belieben und Wunsch konnte ein und derselbe Typ eines Kristalls über schier unglaublich große Bereiche in seinem elektrischen Verhalten gezielt verändert werden. Die Variationsbreite ist dem Ungeschulten kaum mit Vergleichen aus dem täglichen Leben klarzumachen. Völlig donatorfreies Silizium verhält sich zu höchst angereichertem im Leitvermögen wie die Länge eines tausendstel Millimeters zu einem Kilometer! Eine riesige Skala der Materialbeherrschung war gewonnen!

Elektronenleitung aber ist nicht alleingeblieben. Es gibt nicht nur spendende, sondern auch nehmende Gastatome im tetraedrischen Gitter. Wenn ein Gallium-Atom ein Siliziumatom von seinem angestammten Platz im Kristall verdrängt, dann fehlt etwas, denn Gallium hat nur drei äußere Elektronen. Das Galliumatom wird versuchen, sich von den Nachbarn ein Elektron zu stehlen, um die Tetraederpflicht zu erfüllen, aber dann fehlt dort wieder ein Elektron. Insgesamt ist also ein Loch in die Elektronenbilanz eingeführt worden, ein freier Platz, in den Nachbarelektronen hüpfen können. Elektronen können sich also wegen des Loches wieder bewegen. »Löcherleitung« ist etabliert. Diese Leitung erfolgt, als ob es elektronische Teilchen mit positiver Ladung gäbe, während doch sonst Elektronen nur immer negative Ladung haben. Eine Unsymmetrie ist damit behoben. Diese Beziehung zwischen einem Teilchen und seinem Widerpart ist von tiefer Bedeutung in unserem gesamten Weltbild der Physik. Zu jedem Elementarteilchen gibt es das Antiteilchen. Teilchen und Antiteilchen vernichten einander, wenn sie aufeinandertreffen. Wenn ein Überschußelektron in ein Elektronenloch springt, dann sind beide verschwunden. Licht mit seiner Quantenenergie kann aus dem Nichts des Kristalls heraus ein Pärchen von Teilchen und Antiteilchen erschaffen. Das Lichtquantum verschwindet, statt dessen haben wir ein freies Elektron und das zurückbleibende Loch. Mit allerhöchsten Energien geschieht dasselbe im Vakuum. Die großen Beschleuniger von CERN in Genf oder DESY in Hamburg benutzen extrem hochenergetisches Licht, um Paare von Teilchen und Antiteilchen als die elementaren Bausteine unserer Welt zu erzeugen. Die Einheitlichkeit physikalischer Vorstellungen zeigt sich an der Gleichartigkeit der Prozesse trotz der riesigen Energieunterschiede.

Die Mannschaft der Bellforscher wollte eine im Grunde schon alte Idee verwirklichen. Steuerung eines Stromtransports in einem Stück Halbleiterkristall sollte möglich sein, man mußte einfach nur die Zahl der zum Strome beitragenden Elektronen – oder Löcher – kontrolliert ändern. Eine solche Änderung erreicht man, wenn man in die Nähe des Halbleiters ein Metallplättchen bringt und dies mit einer elektrischen

Spannung auflädt, etwa mit einer Taschenlampenbatterie. Wird das Metall positiv aufgeladen, dann muß sich der benachbarte Halbleiter zum Ausgleich negativ aufladen, er tut das durch Erhöhung der Zahl seiner negativen Elektronen. Dann aber muß auch ein Strom im Halbleiter größer werden. Mit der Metallplatte steuert man also einen elektrischen Strom im Innern des Kristalls. Die Idee schien überzeugend.

Julius Lilienfeld hatte auf diese Idee schon 1926 ein Patent angemeldet, das heute als der erste historische Vorläufer des sogenannten Feldeffekt-Transistors gilt. Feldeffekt bedeutet, daß die Wirkung des elektrischen Feldes, verursacht durch die Ladungen auf dem Metallplättchen, ausgenützt werden soll. Lilienfeld wurde 1882 in Lemberg geboren und studierte Physik in Berlin. Er half dem Grafen Zeppelin beim Bau und der Erprobung der wasserstoffgefüllten Luftschiffe. Die Universität Leipzig gewann ihn als Professor der Physik. Dort erforschte er Vakuumröhren und Röntgenlicht. Im Jahre 1926, gedrängt von den ungünstigen Verhältnissen an den Hochschulen im verarmten Deutschen Reich, ging er, ein aktiver und praktisch interessierter Physiker, zur großen Überraschung aller seiner Fachkollegen in die Vereinigten Staaten, dazu noch in ein industrielles Laboratorium. Julius Lilienfeld ist also nicht nur der Vater des Feldeffekt-Transistors, er wurde auch zum Vorboten großer Scharen späterer Physiker, die aus deutschen Universitäten in die Industrie der Vereinigten Staaten auswanderten. Mit ihm begann bereits der auf der anderen Seite so geschätzte »brain drain«, der Abfluß geschulter, ideenreicher Gehirne aus dem müden Europa.

Ein anderer Deutscher, Oscar Heil, erhielt im März 1934 ein britisches Patent auf eine schon etwas genauer beschriebene Anordnung zur Steuerung von Strömen. Heil schlug im Patent auch eine Reihe von Stoffen vor, mit denen sich sein Steuerprinzip verwirklichen lassen sollte: Jod, Kupferoxidul und andere reichlich exotische Materialien waren darunter. Seine Ideen sind in dieser Form nie verwirklicht worden. Heute zeigt sich, daß nicht so sehr das technische Prinzip entscheidend war, sondern die Beherrschung der dazu notwendigen Stoffe. Wissenschaftliches Verständnis des festen Stoffes in seiner kristallinen Form und Beherrschung des Materials bis in die feinsten Einzelheiten waren die Voraussetzungen.

Die nächste wichtige Idee kam mit einem Sonderkurier wenige Tage vor dem Ende des Zweiten Weltkrieges nach Berlin. Heinrich Welker hatte die Grundidee Heils mit der reifenden wissenschaftlichen Erkenntnis Schottkys kombiniert und einen Halbleiterverstärker vorgeschlagen. Der Krieg schnitt diese Entwicklung ab. Mit den Riesenmengen technischer und wissenschaftlicher Unterlagen, die an die Aliierten abtransportiert wurden, gelangte auch dieser Patentvorschlag in die USA.

Trotz der so einfach scheinenden Grundidee eines Halbleiterverstärkers blieb die Natur außerordentlich widerspenstig. Immer wieder wurde in allen möglichen Varianten versucht, die in den Zeichnungen der Patentschriften so überzeugend wirkenden Verfahren tatsächlich durchzuführen. Immer besser und kontrollierter wurden die Halbleiter, an denen man eine Veränderung der Zahl der Elektronen versuchte. Dennoch rührte sich der Zeigerausschlag nicht, der eine Veränderung des durchfließenden Stromes angezeigt hätte. Die Bell-Mannschaft untersuchte in alle möglichen Richtungen, mit Methoden und Verfahren, von strenger theoretischer Vorhersage bis zu obskuren Behandlungen, die an schwarze Kunst erinnerten und ja schon so lange an den Kristallen voller Verzweiflung und Hoffnung versucht worden waren.

Wenn man ein Halbleiterstückchen mit Flüssigkeiten zusammenbrachte, dann schien manchmal eine Änderung zum Besseren aufzutauchen, winzige Effekte deuteten sich an. Also wurde diese Richtung vor allen Dingen vom Pragmatiker Brattain vorangetrieben. Shockley, der Purist und Theoretiker, runzelte die Stirn, denn für ihn entfernten sich die Versuche zu weit von den grundsätzlichen Erwartungen. Aber auch John Bardeen nahm diese Experimente ernst und schlug eine Erklärung vor für das Ausbleiben der gewünschten Veränderung der Elektronenzahl im Innern des Halbleiterkristalls. Er kam damit auf die ganz alte Frage zurück, die schon Ferdinand Braun Kopfschmerzen bereitet hatte. Irgend etwas an der Oberfläche des Kristalls war für alle Erscheinungen verantwortlich. Bardeen und seine Kollegen wußten, daß in der Tat durch den Feldeffekt eine Veränderung der Ladungszahl im Halbleiter erreicht wurde, nur machte sie sich nicht in fließendem Strom bemerkbar. Zusätzliche Ladungen waren zwar vorhanden, schienen aber an irgendeiner Stelle unbeweglich zu hocken und ließen sich nicht dazu bewegen, am Strome teilzunehmen. Es schien Fallen zu geben, die die Elektronen einfingen, und zwar nach allen vorliegenden Resultaten nicht im Innern des Kristalls, sondern an der Oberfläche. Wieder war der Kristall in eine Krise durch die Eigenschaften seiner Oberfläche geraten.

Die Zahl der Atome, die an der Oberfläche ihren Platz haben, ist sehr sehr klein gegenüber der Gesamtzahl der Atome. Darum erwartete anfangs niemand, daß gerade diese so geringfügige Schar von Oberflächenatomen solch bedeutenden Einfluß auf das Gesamtgeschehen haben sollte. Inzwischen aber hatten sich die Physiker und Chemiker daran gewöhnt, daß es die Minderheiten im Halbleiterkristall sind, die dem Verband ihre Eigenschaften aufzwingen. Diese allgemeine Regel hatte man ja beispielsweise von der so wichtigen Wirkung der Donatoren und Akzeptoren gelernt. Also schien es nicht unsinnig, die Ursache für das Scheitern der vielen Versuche bei den wenigen Oberflächenatomen zu suchen. Eine Systematik wurde entwickelt. Aus dem deprimierenden Fehlschlag entstand ein neuer Zweig der Grundlagenforschung: Oberflächenphysik. Sie ist heute ein wesentlicher und fruchtbarer Zweig der Festkörperforschung mit eigenen großen Instituten und hochspezialisierten Gerätschaften.

Dem Kristall widerfährt tatsächlich etwas Grausames an der Oberfläche. Abrupt und unwiderruflich wird ihm seine wichtigste Eigenschaft geraubt: die Symmetrie. Dem sich immer und immer wiederholenden regelmäßigen Bau seiner Atome nach den strengen Gesetzen wird plötzlich ein Ende bereitet. Ein Bruch einer Symmetrie, eine Veränderung des Regelmäßigen, ruft überall in der Physik heftige Reaktionen hervor. Darum ist das abstrakte Studium von Symmetrien und ihren Brechungen heute ein wichtiges Prinzip der Physik, das von den elementaren Bausteinen der Materie, den Quarks, bis zum Schmelzen des Eises, dem Verständnis des Magnetismus, dem Aufbau der Sterne und in viele andere Gebiete hineinspielt. Im Halbleiter wird die Anordnung der Elektronen und ihr Energiezustand stark von der Symmetrie des Kristallgitters bestimmt. An der Oberfläche müssen sich also diese Energiezustände ändern. Aus den freien Elektronenwellen können festgehaltene Zustände entstehen. Die Grundvorstellung für die störenden Oberflächenfallen war wissenschaftlich untermauert.

Die Praktiker ließen sich nicht entmutigen. Mit allen Mitteln versuchten sie nun die Oberfläche zu beeinflussen. Die Chemie wurde wichtig, vielleicht konnte man die Abruptheit der abgeschnittenen Bindungen ein wenig abschwächen, indem man den vernachlässigten Oberflächenatomen des Germaniumkristalls einen anderen Partner zur Linderung des Schocks vom verlorenen Partner ›zur Seite stellte‹? Manche der vielen Flüssigkeiten schien genau solche Linderung zu bewirken. Um die Verhältnisse genauer und vor Ort studieren zu können, mußten Meßsonden her, die exakte Angaben über Felder und Ladungen, Ströme und Spannungen gestatteten. Was lag näher als wieder zum alten Gerät zu greifen, mit dem Ferdinand Braun schon seine

Leipziger Kritiker und Skeptiker überzeugt hatte? Mit feinen Spitzen ging es erneut dem Kristall zuleibe, sie waren die Kontakte zum Ausmessen der elektronischen Eigenschaften. Aber diese »Spitzen-Forschung« hatte jetzt eine andere, weitaus gesichertere Basis als die früheren Bemühungen. Zahlenmäßige Vorhersagen wurden möglich, die man auszumessen hatte. Die Physik des festen Körpers hatte inzwischen Ansehen gewonnen.

Ein Tropfen der lindernden Flüssigkeit wurde als Kontakt benutzt, mit einer feinen Nadelspitze wurde darum herum der Verlauf der elektrischen Spannung vermessen. Der Germaniumkristall konnte auf diese Weise in seinen Oberflächenregionen ausgelotet werden. Unter dem Mikroskop wurde die Nadelspitze von Ort zu Ort verschoben, immer wieder wurden neue Meßpunkte gesammelt. Walter Brattain bewies subtiles Geschick und unnachahmliches Gespür. Er hatte aber auch die für einen Physiker unerläßlichen Tugenden. Die ungewöhnliche Abweichung von der Norm, vom Erwarteten, muß sofort erkannt werden. Sie darf nicht verdrängt oder mißachtet werden. Laufend geschehen dem experimentierenden Physiker Mißgeschicke. Unerwartete Ergebnisse, Zufälle und Versehen oder Verwechslungen unterlaufen ständig. Aus diesen Zufälligkeiten aber das Bedeutsame herauszufischen und weiterzuverfolgen, dies ist die nobelste Aufgabe des Physikers. Den unerwünschten Zufall zugunsten der Wissenschaft auszunützen, ist das Gebot.

Brattain nutzte einen solchen Zufall. Er bemerkte, daß bei einer bestimmten Polung seiner Nadelspitze eine deutliche Widerstandsänderung an der Grenze zwischen Tropfen und Germanium erfolgte. Das war aufregend. Bardeen und Shockley wurden alarmiert. Das Tempo der gemeinsamen Arbeit in diesen Dezembertagen des Jahres 1947 nahm sprunghaft zu. Es schien, als könne die kleine Nadelspitze zusätzliche Elektronenlöcher in den Germaniumkristall hineinschießen, und diese Löcher veränderten den Widerstand. Am 16. Dezember wurde ein Versuch mit zwei Nadeln aber ohne Tropfen gemacht, die Erscheinung ließ sich wiederholen. Eine Germaniumoberfläche wurde so schonend wie möglich chemisch vorbereitet. Dann wurde im Vakuum Gold in Form kleiner Pünktchen aufgedampft, die als die äußeren Kontakte zu dienen hatten. Auf diese Kontakte wurden unter dem Mikroskop vorsichtig die Nadelspitzen aufgebracht, die Stromversorgung von außen brachten. Ein winziger Effekt war zu sehen: Wenn einer der beiden Kontakte eine Spannung erhielt, dann vergrößerte sich der Strom, der vom anderen Kontakt in den Kristall hereinfloß.

Die helle Aufregung war berechtigt; ein richtiger Kristall-Verstärker schien sich tatsächlich verwirklichen zu lassen, wenn auch die Verstärkung noch ausgesprochen mickrig und unansehnlich war.

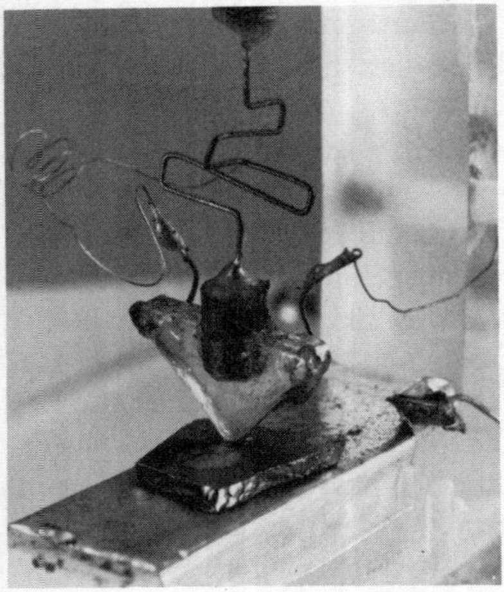

Der erste Germaniumtransistor mit Punktkontakten. Auf der Unterlage liegt das Scheibchen aus Germanium, darauf wird das Plexiglasdreieck mit den Stromzuführungen gedrückt.

Man muß sich klarmachen, was hier gefunden worden war. Es war bewiesen worden, daß die Wirkung des einen Kontakts weit in den Kristall hereinreichen konnte, obwohl die beiden Kontakte immer noch etwa ein Zehntel Millimeter voneinander entfernt waren. Diese Strecke ist furchtbar lang, gemessen an den Eigenschaften der Elektronen im Kristall. Ein Elektron kann nur sehr kurze Wege im Gitter des Kristalls zurücklegen ohne in seiner Bewegung behindert zu werden. Es war unerwartet und überraschend, daß die vom einen Kontakt eingeschossenen Ladungsträger – Elektronen oder Löcher – nicht unterwegs restlos versickerten. In der Vakuumröhre sind die Wege des Elektrons lang, denn nur selten stößt es auf seinem Wege mit einem der wenigen verbleibenden Luftmoleküle zusammen. Der Kristall aber ist eine dichtgepackte Materie mit Fallen und Hindernissen in dichtem Abstand. Eine Elektronik des festen Kristalls muß also von vornherein eine Mikroelektronik sein, hier haben die physikalischen Wirkungen kürzere Reichweiten.

Bardeen und Brattain berechneten, daß sie eine wirkliche Verstärkung der elektrischen Leistung erhalten würden, wenn sie die beiden Kontakte bis auf 0,005 cm aneinander bringen könnten, ohne daß sie sich irgendwo direkt berührten. Für die heutigen Begriffe der Mikroelektronik ist dieser Abstand schon eine riesige Entfernung geworden, damals gehörte viel Witz und Geschick dazu, so feine Dimensionen zu beherrschen. Ein kleines Dreieck aus Plastik wurde von Brattain und seinen Helfern an den Kanten mit Gold bedampft, mit einer scharfen Rasierklinge, in ruhiger Hand gehalten, wurde dann an der Spitze des Dreiecks der Goldfilm unterbrochen und so in zwei unabhängige Zuleitungen getrennt. Dann wurde das Plastik-Dreieck vorsichtig auf den Germaniumkristall gedrückt. Auf Anhieb funktionierte das Experiment, der erste Transistor war entstanden.

Alle diese Messungen, Rechnungen, Tüfteleien und Diskussionen verdichten sich zusehends in den Tagen vom 8. bis 16. Dezember 1947. In den Korridoren der Bell Labs wird diskutiert und gefragt. Der Nachbar vom Nebenzimmer wird herübergeholt, sich als nüchterner Zeuge zu vergewissern, daß in der Hektik und Aufregung nicht ein Fehler, ein Selbstbetrug geschieht. Jeden Tag wird sorgfältig die Arbeit in das Patentbuch eingetragen, Zeichnungen und Notizen festgehalten. Ideen und Spekulationen werden sorgfältig formuliert, die Ausweitung des eben Gefundenen auf die nächsten Versuche und die künftigen Möglichkeiten einer Verbesserung und einer künftigen Nutzung werden niedergeschrieben. Sie können für spätere Patentansprüche von entscheidender Bedeutung sein. Zur rechtlichen Absicherung unterschreibt ein Kollege als Zeuge mit der stereotypen Formel »read and understood« – gelesen und verstanden. Diese Tage sind für alle Beteiligten einer der Höhepunkte des Lebens als Forscher. Gute Forschung läuft nicht stetig und nach Dienstzeit und Arbeitsvertrag geregelt. Es gibt Phasen der Ruhe, des Nachdenkens und Spekulierens, des Erfassens der früheren Arbeiten und ihrer gedanklichen Verarbeitung. Dann kommt plötzlich ein Durchbruch, er erfordert den vollständigen Einsatz. Nachts lassen einen die Gedanken nicht mehr los, man träumt sogar von den Fragestellungen. Nur mit dieser intensiven Konzentration, die den Außenstehenden wie Zerstreutheit und Weltfremdheit anmutet, läßt sich der Höhepunkt erreichen.

Termine wirken wie peitschender Antrieb. Es war kurz vor Weihnachten, man wollte am liebsten noch vor dem langen Feiertagswochenende den Chefs ein abgeschlossenes Resultat vorführen, wollte mit einem Abschluß den Start für Neues im neuen Jahre erreichen. Auch Prüfungen, Konferenzen und Abgabetermine für eine wissenschaftliche Arbeit bewirken solche notwendigen vollständigen Konzentrationen. In solchen Zeiten fast hektischer und ununterbrochener Aktivität ist besonders viel an neuer Forschung entstanden. Ein Forschungsinstitut vor einem Konferenztermin ist wie ein Bienenhaus.

Die Eile in den letzten Tagen des Jahres lohnte sich. Nach dem geglückten Versuch mit dem goldbedampften Plastikdreieck kam eine neue, einfachere und doch eigentlich ältere Technik. Zwei haarfeine Metallspitzen, scharf in einer Ätzlösung zugespitzt, wurden sorgfältig ganz nahe aneinander auf das Germanium gedrückt. Der Punktkontakt-Transistor erwies sich in dieser Anordnung besonders leistungsfähig. Mit besonderer Sorgfalt und Hingabe wurde die Stromverstärkung gemessen. Dieser Nachweis war entscheidend. Manches elektronische Gerät erwies sich als enttäuschend unbrauchbar, weil ihm die Kraft zur Verstärkung, zur Regeneration eines Signales fehlte. In einer elektronischen Schaltungsanordnung werden Impulse als Botschaften hin und her transportiert. Jeder Schritt läßt das Signal schwächer werden, die Widerstände in den Leiterbahnen verzehren Energie. Ein verstärkendes Element aber kann aus einem Energiespeicher zehren und der Schwächung entgegenwirken, die Botschaft wieder auf den alten Pegel zurückholen. Für die späteren integrierten Schaltungen mit Halbleitern ist diese Regenerationsfähigkeit unabdingbare Voraussetzung, aber auch für den ersten Transistor wurde diese Forderung klar erkannt. Nur ein verstärkendes Bauelement kann zur Erzeugung von Schwingungen verwendet werden. Man muß das verstärkte Signal wieder zurückkoppeln und damit das Auf und Ab der Schwingung anfachen. Marconi und Braun hatten dazu einen Funken benutzt, die Funkentelegraphie begründet. Die Röhrentechniker konnten es mit ihren Vakuumgefäßen schon besser, aber aufwendiger. Dem Transistor stand diese Prüfung bevor.

Eilends wurde um den neuen Spitzentransistor als Herzstück eine Anordnung verschaltet, wie sie für jeden Lautsprecher zur Verstärkung gesprochener Sprache verwendet wird. Am 23. Dezember wurden die Direktoren zur Vorführung ins Labor eingeladen. Brattain verzeichnet einen Tag später, am Heiligen Abend, was im Forschungsprojekt 38139-7 herausgekommen war. »Der Transistor wurde in eine Schaltung eingebaut. In diese Schaltung wurde hineingesprochen. Und durch Ein- und Ausschalten wurde eine deutliche Verstärkung der Sprachlautstärke gehört und auf dem Oszilloskop gesehen, ohne erkennbare Qualitätsverschlechterung ... die Leistungsverstärkung war von der Größenordnung 18 oder größer ... Diese Demonstration geschah am Nachmittag des 23. Dezember 1947.« Dieser Tag, kurz vor einem geruhsameren und mit Stolz genossenen viertägigen Weihnachts-Wochenende gilt jetzt als der offizielle Geburtstag des ersten wirklich funktionstüchtigen, verstärkenden Bauelements aus einem

Kristall. Zwar war die eigentliche Erfindung schon einige Tage erfolgt, aber die etwas förmliche Demonstration als offiziell zu erklären, hat auch eine schöne Konsequenz, wie Shockley sagt: »Die Jahrestage der Erfindung fallen zusammen mit der warmen Weihnachtsstimmung.«

Die Erfinder des Transistors und Nobelpreisträger William Shockley (sitzend), dahinter John Bardeen, rechts Walter Brattain.

Später wurden die offiziellen Bilder gemacht. Bardeen und Brattain schauen zu, wie Shockley den Transistor durch ein Mikroskop betrachtet. Das Mikroskop ist bedeutsam. Erfinder früherer Zeiten hatten Handgreifliches vorzustellen, sie ließen sich mit großen Geräten malen oder fotografieren, mit Dampfmaschinen, in Autos oder mit Motoren. Meist war sogar der Mensch viel kleiner als die Erfindung, was dann besondere Ehrfurcht einflößte und bewies, zu welchen großen, großartigen, großformatigen Leistungen menschlicher Geist und menschliche Kunst fähig waren. Erstmals war jetzt das Großartige etwas Kleines, das Mikroskop als Symbol war der Beweis.

Der Name für dieses neue Gerät wurde einige Wochen lang gesucht. Kollege John Pierce schlug zur Taufe »Transistor« vor. Die Endsilbe

»-istor« war üblich für die Familie solcher elektronischer Elemente. Die Vorsilbe »Trans-« soll andeuten, daß eine Leitung *durch* eine kristalline Anordnung hindurch erfolgt. Der neue Name sollte erinnern an den »Transfer« von Ladungsträgern durch ein Stück Kristall.

Zu Weihnachten 1947 hatten die Bell-Forscher einen großen Schritt nach vorn getan. Der Arbeitsplan, der zur Finanzbewilligung des Projektes im Jahre 1945 vorgelegt worden war enthielt folgende Passagen: »Die Forschungsarbeit in diesem Projekt soll neues Grundlagenwissen erzielen zur Nutzung in vollständig neuen und verbesserten Bauelement-Komponenten und Geräten für die Fernmeldesysteme ... Wir sehen große Möglichkeiten, neue und nützliche Eigenschaften zu produzieren durch das Auffinden physikalischer und chemischer Methoden zur Kontrolle der Anordnung und des Verhaltens der Atome und Elektronen, die einen festen Körper aufbauen.« Dieses Ziel, durch Grundlagenforschung etwas völlig Neues und Nutzbares aufzufinden, war im ersten Schritt gelungen.

Das Wesentliche muß ins Innere!

Der Kristall hatte eine große Bewährungsprobe überstanden, ein Prinzip war aufgezeigt, eine Möglichkeit nachgewiesen. Besonders überraschend war, daß eingeschossene Träger der Elektrizität, also Elektronen oder Löcher, sich über so große Strecken noch auswirken konnten, daher wurde ja auch der Name in der Erinnerung an »Transfer« geprägt. Diese Erkenntnis gab auch den beiden Nadelspitz-Kontakten ihre Namen. Der eine spitzige Kontakt, der die Ladungsträger einzuspritzen hatte, wurde »Emitter«, der Aussender, genannt. Die andere Spitze hatte Empfänger, Sammler zu sein, und so wurde sie auch getauft: »Kollektor«. Man hatte eigentlich kaum zu hoffen gewagt, daß der Weg zwischen beiden überbrückbar war. Der Kristall hatte damit eine wichtige Bereitschaft signalisiert, nämlich Zustände des Ungleichgewichts über längere Zeiten und weitere Strecken beherbergen zu können. Nichtgleichgewichte sind es, die wir zum Leben brauchen, wir Menschen selbst sind – physikalisch gesehen – unwahrscheinliche und mühsam aufrecht gehaltene Nichtgleichgewichte. Kohle ist nicht im energetischen Gleichgewicht, ihr niedrigster Zustand wird erst nach dem Verbrennen erreicht. Der Kristall sorgt zwar durch die Bewegung seiner Atome und Elektronen dafür, daß sich elektrische und andere Gleichgewichte einstellen. Aber es dauert genügend lange Zeit, bis sich eine Extraportion von Elektronen oder Löchern zum Verschwinden bringen läßt. Im Metall ist es hoffnungslos, ein Elektron zuviel oder eines zuwenig über nur äußerst kurze Zeiten am Leben zu halten, sofort schwappt die Elektronensuppe und ebnet alles aus. Im Halbleiter aber können sich eingespritzte, emittierte Wolken von Elektronen erstaunlich lange halten, sie wandern durch den Kristall hindurch und erreichen wirklich die Stelle, wo sie gebraucht werden.

Jetzt war auch ein Teil der jahrhundertelangen Schwierigkeiten und Fehlschläge klar geworden. Solche langen Lebensdauern und Wanderwege der Elektronen lassen sich nur in sauberen, in perfekt aufgeräumten Halbleiterkristallen erzielen. Jede Unordnung, jedes fehlende oder vom Platz gerückte Atom, jedes Schmutzatom droht dem Leben des Zusatzelektrons. Von nun an wurde immer klarer, daß eine Elektronik im Kristall eine ganz wichtige Voraussetzung hatte: Materialforschung. All die vielen Möglichkeiten der Unordnung und Störung mußten zuerst gemessen und identifiziert werden, dann mußten Wege gefunden werden, sie zu vermeiden. Der Idealkristall war die Forderung.

Der Spitzentransistor wurde den Entwicklungsingenieuren und Fertigungsfachleuten übergeben. Sie versuchten das Beste an Festigkeit aus der Sache zu machen und packten das Germanium in ein stabiles Röhrchen, zwei Beinchen guckten oben, eines unten heraus. Ferdinand Brauns alte Methode wurde von Profis verfeinert. Begeisterung aber gab es bei den Ingenieuren überhaupt nicht. Vielzitiert ist die Meinung eines Elektronikers einer großen amerikanischen Firma, der sich beschwerte, es habe furchtbar viele Überstunden, Aufregung und Ärger gegeben, aber nichts Ordentliches sei bewirkt worden.

Dieses Aufmucken war nicht unberechtigt. Was war denn wirklich erreicht worden? Im Radarkrieg war man mit einem Katzenschnurrbarthaar leidlich zurechtgekommen, jetzt aber brauchte man zwei dieser unzuverlässigen Zuleitungen. Die alte Leipziger Anordnung war mehr als doppelt so unzuverlässig geworden. Nicht nur die beiden Spitzen konnten Ärger bereiten, nein auch noch der so wichtige Abstand zwischen den beiden Schnurrbartspitzen sollte genau eingehalten werden, durfte sich nicht verändern. Einen Praktiker konnte man mit diesem Vorschlag nicht leicht überzeugen. Die dünnen Nädelchen mit ihren ultrafein zugespitzten Enden waren zudem kaum imstande, kräftige Ströme zu transportieren, der Transistor in dieser Form war ein schwächliches Gebilde. Immer noch war die ganze Anordnung ein zusammengesetztes Machwerk. Man hatte doch den großen Plan gehabt, alle wirklich wichtigen Teile ins Innere des Kristalls zu legen. Die »cats' whiskers« brachten nach all den Feiern einen Katzenjammer; sie brachten aber auch neuen Antrieb.

Besonders betroffen war Bill Shockley. Er hatte größere Pläne gehegt, sie waren durch den Erfolg John Bardeens und Walter Brattains zunächst in den Hintergrund gedrängt. Shockley mußte zusehen, wie im hochangesehenen Journal »Physical Review«, aber erst am 15. April 1949, die wissenschaftlichen Grundlagen der Transistorwirkung bis ins Einzelne veröffentlicht wurden. Die Autoren des achtzehn Seiten langen Artikels waren J. Bardeen und W. H. Brattain. Erst in der drittletzten Zeile wird William Shockley gedankt »für seine zahlreichen Vorschläge, die geholfen haben, die betreffenden Phänomene zu klären«.

Shockley war Chef der Gruppe, und Chefsein allein soll nie genügen, sich den Mitarbeitern als Mitautor einer wissenschaftlichen Veröffentlichung aufzudrängen. Aber für einen Forscher von so unbändigem Ehrgeiz und solcher Intensität der Arbeit, der seine gesamte Persönlichkeit in den Dienst dieser Sache gestellt hatte, war dieser Ausgang eine maßlose Enttäuschung. Er machte auch daraus dann keinen Hehl: Das Zusammenleben im Labor war schon vorher voller Reibereien und Sticheleien gewesen; es wurde noch schwieriger. Bell mußte Diplomaten und Vermittler in das Team einschleusen. Viele Jahre später schreibt Shockley, wie aber eine solche persönliche Enttäuschung sublimiert und genutzt werden kann. »Schöpferische Fehlschläge« müssen den Forscher prägen! Aus den Mängeln und Fehlern muß ein neuer Ansatz zur grundlegenden Überprüfung der wissenschaftlichen Grundlagen entstehen. Shockley war von jeher ein konsequenter Denker, der sich selbst immer wieder zur Überwindung von Trägheit und Konvention anhielt. Der Kernphysiker und Nobelpreisträger Enrico Fermi hatte ihm einmal gesagt, daß gute Forschung auf »dem Willen, zu denken« beruhe. Konzentration ist verlangt und ein fast bis zur Selbstzerfleischung gehender Verzicht auf Überkommenes, scheinbar Verständliches, Übliches. Seine Mitarbeiter hat Shockley stets in scharfer Weise gerügt, wenn er feststellte, daß sie undefinierte Aussagen und nicht quantitative Angaben machten und sich einer schlampigen Ausdrucksweise bedienten.

Ungeduld, Ärger und Trotz waren die Triebkräfte bei seiner wissenschaftlichen Arbeit. »Der einfachste Fall«, eines seiner Lieblingsthemen, mußte gefunden werden. Warum war eine so unförmige Anordnung notwendig, um Löcher in ein Stückchen elektronenleitendes

Germanium zu spritzen? Warum sollte man nicht versuchen, eine Schicht an das Germanium anzubringen, die genügend Löcher enthielt? Dann müßte man mit der treibenden Kraft einer elektrischen Spannung doch auch Löcher aus der Schicht in das benachbarte Germanium hineintreiben können. Dann könnte man ja die altmodische Nadelspitze vermeiden. Vielleicht ließe sich auch die andere Nadel in ihrer Funktion durch eine aufnehmende Kollektorschicht ersetzen?

Die Grenzen zwischen den Schichten in einer solchen Anordnung mußten bedacht werden. Viele, ja vielleicht sogar die meisten aller wichtigen Dinge im Leben und auch in der Technik geschehen nicht im Innern, sie passieren, wo Dinge aneinanderstoßen. Was wäre eine Zelle ohne ihre schützende und zusammenhaltende Membranwand, die aber doch so durchlässig ist, daß Stoffe und Energien mit der Umgebung ausgetauscht werden können? Wie viele der schwierigen chemischen Reaktionen lassen sich für unseren Gebrauch deswegen ausnutzen, weil die Reaktion zwischen Partnern an einer Oberfläche erleichtert wird? Die Lunge und unser Blutkreislauf sind so wirkungsvoll, weil sie fast nur aus Oberfläche bestehen und Austausch ermöglichen, aber in einer kontrollierten Weise. Die Grenzen bedeuten Barrieren, Schranken, die durch Wärme oder durch elektrische Signale erhöht und erniedrigt werden können. Solche steuerbare Grenze mußte gefunden werden. Und sie wurde letztlich auch verwirklicht: Der p-n-Übergang entstand.

Germanium mit Elektronendieben nennt man p-leitend, p für positiv. Positive Elektronenlöcher, die Antiteilchen des Kristallelektrons, geben ja in solchem Akzeptor-gewürzten Material den Ton an. Mit Elektronen angereichertes Material heißt n-leitend, n für negativ. Hier regieren die üblichen Elektronen. An einer Grenze zwischen den beiden Partnern muß etwas passieren. Elektronen und Löcher laufen aufeinander zu, vernichten einander. Eine schmale Grenzschicht ohne Ladungsträger bleibt übrig. Kaum ein Strom kann fließen, es sei denn man treibt mit einem positiven elektrischen Spannungspuls, der die Elektronenlöcher abstößt, diese Träger über die Barriere der Grenzschicht hinein. Ein negativer Spannungsimpuls an der p-Zone bewirkt keinen Strom, er zieht sogar noch mehr Löcher von der Grenze fort, vergrößert den Widerstand. Also ein Gleichrichter: Strom kann nur in einer Richtung fließen, in der anderen Richtung ist die Barriere zu groß. Ferdinand Brauns und vieler anderer Vorgänger Traum, ganz im Kristall und an seinen inneren Grenzflächen, war verwirklicht!

Auf den vielen Ideen der Vorgänger baut Shockley diese Theorie auf und schreibt in sein Notizbuch in immer präziserer Formulierung, wie ein solcher »richtiger« Transistor auszusehen habe. Im April des Jahres 1949 wurde der Beweis für die Funktionstüchtigkeit dieses Konzeptes geliefert. Der Weg dorthin war voller Umwege, ihn zu studieren zeigt die ganze Last, das Elend und den Glanz wissenschaftlicher Mühen. An Silvester 1947 saß Shockley – zwischen zwei Konferenzen – mehrere Tage allein in einem Hotel in Chicago und beschrieb 19 Seiten mit Ideen möglicher Anordnungen. Noch aber fehlte die wichtige Grundidee, daß Elektronen und Löcher im Kristall wirklich so weite Strecken zurücklegen können und an einen Ort gelangen können, der ohne ihre Hilfe einen unüberwindlichen Widerstand für den Strom darstellt, mit den zugereisten Elektronen aber den Weg für den Strom freimachen kann. Diese kontrollierte Injektion von Minderheitsladungsträgern kam erst viel später. In einem brillanten Versuch wurde dieses Konzept auch prinzipiell bestätigt. An einem späten Januarabend fuhr er mit einem Kollegen aus seinem Team in der Erie-Lackawanna-Bahn von New York nach Hause zurück. Eine halbe Stunde lang erklärte er, klar und deutlich wie er meinte, seine theoretischen Konzepte, wie die Elektronen von der einen Seite durch eine dünne Schicht die andere zu erreichen hätten, wie man die mathematische Theorie zu schreiben hätte. Summit, die Station zum Aussteigen war erreicht. Shockley wartete auf begeisterte Zustimmung, auf Fragen und Gegenvorschläge. Nichts passierte, der Kollege teilte die Meinung nicht, hatte sie nicht verstanden. Shockley war tief enttäuscht, mußte sich eingestehen, daß noch viel mehr Klarheit nötig war. Die Überzeugung des kritischen Freundes ist und bleibt der wichtigste Prüfstein naturwissenschaftlicher Forschung.

Im Jahre 1949, am 7. April, gelingt der Beweis, unter Bedingungen, die den heutigen Halbleiterfachmann das Gruseln lehren würden. Shockley will zwei solche p-n-Übergänge haben, den einen zum Fließen bringen, den anderen als sperrende Barriere aufbauen. Dann sollen die herüberfließenden Elektronen oder Löcher die gesperrte Barriere überwinden. Morgan Sparks, der Experimentator, bittet seinen Helfer, Bob Mikulyak, p-leitendes Germanium aufzuschmelzen. Ein Blöckchen n-Germanium wird herbeigeschafft. Wie ein heißer Pudding in die kalte Form wird ein Tropfen heißes p-Germanium auf den n-Kristall ausgeschüttet. Mikulyak nimmt eine Säge, trennt die p-Schicht auf. Der Transistor funktioniert. Ansehnlich war seine Wirkung noch nicht, aber es konnte gezeigt werden, daß die unzuverlässigen Nadeln entbehrlich waren. Dieser »Junction-Transistor« wird bis 1951 von der geballten Kraft der Mannschaften bei Bell nach allen Richtungen hin verfeinert, verbessert. Er ist der Transistor der »bipolaren« Elektronik, weil zwei Polaritäten, positive Löcher und negative Elektronen am Spiel beteiligt sind. Die Verbindung, die »junction« zwischen den Bereichen gibt den Namen, weil diese Grenzfläche in ihrer steuerbaren Barrierenhöhe das Wichtigste ist.

William Shockley erklärt an der Tafel in den Bell Telephone Laboratorien die Wirkungsweise des von ihm gefundenen Bipolar-Transistors. Aus dem Emitter (linke Zone mit »n« bezeichnet) treten Elektronen aus, durchqueren die mit »p« bezeichnete dünne Zone der Basis, wie der obere Pfeil andeuten soll, und erreichen dann die rechte Zone »n«, den Kollektor, wo die Elektronen gesammelt werden.

Immer deutlicher wird bei allen diesen Forschungen und Entwicklungen des Transistors, daß die Güte des kristallenen Materials von entscheidender Bedeutung ist. Längst werden die Elemente nicht mehr wie tropfender Pudding hergestellt. Eine solche unregelmäßig erstarrende Masse besitzt einen viel zu stark gestörten Bau; überall ist die Regelmäßigkeit des Kristalls unterbrochen. Langsam und schonend muß aus dem Flüssigen der Kristall entstehen. Eine Gruppe von Forschern bei Bell entsinnt sich der alten Versuche, wie Einkristalle zu ziehen seien. In Göttingen und in Polen waren solche Versuche ja erfolgreich gewesen. Gar nicht so übermäßig begeistert zeigten sich die Halbleiter-Experten, als der Vorschlag von den Metallurgen kam. Brauchte man wirklich eine so komplizierte Technik? Immer wieder überrascht den Beobachter der Forschung, wie ausgeprägt Vorurteile und Mißtrauen gegen Vorschläge von außen selbst bei den besten – vielleicht gerade bei den besten – Forscherpersönlichkeiten sind. Diese psychologische Barriere nennt man das »Nicht-hier-erfunden-Syndrom«. Aber die Experimente zeigten so deutlich und klar, daß der perfekte Einkristall überlegen war. Er und nur er allein räumte den Überschuß-Elektronen freie und lange Wege ein. Nur der chemisch reine und kristallographisch perfekte Kristall konnte die Halbleiter-Elektronik herbeiführen. Methoden wurden entwickelt, große Einkristalle hoher Güte ganz vorsichtig und langsam aus dem Tiegel geschmolzenen Germaniums herauszuziehen. Die ersten Läufe sahen rührend unvollkommen aus, aber bald war eine solide Beherrschung erreicht. Ein solcher zylindrischer Kristall wird dann in Scheibchen zersägt und ist dann reif für weitere Behandlung. Die Kosten waren geringer als man befürchtet hatte, erwiesen sich als tragbar; der Hauptwiderstand war überwunden. Der Kristall in seiner idealen Regelmäßigkeit hatte sich endgültig durchgesetzt.

Physikalische Grundsätze einer Steuerung und Verstärkung elektrischen Stromes und elektrischer Leistung hatten sich im festen Körper verwirklichen lassen. Alle wichtigen Erscheinungen spielen sich nicht mehr an komplizierten äußeren Teilen einer windigen Anordnung ab, sie sind – ohne jegliches bewegliche mechanische Teil – vollständig ins Innere des kristallenen Körpers verlegt. Die Anordnung im Kristall, das Wechselspiel der Wirtsatome und der spendenden und nehmenden Gastatome allein bewirkt das Funktionieren.

Nobelpreise für Industrieforschung

Im Herbst 1956 berät die Schwedische Akademie der Wissenschaften, wie Alfred Nobels testamentarischer Wunsch am besten zu erfüllen sei, die größten Wohltaten für die Menschheit durch die Wissenschaft mit einem Preis zu bedenken, darunter auf dem Gebiet der Physik. Der Preis fällt an Bardeen, Brattain und Shockley für die Erfindung des Transistors und die Untersuchungen der Halbleiter. Der Nobelpreis für Physik in ein industrielles Forschungslaboratorium, das war ungewöhnlich! In der Regel waren es Forscher an Universitäten, die mit diesem Preis ausgezeichnet wurden, vor allem für bahnbrechende Arbeit in der Kernphysik und Atomphysik. Aber dies war nicht der erste Nobelpreis für Physik, den sich Bell Telephone Laboratories erarbeitet hatte. Schon 1937 wurde Clinton Joseph Davisson ausgezeichnet. Seine Entwicklungsarbeit in den damals neu organisierten Bell Laboratorien betraf Elektronen, die ja für die Röhre so wichtig waren. Er fand, daß die Elektronen nicht nur wie Teilchen aussehen, sondern wie Wellen durch dünne Metallfolien hindurchlaufen. Seine Versuche bewiesen damit überzeugend eine wichtige theoretische Voraussage.

Es sollte nicht der letzte Nobelpreis bleiben für die Bell-Laboratorien. Philip Anderson wurde für seine Theorien des Verhaltens der Elektronen ausgezeichnet, er erklärte die nur scheinbar widersprüchliche Doppelnatur der einmal frei laufenden, ein andermal örtlich festsitzenden Elektronen im Kristall. Besonders bezeichnend für die Förderung der Grundlagenforschung durch Bell war die Nobel-Ehrung von Penzias und Wilson im Jahre 1977. Sie sollten eine hochempfindliche Antenne für künftigen Satellitenempfang bauen. Ein unerklärliches Rauschen, eine ständige Störung im Empfang blieb trotz aller Mühen stets übrig. Dieses Ärgernis wurde aber nicht nach der langen Zeit des Probierens hingenommen, sondern man erforschte die Gründe. Eine verblüffende Lösung war das Resultat dieser Forschung: Die Störung lag nicht an der Unvollkommenheit der Antenne, sondern man hatte die Strahlung vom Rest des Urknalls gefunden! Ein Durchbruch zum Verständnis des Universums und seines weit zurückliegenden Ursprungs war gelungen, weil zwei Forscher aus der Arbeit an einem praktischen Problem die Freiheit zur grundlegenden Forschung erhielten und mit der Systematik und Organisation eines professionellen, großen Laboratoriums diese Aufgabe erfüllen konnten.

Der Nobelpreis an die drei Transistorväter war ein Beweis für den Wandel der Forschungslandschaft nach dem Kriege. In Deutschland hatte es für den Physiknobelpreis nie einen Träger aus einem industriellen Laboratorium gegeben, vielleicht mit der Ausnahme von Ferdinand Braun, dem Vergessenen, der eng mit der von ihm mitgegründeten Firma Telefunken gearbeitet hatte. Anders schon sah es in Deutschland mit den Chemiepreisen aus. Hier gab es sogar eine Reihe von Nobelpreisträgern aus der Industrieforschung. Die Chemie, mehr an die industrielle Praxis als an die Wurzeln der Naturphilosophie rührend – im Gegensatz zur Physik – hatte nie die Spaltung von Grundlage und Anwendung zu spüren bekommen. Von 1901 bis 1976 haben 15 deutsche Physiker, das sind 14,8 % der Preisträger, die Auszeichnung Alfred Nobels erhalten. Es waren gleichzeitig 24 Chemiker, das sind 27,6 % und nur 12 Mediziner und Physiologen, was 10,4 % ausmacht. Die Chemiker liegen also weit über dem Durchschnitt. Solche Aufrechnungen der Nobelpreise sind inzwischen ein öffentliches Spiel geworden und beherrschen in den Oktobertagen regelmäßig die Medien in der Bundesrepublik mit bitteren Kommentaren der Kritik. Solche Statistiken sollten nicht überbewertet werden. Mancher hat nur knapp und oft auch ein wenig zufällig und politisch bedingt den großen Preis verpaßt. Walter Schottky und Robert Pohl würden wohl heute nachträglich in allen Ländern uneingeschränkt als Träger begrüßt werden. Dennoch spiegelt sich in den statistischen Vergleichen zumindest eine Tendenz wider.

Die Direktoren von Bell und die obersten Herren der amerikanischen Telefongesellschaft sahen sich in ihrer Grundeinstellung bestätigt. Die amerikanischen Manager hatten vielleicht sogar die Weisungen aus Max Webers Vorlesung über »Wissenschaft als Beruf« aus dem Jahre 1919 viel ernster genommen als es in den europäischen hohen Schulen und Akademien geschah: »Der wissenschaftliche Fortschritt ist ein Bruchteil, und zwar der wichtigste Bruchteil, jenes Intellektualisierungsprozesses, dem wir seit Jahrtausenden unterliegen, und zu dem heute üblicherweise in so außerordentlich negativer Art Stellung genommen wird.« – so Max Weber. Durch zahlenmäßig strenge Berechnung wird neue Herrschaft geprägt. Aber zugleich wird die Welt entzaubert. »Nicht mehr wie der Wilde, für den es solche Mächte gab, muß man zu magischen Kräften greifen, um die Geister zu beherrschen oder zu erbitten. Sondern technische Mittel und Berechnung leisten das. Dies vor allem bedeutet die Intellektualisierung als solche.« Max Weber warnt davor, sich Illusionen zu machen, zwingt zum Denken, macht Mut dazu, wissenschaftlicher Spezialist zu werden und zu bleiben. Die Lenker von Bell sprachen immer wieder von der »zweiten Grenze« die es nach der Erreichung des pazifischen Westens noch in Amerika zu erobern galt, das neue Pionierabenteuer einer Technik für bessere Verständigung zwischen den Menschen eines riesigen Kontinents. Nicht das schon Bekannte, das Kupferoxidul, sondern das Fremde und vielleicht Grundsätzliche, der Germaniumkristall in seinen Grundlagen war die Aufgabe, trotz Gegnerschaft und Einspruch der Kaufleute und Fabrikmanager.

Wenn ein Harvard-Professor im Journal der Amerikanischen Akademie der Künste und Wissenschaften schreibt: »Das Bell-System repräsentiert das beste Beispiel einer hochintegrierten technischen Struktur in einer Industrie hoher Technologie und ist weithin anerkannt als die erfolgreichste und innovativste technische Organisation der Welt«, dann sollte man es ihm glauben. Zusammenarbeit bei gleichzeitg strengem Wettbewerb, Forschung bei gleichzeitiger dauernder Vorausschau auf Anwendungen in einem Telefonnetz – diese scheinbar unüberbrückbaren Gegensätze vermochte diese Organisation in einem erstaunlichen Maße zu vereinen. Bell Laboratories wurde zum erfolgreichen Modellfall, den viele große Industriefirmen nachzuahmen versuchten, vor allem später in Japan und in den Vereinigten Staaten selbst.

Die Voraussetzungen für den Erfolg waren natürlich nicht so schlecht. Eine Gesellschaft, die nahezu das Monopol über den gesamten Fernmeldeverkehr eines Kontinents besitzt, hat zunächst einmal eine Menge Geld – Geld vor allen Dingen, das recht gleichmäßig und von Konjunkturschwankungen weniger beeinflußt als in anderen Zweigen der Wirtschaft in die Kassen fließt und langfristige Vorausplanung ermöglicht. Die europäischen Staaten wissen sehr wohl, was sie an ihren staatlichen Telefon-Monopolen als Einnahmequellen besitzen; der Telefonbereich der Deutschen Bundespost ist eine vorzüglich sprudelnde Geldquelle. Die rechtliche Stellung als ein staatlich kontrolliertes Monopol begünstigte die Forscher von Bell. Der Gewinn und die Dividendenausschüttung der American Telephone und Telegraph und aller ihrer im Lande verteilten Betriebsgesellschaften unterlagen strenger Aufsicht. Statt auf Einnahmen und Gewinne zu verzichten und Abgaben zu entrichten, konnte man das Geld viel nutzbringender in ein erstklassiges Forschungs- und Entwicklungslabor stecken und damit Vorsorge für die Zukunft des Netzes betreiben. Hier gewährte auch die staatliche Aufsicht eine solche wissenschaftliche Rücklage. Doch sah sich dadurch das Management von Bell Laboratories in einer Verpflichtung. Die Forschung mußte allen Qualitätsansprüchen standhalten. Gerade die Grundlagenforschung als Beitrag für die Allgemeinheit hatte hier einen enormen Stellenwert, der durch die nationale Aufgabe der Forschung im Kriege politisch noch mehr aufgewertet wurde. Die Forschung fand in den USA so große Anerkennung, daß Bell Laboratories wie eine nationale Errungenschaft, wie ein »national treasure« behandelt wurde. Der amerikanische Telefonteilnehmer hatte stolz zu sein, daß auch mit seinen Gebühren – übrigens viel niedriger als sonst in der Welt – auch ein Nobelpreis für das Land gewonnen wurde. Bell Laboratories gab sich auch stets peinlich korrekt und kooperativ in allen Kontakten mit dem Pentagon und hatte eine Reihe nationaler Aufgaben zu übernehmen, vor allem bei der Weltraumforschung mit dem ersten Nachrichtensatelliten »Early Bird«, aber auch mit dem Atomwaffengeschäft durch eine Tochterfirma Sandia im Wüstengebiet von Neu Mexiko.

Für den in ganz anderer Umgebung aufgewachsenen europäischen Einwanderer boten die Bell Laboratories viele ungewöhnliche Methoden der Organisation von Forschung, Entwicklung und der Weitergabe der Resultate. Die Personalpolitik war ganz anders als die gewohnte Orientierung an Tarifsätzen, Lebensalterszulagen und Beamtenrecht. Schon die »Rekrutierung«, das Anwerben der besten jungen Nachwuchswissenschaftler dürfte auf einen Kandidaten der liebend gern zu Bell gehen wollte, seinen Eindruck nicht verfehlt haben. Kleine Mannschaften bekannter Fachleute, meist drei an der Zahl, besuchten regelmäßig die besten Universitäten des Landes. Sie hielten selbst Vorträge über die neuesten Arbeiten in den Laboratorien und schauten sich dann genau um, welcher Professor mit seiner Wissenschaft hervorstach und wer seine besten Studenten waren. Man bot Besuche und helfende Unterstützung an und vereinbarte schon lange voraus einen Vorstellungsbesuch nach der Doktorarbeit. Dort hatte der Bewerber einen Vortrag zu halten, entdeckte Nobelpreisträger und Berühmtheiten im Zuhörerkreis, die ihn nach allen Regeln der Kunst ausfragten und einer Prüfung unterwarfen, die weitaus schärfer war als die Doktorprüfung daheim. Ein oder zwei Tage mit Rundgängen und Vorstellungen schlossen sich an. Alle Gespräche wurden festgehalten. Nicht nur der Bewerber wurde geprüft, auch seine Befrager, denn die Manager wollten wissen, was ihm von allem was er sah, gefiel und was nicht. Wo er denn am liebsten arbeiten wolle? Schlecht für einen Abteilungsleiter, wenn auf ihn wenig Bewerberwünsche fallen.

Für Europäer besonders ungewöhnlich ist der jährliche Ritus des »Merit Review«. Alle Arbeit stockt für ein oder zwei Wochen; denn das gesamte Management ist beschäftigt, die Bilanz der Leistungen jedes einzelnen Forschers zu ziehen. In Klausur gehen zuerst die unteren Chargen der Vorgesetzten. Sie haben die Aufgabe, alle ihnen unterstehenden Forscher in eine Rangliste zu ordnen, wie es sich Bundesdeutsche natürlich nur in der Bundesliga der Fußballer gefallen lassen würden. Es muß begründet werden, wer was im letzten Jahre geleistet oder verpaßt hat. Dann geht alles in die nächste Runde, eine Stufe höher geschieht dasselbe, jetzt schon mit einer viel größeren Zahl. Auf diese Weise weiß jeder Vorgesetzte auch größerer Gruppen genau über die

Personen und die Leistungen, die Aufgabe und das Talent in anderen Gruppen Bescheid. Die Grundvoraussetzung für Zusammenarbeit ist mit dieser intimen Kenntnis der Stärken und Schwächen in den Nachbarabteilungen gelegt. Zusammenarbeit wird bei aller Berücksichtigung individuellen Wettbewerbs sehr hoch eingeschätzt und in der Beurteilung honoriert.

Der Betroffene erhält nach diesem »merit review«, dem Rückblick auf die Verdienste auch die Eingruppierung seines Verdienstes, des Gehaltes. Er wird informiert, in welchem Achtel er angesiedelt wird, ob ganz oben im ersten oder zweiten oder ganz unten vielleicht, im siebenten oder achten Achtel. Sein Vorgesetzter muß ihm die Begründung und Ratschläge fürs kommende Jahr mitteilen. Aber auch der Vorgesetzte wird beurteilt. Ist ein bislang gut eingeschätzter Forscher unter seiner neuen Betreuung abgerutscht, liegt es vielleicht am Chef und nicht am Mitarbeiter, wenn nichts herausgekommen ist? Einspruch kann erhoben werden, Revision kann eingelegt werden. Herausgeworfen wird niemand, aber man hilft den unteren Wettbewerbern, etwas Neues und besser Geeignetes innen oder außen zu finden.

Diese leistungsbezogene, intensive Erfolgskontrolle ruft bei Gesprächsrunden in Europa stürmischen Protest hervor und gilt als unwürdige Schinderei. Aber die Forscher in den Bell Laboratorien – und vielen Labors in den USA mit ähnlichen Verfahren – sehen darin eine harte aber gerechte Methode. Die scharfe Prüfung versichert sie zudem auch der Wertschätzung draußen im Lande. Wer von Bell kommt, kann an einer Universität oder einer anderen Firma fast ungesehen genommen werden. Das Qualitätssiegel »Bell Laboratories« zählt wie die bestandene Prüfung an einer der Spitzenuniversitäten. Mit viel Geschick in der Handhabung wird auch, wenigstens teilweise, vermieden, daß die Konkurrenz zu gegenseitiger Behinderung und zu mißtrauischer Gegnerschaft um die Plätze führt, wie es unser unpersönliches Abiturnotensystem in den Gymnasien erreicht hat. Teilnahme an einem Team, wie es die drei Transistor-Erfinder vorgeführt hatten, ist meist die beste Strategie.

Dieser fast sportlich zu nennende Wettstreit führt zu einem sehr fruchtbaren, geradezu schöpferischen Hochmut. Bell-Forscher wissen, daß sie die bestmögliche Ausrüstung haben. Es gibt keine Ausrede, man habe ein Resultat nicht finden können, weil es an Gerät oder Material gemangelt habe. Man weiß auch, daß es zu jeder speziellen Frage mit größter Wahrscheinlichkeit ein paar Zimmer weiter einen der besten Fachleute gibt. Man kann mit fünf Minuten Gespräch, lässig im Türrahmen geführt, weit mehr erfahren als mit fünf Stunden Bibliotheksbesuch. Literatur braucht auch der nicht, der ohnehin ganz vorn in der Forschung arbeitet. Noch wichtiger vielleicht ist die Selbstverständlichkeit harter, darum wirkungsvoller, kollegialer Kritik, der jedes Resultat, jede Theorie ausgesetzt wird, bevor die Öffentlichkeit informiert wird. Also weiß der Forscher in einem so organisierten Großlabor, daß Wichtiges mit großer Wahrscheinlichkeit ohnehin in seiner Organisation geschieht. Diese Arroganz ist auch draußen deutlich spürbar und wird selbstverständlich gerügt. Sie gibt aber Sicherheit und Zutrauen, auch unwahrscheinliche, fast hoffnungslose Projekte und verrückt anmutende Ideen anzugehen. Die Überwindung dieser Schwelle ist wichtigste Voraussetzung jeder guten Forschung. Die meisten großen Forschungsorganisationen, vor allem die an starre Tarifbestimmungen gebundenen staatlichen Institute mit Senioritätssystem und oft sachfremder Leitung durch Juristen oder Militärs, leiden unter ihrer Größe. Bell hat es trotz 15 000 Mitarbeitern geschafft, diese Erstarrung zu vermeiden. Der Respekt vor der Wissenschaft und die Anerkennung des Wissenschaftlers durch ernst gemeinte Herausforderung an sein Wissen und Können war Voraussetzung für diesen Erfolg. Anerkannter Mitspieler in einer Spitzenmannschaft zu sein war größerer Lohn als ein höheres Gehalt oder ein akademischer Titel.

Eines der größten Probleme ist es, Wissenschaftler zur Mitarbeit in der anwendungsbezogenen Forschung und zur Kooperation mit Entwicklungsingenieuren oder den Leitern von Fertigungslinien zu motivieren. Daß es im Prinzip möglich sein sollte, zeigte der Nobelpreis für das Team Bardeen, Brattain, Shockley, für eine Spitzenleistung der Grundlagenforschung, die zu einem praktisch nutzbaren Bauelement geführt hat. Dieser Erfolg festigte daher die Grundeinstellung der Bell Labs nur noch weiter. Die Fabrikationsorganisation der American Telephone and Telegraph Company ist die Riesenfirma Western Electric. Einige Teillaboratorien von Bell sind darum am Standort der Fabriken von Western Electric untergebracht. Täglicher Umgang und zufällige Begegnungen in der Kantine oder im Country Club verstärken die offiziellen Kontakte. Aufstiegsmöglichkeiten für alternde Forscher als erfahrene Vorgesetzte in den Entwicklungslabors – mit einem Bonus im Gehalt – kann ein Industrielabor bieten. Staatliche Laboratorien und auch die Universitäten dagegen haben keine solchen Möglichkeiten zur Karriere für die Älteren und zur Verjüngung auf den freien Plätzen. Aber Bell Laboratories hatte in der meisten Zeit seines Bestehens von 1925 bis zum Silvesterabend 1983 ohnehin kein Problem. Ganz USA, die neuen Industrien und die Hochschulen, aber auch das Ausland riß sich um Bell-Leute, die aus eigener Erfahrung ähnliches aufbauen sollten. Bell Laboratories hat also wirklich über viele Jahre für die Vereinigten Staaten wie eine nationale Eliteuniversität einen neuen Typus des Forschers herangebildet. Der amerikanische Vorsprung der neu sich entwickelnden Halbleiterindustrie ist zum großen Teil in den Industrielaboratorien, und hier besonders bei Bell, gewonnen worden und hat das Land in dieser nur durch saubere und strenge Forschung erzielbaren Technik kultiviert.

Denn dies war aus dem Modellfall Transistor eindeutig herausgekommen: Die Zeit der unermüdlichen Bastler – Amateure war vorbei. Diese neue Entdeckung war kein Kind des Zufalls oder des glücklichen Wurfs aus fleißiger Probiererei. An den vielen Klippen war der Transistor nur deswegen vorbeigekommen, weil immer bei Fehlschlägen mit verstärkter Kraft und verschärfter wissenschaftlicher Präzision und zahlenmäßiger Überprüfung und Vorhersage reagiert wurde und dabei ein immer tieferes wissenschaftliches Verständnis erreicht werden konnte. Die Natur des Kristalls hatte diese Strategie herausgefordert. Quantentheorie und Wärmelehre, Kristallkunde und die mathematischen Prinzipien der Elektrotechnik, Chemie und Physik der Oberflächen, Metallkunde und eine neue mikroskopische Mechanik hatten Pate gestanden, alle gemeinsam. Die Rolle wissenschaftlicher Forschung auf höchstem Niveau und in sorgfältig organisierter Orchestrierung war von nun an für jedes Land und für jede Industrie eine unabdingbare Voraussetzung geworden. Die industrielle Revolution der Gründerjahre, nur weniger als ein Jahrhundert zuvor, war noch von einzelnen und von mutigen Außenseitern getragen worden.

Jetzt waren es die quantenmechanischen Wellenfunktionen, die, unsichtbar und nur dem Fachmann begreiflich, ihren Dienst taten. Kein Wunder, daß diese neue Technik ganzen Legionen von Fachleuten alter Art wie ein unheimlicher Eindringling vorkam. Angst und Widerstand kamen auf, Zwänge, die bisher ungekannte Disziplin und Sorgfalt verlangten. Die geradezu neurotische Reaktion eines halbleitenden Materials auf nur wenige Atome eines fremden Stoffes brachten eine solche Ängstlichkeit gegen Schmutz und Fremdes in die Laboratorien und Fabriken, wie sie vorher auch in Operationssälen und in Arzneimittelfabriken nicht üblich waren. Ein Schmuckstück, getragen beim Behandeln eines Stückchen Germaniums, konnte schon alles verderben, weil daraus Kupfer eindringen konnte, den Elektronen das Leben verkürzte und den Weg zum sammelnden Kontakt verbaute. Mit unerbittlicher Strenge löste der Kristall ein Regime steriler Sauberkeit und anspruchsvoller Genauigkeit aus. Die kühle Brise der strengen Wissenschaft wehte auch in die neuen Fabriken hinein.

Das Kleine hielt Einzug. Eine Präzision von Tausendstel Millimetern wurde zur Selbstverständlichkeit; sie war die typische Abmessung der dünnen Basisschicht zwischen dem Emitter und dem Kollektor. Diese Zone mußte klein sein, damit die Elektronen oder Löcher sie schnell durchqueren und auf diese schnelle Weise auch dem Wechselspiel der Hochfrequenz elektrischer Wellen folgen können, die wir für Radio und Fernsehen brauchen.

In den Laboratorien verfeinerte sich die Herrschaft über die kleinen Strukturen des Germaniumkristalls. Die grundlegende Physik wurde immer besser verstanden, exakter wurden die Anweisungen. Der Transistor wurde in immer mehr Universitäten zum Gegenstand wissenschaftlicher Forschung und der Lehre. Shockley schrieb ein Lehrbuch über »Elektronen und Löcher in Halbleitern«, das für viele Jahre eine Bibel und Quelle der Information bleiben sollte. Wissenschaftler sahen ein neues Zeitalter anbrechen, aber die weitaus nüchterneren Ingenieure und die scharf kalkulierenden Kaufleute blieben einstweilen unbeeindruckt. Dem Kristall stand der Durchbruch in Technik und Wirtschaft noch bevor. Eine Marktkrise war noch durchzustehen.

VI. An zwei Fingern abzuzählen

Mühsamer Start des Transistors

Die Bell Laboratorien hängten ihre stolze neue Entdeckung zunächst keineswegs an die große Glocke. Walter Brattain mußte sich verstellen und durfte nichts verraten, als ihm ein Hochschulprofessor von eigenen Versuchen erzählte und unschuldig um Meinung und Rat fragte. Endlich aber wurde die Öffentlichkeit informiert, erst ein halbes Jahr nach dem ersten Spitzentransistor. Pressemeldungen wurden verteilt. Das Echo auf die Erfindung war so kläglich wie nur denkbar. Die ehrwürdige Meinungsmacherin »New York Times« berichtete am 1. Juli 1948 auf Seite 46 in ihrer regelmäßigen Spalte »News of Radio«. Zuerst kamen die wirklich wichtigen Meldungen zu den Unterhaltungsprogrammen des kommenden Wochenendes mit dem Unabhängigkeitsfeiertag. Mel Torme würde demnächst anstatt Dinah Shore, der beliebten Sängerin, auftreten, Harry James, der Trompeter würde die Dienstagabendstunde bei der National Broadcasting Corporation erhalten. Dann folgten weitere Nachrichten über neue Radioshows und ihre Reklame-Sponsoren. Immer unwichtiger wurden die Nachrichten, zuletzt kam noch eine Angabe über eine neue Walzersendung am Freitagabend. Erst ganz hinten folgte eine kleine abschließende Nachricht: »Ein neues Gerät, Transistor genannt, mit verschiedenen Anwendungen im Radio statt einer Vakuumröhre wurde erstmals gestern in den Bell Telephone Laboratorien in der West Street 463 vorgestellt, wo es auch erfunden wurde. Das Bauelement wurde in einem Radio vorgestellt, das keine der bislang üblichen Röhren enthielt.« Dann folgen noch einige recht trocken anmutende Beschreibungen der technischen Einzelheiten, die vermutlich schlicht vom Journalisten aus den Presseunterlagen der Bell-Leute abgeschrieben waren. Die Reaktion war gleich Null. Auch die technischen Fachzeitschriften hielten sich mit Begeisterung und Anerkennung zurück. In seinen ersten Jahren blieb der Transistor eine Art Kuriosität aus dem Laboratorium.

Wissenschaftliche Revolutionen brauchen zur Umsetzung in die Praxis viel länger als man gemeinhin annimmt. Technische Neuerungen müssen schon außerordentliche Überzeugungskraft besitzen, um anerkannt und genutzt zu werden. Es scheint, daß der Widerstand um so größer ist, je neuartiger die Erfindung ist. Dieser Widerstand ist auch nicht verwunderlich, denn der Markt als letzte Instanz ist um so weniger vorbereitet, je ungewohnter das neue Produkt ist. Der Wissenschaftler und Erfinder erlebt dann häufig die große Enttäuschung. Seine Naivität gegenüber der Marktentscheidung rührt daher, daß er gerade das revolutionär Neue für das von den Käufern besonders Begehrte hält. Technokratie überschätzt sich selbst. Dabei hatte der Transistor eine ungewöhnlich günstige Ausgangslage, wesentlich besser als viele andere Produkte, die aus einem wissenschaftlichen Laboratorium kamen.

Transistoren konnten etwas ersetzen und verbilligen, was längst eingeführt und vertraut war. Der Transistor hatte wenigstens im Grundsatz bewiesen, daß er erhebliche Vorzüge gegen die Röhre ins Feld führte. Die Röhre konnte also ersetzt werden in all den vielen Anwendungen in Geräten, bei denen bislang Millionen dieser Elektronenröhren geherrscht hatten. Der Transistor konnte also in einem Verdrängungswettbewerb den Markt erobern und brauchte sich nicht einen vollkommen neuen, eigenen Markt zu schaffen. Nur geringfügige Veränderungen an den Produkten mit Röhren waren notwendig. Zudem waren alle diese geänderten Bedingungen günstig. Der Transistor war viel kleiner und bot mit hoher Wahrscheinlichkeit erhebliche Preisvorteile, wenn erst einmal eine Massenproduktion sich durchgesetzt hatte. Der geringe Energieverbrauch – weil keine Glühwendel mehr geheizt wurde – ersparte in vielen Geräten die teuren Teile der Stromversorgung. Ein publikumswirksamer und deutlich vorzeigbarer Vorteil war, daß ein Radiogerät sofort nach dem Einschalten Töne von sich gab, weil die lange Zeit des Aufheizens entfiel. Geräte konnten außerdem handlicher werden.

Und dennoch dauerte es überraschend lange. Wenn wir von heute aus Rückschau halten auf die revolutionäre Mikroelektronik, fällt auf, daß wir diese zähe Zeit der Einführung neuer Technologie vergessen haben. Militärische Erwägungen, wie in der »battle of Britain« beim Radar, beschleunigen oft eine wirtschaftliche Einführung neuer Produkte, weil Generäle bei der Anschaffung nicht aufs Geld zu sehen haben und großzügige Käufe zur Starthilfe tätigen können. Die Nachkriegszeit mit einem abgerüsteten Amerika voller riesiger Lager unverkaufbarer Überschußware aus dem Kriege konnte aber hier solche Starthilfe nicht bewerkstelligen. Der Transistor war anfangs noch zu unzuverlässig und nicht billig genug, die Röhre war eingeführt und führte ein geschicktes Rückzugsgefecht mit Anfangssiegen.

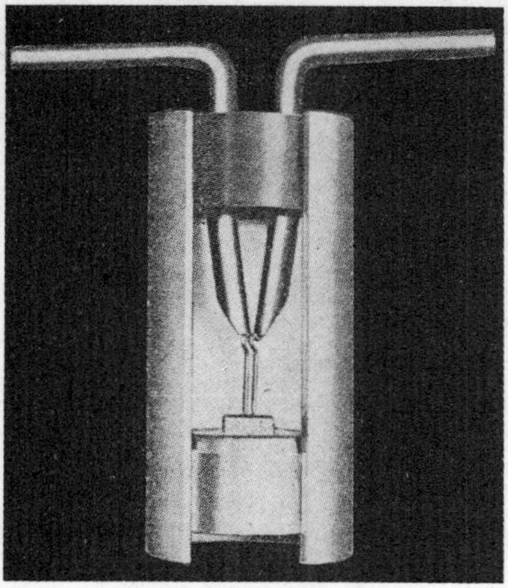

Schnitt durch das Gehäuse eines der ersten Spitzentransistoren. Man erkennt die beiden »Schnurrbarthaare« der metallenen Kontaktspitzen, die auf das unten angebrachte Germaniumscheibchen drücken. Diese Mikrophotographie stammt aus der ersten wissenschaftlichen Veröffentlichung »Transistor Action« von J. Bardeen und W. Brattain in der Fachzeitschrift »Physical Review« von 1949.

Der alte Spitzentransistor mit seinen beiden Schnurrbarthaaren war eine viel zu windige und wackelige Anordnung, der ein praktischer Radiohersteller und ein mißtrauischer Kunde noch kein Vertrauen entgegenbringen konnten. Auch die ersten der neuen Generation, die p-n-Transistoren mit ihrer Funktion im Kristallinneren brauchten lange Zeit, sich das Vertrauen zu erwerben, obwohl schnell feststand, daß diese Art eines Festkörperverstärkers bedeutend bessere Chancen besitzen würde. Erstaunliches passierte auch in der alten Technologie der Elektronenröhren. Viele Jahre lang hatte man sich sicher gefühlt und ohne Konkurrenz. Kaum eine neue Entwicklung und Verbesserung von wesentlichem Gewicht war eingeführt worden. Der Eindringling Transistor aber lehrte die auf ihren Lorbeeren ruhende Vakuumröhre das Fürchten, und alle mit ihr Arbeitenden und Broterwerbenden packte plötzlich die Angst. Auch die Röhre wurde plötzlich kleiner, sie schrumpfte auf die Größe einer Eichel und erhielt auch einen modischen Namen mit der Hochtechnologie verheißenden Endsilbe: »Nuvistor«, mit Nu wie neu nannte sich die neue Generation. Diese neue Mutation der alten Generation konnte auch tatsächlich noch einmal für kurze Zeit Erfolge feiern, aber es wurde nur ein Strohfeuer vor der endgültigen Niederlage.

Die Bell Laboratorien hatten also in den ersten Jahren zunächst nur wissenschaftlichen Ruhm, sonst viel Zurückhaltung und Skepsis geerntet. Das erste wirklich durch Transistoren vorangetriebene Gerät war darum auch nicht das Radio und schon gar nicht ein verbessertes System im Telefongewerbe. Erfreulich für den Kristall und den Transistor ist es, daß ein ausgesprochen humanitäres Gebilde entstand: das Hörgerät. Kaum kann man vom Schwerhörigen verlangen, daß er eine große Batterie mit sich herumschleppt oder immer an einer Steckdose hängen soll, um ein röhrenbestücktes verstärkendes Gerät zu betreiben. Einer der ersten Lizenznehmer für den Transistor war die Firma Raytheon, nur achtzehn Monate später gab es bereits mehr als ein Dutzend neu geschaffener Firmen, die die kleinen und handlichen, energiesparenden und hilfreichen Hörgeräte fertigten. Selbst mit den Batterien wogen diese Geräte weniger als 100 Gramm. Auch hier lagen zuerst die Preise für den Käufer über denen mit den neuen Subminiatur-Nuvistoren, aber sie fielen laufend und hatten überdies den Vorteil, weniger teure Batterien zu benötigen.

Alexander Graham Bell, der Gründer der Telefongesellschaft hatte die Tragödie der Schwerhörigkeit und der Taubstummheit aus nächster Nähe in seiner Familie erlebt. Er hatte schon zu Lebzeiten immer wieder die medizinische Forschung und die Unterstützung durch die Technik für die hörgeschädigten Menschen gefordert und mit Geld und Tatkraft unterstützt. In Erinnerung dieser Wünsche des Firmengründers wurden vom Bell System keinerlei Patentkosten und Lizenzgebühren gefordert, wenn der neue Transistor für diesen Zweck einer Hörhilfe eingesetzt wurde. Die ersten kleinen Firmen tauchten auf, die in alten heruntergekommenen Gebäuden in der Nähe von New York oder in anderen Städten der Ostküste mit geringstem Kostenaufwand den Transistorpreis herunterdrücken wollten und die Röhrenmonopole der großen Firmen brechen wollten. In den ersten Jahren seiner wirtschaftlichen Nutzung wurde der Transistor fast vollständig mit dem kleinen Hörgerät, das versteckt am Kopf getragen werden konnte, in Verbindung gebracht. Alle anderen wichtigen Bastionen wurden von der Röhre behauptet, eine ordentliche Vakuumröhre war inzwischen für etwas mehr als einen halben Dollar zu erhalten. Ein neues Wunderinstrument schien der Transistor nicht zu sein.

Dem Schwerhörigen jedoch muß der Transistor sehr wohl wie ein wundervolles Instrument vorgekommen sein. Wir machen uns heute, wo Hörhilfen schon im Bügel einer Brille versteckt sind, kaum noch eine Vorstellung, wie einsam und ausgeschlossen von menschlichen Beziehungen ein schwerhöriger Mensch sein Schicksal hilflos zu ertragen hatte. An seinen Freund Zelter schreibt Goethe am 2. September 1812 aus Teplitz, wo er Beethoven getroffen hatte: »Sein Talent hat mich in Erstaunen gesetzt; allein er ist leider eine ungebändigte Persönlichkeit, die zwar gar nicht unrecht hat, wenn sie die Welt detestabel findet, aber sie freilich dadurch weder für sich noch für andere genußreicher macht. Sehr zu entschuldigen ist er hingegen und sehr zu bedauern, da ihn sein Gehör verläßt, das vielleicht dem musikalischen Teil seines Wesens weniger als dem gesellschaftlichen schadet. Er, der ohnehin lakonischer Natur ist, wird es nun doppelt durch diesen Mangel.« Der Taube und Stumme war von der Gesellschaft nahezu ausgestoßen. Unsere Worte »dumm« oder »doof« sind abgeleitet aus den Begriffen für »stumm« und »taub«. Der erste wirklich größere Nutzen, den die Halbleiterkristalle dem Menschen brachten, war also eine nur segensreiche Verstärkung der menschlichen Sinnesorgane. Uneingeschränkt wurde diese Unterstützung begrüßt. Später kam als ganz neue Hilfe durch den Transistor der Herzschrittmacher hinzu, der ohne eine Mikro-Elektronik nicht denkbar und nicht zumutbar wäre. Die Vorbehalte in den kommenden Jahren aber werden wachsen, wenn die Kristalle mit ihrem schrumpfenden Bedarf an Raum und Energie nicht nur das menschliche Ohr und das Herz allein unterstützen, sondern Anspruch erheben, auch geistige Tätigkeit zu verstärken und nachzuahmen und mit dieser Fähigkeit menschliche Arbeit zu verändern.

Langsam, aber stetig begann der Umfang des neuen Geschäftes mit den Transistoren zu wachsen. Die erste Einführung der Hörhilfen und der damit überall deutlich sichtbare Erfolg dieser neuen kleinen Geräte unterstützte auch die Einführung in ganz andere Märkte. Im Jahre 1952 gab es erst acht Gesellschaften, die Germanium zu Transistoren verarbeiteten, ein Jahr später waren es immerhin schon fünfzehn. Alle großen, klassischen Firmen der Elektrotechnik erkannten jetzt, daß dieser kristallene Ersatz der alten Vakuumröhren berücksichtigt werden mußte. Den alten Röhrenfabriken wurden darum einfach neue, zusätzliche Abteilungen untergeordnet. Einen großen Sprung gab es, als das erste tragbare Radiogerät mit Transistoren von der neuen Firma Texas Instruments auf den Markt geworfen wurde. Der schnelle Erfolg dieses gänzlich neuartigen Produktes lockte viele andere Wettbewerber auf diesen Markt. Besonders Ostasien erkannte eine Chance für neue Exporte und war bald mit billigen Geräten vertreten. Der Germaniumtransistor war in der Lage, wenigstens einen Mittelwellensender zu empfangen, der Lautsprecher und die Empfangselektronik erforderten so wenig elektrische Energie, daß man mit einem Satz von Batterien eine geraume Zeit lang überall Musik hören konnte. In den westeuropäischen Ländern wurde dieses neue Spielzeug der Unterhaltung so populär, daß das Wort »Transistor«, was ja eigentlich nur das kleine

Einzelteil des Stückchens Germanium bezeichnen sollte, auf das gesamte Gerät übertragen wurde: »le transistor« ließ die Jugend auf der Straße Radio hören.

Dieses erste spürbare Eindringen der neuen Mikroelektronik wurde vor allem in der Bundesrepublik mit Stirnrunzeln und voller Bedenklichkeit bemerkt. In diesem Land des Wirtschaftswunders war das Radio eine ernstzunehmende Angelegenheit. Im Kopenhagener Wellenplan hatte die Verlierernation Deutschland eine große Zahl von Radiofrequenzen des überfüllten Mittelwellenbereiches abtreten müssen. Das engbesiedelte Europa hatte auch auf den Radiowellen zu wenig Platz. In vielen Bereichen der Bundesrepublik war ein störungsfreier Empfang nicht gut möglich. Doch die Not macht auch erfinderisch: Ein neues Prinzip für den Verbraucher wurde entwickelt, das Ultrakurzwellenband erschlossen. Viel höhere Frequenzen sind hier notwendig, die Reichweite dieser Wellen ist kürzer und kann nur auf Sichtweite erfolgen. Verbesserte Schaltungen und Elektronenröhren mit der Möglichkeit zur Verarbeitung extrem schnell schwingender Wellen waren notwendig. Die Radios wurden zwar teurer, aber der neue Empfang – unter dem Slogan »Welle der Freude« – war tatsächlich besser. Große Lautsprecher waren notwendig, um die Qualität des Klanges voll auszunutzen: Also entstanden große Tonmöbel. Eine kultivierte Ausnutzung des Rundfunks etablierte sich in der immer reicher werdenden Bundesrepublik.

Eiche, Nußbaum und Mahagoni verzierten die Geräte, die als Prunkstücke in die gute Stube gehörten und vom neuen Reichtum zeugten. Mit Scharnieren, Stoff und Messing wurden die Geräte verschönert. Das Radio wurde zum Möbelstück im Zentrum gemeinsamen Hörens von Konzerten, Hörspielen, Sport und Faschingssendungen. Der Vorteil des schnellen Einschaltens eines Transistorradios war nicht gefragt, das langsame Aufleuchten des magischen Auges, einer Röhre zur Feineinstellung des Senders, hatte sogar etwas Rituelles einer Vorfreude. Jeden Monat kam der Briefträger persönlich, um die zwei Mark Rundfunkgebühr einzukassieren. Die Einstellung zur Elektronik war solide. Ein tragbares kleines Gerät dagegen erschien unseriös. Wozu sollte man Radio auf der Straße hören, im Zug oder auf der Liegewiese im Freibad, wo es andere Leute störte? Der erste Angriff der Mikroelektronik in Gestalt der kleinen Transistorradios war eine unerfreuliche Verschlechterung der Sitten. Werbung im staatlich organisierten Radio war zu dieser Zeit noch weitaus weniger üblich, ein Drängen der Industrie zu neuen Werbewegen kam damals kaum auf, ganz im Gegensatz zu den heutigen Bemühungen um die neuen Medien der neuen Mikroelektronik.

Das Radio aber verstärkte die technische Entwicklung vor allem in den USA und auch bereits in Japan. Der Germaniumtransistor wurde jetzt nicht mehr nur den kleinen Gruppen von theoretisierenden Forschern überlassen, ganze Mannschaften von Entwicklungsingenieuren traten an. Geschultes Personal wurde knapp. Noch gab es nur an ganz wenigen Universitäten eine Ausbildung in der Kunst und Wissenschaft, mit dem festen Körper, mit dem Halbleiter, umzugehen. Der Aufbau solcher Schulen konnte erst langsam erfolgen. Wenn es einer der großen Universitäten gelang, einen der Aktiven aus der Industrie vielleicht als Pensionär an die Hochschule zu ziehen, war man froh. Das Nachhinken der akademischen Ausbildung, aber auch der Schulung von Technikern und Laboranten, war und bleibt auch heute einer der großen Engpässe, die die technische Entwicklung verzögern. Forschung ist dagegen meist leichter aufzuholen und mit Fachleuten zu besetzen. Der Aufwand in der Elektronik für die Entwicklung eines Labormusters bis zur Fertigungsreife kostet üblicherweise etwa zehnmal so viel wie der Forschungsaufwand. Die Einrichtung einer leistungsfähigen Produktionslinie aber kostet wiederum etwa zehnmal so viel wie die Entwicklung. Bei aller Bedeutung der ersten grundlegenden Forschung für das Entstehen dieser neuen Technik darf dieser wirtschaftliche Gesichtspunkt nicht vergessen werden.

Ein buntes Gemisch aller möglichen Berufe, wie es in den Vereinigten Staaten mit der großen Beweglichkeit ihrer Menschen üblich ist, drängte in die neuen Ausbildungszweige. Sehr viele Kernphysiker hatte Amerika mit seinen großen Atombombenprogrammen ausgebildet, ihre Zahl schwoll noch an, als all die kriegsverpflichteten Fachleute nach dem Sieg über Japan mit ihrem Wissen und ihren Forschungsideen nur an den Universitäten einen angemessenen Platz finden konnten. Ein dankbarer Staat gewährte großzügige Forschungsgelder für komplizierte Geräte, an denen junge Wissenschaftler ihre Ausbildung als Physiker erhielten. Harvey Brooks, Dekan der Ingenieure an der Harvard Universität meint, daß die Kernphysiker bei weitem die größte Gruppe der Entwickler darstellten. Die meisten hatten keine richtige Ausbildung in der Physik und Technik des festen Körpers und der Kristalle erhalten. Selbst die Gruppe der Biologen, für die die Wirtschaft ebenfalls nur wenige Berufsmöglichkeiten bieten kann, stellte einen größeren Teil für die Entwicklungsmannschaften als die Festkörperphysiker. Dieses eigenartige Mißverhältnis existiert auch heute noch in vielen Ländern, obwohl inzwischen gerade die großen Industriestaaten die Ausbildungsstätten für die Physik und Chemie fester Körper wesentlich verstärkt haben.

Auch das Militär in den Vereinigten Staaten beschleunigte die Einführung der neuen Technik des Transistors zuerst nur in geringem Maße. Der Transistor und seine Erfindung in einem Forschungslabor einer Telefongesellschaft war jedenfalls mit Sicherheit keine militärisch motivierte Angelegenheit gewesen. Tatsächlich hatten sich die Bell Laboratorien bei aller gebotenen Loyalität dem Staate gegenüber immer standhaft geweigert, sich an das Pentagon zu binden und militärische Forschungsaufträge zu übernehmen, erst 1949 konnte man nicht mehr widerstehen. Das Militär wurde korrekt, aber wie jeder andere Kunde behandelt, ein ordnungsgemäßer Informationsfluß über neue wissenschaftliche Entdeckungen war garantiert, der jedoch meist mehr Skepsis und Ablehnung bei den beamteten Technikern als Zustimmung und Interesse fand. Auch hier wurde der Transistor nur als eine neue Variante der Röhre angesehen.

Das Verteidigungsministerium richtete im Jahre 1952, also erst ein Jahr nach der erfolgreichen Demonstration des neuen p-n-Transistors durch Shockley, eine Unterkommission über Halbleiter-Bauelemente ein, die selbstverständlich der Hauptkommission für Elektronenröhren zuzuarbeiten und zu berichten hatte. Größtes Interesse bestand an tragbaren Geräten. Jeder amerikanische Jugendliche hatte bei den Helden der »cartoon«-Bilderserien in den Tageszeitungen ein Radio und Telefon in der Armbanduhr gesehen. Ein solches Gerät war nun keine Zukunftsphantasie mehr, das Militär wollte damit seinen Soldaten eine direkte Nachrichtenverbindung verschaffen. Der Preis spielte keine Rolle, der Transistor mußte her für erste Versuche zur Entwicklung solcher Geräte. Fast alle der ersten Spitzentransistoren, von denen die Bell-Schwester Western Electric im Jahre 1952 schon 90000 Stück baute, wurden von den Streitkräften gekauft. Die unzuverlässige Anordnung der beiden Drahtspitzen aber sorgte für erhebliche Enttäuschungen. Die Einführung der Elektronik geschah weiterhin nur langsam. Bei aller Einschätzung möglicher Vorteile überwog die Unsicherheit dieser neuen Technik.

Ein militärischer Bericht aus dem Jahre 1953 teilt enttäuscht mit: »Der Transistor hat sich als sehr unzuverlässig erwiesen. Von hundert Elementen blieben höchstens 25 innerhalb der zulässigen Grenzen ihrer elektrischen Eigenschaften. Auch diese Werte wichen von den ursprünglich verbrieften Daten ab.« Der Bericht schildert dann im einzelnen die Unsicherheiten, die bei der Prüfung der Transistoren auftraten, das Hin- und Herzittern der Nadel des Meßinstruments, die sprunghafte Änderung des Betriebsverhaltens, wenn der Transistor in den Sockel eines militärischen Geräts gesteckt wurde und sich dann anders verhielt als erwartet. Die amerikanische Luftwaffe schätzte 1952, daß sie mit ihren Germaniumtransistoren nicht weniger als 40 Prozent Ausfälle hatte, was es als schlechthin unverantwortlich erscheinen ließ, Soldaten im Kriegsgeschäft mit so unsicherem Handwerkszeug auszustatten. In den folgenden Jahren war darum ein militärisches Ziel, die neuen Halbleiter-Geräte ohne Rücksicht auf Kosten und Markt zuverlässiger und dauerhafter zu gestalten; viel Geld floß in Forschung und Entwicklung für diese Aufgabe, der sich ein ziviler Markt unter dem ständigen Konkurrenzdruck niedrigerer Preise für Röhren nicht widmen konnte.

Die Zukunft der neuen Halbleiterelektronik begann nur langsam; im Rückblick findet man viele Klippen, an denen der Kristall hätte krisenhaft scheitern können. Was war es, das über diese Klippen hinweghalf? Die unverminderte Arbeit eines finanzstarken Riesenkonzerns, die Weitergabe des Wissens und des Handwerks an viele kleine Mitbewerber und schließlich die Entwicklung des Computers, ohne Halbleitertechnik nicht denkbar, und ohne den sich die Mikroelektronik des festen Körpers nicht so schnell hätte entfalten können.

Die amerikanische Telefongesellschaft ließ sich die weitere Forschung und vor allem die technische Weiterentwicklung etwas kosten. An vielen Stellen ließen sich Einsatzmöglichkeiten für Transistoren entdecken, wenn auch das mechanische Schaltrelais immer noch nicht verdrängt werden konnte. Patente wurden angemeldet, die alle möglichen Varianten neuer Bauelemente und die Kunst ihrer Herstellung offenlegten. Dieser laufend wachsende Schatz von Wissen wurde nicht zum Alleineigentum von American Telephone. Der Staat hatte schon unter Präsident Roosevelt Einschränkungen in der Freizügigkeit dieses Konzerns beschlossen. Besonders Roosevelts Demokratische Partei fühlte sich stets als Anwalt des Konsumenten, der vor der geballten Macht und den sich immer mächtiger entwickelnden Monopolen zu schützen war.

Eine bundesstaatliche Kommunikations-Kommission wurde eingerichtet, sie formte mit ihrer regulierenden Aufsicht aus den anfangs rein privaten Firmen und Konzernen der Telefonie, Telegrafie und auch des Radios ein Zwittergebilde halbstaatlich-halbprivater Körperschaften. Telekommunikation wurde von den Juristen angesehen wie die Eisenbahnen, die Rechte und Pflichten für den öffentlichen Verkehr hatten, deren Tarife und Dividenden offenzulegen waren, deren Zusammenschlüsse und Konkurrenz nur mit staatlicher Billigung möglich waren. Gleichzeitig aber garantierte der Staat damit eine Aufteilung der Märkte und Regionen, was von den Technikern auch verlangt wurde, weil nur ein einheitliches Netz mit überschaubaren Normen für geregelten Verkehr garantieren kann. Alle örtlichen Telefongesellschaften unter dem Dach von American Telephone und Telegraph hatten ihr Gerät bei der Tochterfirma Western Electric zu beziehen, damit erledigte sich die technische Verträglichkeit aller Installationen untereinander. Dafür aber durfte Western Electric mit seiner großen technischen Kraft nicht in andere Bereiche eindringen, durfte keine Radios oder Hörgeräte anbieten.

Was aber sollte dann mit all dem vielen Wissen geschehen, das die Bell-Forscher erarbeitet hatten? Für die amerikanische Volkswirtschaft bestand die große Gefahr, daß die neue Wissenschaft ungenutzt liegenblieb. Diese Gefahr wurde jedoch überwunden, weil Bell Laboratories und Western Electric, formal die Inhaberin aller im Bell Labor erarbeiteten Patente, in einer nahezu unwahrscheinlich anmutenden Freizügigkeit das Wissen um die neue Entdeckung verbreitete. Schon die ersten wissenschaftlichen Veröffentlichungen waren von einer freimütigen und offenen Beschreibung aller technischen Einzelheiten getragen. Offene Informationspolitik wurde zum Stil von Bell. Im Jahre 1952 konnte jeder Interessent, der nur zuhören und sich beraten lassen wollte, an einer Tagung in den Bell Laboratorien teilnehmen und bis ins feinste Detail alles Wissenswerte über den neuen Spitzentransistor lernen.

Auch die laufende Entwicklung hin zum p-n-Transistor und dessen technische Einzelheiten wurden auf diesem Symposium im April 1952 offengelegt. Der Einstandspreis für diese Beteiligung an jahrelanger intensiver Forschung betrug lächerliche 25 000 Dollar; das war nur eine Art Schutzgebühr, die darüber hinaus noch angerechnet wurde auf spätere Lizenzgebühren, falls der Partner Interesse an einer Herstellung von Transistoren hatte. Fünfunddreißig Interessenten kamen, große Elektrofirmen sandten ihre Vertreter, aber auch wagemutige Neulinge waren dabei. Wenige Jahre später gab es drei Dutzend Lizenznehmer in den USA und immerhin neun Partner im Ausland, die die Produktion von Germanium-Transistoren aufnahmen. Bell profitierte zweimal von dieser Großzügigkeit. Einmal war der staatlichen Aufsichtsbehörde durch diesen Akt bewiesen worden, daß ein großes Monopol trotz der dominierenden Stellung seiner Forschung im übergeordneten Sinne einer Volkswirtschaft zu handeln bereit war und so einen Anspruch auf Schutz und Bewahrung des Telefon-Monopols erheben konnte. Zum zweiten sorgten die neuen Partner mit ihren neuen Ideen für ganz andere Produkte, für eine Beschleunigung des dringend notwendigen technischen Fortschritts, vor allem zu größerer Zuverlässigkeit und zur Senkung der Stückkosten für den einzelnen Transistor.

Die technischen Erfolge blieben nicht aus, sie waren weniger spektakulär und wissenschaftlich, sondern mehr praktischer Natur. Der große Elektrokonzern General Electric sah sich gezwungen, auch dieses Gebiet zu bearbeiten und entwickelte eine einfache Methode, wie die komplizierte Schichtstruktur von Emitter, Basis und Kollektor leicht herzustellen sei. Eine kleine Pille aus Indium-Metall ließ sich überraschend einfach von beiden Seiten her in ein dünnes Germaniumscheibchen hineinlegieren und stellte so die besonderen elektrischen Eigenschaften dieser Zonen des Transistors her. Dieser Legierungsprozeß ließ sich leichter und billiger durchführen als die recht plumpen Laborverfahren der Bell-Leute. Das Verfahren wurde schnell von den großen Elektrofirmen an der Ostküste der USA angenommen. Eine raffinierte Technologie wurde von der Firma Philco entwickelt. Mit einem sprühenden Strahl einer ätzenden Flüssigkeit konnte der Germaniumkristall so genau und so fein an der gewünschten Stelle abgetragen werden, daß Transistoren für sehr hohe Frequenzen möglich waren. Anschließend konnten dann auf die so gedünnte Stelle die kleinen Indiumkügelchen gesetzt und in das Germanium einlegiert werden. Dieses Verfahren war aufwendig, aber es verbesserte die Ausbeute und war hochinteressant vor allem auch für die europäischen Partner. Sie mußten Germanium mit so feinen Abmessungen herstellen, daß die Radiofabrikanten für die neuen Ultrakurzwellen zufriedengestellt werden konnten. Gerade in der Bundesrepublik wurde diese Art der Herstellung mit großem Erfolg, mit erheblichem Investitionsaufwand und hohem Automatisierungsgrad für lange Zeit und mit Gewinn betrieben.

Der große Fluß von Wissen und Kenntnis in weite Bereiche der amerikanischen Industrie und in die Universitäten, allen voran Harvard mit dem ersten Vorlesungszyklus über Halbleiter, verstärkte und beschleunigte die Entwicklung und wirkte den vielen Hemmnissen einer Einführung der neuen Technik entgegen. Dennoch blieb der Hauptteil der neuen Erkenntnisse auf die Bell Laboratorien und die Entwicklungsstätten der Western Electric beschränkt. Tabellen und Dokumente mit Zahlenmaterial und Erfahrungswerten sind das Rüstzeug des Ingenieurs, der auch ohne tiefes Verständnis der Quantentheorie des Kristalls eine Fabrik aufbauen muß und zu betreiben hat. Das große technische Übergewicht der Telefongesellschaft wurde immer deutlicher von der staatlichen Aufsichtsbehörde gesehen. Im Jahre 1956 kam es zu einem Ultimatum. Bell mußte entweder auf wesentliche Rechte an allen Transistorpatenten verzichten oder lief Gefahr, ganz zerschlagen zu werden und – wie in früheren Jahren die allgewaltige Standard Oil Company, John Rockefellers Esso-Monopol – in einzelne konkurrierende Gesellschaften aufgeteilt zu werden.

Das amerikanische Telefon-System entschied sich für die erste Möglichkeit. Damit blieb ein einheitliches überwachtes Fernmeldemonopol beisammen, das technische Wissen wurde nun noch einfacher und billiger allen Interessenten zugänglich. Gleichzeitig aber konnte das Bell System durch seine gesicherten Einkünfte aus dem überschaubaren Telefongeschäft weiterhin intensive Forschung und Entwicklung an den neuen physikalischen Eigenschaften der Halbleiter betreiben. Dieser »patent consent decree«, die Zustimmung zur staatlichen Verordnung als Kompromiß hat die Weiterentwicklung der Mikroelektronik in den USA beeinflußt. Dieser rechtliche Vorgang zeigt auch, daß die amerikanische Regierung immer deutlicher diese aufziehende Technik als politischen und wirtschaftlichen Faktor sah. Aber auch das Ausland profitierte. Der ungehemmte Fluß von wissenschaftlicher und technischer Information, der sonst ja in anderen Branchen in keiner Weise üblich war, ließ sich auch in Japan und in Europa gut und ohne großen Aufwand nutzen. Japan ergriff diese Chance sehr schnell.

Bell Laboratories wurde so etwas wie eine Superschule der neuen Methoden. In Heerscharen zogen die Forscher in alle Winkel des Landes. Eine kleine Firma in Dallas, Texas, erkannte frühzeitig die günstige Gelegenheit. Wie heute jeder Fernsehzuschauer weiß, bedeutet das Wort »Dallas« vor allem Erdöl, viel Geld und ungehemmten Pioniergeist im Umgang mit industriellen Gesellschaften. Aber die hemdsärmeligen Pioniere hatten bei der Suche nach Öl sehr wohl gelernt, daß Wissenschaft nützlich sein kann. Hochempfindliche Seismographen, sonst nur zur Vermessung von Erdbeben eingesetzt, ließen sich nutzen, um in die Erde hineinzuhorchen und Lagerstätten ausfindig zu machen. Neue, hochempfindliche chemische Analysemethoden können unter Umständen schnell entscheiden, ob sich eine teure Bohrung lohnt oder nicht. Eine kleine Gruppe, genannt »Geophysical Services,

Incorporated«, taufte sich um und nannte sich, weitaus stolzer, »Texas Instruments« und bemühte sich massiv um Lizenzen von Bell, die aber erst mit dem großen Symposium 1952 wirklich greifbar wurden. Viel Geld, das in Texas ohnehin nach Anlage suchte, war verfügbar und wurde auch gleich in systematische Anwendungsforschung gesteckt. Nach den besten Leuten wurde Ausschau gehalten, Gordon Teal wurde von Bell Labs abgeheuert. Er war es, der den Germanium-Einkristall liebevoll zu hoher Perfektion und Zuverlässigkeit entwickelt und gezüchtet hatte. Aus dem einstmals kleinen Labor, das nur für fremde Ölfirmen Dienstleistungskontrakte erfüllte, wurde so der größte Halbleiterhersteller der Welt; am North Central Expressway in Dallas entstand ein Unternehmen, das als erstes mehr als eine Milliarde Dollar jährlich nur mit Halbleiter-Bauelementen umsetzte.

Zwei Brüder, ein Kaufmann und ein Festkörperphysiker bei Bell zogen aus und gründeten in der akademisch geprägten Landschaft Neu-Englands eine neue eigene Fabrik. Im Umkreis von Harvard und dem berühmten Massachussetts Institute of Technology, an der sich zur Schlagader der Hochtechnologie formierenden Straße 128 um Boston siedelten sie eine der ersten Firmen dieser neuen Industrie an. Andere zog es nach Kalifornien oder nach Illinois und Arizona. Die Bell Leute brachten ihre Erfahrungen mit und wurden geschätzt, weil die persönlichen Bindungen an die in New Jersey bleibenden Freunde und Kollegen garantierten, daß der unmittelbare Zugang zu den neuesten Resultaten der Forschung bestehen blieb.

Maschinen als Rechnergehilfen

Der größte Schub aber, den der Transistor jetzt erhält, ist ein neuer Markt, eine neue Anwendung, die ohne Halbleiter in diesem Ausmaß nicht hätte entstehen können, die von nun an in untrennbarer Symbiose mit ihm wächst: der elektronische Computer. Der Kristall schickt sich an, dem menschlichen Gehirn zunächst das Kopfrechnen und dann noch vieles andere abzunehmen. Der riesige Bedarf an schaltenden und speichernden Teilen, die miteinander zum Computer verbunden werden müssen, konnte nur mit kleinen Bestandteilen gedeckt werden, wo wenig Materie bewegt und wenig Energie verbraucht wird, wo die Wege kurz, die Verbindungen mühelos sind. Der Kristall war ausersehen, aber der Weg war lang.

Kopfrechnen mag unerläßlich sein, wenn es sich in Grenzen hält. Aber es ist der edlen Männer unwürdig, wie Sklaven viele Stunden ihrer Zeit zu verlieren, wenn es mit Sicherheit an andere weitergereicht werden kann, die mit Maschinen ausgestattet sind. Leibniz vertrat diese Meinung. Der Philosoph und Universalgelehrte des siebzehnten Jahrhunderts, der »aus jedem Kiesel Feuer schlagen konnte« und Wissenschaft und Theologie noch in der Gesamtschau überblickte, wollte seinen und seiner Zeitgenossen Geist von der Mühsal stumpfsinniger Rechenvorgänge entlasten. Solche Rechnungen aber schienen ihm dennoch notwendig und unerläßlich. Das Verständnis der Natur mußte konkret, faßbar sein, in Form von Zahlen und Kurven, und nicht nur spekulativ erdacht werden. Ein universeller Kalkül, eine allen Dingen zugrunde liegende Sprache konnte nur in einer formalen Ausdrucksweise gefunden werden, die frei war von den Zufälligkeiten gewachsener Nationalsprachen. Das aufkommende mechanistische Weltbild mit seiner Idee der Zurückführung aller Erscheinungen auf einfache mechanische Vorgänge hatte ihn gemeinsam mit Newton zur Entwicklung der Differentialrechnung geführt. Diese neue Mathematik war nicht mehr auf eine rein statische Buchführung und auf Gleichgewichte beschränkt, sie konnte Veränderungen mit korrektem Formalismus beherrschen.

Mit den Differentialgleichungen war eine neue Form der Naturbeschreibung gefunden, die vor allen Dingen genaue Vorausberechnungen von Sternbewegungen, aber auch Geschoßbahnen oder Bevölkerungsentwicklungen und vielen anderen Fragestellungen ermöglichte. Eine Universalmaschine zum Rechnen, die mit wohlformulierten Regeln neue Resultate ohne subjektiven Selbstbetrug ableiten konnte, war eines der großen Ziele des Gottfried Wilhelm Leibniz. In einer solchen Maschine sah Leibniz auch eine Hoffnung, der Zersplitterung der christlichen Konfessionen und vor allen Dingen der immer dräuender werdenden Gefahr des Auseinanderlaufens christlicher Ethik und mechanischer Naturauffassung zu begegnen. Leibniz' Utopie erforderte mehr als die alten Abakusse, Rechenmaschinen der asiatischen Kaufleute. Er sah in dieser nicht mehr als unerreichbar scheinenden Utopie die Rettung für die Menschheit aus Willkür und Zufall, er hoffte auf Ordnung, Harmonie und Unbestechlichkeit.

Der Rechner von Leibniz, in Mainz unter der Förderung und dem Auftrag des Ministers von Boineburg zuerst durchdacht, mußte auf die Künste der Zeit zurückgreifen. Räder und Achsen, Kurbeln und Walzen waren die Grundelemente der Mechanik. Den zehn Fingern der menschlichen Hand konnte man beispielsweise analog zehn Zähne eines Rades zuordnen. Additionen ließen sich durch Umdrehungen als Analog bewerkstelligen. Solche Maschinen wurden gebaut und genutzt. Der an Technologietransfer besonders interessierte Zar Peter, der Große genannt, beschaffte sich ein Exemplar für sein Reich.

Der nächste große Anreiz zur Mechanisierung des Rechnens kam mit der Industrialisierung im neunzehnten Jahrhundert. Die Rationalisierung und Verbilligung in der Textilindustrie bei gleichzeitiger Erweiterung der Webmuster hatte zur Einführung des Jacquardschen Webstuhls geführt. Pappkärtchen mit eingestanzten Löchern symbolisierten die einzelnen Instruktionen für das Muster und steuerten den Webstuhl durch raffiniertes mechanisches Abtasten und Weiterreichen der Information. Charles Babbage, britischer Ingenieur und Mathematiker, übertrug dieses Steuerprinzip auf die Mathematik. Seine »Differenzenmaschine«, im Jahre 1822 vorgestellt, sollte viele Zwecke erfüllen. Vorhersagen von Ebbe und Flut, von Strömungen und vielleicht gar dem Wetter erschienen zwar schwierig und kompliziert, doch nicht gänzlich hoffnungslos. Die schlechte Vorhersage war nicht Folge einer regellosen Willkür, sondern lag nur daran, daß so viele Einflüsse berücksichtigt werden mußten. So richtete sich die Hoffnung auf leistungsfähige, automatische große Rechenanlagen.

Babbage hatte auch mit Versicherungen zu tun, einem eben in England für den wachsenden Welthandel wichtigen neuen Gewerbezweig. Statistik schien hier die einzige Methode, um Risiken und Chancen abzuwägen. Solche überschlägigen Berechnungen können aber erst dann mit sinnvoller Wahrscheinlichkeit von Nutzen sein, wenn umfangreiche Datenmengen betrachtet werden und die zufällige Schwankung des einzelnen Ereignisses ihr Gegengewicht in all den vielen anderen Ereignissen finden kann. Die Beherrschung solcher wirtschaftlicher Beziehungen war nur durch automatisches Manipulieren großer Zahlenmengen möglich. Mehr als dreißig Jahre lang versuchte Babbage diese konstruktive Idee auch zu verwirklichen. Dampfantrieb, die neue Technologie seiner Zeit, wollte er haben; die Schwierigkeiten waren zu groß. Aber die Pläne seiner »analytischen Maschine« sahen schon klare Konzepte vor, so zum Beispiel unterschied Babbage deutlich zwischen einer Speichereinheit für seine Daten und dem zum Rechnen notwendigen Steuerteil. Babbage wurde klar, daß seine Vorschriften an die mechanischen Teile seiner Maschine für die damalige Zeit zu unnachgiebig waren. Die hohen Anforderungen seiner Räder und Schrauben ließen sich nicht erfüllen. Babbage merkte, daß ein

Konrad Zuse (geboren 1910), ein Pionier auf dem Gebiet der Datenverarbeitung

Rechner immer aus einer Aneinanderreihung vieler gleichartiger Teile bestehen wird. Er stellte darum schon allgemeine Regeln für die Massenproduktion identischer Teile auf. Mechanik aber konnte diese Ansprüche nicht erfüllen; erst mit der Gleichartigkeit im atomaren Aufbau eines Kristalls sollte anderthalb Jahrhunderte später sowohl das Kleine als auch das Zuverlässige zur Verfügung stehen.

Die Elektrizität verschaffte einen gewaltigen Fortschritt gegenüber mechanischen Energiequellen wie Dampf oder Wasserkraft oder der Benutzung von Gasen. Das strömende Medium der Elektrizität verschafft große Wirkung, dennoch bewegt sich nur sehr wenig Materie. Der Stromfluß der Elektronen durch einen Leiter bewirkt keine bleibende Veränderung und schafft am Ende keinen Abfall. Ein rein elektrisches Verfahren wäre also nahezu ideal für einen Rechner. Aber wie sollte geschaltet werden, wie sollten klar unterscheidbare unterschiedliche Zustände erkennbar hergestellt werden, um Zahlen oder Befehle zu symbolisieren? Diese Aufgabe wiederum schien nur mit einer mechanischen Vorrichtung lösbar zu sein. Die Stellung eines Zeigers, ein mechanischer Vorgang also, ließ sich hierfür einsetzen. Über Jahrzehnte also schien nur die Kombination von Elektrizität und Mechanik eine praktische Lösung für das Problem Großrechner anzubieten.

Konrad Zuse, in Berlin 1910 geboren, ging diesen Weg. Er wurde zum Bauingenieur an der Berliner Technischen Hochschule ausgebildet, war geschickter Bastler, Konstrukteur, Zeichner und Maler. Ihn ärgerte die Stumpfsinnigkeit – so wie Leibniz sich schon über diese unwürdige Last beschwert und gewehrt hatte. Technisches Zeichnen war ohnehin eine nach so strengen Regeln geordnete Tätigkeit, daß man sie automatisieren mußte. Noch belastender erschienen dem jungen Bauingenieur die umfangreichen statischen Berechnungen, die jedem ordentlichen Bau vorauszugehen haben. Wieder war hier ein Gebiet, dessen Regeln im Grundsatz bekannt waren, das aber zu umständliche und weitläufige, sehr zeitaufwendige Rechnungen verlangte. »Es wollte mir nicht in den Kopf, daß lebendige, schöpferische Menschen ihr kostbares Leben mit derart nüchternen Rechnungen verschwenden sollten. Da mußte etwas getan werden«, meinte Zuse. Er brütete über Plänen eines solchen Rechners. Zum Entsetzen seiner Eltern gab er im Jahre 1936 seine aussichtsreiche Stellung als Statiker auf und richtete sich zu Hause eine kleine Werkstatt ein. In der Methfesselstraße 7 in Berlin-Kreuzberg sollte der erste richtige digitale Computer entstehen.

Telefonrelais, steuerbare mechanische Schalter ließen sich als Bauelemente verwenden. Im Kriege, 1941, war seine Z 3, der erste wirklich voll arbeitsfähige Rechenautomat der Welt, fertiggestellt. Ein Speicher mit 1400 Relais war zusammengeschaltet. Es war ein programmgesteuerter Rechner. Anfangs gab ihm der Krieg noch Rückenwind für seine Pläne und etwas politische Unterstützung, denn Flugzeuge und Strömungswiderstände waren von Interesse. Auch dieses Thema ist wieder von so großer Kompliziertheit, daß nur eine Vielzahl numerischer Rechnungen Voraussagen liefern kann. Aber der Krieg holte Konrad Zuse ein, die meisten seiner Geräte gingen unter in den Bombenangriffen Berlins. Zuse wurde nach Kriegsende zu einer Befragung

Erste programmgesteuerte Rechenanlage von Zuse (1941)

nach London gebracht. Ein Offizieller der »British Tabulating Machine Company«, der Konkurrenz also, sollte ihn verhören. Der Offizielle sprach kein Deutsch, der Deutsche nur wenig Englisch. Das Verhör brachte Zuses Leistungen nicht zutage. Lange wurde der Beitrag Zuses vollkommen übersehen. Auch jetzt noch fehlt in vielen Darstellungen der Geschichte moderner Technik Zuses Name. Erst 1965 verlieh ihm eine große amerikanische Fachgesellschaft eine Medaille; ein Jahr zuvor aber hatte seine eigene Computerfirma in Bad Hersfeld die Selbständigkeit schon verloren.

Der Krieg brachte in den angelsächsischen Ländern nicht nur für die Germanium-Anwendung, sondern auch für die Rechenmaschinen einen Entwicklungssprung. Ein junger Engländer, Alan M. Turing, hatte als Student im amerikanischen Princeton schon 1936 ein grundlegendes theoretisches Manuskript zur Veröffentlichung gebracht. Es trug den in interessanter Sprachmischung formulierten Titel »On Computable Numbers, With an Application to the Entscheidungsproblem« – über berechenbare Zahlenwerte, mit Anwendung auf das Entscheidungsproblem. Er überlegte, wie im Grundsatz eine Rechenmaschine mit Programmsteuerung aufzubauen sei. Turing war eine exzentrische Figur von einem jungen Gelehrten. Seine Mutter berichtete, daß sein »schrilles Stottern und sein krähendes Lachen selbst den besten Freunden auf die Nerven ging. Auf dem Fahrrad fuhr er oft mit Gasmaske, um seine Heuschnupfenanfälle abzudämpfen. Er war Langstreckenläufer, Märchenerfinder und Schöpfer des bis zum Äußersten idealisierten Prinzips des Elektronenrechners, der auch heute noch nach dem Turing-Prinzip arbeitet. Ein beweglicher Papierstreifen, von dem Nullen oder Einsen gelesen und wieder neu eingegeben werden konnten, reichte aus, um die Grundfunktionen des Rechneraufbaus festzulegen.

Solche Rechenmaschinen wurden im Krieg plötzlich sehr wichtig für die britischen Militärs. Es galt, den mit raffinierter Feinmechanik konstruierten Apparat »Enigma« zu übertrumpfen. Mit dieser mechanischen Verschlüsselungsmaschine, die eher einer Schreibmaschine ähnlich sah, wurden die Weisungen des Oberkommandos der Wehrmacht an die deutschen Truppen kodiert. Ein Empfänger, der nach dem gleichen mechanischen Prinzip gebaut war, konnte entschlüsseln und ließ sich dann auf einen neuen Schlüssel umstellen. Die britische Antwort auf die mechanische Verschlüsselung war eine elektronische Rechenmaschine, »Colossus« genannt. Nur mit einem schnellen Rechengerät war es möglich, die Vielzahl der Verschlüsselungsmöglichkeiten zu erfassen und das Prinzip zu erkennen. Mit einer riesigen Zahl von Elektronenröhren wurde rechnerisch – nach Turings Grundidee – die Enigma-Maschine nachgespielt, bis man ihr auf die Schliche kam. Das Knacken des deutschen militärischen Verschlüsselungs-Codes war ein mathematischer Triumph von wesentlicher strategischer Bedeutung.

In den Vereinigten Staaten war es ein anderes rechenintensives Problem, das die Entwicklung elektronischer Maschinen beschleunigte. Die Berechnung von Geschoßbahnen erforderte für eine schnelle Flugabwehr einen hohen Aufwand. Artillerie und Mathematik wurden immer wieder von den Generälen zusammengeführt. Die große Zeit der französischen Mathematik verdankt auch napoleonischer Förderung viel Aktivität. Herman Zornig wurde schon vor dem Kriege mit der Leitung eines Forschungszentrums beauftragt, das die Bahnen von Granaten zu bestimmen hatte. Dieses Laboratorium hatte einen stark wissenschaftlichen Anstrich und wurde später von einem Stab erster Forscher, unter ihnen Nobelpreisträger, beraten und gelenkt. Für die noch recht einfache Aufgabe einer typischen Bahnberechnung mußten knapp tausend Multiplikationen durchgeführt werden. Eine Feuertabelle, die alle Möglichkeiten enthalten mußte, brauchte schon mehrere Tausend solcher Einzelbahnen. Zwölf Stunden hätte ein einzelner Mensch für eine Bahnberechnung benötigt. Tatsächlich wurde auch mit brutaler Gewalt und menschlicher Rechenkraft versucht, dem Problem nahezukommen. Zeugen aus dieser Zeit erinnern sich, daß damals hinter jeder Tür eine Person saß, die mit einer Kurbelrechenmaschine arbeitete.

Eines der zuverlässigsten Geräte konnte sogar eine Nacht lang unbeaufsichtigt rechnen. Es stand in den Bell Telephone Laboratories und arbeitete mit Telefonausrüstung: mechanischen Schaltrelais. Im Jahr 1944 wurde das Modell III fertig, es hatte 9000 solcher Schalter, brauchte eine Fläche von über 100 Quadratmetern zur Aufstellung und wog 10 Tonnen. Zwei siebenstellige Zahlen ließen sich in einer Drittelsekunde zusammenzählen. Das Dividieren zweier solcher Zahlen erforderte 2 Sekunden Rechenzeit; immerhin ließ sich eine Geschoßbahn in weniger als einer Dreiviertelstunde ermitteln.

Immer klarer aber wurde in diesen Kriegstagen, daß die Elektromechanik hoffnungslos langsam bleiben würde, man mußte zum schnellen Rechnen die Elektronik einsetzen. Elektronik aber hieß auch noch gegen Ende des zweiten Weltkrieges: Vakuumröhren. Die Universität von Pennsylvania erhielt einen großen Auftrag von den Ballistikern;

und erst nach dem Ende des Krieges wurde der erste wirklich leistungsfähige Großrechner auf elektronischer Grundlage fertig. »Eniac« hieß dieser wahrhafte Saurier von Rechenmaschine, die für Atombombenforschung bestellt war. Nicht weniger als 18000 Elektronenröhren, 30 Tonnen Gerät in einem großen Raum untergebracht, aus dem sich die riesige Wärmemenge nur mühsam transportieren ließ. Eine Leistung von 150 Kilowatt mußte verbraten werden; aber diese Maschine war dann mehr als tausendfach schneller als alle elektromechanischen Geräte. »Eniac« rechnete noch so, wie es kleine Kinder tun, an allen zehn Fingern der Hand. Zuse dagegen hatte es sich schon leichter gemacht, und später viele andere ebenso. An nur zwei Fingern wurde gerechnet, das digitale Zeitalter begann.

Anbruch des digitalen Zeitalters

Mit zehn Zifferzeichen – 0 bis 9 – zu rechnen, ist zufällig, weil die Natur uns zehn Finger gab. Man kann auch andere Bündelungen, das Dutzend, die Mandel oder sonst irgend etwas als Basis verwenden. Das logische und minimale Prinzip benutzt nur zwei Zeichen, Null und Eins. Heute lernen die Kinder schon früh in der Schule, daß es auch so geht. Jede beliebige Zahl läßt sich durch eine Schlange aneinandergereihter Nullen und Einsen ausdrücken. Jede Eins bedeutet, daß der Wert 2, 4, 8 oder 16 und so weiter – je nach der Stellung – mit in die Summe aufzunehmen ist. Eine Null bedeutet Verzicht darauf, genauso wie bei der Zahl 100 im üblichen, vertrauten System die 1 anzeigt, daß ein Hunderter dabei ist, die beiden Nullen aber Verzicht auf Einer und Zehner anzeigen.

Das Zweiersystem kennt also nur Entscheidungen zwischen zwei Fällen: ja oder nein, null oder eins. Eine so einfache Entscheidung, genügend oft aneinandergereiht, ergibt aber eine Fülle von Möglichkeiten und kann Zahlen, Buchstaben, Zeichen erfassen. Besonders wichtig aber ist, daß diese einfache Unterscheidung zwischen ja und nein sich ebenso einfach in einer elektrischen Schaltung widerspiegelt. Ein oder aus, Stromfluß oder kein Stromfluß, lautet die Alternative. Im alten »Eniac« mußten noch fein abgestimmte, in Zehnerschritten unterteilte Ströme den einzelnen Zahlenzeichen zugeordnet werden. Jetzt ließ sich durch eine Reihe von eingeschalteten oder ausgeschalteten elektronischen Geräten eine Zahl nachahmen. Es werden weitaus mehr Einzelteile benötigt, die Geschwindigkeit wird herabgesetzt. Und dennoch ist dieses Prinzip wesentlich vernünftiger und dem Problem bei weitem angemessener. Die Genauigkeit nämlich wird entscheidend verbessert. Zwischen Ein und Aus läßt sich viel sicherer entscheiden, als es möglich ist eindeutig festzustellen, ob ein elektrischer Strom nun eine 7 oder eine 8 darstellen soll. Jede kleine Störung könnte Einfluß nehmen und den Strom ein wenig verändern; das kann bei einem langen Weg durch ein Rechenwerk kaum vermieden werden.

Die einfachen Schritte, nur mit Einsen und Nullen zu rechnen, waren schon von Mathematikern lange vor den ersten Rechnern entwikkelt worden. Sie sahen aber zu ihrer Zeit mit einem fast für selbstverständlich gehaltenen, als natürlich gegebenen Zehnersystem ungemein künstlich und theoretisch aus. Die einfachen Verknüpfungen des Zusammenzählens, des Vergleichs, ließen sich aber in dieser von George Boole erfundenen Rechenvorschrift sehr leicht darstellen. Logik, die »und« und »oder« nachzuahmen vermochte, ließ sich mit einfachen Mitteln erzeugen. Man konnte sich ein einfaches Schaltgerät vorstellen, das zwei Eingänge besitzt und nur dann ein Ausgangssignal weiterreicht, wenn beide Eingänge eingeschaltete Ströme erkennen. Das Ausgangssignal also erscheint als Meldung, daß Eingang 1 »und« Eingang 2 auf Eins geschaltet sind. Alle diese Regeln lagen vor. Gekurbelte Zahnräder aber oder auch noch die feinabstimmbare Elektronenröhre brauchten solche Vereinfachung nicht.

Eine andere elektronische Technik jedoch schien klar auf das Zweiersystem zugeschnitten. Wenn es ganz einfache, kleine, schnelle Schalter geben sollte, die in großer Zahl und billig herzustellen waren und lediglich mit Sicherheit zwischen »ein« und »aus« zu unterscheiden vermochten, dann war die Zweiertechnik ganz eindeutig die einzig vernünftige technische Lösung. Und genau dieser Schalter entstand mit dem Transistor aus dem Germaniumkristall. Transistoren sollten sich eigentlich klein und billig herstellen lassen. Der Halbleiterkristall hatte schon zu den Leipziger Zeiten des Ferdinand Braun gezeigt, daß er besonders geeignet schien, die einfache Entscheidung zwischen »ein« und »aus« herbeizuführen. Genau diese überraschende Kenntnis hatte ja den Thomas-Gymnasiallehrer so stutzig gemacht, daß seine Kristalle nicht mehr das lineare Verhalten zeigten. Sie ließen in einer Richtung Strom hindurch, in anderer Richtung sperrten sie den Durchgang. Schon die einfache Anordnung des Kristalls mit einer Spitze lieferte eine so krasse, so deutlich erkennbare Unterscheidung. Auch der Transistor ließ sich wie ein Schalter benutzen und konnte auf große Nichtlinearität getrimmt werden.

Die Unterscheidung dieser zwei Techniken ist heute in klarer Trennung durchgeführt. Die »duale« Unterscheidung nur zweier Fälle mit der Halbleiter-Mikroelektronik führt immer schneller zur digitalen Technik. Analogtechnik wurde das ältere Verfahren genannt. Wenn in einem Lautsprecher eine Tonstärke wiedergegeben werden soll, dann speist man einen elektrischen Strom ein, dessen Stärke analog der Stärke des Schalls entspricht. Eine Fotografie speichert in ihren kleinen Kriställchen der lichtempfindlichen Schicht einen analogen Wert der Schwärzung, wie er der Lichtmenge entspricht. Ein Thermometer zeigt eine Fadenlänge analog zur Temperatur, eine Uhr eine Winkelstellung der Zeiger analog zur verstrichenen Zeit. Im digitalen System dagegen wird gezählt. Eine Kodierung in Zahlenwerte erfolgt; sie ist primitiv, weil sie nur zwei Zeichen kennt und sie muß deswegen eine lange Kette von Zahlen sein. Aber solche Zahlenketten lassen sich leicht weitergeben, leicht verarbeiten und vor allen Dingen leicht und sicher speichern in Anordnungen, die nur zwischen »ja« und »nein« unterscheiden können.

Der Transport von Information durch irgendeinen Kanal wird immer gefährdet durch zufällige Schwankungen und fremde Einflüsse, die grundsätzlich nicht vermeidbar sind. »Rauschen« nennt das der Nachrichtentechniker. Solche Störungen durch rauschende Übertragungskanäle verzerren analoge Signale manchmal bis zur Unkenntlichkeit. Bei digitalen Signalen dagegen kann man Verfahren finden, welche die Fehler wenigstens erkennen, ja sogar auch korrigieren können. Man kann einer Zahl noch eine Kontrollstelle zuordnen, die angibt, ob etwa eine gerade oder ungerade Zahl von Einsen gesendet wurde. Wenn die Kontrolle nicht stimmt, wird die Verfälschung durch das Rauschen erkannt, das Signal wird nicht weiter benutzt, ein neues angefordert. Dieser Vorteil der Zerlegung als Bewahrung der Information wird heute immer häufiger genutzt. Digitale Bildplatten oder »compact discs« sind die ersten Vorboten einer sich immer mehr digitalisierenden Unterhaltungselektronik. Eine solche Platte kann beschmiert und sonst grausam behandelt werden, der Empfang bleibt – weil digital – erstaunlich gut erhalten. Eine normale Langspielplatte dagegen reagiert beleidigt schon bei kleiner Mißhandlung.

Jede Information, die als ein analoges Signal vorhanden ist, kann in eine digitale Kette von nur Nullen und Einsen umgewandelt werden. Zum Beispiel Musik, die ja als ein analoges Auf und Ab der Tonhöhe und der Tonstärke entsteht. In regelmäßigen Abständen werden Höhe und Stärke abgetastet und der Wert der Tonstärke in die Zahlenreihe verwandelt. Je häufiger dieses prüfende und zerlegende Abtasten geschieht, um so höher ist die Qualität der Wiedergabe des ganzen Tons durch die Stichproben. Schnelligkeit der Übersetzung ist also entscheidend für die Anwendung der digitalen Technik. Je kleiner und wendiger ein Schalter zur Einstellung der Null-Eins-Alternative, um so vielfältiger sind seine Anwendungsmöglichkeiten. Ein Umsetzen der noch bis zur Jahrhundertmitte allein herrschenden Analogtechniken ins Digitale mußte also warten, bis die neuen Möglichkeiten des Kristalls viele kleine, in Reihen hintereinander angeordnete, flink reagierende Schalter zur Verfügung stellen konnten. Digitaltechnik und die neue Mikroelektronik entwickelten sich miteinander.

Der Weg bis zum heutigen Stande der Digitaltechnik war steinig und schwierig. Die Vorteile waren anfangs nur mühsam zu verwirklichen. Nach dem Krieg wurde von vielen Seiten die Forderung nach neuen großen Rechnern laut. Wettervorhersagen und die Bewältigung großer Datenmengen aus wirtschaftlichen Erhebungen und Volkszählungen gaben in den USA auch nach Kriegsende weitere Anstöße zur Entwicklung. Der Einsatz elektronischer Rechner in den unzählig vielen Büros wurde von Thomas J. Watson vorausgesehen. Er war der Chef einer Büromaschinenfirma, die bislang einfachere mechanische Geräte hergestellt hatte, vor allen Dingen zum Ablesen und Einspeichern von kleinen rechteckigen Löchern in Pappkarten. Diese vom alten programmierten Webstuhl stammende logische Weiterentwicklung mußte durch Elektronik ersetzt werden. Watson trieb seine Mitarbeiter zum ständigen Nachdenken, »think!« an, wie es zu bewerkstelligen sei, daß der zunächst noch völlig unterentwickelte Markt zur Automatisierung der Bürotätigkeit erschlossen werden konnte. Drei blaue Buchstaben standen hinter dieser Idee: IBM, International Business Machines. »Stellt Euch bloß vor«, soll Watson seine Mitarbeiter schon um 1930 angetrieben haben, »erst zwei Prozent dieser ganzen Bürotätigkeit wird mit Maschinen bewältigt; welch großes Feld der Arbeit und der Möglichkeit.« Seine Firma sollte mit der neuen Mikroelektronik den ganz entscheidenden Durchbruch zur Größe erhalten, alle anderen Mitbewerber trotz ihrer teilweise erheblichen Startvorteile überflügeln. Heute beherrscht IBM rund 70% des Computermarktes. Ohne auf diesen Riesen zu achten und seine technische Führung zu berücksichtigen, kann heute niemand in der Welt sich mit digitaler Technik eine Chance ausrechnen. Forschung, auch bis weit und tief in die Grundlagen hinein, solide und abgesicherte Technik und ein unnachahmliches Netzwerk von technischer und kaufmännischer Kompetenz im Dienst am Kunden waren die Kombination für dieses »Managementwunder des Jahrhunderts«, wie mir einmal ein führender deutscher Industrieller bewundernd eingestand.

Gesucht: Viele kleine Schalter

Forschung war vor allem zu Beginn vonnöten. Ein schlichtes Umrüsten der Rechner von Röhren und Relais auf Transistoren aus Germanium war nicht ganz so einfach. Die ersten Lösungen sahen recht plump aus. Die lange Kette von Germanium-Elementen hintereinander gereiht ergab so entsetzlich lange Leitungen. Der ganze Rechner schien nur aus Verbindungsdrähten zu bestehen. Die Germaniumtransistoren waren fast nur das Beiwerk. So konnte die Entwicklung nicht weitergehen. Noch weitaus schwieriger schien es für den Halbleiterkristall zu sein, in einen besonders wichtigen Teil des Elektronenrechners einzudringen: in das Gedächtnis. Zwei wesentliche Teile machen die eigentliche elektronische Rechenmaschine aus: die Logik und der Speicher. Die Logik muß aus Verknüpfungen einzelner Elemente bestehen, die ein Rechnen, Vergleichen und Manipulieren der Zahlen gestatten, sie muß das Programm beherrschen, im Ablauf des Programms nach den Bedingungen und Erfordernissen hin- und herspringen können. Im Speicher müssen die Daten abgelegt werden, die neuen, errechneten Resultate als Daten wieder abgespeichert werden, vor allem aber muß auch die Programminformation, müssen die Betriebsanweisungen für den Rechenablauf gespeichert werden und jederzeit möglichst schnell abrufbar sein. In die Logikschaltungen hielt der Halbleiterkristall recht schnell seinen Einzug. Das Gedächtnis aber widerstand längere Zeit. Zum Speichern braucht man viele kleine Zellen in möglichst dichter Anordnung, die in eindeutiger und bleibender Form irgendeine elektrische Größe so speichern, daß sie bei einer Abfrage eine klare Antwort Null oder Eins gibt. Der Fachmann nennt diese Forderung eine Bistabilität; nur zwei Zustände – und nichts dazwischen – sind stabil, zwischen ihnen kann hin- und hergeschaltet werden.

Das Germanium aber tat sich sehr schwer, diese Forderung gut zu erfüllen. Man brauchte mehrere, raffiniert miteinander verschaltete Transistoren und Widerstände, dazu kamen dann die Verbindungsleitungen – es wurde ein sperriges Gebilde mit Platzbedarf, der für einen Speicher unerträglich war und allen Betrieb verlangsamte. Schlimm war auch, daß ein einzelnes kleines Gebilde aus Germaniumkristall allein nicht fähig war, etwas dauerhaft und unmißverständlich zu speichern. Man hätte doch an elektrische Ladung denken können, die man an irgendwelchen Orten anbringt; sie sollte Null oder Eins durch ihre Anwesenheit oder Abwesenheit symbolisieren können. Aber elektrische Ladung ist etwas Flüchtiges, was zu bewahren großer Anstrengung bedarf. Das richtige Gefäß zur Bewahrung der Elektrizität war noch nicht gefunden. Darum konnte allenfalls eine komplizierte Verschaltung mehrerer Transistoren helfen, sie stellten gemeinsam etwas Ähnliches dar wie einen mechanischen Schalter, der zwischen »Ein« und »Aus« unterscheiden konnte.

Lange Jahre also versagte der Kristall, der Halbleiter, an dieser Aufgabe des Speicherns von Information. Die Elektrizität unterlag während dieser Zeit dem ihr verschwisterten Phänomen: dem Magnetismus. Ein Magnet ist auch etwas Bistabiles. Magnetische Werkstoffe lassen sich hin- und hermagnetisieren. Einmal kann ein magnetischer Nordpol, das andere Mal ein magnetischer Südpol an einer Stelle des Magneten entstehen. Magneten lassen sich sehr, sehr klein herstellen. Winzige flache Ringe aus magnetisierbarem Stoff können wie Perlen auf einen Draht gezogen werden. Mit elektrischen Strömen kann man umpolen, also Information einschreiben. Man kann diese durch die Richtung des Magneten eingegebene Information auch durch Drahtzuführungen wieder auslesen und in elektrische Signale, Nullen und Einsen rückverwandeln. Wie Teppiche sahen diese Magnetspeicher aus. Ein feines Drahtgeflecht war zwischen festen Rahmen eingespannt, an allen Überkreuzungspunkten der Drähte baumelten die winzigen magnetischen Perlen, die digitale Information festhalten konnten und sie am Verflüchtigen hinderten.

Ordentlich war diese technische Lösung, aber begeistern konnte sie nicht. Sehr viel elektrische Energie war nötig, damit die Ströme zum Umschalten wirklich stark genug waren, um das Magnetfeld herumzuwerfen. Die Herstellung dieser Drahtverhauspeicher war eine schlimme Aufgabe; auch mit der Hilfe von Maschinen war das Auffädeln eine Zumutung am Fließband. Die gesamte Anordnung roch nach althergebrachter Technik, sie war – wie alle Technik bisher – eben wieder nur ein Zusammensetzen vorher gefertigter Einzelteile. So wie die Röhre noch ein Komponieren aus Einzelteilen war, jedes nach seiner Wirkungsweise eingefügt, so litten auch die Magnetspeicher unter diesem Makel. Die zweite große Hoffnung an den Kristall, auch das Speichern und nicht nur das Schalten und Verstärken durch den Kristallbau selbst zu verwirklichen, war noch nicht erfüllt. Jeder sah, daß dies in der Tat eine Krise für die Halbleiter darstellte. Eine wirklich weitverbreitete und allgemein nutzbare Halbleitertechnik mußte diese Aufgabe lösen, neue Ideen und vielleicht auch neue Stoffe waren gefragt.

Die Krise wurde gemeistert. Heute können Halbleiterkristalle auf kleinstem Raum schier unfaßbare Mengen digitaler Daten speichern und in rasender Geschwindigkeit mit dem Rechenwerk der Logik austauschen, viel schneller als magnetische Bänder oder Magnetplatten. Wer die Kunst der Speicher aus Halbleitern beherrscht, der führt im strategischen internationalen Wettbewerb der Mikroelektronik, hier ist die Arena, in der sich die Wissenschaftler, Ingenieure – aber auch die Businessmen – zu bewähren haben.

Ein neues Material aus der Familie der Halbleiter war es, das diese Arena betrat und erobern konnte: »silicon« – das Silizium!

VII. Silicon Valley

Neuer Schwung in alten Scheunen

Ich konnte wirklich nicht behaupten, man habe mich nicht gewarnt. Die meisten Kollegen und Bekannten hatten mich für nahezu verrückt erklärt, wie man als Wissenschaftlicher Assistent an einer Universität und dazu mit dem Status eines deutschen Beamten auf Widerruf alles aufgeben könne und nach Kalifornien aufbricht, nicht nur als Gast mit Rückkehrversicherung, sondern als registrierter Einwanderer! Es war ja sogar noch viel schlimmer, ich verließ Deutschland nicht, um an eine anständige Universität zu gehen, schließlich gab es die ja auch in Berkeley oder Stanford, nein, es mußte eine Stellung in einer Industriefirma sein. Eine ganz kleine Firma war es zudem noch, die Pensionsberechtigung war unsicher. Aus Göttingen in ein solches Abenteuer kopfüber sich zu stürzen? Einzig mildernd schien der Umstand, daß mein neuer Chef ein Nobelpreisträger war: Bill Shockley. Aber kurz vor meiner Abreise kam der alte Pohl mit John Bardeen, dem früheren Kollegen Shockleys, in mein Labor. Bardeen sah mich lange mit seinen melancholischen braunen Augen an, sagte dann leise: »Na, wir werden ja sehen, wie es Ihnen bei Shockley gefallen wird.«

Da stand ich zum ersten Male vor der alten Scheune mit der Adresse 391 South San Antonio Road, Mountain View, California im Santa Clara-Tal. Ich hatte es nicht geglaubt, aber es war tatsächlich eine alte Obstscheune, unscheinbar und ärmlich. Hier hatte ein Nobelpreisträger sein Laboratorium? Noch nicht einmal einen gepflasterten Bürgersteig gab es, keinen ordentlichen Eingang, eben nur eine stehengebliebene Aprikosenscheune. Aber dieses Gebäude war es, das aus den Obstplantagen um Mountain View und Palo Alto eine neue Industrielandschaft schaffen sollte: Silicon Valley, das Tal des Siliziums.

Bill Shockley soll nach seinem Nobelpreis im Jahre 1956 gesagt haben, daß er nun seinen Namen oft genug im »Physical Review«, dem Prestigejournal der amerikanischen Physik gedruckt gelesen habe. Jetzt wolle er seinen Namen im »Wall Street Journal«, dem geheiligten Blatt der amerikanischen Börse in den Überschriften finden. Der theoretische Physiker mit dem berühmten Preis schlug alle Angebote der besten Universitäten aus, verschmähte eine sichere und angesehene Stelle im Bell Laboratorium und suchte sich Geld für eine eigene Firma. Den Ort wählte er mit Bedacht und Sorgfalt. Der Osten, New York oder Boston, kam nicht in Betracht – zu konservativ, als Wohnlage für gute Wissenschaftler zu wenig attraktiv. Florida? Ein Paradies für Pensionäre und ohne gute Universitäten. Ein akademisches Klima und ein Angebot an Kultur mußte er vorweisen, um die Creme der Wissenschaftler anheuern zu können. Also Kalifornien. Der Süden mit Los Angeles, Hollywood und dem California Institute of Technology, dieser unerbittlich qualitätsbewußten Technischen Hochschule? Shockley war dort zur Schule und zu CalTech als Student gegangen; aber die aufkommende Luftverschmutzung, der Smog, der so typisch gerade für Pasadena und Umgebung ist, gefiel ihm nicht. Blieb Nordkalifornien, nahe San Francisco, das nur Unwissende zu »Frisco« abkürzen. »The City« nennt man diese Stadt respektvoll im Umland. Die Halbinsel, die »peninsula« südlich von San Francisco war der beste Ort, mit der kleinen Universitätsstadt Palo Alto. Dort hatte der Eisenbahnbaron Stanford zum Angedenken an seinen früh verstorbenen Sohn Leland Jr. eine Privatuniversität gegründet.

Palo Alto hatte auch bereits eine technische Tradition. Lee de Forest war damals ja in das noch dünn von Obstfarmern besiedelte Gebiet gezogen, um seine neue Elektronenröhre zu entwickeln. Und es gab die Brüder Varian, die auch mit Röhren arbeiteten und eine schon ansehnliche Elektronikfirma aufgebaut hatten. Besonders erfolgreich waren die beiden Partner Bill Hewlett und Dave Packard, die in Packards Garage in Palo Alto schon 1938 ein erstes elektronisches Gerät gebaut hatten, ihm den stolzen Namen »Typ 200 A Oszillator« gaben – es klang bedeutend und eindrucksvoll – und mit diesem Start eine große Firma für hochanspruchsvolle Meßgeräte aufgebaut hatten. Eine bedeutende Person der Stanford University hatte als Lehrer und Ratgeber diesen jungen Leuten Mut gemacht und die Selbständigkeit und den unternehmerischen Mut als Tugend gepredigt: Frederick Terman, Professor und Ingenieur-Dekan. Stanford, auf Pionierland erbaut, an der Westgrenze des Kontinents, sah sich zu dieser zivilisatorischen Aufgabe verpflichtet, neue und wissenschaftlich fundierte Industrie ins Land zu bringen, so wie es im mittelalterlichen Europa noch die Mönche als Verpflichtung an den sich nach Osten vorschiebenden Grenzen gesehen hatten.

Bei einer früheren Festansprache hatte einmal ein Amerikaner, William Wickenden, mit Europa abgerechnet und die Verachtung kritisiert, mit der Oxford und Cambridge, aber auch Göttingen auf alles Industrielle herabsahen. Er verglich die Studentenwohnheime mit den alten Zunfthäusern des europäischen Mittelalters, wo Meister und Schüler gemeinsam um Kunst und Wissenschaft bemüht waren. Die Stanford Universität hatte und hat immer noch viel Land, dies ist ihr Kapital, ohne das eine Privatuniversität ein noch schwierigeres Überleben hätte. Dieses Land darf nicht verkauft, wohl aber vermietet werden. Es müssen aber der Wissenschaft verpflichtete Mieter sein, die zur Ansiedlung zugelassen werden. Sie sollen ein akademisches und dennoch nicht abgewandtes Klima erzeugen, sollen Anteil nehmen an den Arbeiten in den Hörsälen und Studierstuben, sollen natürlich mitfinanzieren, dafür Zugang zu Bibliotheken und Sammlungen und auch zum jungen Nachwuchs haben. Der »Stanford Industrial Park« entstand auf diese Weise. Die modernen Industrieansiedlungen waren schon rein äußerlich ungewöhnlich: moderne Architektur, oft gewagt und voller Avantgarde, gepflegte Gärten und vertraglich fixierter Schutz der Natur in einer Parklandschaft, dies zu einer Zeit, als man für Umwelt noch kein Bewußtsein entwickelt hatte, schon gar nicht in Amerika.

Dorthin also zog Bill Shockley – zunächst in eine billige Scheune – und suchte sich eine Garde junger Wissenschaftler, alle in scharfen und bis ins einzelne gehenden Einstellungsgesprächen geprüft. Sein alter Schulfreund Beckman, der selbst mit einer Instrumentenfirma reich geworden war, gab das Geld für »Shockley Semiconductors«, die als Tochterfirma etabliert wurde und sich ins neue Geschäft der Elektronik im Kristall stürzen sollte. Der klangvolle Name des Forschers, die Umgebung und das immer freundliche, sommerliche kalifornische Klima, der Rückhalt der Mutterfirma und die großen Chancen der neuen Produkte hätten eigentlich den Erfolg garantieren sollen. Aber die Entwicklung verlief mit den Ereignissen einer griechischen Tragödie, in der Stolz und Orakelgläubigkeit ins Gegenteil verkehrt werden. Shockley schuf eine ganze Landschaft an neuer Industrie, er selbst aber scheiterte.

Ein neues Bauelement hatte Bill Shockley noch bei den Bell Laboratorien gefunden. Es war eine Diode, ein Schaltelement mit nur zwei Anschlüssen, aber es zeigte Bistabilität, jenes so wichtige Ja oder Nein, zweifache Möglichkeit des Verhaltens, das man so nötig hat für Speicher und Rechner. Nachdem der Transistor nicht seinen Namen trug, hatte William Shockley die Hoffnung, dieses Gerät könnte ihn vielleicht mit seinem Namen unsterblich machen. Es war ein subtiles, ein schönes Element, was mit drei p-n-Übergängen im Inneren des Kristalls seine Funktion erfüllte. Es waren diese ins Innere des Kristalls gelegten Grenzflächen zwischen dem positiv leitfähigen und den negativ leitfähigen Halbleiter-Bereichen, die er gefunden und zum Transistor geformt hatte. Diese Diode sollte sein erstes Produkt sein. Seine Shockley-Diode mit dem so überaus raffinierten Wirkungsmechanismus, schwer verständlich und dennoch theoretisch untermauert, sollte vor allem in das Telefongeschäft eindringen. Den einfachen Schalter für die großen Telefon-Zentralen zu finden, das war es ja gewesen, was den jungen Wissenschaftler Shockley damals beim Eintritt in das Telefonlabor als Aufgabe begeistert und beflügelt hatte. Eine so willensstarke und konsequente Persönlichkeit wie Shockley mußte diesen Auftrag vollenden, denn seine alten Freunde bei Bell waren zu skeptisch und zu abwartend – er mußte es allein auf sich nehmen.

Silizium war das notwendige Material, Germanium erfüllte die besonderen Anforderungen dieser Diode nicht. Alle Welt, vor allem der Osten der USA und auch Europa hatten sich auf das Germanium als Kristall-Grundstoff festgelegt und Fabriken gebaut. Germanium war so bequem, schon fast wie ein Metall konnte man es bei ziemlich niedriger Temperatur schmelzen und legieren. Silizium ist weit unangenehmer, spröder und chemisch aggressiver. Silizium, nach Silex, dem Kiesel benannt, schmilzt erst bei über eintausendvierhundert Grad. So heiß muß man das Material machen, in einem Quarztiegel, um einen schönen großen Kristall langsam aus dieser heißen Schmelze zu gewinnen. Wozu dieser mühevolle Aufwand, wenn Germanium auch ausreicht?

Bei aller Bequemlichkeit hatte das Germanium inzwischen aber auch seine Grenzen aufgezeigt. Seine nahe Verwandtschaft zu den Metallen war unangenehm. Man will einen Halbleiter und nicht ein Metall für die moderne Elektronik; im Metall läßt sich die Zahl und die Verteilung der Elektronen nicht mehr von außen beeinflussen, und hier liegt der Sinn der Festkörper-Elektronik. Wenn Germanium zu warm wird, wandelt es sich zum Metall und setzt von allein so viele Elektronen aus seinen Kristallbindungen frei, daß alle besonders eingebauten Funktionen im Meer dieser Elektronen untergehen. Silizium dagegen widersteht der Wärme, hält seine Elektronen fester und leistet Widerstand, bleibt ein halbleitender Kristall, bewahrt seine durch die Donatoren und Akzeptoren eingeprägten Wirkungen. Das Germanium war darum auch nicht geeignet, um mit Transistoren große elektrische Leistungen zu schalten und zu bewältigen. Die dann mächtig fließenden

Arbeitsplatz, an dem von Laue, Knipping und Friedrich im Jahre 1912 in München erstmals mit Röntgenlicht den Aufbau eines Kristalls studierten. Links ist die Röhre zur Erzeugung des Röntgenlichts. Durch ein kleines Loch im senkrecht stehenden Bleischirm fällt der Röntgenstrahl auf den sorgfältig montierten Kristall; über das Ganze wird ein schützender Bleikäfig gestülpt. Aufbau im Deutschen Museum, München.

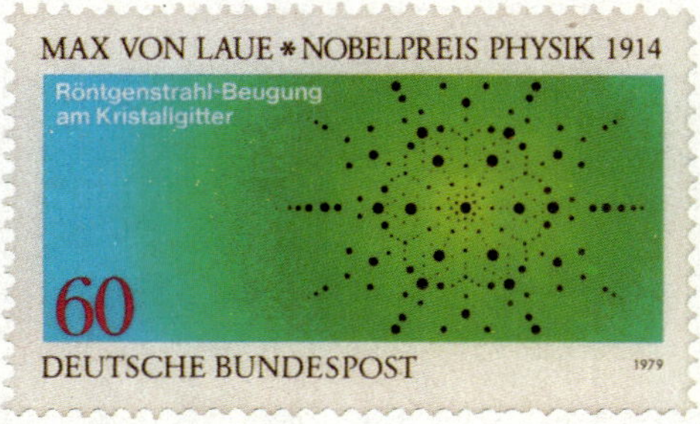

Sondermarke der Deutschen Bundespost, 1979, zum hundertsten Geburtstag von Max von Laue. Das symmetrische Muster der schwarzen Punkte ist ein Beugungsdiagramm. Es entsteht nach dem Durchgang von Röntgenlicht durch einen Einkristall (nach einer Aufnahme von H. Schulz, Max-Planck-Institut für Festkörperforschung, Stuttgart; Entwurf der Marke von B. von der Linde, Sindelfingen).

Siliziumscheiben (»wafers«) mit den einzelnen Schaltkreisen (»chips«)

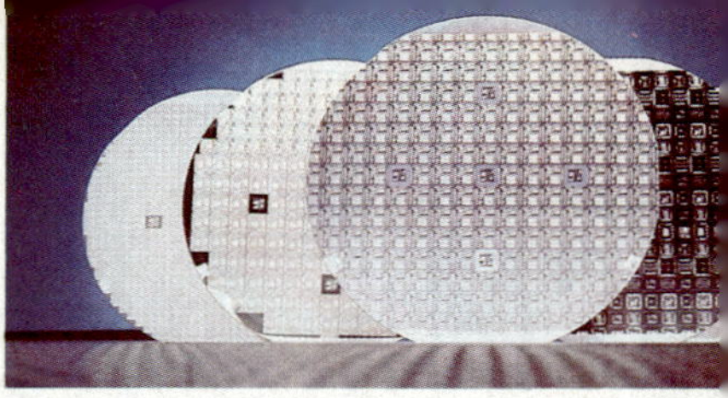

Aufsicht eines Silizium-Schaltkreises für die Kraftfahrzeug-Elektronik. Die äußeren Goldflecken nehmen die Stromkontakte auf, die als feine Aluminiumdrähte auf dem Schaltkreis aufgedrückt werden. (Werkbild Bosch)

Großer Siliziumeinkristall. Solche Zylinder werden durch langsames, äußerst sorgfältig geregeltes Herausziehen aus einer Schmelze von Silizium, die unter Schutzgas in einem Quarztiegel erwärmt wird, heute routinemäßig für die Mikroelektronikindustrie hergestellt. (Werkfoto Wacker-Chemitronic)

Fertigungshalle für große, hochreine Silizium-Einkristalle. Die Kristalle werden nach oben bewegt. Durch Fenster kann das Erstarren aus der Schmelze im Inneren der Apparaturen beobachtet werden. Sichtbar sind die elektronischen Regelvorrichtungen zur extrem sorgfältigen Überwachung der Temperaturen. Aufnahme aus der Fertigung der Wacker-Chemitronic, Burghausen.

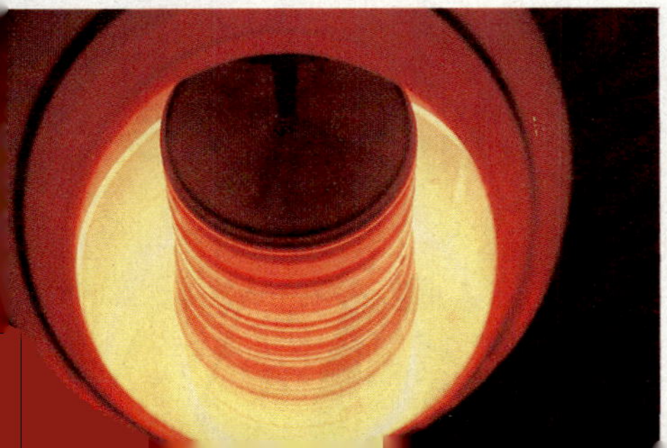

Blick in einen weißglühenden Tiegel mit geschmolzenem Silizium, aus dem der zylinderförmige Einkristall gerade herausgezogen wird.

Die Herstellung hochintegrierter Silizium-Schaltkreise erfordert strenge Sauberkeit und unbedingte Staubfreiheit. Gefilterte Luft und Schutzkleidung sind unerläßlich. Gelbes Licht wird benutzt, weil hierauf der Photolack nicht reagiert; er wird mit ultraviolettem Licht belichtet, um die feinen Strukturen zu erzeugen. (Werkbild Siemens-Österreich aus dem Werk Villach, das Siliziumspeicher mit 64 mal 1024 Speicherzellen herstellt)

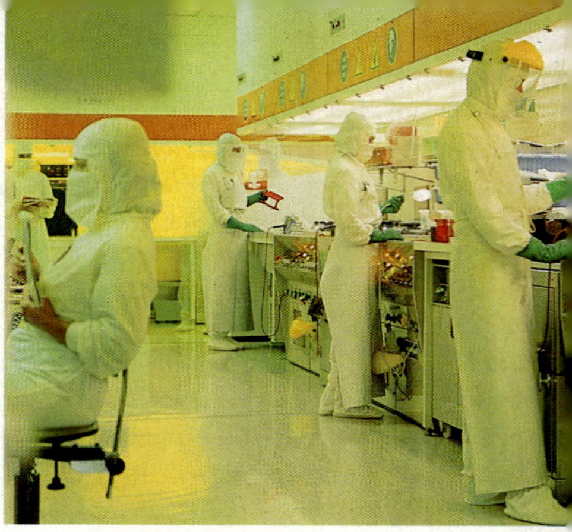

Haupteingang zu den Laboratorien der »Shockley Transistor Corp.« an der San Antonio Avenue in Mountain View, California. Diese alte Obstscheune wurde zur Wiege des Silicon Valley. Rechts saß Chef Shockley, die drei linken Fenster gehörten zu einem engen Büro, das sich vier Wissenschaftler teilten.

Teilansicht des »Silicon Valley« mit seinen modernen Fertigungsanlagen der Silizium-Mikroelektronik

elektrischen Ströme erwärmten den Kristall und zerstörten seine Individualität. Es konnte sogar in Europa vorkommen, daß ein in praller Sonne geparktes Auto keinen Ton mehr aus dem Radio abgab, weil die Germanium-Transistoren dem Hitzschlag erlegen waren. Die großen Elektrofirmen hatten darum für ihre Starkstrom-Anwendungen, aber nur für diese, das Germanium durch Silizium ersetzt.

Auch in Deutschland, und gerade hier entstand schon sehr früh diese spezielle Technologie des Siliziums. In einem kleinen Dorf im Fränkischen, in einem umgebauten Pferdestall saß Walter Schottky mit seiner Forscher- und Fertiger-Mannschaft, allen voran Eberhard Spenke, aus Berlin vertrieben. Sie stellten für das Haus Siemens große Gleichrichter und Schalter aus Silizium her. Shockley kannte diese bahnbrechende Entwicklung. Jedesmal wenn ich nach Deutschland fuhr, trug er mir Grüße voller Hochachtung und Anerkennung an Schottky auf – aber »silicon valley« entstand nicht zwischen Erlangen und Forchheim, sondern in Nordkalifornien. Unbestritten aber bleibt, daß der »Siemens-Prozeß« der Herstellung des ultrareinen Siliziums, heute weltweit mit Lizenzen nachvollzogen, von Schottky und Spenke und anderen deutschen Forschern, etwa des Chemikers Wiberg, in die Wege geleitet wurde. Noch heute hat die Bundesrepublik durch die Burghausener Firma Wacker-Chemitronic eine internationale Spitzenstellung, aber eben nur in der Herstellung des chemischen Ausgangsmaterials.

Silizium ist eines der häufigsten Elemente unserer Erdkruste, es umgibt uns überall. Nur in reiner Form treffen wir es nicht an, seine Verbindung mit dem Sauerstoff ist zu stabil. Sand ist nichts anderes als diese Verbindung eines Siliziumatoms mit zwei Sauerstoff-Atomen. Viele Mineralien, die ganze Gebirge bilden, bestehen aus Silikaten, Stoffen also mit Sauerstoff und Silizium. Die Ehe des Silizium-Atoms mit dem Sauerstoff muß zuerst gewaltsam und mit großem Aufwand an Energie zertrennt werden, dann das so entstandene feinkristalline Pulver sorgfältig gesäubert und letztlich zum großen Einkristall perfektioniert werden. Der weite, harte und teure Weg aber lohnt sich. Heute hat das Silizium alle anderen konkurrierenden Kristalle weit aus dem Rennen geschlagen.

Shockley und seine junge Truppe begannen, mit dem Silizium zu arbeiten. Die alte Verbindung nach New Jersey, zu »Ma Bell«, der mütterlichen Ernährerin aller jungen Technologiefirmen, blieb bestehen. Es floß der großzügig gewährte Strom des Wissens, Patente durften benutzt, Zahlen und Daten verwendet werden. Vielleicht konnte das mächtige Telefon-Imperium der Mutter Bell auch die ersten der neuen Shockley-Dioden abkaufen und in die Vermittlungsschränke einbauen. Aber das Geschäft ging schlecht, sehr schlecht und zäh. Schuld daran war vor allem die Unzuverlässigkeit und die geringe Ausbeute an guten Dioden. Die Technik des Siliziums erwies sich als ungleich unangenehmer als man es bisher für das Germanium gewohnt war. Dazu war der physikalische Mechanismus des bistabilen Schaltens auch noch komplizierter als der Mechanismus bei einem Transistor. Es erforderte große Mühe und immer wieder neues Probieren, um die gewünschten Ströme und Spannungen einzustellen, bei denen der neue Schalter von Shockley gerade umkippen sollte – mechanische Schalter und Relais ließen sich einfacher errechnen und dann zusammensetzen.

Eine neue Technik, auch im wesentlichen von den Bell-Forschern erarbeitet und aller Welt zum Nutzen angeboten, verhieß Besserung. Das unkontrollierte Einschmelzen wurde durch einen viel sorgfältigeren Schritt ersetzt: die Diffusion. Ein Kristallstück wird in ein Quarzrohr geschoben, das im Inneren eines Ofens ruht. Dieser Ofen kann bis fast zum Schmelzpunkt des Siliziumkristalls aufgeheizt werden. So nahe vor dem Schmelzen wird das Gitter des Kristalls locker und gefügig; fremde Stoffe können in den sonst so abweisenden Kristall hineinwandern. Man muß nur die gewünschten fremden Atome, die elektronenspendenden Donatoren – vielleicht Phosphor – und die elektronenraubenden Akzeptoren – etwa Bor – als Dampf in das Quarzrohr hineinschicken. Genau festgelegte Temperatur, auf Bruchteile eines Grads exakt geregelt, und präzise vermessene Verweilzeit im Ofen sind nötig, um p-n-Übergänge zu erzeugen und ihre Tiefe festzulegen. Der heiße Ofen der Diffusion ist seitdem das Kernstück jeder Halbleiter-Fabrik geworden, er verschafft dem Kristall Profil und Funktion.

Trotz aller Mühen aber blieb Shockleys Diode ein schwieriges Problem. Die meisten fertigen Elemente mußten weggeworfen werden, nur ein geringer Teil hatte die richtigen elektrischen Kenngrößen nach all den Diffusionen. Ausbeute nennt man dieses wichtigste Problem der Halbleiterelektronik. Keine andere Technik der Menschheit hatte bis dahin mit so mageren Ausbeuten gelebt. Der geringe Bedarf an Materie für einen kristallenen Schalter aber ließ zu, daß zu Beginn einer Fertigung eines neuen Bauelementes nur wenige Prozent aller Exemplare das Klassenziel erreichten, der Rest wurde verworfen. Nur mußte allmählich die Technik und ihre Beherrschung besser werden, die Ausbeute ansteigen, damit der Preis fallen konnte. Ausbeute wird günstiger durch Wissen und durch Probieren und Erfahrung. Shockley setzte, geprägt vom Geist eines großen Laboratoriums mit dem Respekt vor der Grundlagenforschung und aus dem Erlebnis der wissenschaftlichen Leistung bei der Erfindung des Transistors, auf diese Karte. Aber die Forschung wurde für seine kleine Mannschaft in der Aprikosenscheune in Mountain View immer teurer. Der Markt wuchs zu langsam, trotz aller Arbeit rückte der Erfolg in immer weitere Ferne, eine Krise bahnte sich an.

Meuterei im Laboratorium

Die junge Mannschaft hatte inzwischen immer besser gelernt, sich mit dem Silizium herumzuschlagen. Sie saßen an den Feierabenden – wenn sich über dem Küstengebirge ein unwahrscheinliches Abendrot ausbreitete – zusammen und redeten noch auf dem Parkplatz, was denn zu tun sei, um den Ruin abzuwenden, um etwas mit der neuen Handwerkskunst zu schaffen, das sich verkaufen ließ. Warum nicht Transistoren bauen, eine fast banal unanständige, schon nahezu altmodische Frage. Heimlich ließ man Versuchsläufe durch die Öfen gehen. Ja, ein recht ordentlicher Transistor ließ sich bauen. Kunden schien es auch zu geben. Der Sputnikschock war frisch. Amerika war voller Aufregung, die beschämende Niederlage im Weltall mußte ausgewetzt werden. Mikroelektronik für Raketen und Satelliten wurde vom Militär und den Weltraumbehörden angekauft. Zuverlässigkeit und Festigkeit gegen Temperaturschwankungen wurde mit Liebhaberpreisen honoriert.

Shockley war beleidigt und gekränkt, als der Vorschlag kam, mit banalen Siliziumtransistoren seine größeren Pläne aufzugeben. Keinesfalls sollte sein Plan, mit seiner Diode den Durchbruch im Telefongeschäft zu erzwingen, geopfert werden. Koste es was es wolle, man mußte durchhalten; mehr Forschung zu besserer Ausbeute konnte zu nichts anderem als zu wirtschaftlichem Erfolg führen. Mit diesem Beschluß wurde unausweichlich klar, daß kein Kompromiß mehr möglich sein würde, eine Meuterei der Mannschaft bahnte sich an. Einer der angesehensten jungen Kollegen war Bob Noyce, er wuchs zum Wortführer heran. Noyce, als Pfarrersohn im mittleren Westen aufgewachsen, Bastler und Tüftler wie fast alle amerikanischen Jungen, war Physiker geworden, hatte als Student die ersten Transistoren in die Hand bekommen. Er begeisterte sich für die Theorie der neuen Halbleiter. Nach dem Doktor der Physik am Massachusetts Institute of

Technology widmete er sich der Germaniumtechnik; dann holte ihn Shockley nach Kalifornien. Feixend erzählte man sich später überall im Silicon Valley das Gerücht, daß bei der Einstellung die psychologische Prüfung ergeben haben soll, Noyce sei zwar ein brillanter Physiker mit besten Kenntnissen der Elektronik des festen Körpers und der Halbleiter, aber es mangle ihm an den typischen Eigenschaften, die ein guter Manager in den Vereinigten Staaten mitzubringen habe. Heute weiß man, daß Bob Noyce nachgerade das Musterbeispiel eines erfolgreichen Wissenschaftler-Managers ist und mindestens seine sechzig Millionen Dollar mit den von ihm gegründeten Silizium-Firmen selbst verdient hat. Damals aber wurde Noyce zum Sprecher der aufbegehrenden Shockley-Mannschaft, weil er mit seiner ruhigen, jungenhaften, offenen Art am schnellsten das Vertrauen seiner Kollegen fand. Ein Abgesandter wurde vorher zum Firmenchef Beckman geschickt und berichtete von der neuen Chance, das Handwerk mit dem Siliziumkristall auf die Transistoren zu übertragen und endlich, nach der langen Zeit der Verluste, vielleicht mit diesem alten Produkt doch noch in die Gewinnzone der schwarzen Zahlen vorstoßen zu können.

Arnold Beckman hörte zu, obwohl der Geruch der Palastrevolution ganz deutlich merkbar wurde. Er ließ sich die Abschätzung des möglichen Umsteigens in die Transistorwelt vorlegen, merkte, daß hier eine zwar immer noch unsichere aber nicht ganz hoffnungslose Chance bestand, die vielleicht doch günstiger aussah als das bisherige Programm. Aber er wußte eines sofort, diese Entscheidung wäre ein Votum gegen seinen Freund und Partner Shockley, wäre ein Dolchstoß, wäre auch kaum mit seiner vertraglichen Vereinbarung möglich. Beckman lehnte ab, der Abgesandte kehrte nach Mountain View zurück und berichtete vom Fehlschlag. An eine weitere Zusammenarbeit mit Shockley war jetzt nicht mehr zu denken. Acht Leute, darunter auch Bob Noyce, verließen Hals über Kopf das Labor in der Scheune. Shockley sprach von den »acht Verrätern«, geriet selbst in tiefe Depression und Verzweiflung, sah sich verlassen und bedroht, hintergangen. Diese schwere psychologische Niederlage und die Enttäuschung lähmte ihn für Wochen und Monate.

Die jungen Abtrünnigen aber mußten sich um einen Job und um Geld kümmern. Sollte man an die Ostküste zurückkehren, in die ruhigeren Bahnen des geregelteren Lebens in den Laboratorien der alten Großfirmen, wieder reumütig Metalle in Germanium schmelzen und das spröde Silizium aufgeben? Noyce war gerade 29 Jahre jung – ein Alter, mit dem heute die meisten deutschen Physiker sich eben das

Thema für ihre viele Jahre dauernde Doktorarbeit besorgen. Noyce aber besorgte sich Kapital für eine neue Firma mit eigener Beteiligung und eigener Verantwortung seiner Mannschaft. Das Geld saß an der Ostküste der USA, man mußte versuchen, dort die Unterstützung zu finden. Eine der Firmen, bei denen sich Noyce und die Freunde umsahen, war der Invest-Makler Hayden Stone. Dieses Finanzhaus hatte gerade einem interessanten Kunden geholfen, der Firma Fairchild Camera and Instruments, ein Betrieb, der sich sehr für Flugzeugzubehör interessierte und gern an der neuen Halbleitertechnik einen Anteil für seine Geräte haben wollte. Die Meuterer konnten Fairchild einen erstaunlich soliden und nüchternen Plan vorlegen. Präsident John Carter von Fairchild hatte genügend viel Erfahrung während des Krieges gesammelt, um den Wert der Ideen einschätzen zu können. Das Risiko war zwar erheblich, aber noch größer war die Chance, die Carter für diese Familie der Transistoren kommen sah.

Carter stimmte zu, eine Firma als eigenständiges Unternehmen zu finanzieren, behielt sich aber das Recht vor, in einer Frist von zwei Jahren das gesamte Unternehmen für seine Firma Fairchild voll zu übernehmen. Mitte September nahm Fairchild in Palo Alto die Arbeit auf. Die gesamte Mannschaft hatte ein Durchschnittsalter von unter dreißig Jahren. Die Posten wurden bezogen: Bob Noyce und Jay Last übernahmen die Photoätztechnik, Vic Grinich und Murray Siegel, ein neu dazugekommener Mann, der zuerst eigentlich zu Shockley wollte, dann aber auf den neuen Zug aufsprang, das Anwendungslabor, das die Bauelemente planen und ausprobieren sollte. Sheldon Roberts bekam die Aufgabe, die notwendigen Siliziumkristalle zu züchten und so den kristallenen Rohstoff in genügender Reinheit herbeizuschaffen. Gordon Moore und der aus der Schweiz eingewanderte Jean Hoerni brachten die in Shockleys Scheune gelernte Technik der Diffusion von Fremdstoffen mit in die Firma; Eugene Kleiner besorgte das Kaufmännische und die Organisation.

Diese Sezession war der Beginn einer bis heute sich immer wieder abspielenden Zellteilung bestehender Halbleiterfirmen, die Vervielfachung zur Schaffung eines immer dichter werdenden Netzes zunächst ganz kleiner, aber schnell wachsender Firmen der Halbleiter-Elektronik. Heute hängt in den Managerbüros des Silicon Valley ein Stammbaum, wie ihn sonst nur der Hochadel hegt und stolz zu betrachten pflegt. Ein Schwarm neuer Firmen wird jedes Jahr neu geschaffen, alle können ihre Abstammung in irgendeiner Weise auf Fairchild zurückführen, und Fairchild entstand aus Shockleys kleinem Labor in der San Antonio Road.

In den kommenden Jahren dehnte sich das Silicon Valley immer weiter nach Süden aus. Obstplantagen und Marschland wurden verwandelt, Kirschbäume gefällt, Laboratorien und Fabrikhallen entstanden. Durch den magischen Erfolg dieses jungen Industriezweiges wurden die Menschen angezogen, gelockt von den unwahrscheinlich klingenden Stories vom Erfolg mit den Siliziumkristallen. Viele kamen schon von vornherein mit dem Ziel, sich nur in den ersten wenigen Monaten in das neue Gebiet einweisen zu lassen, dann sich umzusehen, mit gleichgesinnten Kollegen zusammenzutun und eine eigene Firma aufzumachen, Kenntnisse und Kundenkontakte mitzunehmen und dem einstigen Arbeitgeber so schnell wie möglich Konkurrenz zu machen. Eine völlig neue Stimmung, ein bislang nicht gekanntes Klima mit einer eigenartigen Mischung aus Optimismus, Wettbewerb, Mißtrauen und Hektik entstand, die das blühende Obsttal in ein Tal blühender Wirtschaft, schneller Gewinne und flüchtiger Loyalität verwandelte.

Die Elite-Hochschule Stanford spielte nur noch eine indirekte Rolle in der wissenschaftlichen Ausbildung. Immer weniger wurde akademische Forschung und professorale Theorie verlangt. Schnelles Umsetzen der Physik und Chemie von Halbleiter-Kristallen, Finden weiterer Anwendungen und flinker Wandel in den Techniken der Fertigung waren mehr gefragt. Die neueste wissenschaftliche Information konnte man auf den immer häufiger werdenden Fachtagungen bekommen, dort trugen die Forscher von Bell und IBM in erstaunlicher Offenheit die Grundlagen vor. Praktische Technik aber wurde im Valley selbst erarbeitet. Mit dem wachsenden Umfang der Produktion von Siliziumtransistoren wuchs auch das handwerkliche Können und verteilte sich durch die Zellteilung der Firmen. Die Fabrikationslinien mit den großen Öfen waren wichtiger geworden als die Hörsäle und Laboratorien. Die »Wagonwheel Bar«, strategisch zu Fairchild und seinen Ablegern positioniert, wurde zur Börse des Wissens, der Gerüchte, der Kontakte für das Risiko einer Firmengründung.

Für Unternehmungen dieser Art waren die Zeiten inzwischen aber auch günstiger geworden als nur einige Jahre zuvor, als Shockley begonnen hatte. Im Jahre 1957 war der selbstverständliche Stolz der amerikanischen Nation tief gekränkt worden. Die Sowjetunion hatte eine piepsende kleine Kugel mit einer Rakete in eine Umlaufbahn um die Erde gelenkt und der Welt ihren technischen Vorsprung augenfällig vorgeführt. Eine Hektik befiel die Politiker und Militärs. In den Bundesstaaten wurden radikale Veränderungen im Schulsystem in die Wege geleitet. Die Förderung der Naturwissenschaften wurde zur nationalen Aufgabe erklärt. Alle nur greifbaren russischen Fachaufsätze wurden gesammelt und in Eile übersetzt und verbreitet. Mancher Übersetzungsfehler schlich sich ein, den man erst später bemerkte, nachdem Forschungsprogramme schon daraus abgeleitet waren. Wernher von Brauns längst bekannte, nur belächelte Vorhersagen wurden erneut gelesen und entwickelten sich zu Leitmotiven großer Organisationen. Das Militär entdeckte den Weltraum als möglichen Kriegsschauplatz. Man benötigte Rechner, um Raketenbahnen und Umlaufellipsen zu berechnen. Elektronik war notwendig, um die Verbindung von der Erde zum Satelliten zu halten. Diese Elektronik muß leichtgewichtig und widerstandsfähig sein. Die Bauteile sollen hohe Beschleunigungen aushalten, sollen nicht durch Wärme oder Strahlung beschädigt oder außer Gefecht gesetzt werden können. Germanium konnte diese Aufgabe nicht erfüllen, Silizium, der spröde und resistente Kristall, war gefragt.

Fairchilds erstes Bauelement erbringt in dieser Phase hektischer Eile auch den erhofften wirtschaftlichen Erfolg. Was schon in der Shockley-Scheune im Hinterkopf der Abtrünnigen als eigener Plan konzipiert wurde, läßt sich verwirklichen: ein Siliziumtransistor. Die Technik hatte sich gegenüber dem Germanium auch deutlich verbessert. Alle Schritte waren unter Kontrolle, ließen sich viel besser vorausberechnen und planen. Die Abmessungen werden mit einer Photoätztechnik erzielt. Diese Methode hat man aus der Drucktechnik gewonnen und übernommen. In einer Dunkelkammer wird die Siliziumscheibe mit einem Lack überzogen. Durch eine feine Maske wird ein Muster des späteren Transistors als Lichtbild auf den Lack gebracht. Wo Licht den Lack trifft, verändert sich der Lack, er kann unlöslich werden. Die unbelichteten Stellen bleiben löslich, werden mit einer Flüssigkeit entfernt. Dann muß Flußsäure her, eine der schärfsten, ätzendsten und angriffslustigsten Säuren im Kabinett der Chemie. Flußsäure attackiert sogar den Kiesel, das Oxid des Siliziums. Darum durchdringt sie auch eine feine Oxidschicht, die man zu Beginn dem Silizium im heißen, vom Sauerstoff durchströmten Ofen hat aufwachsen lassen. Nach dem Ätzen entsteht also an den nicht vom Lack bedeckten Teilen wieder das blanke Silizium, der Kristall ist hier ungeschützt. Im Ofen kann hier und nur hier, an diesen nackten Stellen, der Phosphor in den Kristall hineindringen und nur an dieser gewünschten Stelle die elektronenspendenden Fremdatome aufnehmen.

Diese Verbindung althergebrachter Photoätzung mit den sich so ideal verhaltenden Oxiddeckschichten ermöglichte also eine präzise Auswahl der Stellen, an denen man den Kristall verändern möchte. Läppisch muteten dagegen jetzt die alten Techniken an, als man noch mit einer Sprühpistole schwarzes Klebwachs durch Masken hindurch aufgespritzt hatte. Noch wichtiger war aber die Diffusion der fremden Atome, mit der auch die Tiefe des Eindringens recht ordentlich und auf tausendstel Millimeter genau kontrolliert werden konnte. Eine zehnfach höhere Genauigkeit gegenüber dem Einlegieren der Germaniumtechnik war erzielt. Von nun an zählte jeder Einfall, jede Geschicklichkeit, die zur besseren Kontrolle von Abmessungen auf der Fläche des Siliziumkristalls und in seine Tiefe hinein ausgenutzt werden konnte. Mikroelektronik wurde mit feinerer Elle gemessen.

Einen spanischen, einen romantischen Namen des Westens, erhielten die ersten Transistoren. Wie ein Tafelberg, den die spanischen Eroberer »Mesa« nannten, sah der Transistor aus. Durch das Ätzen entsteht jeder einzelne Transistor wie ein kleiner Tafelberg. Die Mesas sind robust, sie ertragen hohe Ströme. Sie sind flink, können bis zu einer Milliarde mal in einer Sekunde den Strom in ihrem Inneren hin- und herschwingen lassen. Kein Wunder, daß sich gute Preise für diese Mesatransistoren erzielen lassen, bis zu einhundert Dollar das Stück. Solche Preise aber können nur Militär und Weltraumbehörde zahlen. Sie verhalfen nach dem Sputnikschock dem Silicon Valley zum entscheidenden Durchbruch. In den Jahren 1959 und 1960 wird dem Werte nach fast die Hälfte der gesamten Transistorproduktion für militärische und raumfahrtliche Zwecke angekauft, der Stückzahl nach jedoch nur weniger als ein Viertel. Es war der Staat, der nach dem zunächst viel teureren, aber leistungsfähigen Silizium rief, und der damit den Niedergang des Germaniums besiegelte. Aber schon fünf Jahre später war dieser Anteil der Generäle und Raketenbestücker als Siliziumkunden auf weniger als ein Viertel im Wertanteil und auf nur zehn Prozent der Stückzahl gesunken.

Die Rolle militärischer Forschung für die Entwicklung der Mikroelektronik muß also nüchtern gesehen werden; sie wird von Europäern meist überschätzt und als verständliche Ausrede für den europäischen Rückstand zitiert. Nur in der Anfangsphase war die Rolle der staatlichen Beschaffung wesentlich, vor allem für die kapitalschwachen Neulinge aus dem Valley, die sofort »cash« für ihre Ware brauchten. Ihre anfangs lächerlich geringe Ausbeute an Siliziumtransistoren schrie nach anspornender Belohnung durch einen hohen Preis. Das Militär der USA sorgt aber auch für einen breiteren Markt als er in Europa zu finden wäre. Elektronik erfordert Meßgeräte und Instrumente, Rechner und Steuergeräte, neue Produktionsmittel. Auch hierfür werden die Siliziumelemente benötigt, auch hierfür werden anfangs Phantasiepreise gezahlt. So wird eine neue Industrie angefacht. Die Wissenschaftsbeamten von den alten militärischen Labors an der Ostküste reisten regelmäßig nach Kalifornien und boten sich an, grundlegende Entwicklungen zur neuen Technik, Wissenschaft für das neue Handwerk zu unterstützen. Mit mäßigem bürokratischem Aufwand konnte sich eine neue Firma einen guten Teil der Entwicklung bezahlen lassen. Aber diese Unterstützung wurde gerade von den starken Firmen, die sich später besonders gut durchsetzen konnten, kaum angenommen. Vertrauen in die eigene Kraft erzeugte Abscheu vor jedem Stück Papier, auf das Anträge, Berichte und Abrechnungen getippt werden müssen. Lieber weg vom Schreibtisch, ins Labor, selbst probieren und das Gefundene sofort in Fertigkeit ummünzen, lautete der Wahlspruch.

Die technischen Anforderungen der staatlichen Aufkäufer aber beflügelten die neue Industrie. Der Preis wurde nur für Zuverlässigkeit bereitwillig gezahlt. Hitze und Kälte mußte der Transistor in seinem kleinen Messingtopf-Gehäuse aushalten können, ohne seine Eigenschaft zu ändern. Mit Salzwasser mußte er stundenlang traktiert werden können, ohne danach zu versagen. Rütteln und Schütteln, wie beim Start einer Rakete, mußten sie ohne Beschädigung aushalten können. Nie hätte eine zivile Anwendung für Radios oder Hörgeräte solche anspruchsvollen Eigenschaften erforderlich gemacht und mit hohem Preis honoriert, schon gar nicht in den USA, wo Billigkeit der sicherste Trumpf auf dem Markt ist. Die bis zur Sturheit getriebene Prüfung und der Anspruch auf Qualität der einkaufenden Beamten schufen dem Siliziumtransistor hohe Qualität. Nur mit dieser »milspec« – military specification – Garantie konnten später auch zivile Märkte erobert werden.

Während die acht Ehemaligen bei Fairchild ihre ersten Gewinne einbringen, rappelt sich der verlassene Ziehvater Shockley wieder auf. Die Firma wird in »Shockley Transistor« umbenannt. Wissenschaftler werden gesucht, Chance für einen jungen Deutschen aus Göttingen, der an der Uni allerdings kein Wort von Transistoren oder Halbleitern gehört hatte und als Neuling beginnen mußte. Ich war gewarnt worden vor diesem kalifornischen Abenteuer. Und schon eine Viertelstunde nach der Ankunft auf dem Flugplatz in San Francisco erzählte mir der

Kollege, der mich auf dem Bayshore Freeway nach Mountain View fuhr, daß unsere Firma Shockley Transistor vielleicht in der nächsten Woche bankrott gehen würde. Ich sollte mir aber keine großen Gedanken machen. Entweder könnte man zu der Gruppe bei Fairchild »down the road« – die Straße hinunter – gehen, die hätten an Halbleiterleuten ständig Bedarf; oder es würde sich schon irgendein Interessent finden, der unseren kleinen Laden aufkaufen und weiterbetreiben würde. So geschah es dann auch: Späher etlicher Konzerne von der Ostküste schnüffelten in unserem Scheunenlabor herum und sahen uns an wie Sklavenhändler der Antike. Schließlich kaufte uns eine Organisation, die mit billigsten Germaniumdioden viel Geld verdient hatte und der die Angst vor dem aufkommenden Silizium im Nacken saß. Sie kauften Shockley mitsamt seinen boys, den Patenten und den Öfen, dem Wissen um den Siliziumkristall und die alte Scheune eingeschlossen. Ein neues Gebäude kam später dazu, herrlich im Stanford Industrial Park gelegen. Gute Wissenschaft wurde betrieben, aber der geschäftliche Erfolg war magerer als bei den Konkurrenten. Nochmals wurden wir als Paket verkauft. In der schwierigen Krisenzeit um 1963 ging die Firma ganz ein. Die Mannschaft zerstreute sich; ich selbst ging an die Ostküste – ins Mekka der Bell Laboratorien.

Wie ein Samenkorn in der Erde verschwindet, wenn die Pflanze emporgewachsen ist und ihre Zweige in alle Richtungen entfaltet hat, so starb der Keim des Silicon Valley. Nicht ohne Anteilnahme reden wir heute miteinander über Shockley, den tragischen Vater einer Industrielandschaft. Die acht Ehemaligen sind dankbar, unter der strengen und unnachgiebigen Hand Shockleys vereint worden zu sein. William Shockley selbst kann heute mit größerer Gelassenheit zurückblicken: »Wenigstens eines habe ich getan, ich habe in meinem Urteil recht gehabt; es waren gute Leute, die acht, und meine Leistung war wohl, sie zusammengebracht zu haben.«

Ein Stereofachgeschäft belegt heute die alte Scheune. Japanische Hifi-Geräte mit japanischen Siliziumtransistoren stehen exakt an der Stelle, wo ich am Schreibtisch Diffusionen berechnete und mit Shockley die Theorie der Solarzellen bearbeitete. Keine Messingtafel kündet vom Ursprung eines neuen Zeitalters. Shockleys Name ist jetzt der Öffentlichkeit bekannt geworden, aber nicht durch seine unbestreitbaren Verdienste als Wissenschaftler, der den Kristall verstanden hat und seinen Nutzen erkannte. Fragen der Intelligenzunterschiede zwischen den Rassen, schockierende Vorschläge zur Elitebildung mit Spermabänken sind als Sensationsmeldungen und Anstoß erregendes Ärgernis durch die Presse gegangen und haben den Nobelpreisträger in einem eigenartigen Winkel isoliert und verfremdet. Sein Rivale und Gefährte aus den ersten Tagen im Bell Labor, John Bardeen, dagegen kam als Professor für Theoretische Physik an der Universität von Illinois zu einem zweiten Nobelpreis; er konnte mit zwei jungen Kollegen eines der schwierigsten Rätsel des festen Körpers erklären: das Verschwinden des elektrischen Widerstandes, das manche Metallkristalle bei sehr tiefen Temperaturen zeigen, Supraleitfähigkeit genannt.

Zellteilungen und Zusammenleben

Silicon Valley wuchs. Eine Stimmung des lässigen Pioniergeistes, einer verwegenen Kühnheit, eines ungehemmten Wettbewerbs, breitete sich auf der Halbinsel im Süden San Franciscos aus. Die Anziehungskraft dieser Region wurde mit jeder Erfolgsgeschichte größer. Auch die Fehlschläge wurden bekannt; sie wirkten aber keineswegs abschreckend. Wer beim Versuch der Selbständigkeit gescheitert war, trug nicht den Makel des Versagers, des Unzuverlässigen davon, wie er in den traditionellen Landschaften Europas und auch der alternden Ostküste der USA schnell zugesprochen wird. Auch der Gescheiterte hatte immerhin Mut bewiesen, ihm mußte eine nächste Chance gewährt werden. Loyalität und Treue zu einer Firma, lebenslängliche Sicherung eines Berufsbildes, konnten in dieser Landschaft keine Werte bedeuten. Man mußte sogar mit seinen Untergebenen vorsichtig umgehen, vielleicht waren sie im nächsten Monat schon die Chefs einer Konkurrenzfirma, vielleicht mußte man sich sogar bei ihnen um einen neuen Job bemühen? Hierarchien wie in den alten Industrien konnten gar nicht erst entstehen. Die ungewöhnlich junge Mannschaft war sich einig im Trotz gegen das »establishment« der Ostküste. Die Finanzbosse der Wall Street, die Werbemanager der Madison Avenue, die Bürokraten aus Washington und die Medienzaren aus New York sollten wissen, daß hier an der letzten westlichen Grenze der USA etwas Neues geschah. Kalifornien strebte nach Macht und Anerkennung.

Ein großer Erfolg war es, als Fairchild einen neuen Chef von außen heranholen mußte, weil die alten Gründer inzwischen längst schon wieder klein angefangen hatten. Dieser Chef nahm die Aufgabe nur unter der Bedingung an, daß das Hauptquartier der Mutterfirma, des gesamten Konzerns, sich von Long Island – also dem Machtzentrum von New York City – entfernte und im Silicon Valley ansiedelte. Damit war die Bestätigung erfolgt, daß das Zentrum neuer Technologie im Westen lag. Aber dennoch wußte jeder, um wieviel stärker der Osten, wieviel finanzkräftiger und ausdauernder die Strukturen auf der anderen Seite des Kontinents waren. Die großen Firmen drüben an der Atlantikseite besaßen die mächtigen Forschungslaboratorien, hatten Einfluß und Finanzreserven, beherrschten die Politik und die Märkte. Nur wenn Silicon Valley mit seiner kleineren, geschmeidigeren Industriestruktur immer wieder technischen Fortschritt erzielte und eine Nasenlänge voraus war, konnte die Führungsposition bewahrt werden.

Die Finanzierung der neuen Firmen war eines der ganz wichtigen Probleme. Anfangs, in der Jugendzeit der Technik, waren die Investitionen noch überschaubar und erträglich. Jedes Jahr des technischen Fortschritts erhöhte die Eintrittsgebühren, vergrößerte das Risiko. Aber auch jeder wirtschaftliche Erfolg festigte das Vertrauen und erhöhte den Appetit derer, die gewillt waren, ihr Geld in die Risikoprojekte der modernen Elektronik einzubringen. Ein Kapitalmarkt spielte sich ein, abseits von den offiziellen Börsen in Wall Street oder Chicago entstanden kleine, wendige Vermittler. Zu ihnen ging man und besprach seine Pläne, auszusteigen und wieder einzusteigen. Erst viele Jahre später wurden diese Männer bekannt, sie tauchten dann auf den Titelbildern der amerikanischen Illustrierten auf. Arthur Rock war einer von ihnen, er galt als der führende Kopf der Gemeinde der Investoren von Silicon Valley. Markige Sprüche verbreiteten sich über diese Gilde der neuen Sofortmillionäre. »Ich konnte den Ferrari schon riechen, als wir die ersten Gespräche führten.« Papiergewinne in mehrfacher Millionenhöhe waren möglich, manche zerrannen sofort wieder, viele aber überdauerten. Auf der Titelseite von TIME-Magazin verkündete die Schlagzeile »Cashing In Big – The Men Who Make The Killings«: Groß Absahnen – Die Männer, die fette Beute machen. Eine wörtliche Übersetzung dieser blutrünstigen Aussage ins Deutsche ist nicht richtig möglich.

Gearbeitet wurde Tag und Nacht. Die junge expandierende Industrie war wie vom Fieber gepackt. Wenn sich eine Truppe nach vorsichtigen Kontakten gefunden hatte, und zwar schon während der Tagesarbeit in der alten gemeinsamen Firma, wo man über die neuen Projekte nachdachte, dann ging abends und an den Wochenenden die Planung weiter. Garagen, die sprichwörtlichen Keimzellen, wurden leergeräumt. Nachbarn beobachteten mit Verständnis, daß keines der beiden Familienautos mehr Platz zu haben schien, irgend etwas ging da vor, man würde wohl bald sehen. Risikokapital bot sich an, es kam zur Gründung eines Firmenkeimlings. Die »Palo Alto Times« mit ihren vielen Seiten technischer und wirtschaftlicher Berichterstattung, wie es sonst in keiner Provinzzeitung üblich ist, kam manchmal gar nicht nach in der Berichterstattung über die Neugründungen. Aber es kannte ja ohnehin jeder jeden, Nachrichten sprachen sich schnell herum.

Die erste Zeit war hart. Die Gehälter, die eine neue Firma bezahlen konnte, vor allem ihren Spitzenleuten und Mitbegründern, waren überhaupt nicht fürstlich, im Gegenteil. Es ging in jeder Beziehung zunächst einmal spartanisch zu. Hauptanreize waren nicht Einkommen, Ruhm oder gar Pensionsanspruch, sondern die Aktien, die die Firma ausgab. Wer technische Kenntnisse mitbrachte und sich dem Risiko stellte, wurde auch dann mit Aktienanteil beteiligt, wenn er kaum eine Kapitaleinlage mitbrachte. Das Geld kam von außen, die Wissenschaft und Technik von innen. Zu ganz niedrigem Nennwert wurden die ersten Papiere ausgegeben. Optionen wurden den Gründern gewährt: Zu einem festen Preis konnten sie eine gewisse Zeit Aktien ihrer eigenen Firma erwerben. Jetzt lag es an ihnen selbst, ob sie so gut und schnell ihren eigenen Laden ins Geschäft brachten und damit den Wert der Papiere steigerten, Vertrauen erwarben und als gute Kapitalanlage galten. Nicht das feste Gehalt, sondern das unsichere Risiko mit der Chance zum Millionär beflügelte das »Valley«.

Steuergesetzgebung und der ständige Zwang jedes amerikanischen Privatmanns zu dauernder Überprüfung seiner Finanzanlagen begünstigten dieses urkapitalistische Modell. Börsengewinne wurden bewußt zurückhaltend besteuert. Es war darum attraktiv, eine Aktie einer noch unbekannten Technologiefirma zu erwerben in der Hoffnung auf schnelle Wertsteigerung, die – unter gewissen Voraussetzungen – praktisch einen steuerfreien Gewinn ergab. Nur solche kleinen Organismen können ein so großes relatives Wachstum zeigen; verdreifachen, verzehnfachen kann sich nur etwas im Anfangsstadium. Bei großen Firmenkolossen ist eine solche Steigerung unmöglich, dafür bieten sie Sicherheit und Stetigkeit. Witwen und Waisen also sollten Aktien der Alten kaufen, die an den großen Börsen zugelassen sind, genau überwacht und kontrolliert werden, jederzeit verkaufbar sind. Wer sich mutig und jugendlich gibt, versucht unten und am Anfang einzusteigen, hat dafür aber keine Gewähr. Allenfalls im Freiverkehr, »over the counter« – gleich über den Banktresen hinweg – und ohne strenge Aufsicht wurde ein solches Stück Papier gehandelt. Der junge amerikanische Familienvater muß vorsorgen; wenn er Kinder hat, wird er viel Geld brauchen, um denen eine ordentliche Ausbildung erkaufen zu können. Ein Studium an einer Spitzenuniversität kann leicht über 10000 Dollar pro Jahr kosten. Dazu muß geplant werden, wie der Inflation ein Schnippchen geschlagen werden kann.

Anders als im abgesicherten Europa mit seiner Vorliebe für Versicherungen, kostenloser Ausbildung bis hinauf in die Universitäten, Garantien für den Ruhestand, aber auch hohen Steuersätzen, trägt in Kalifornien also jeder einzelne von vornherein ein viel größeres Risiko. Es fällt leichter, einen Teil des Geldes in windige Neugründungen zu geben, den sicheren Arbeitsplatz aufzugeben und selbständig zu werden. Die Chance besteht darin, über einige Jahre harter Arbeit den Wert der Firma zu steigern, den Umsatz zu etablieren und dann von einer hohen Bewertung der Risiko-Aktien zu profitieren. Einen vielfach höheren Wert gewährt der Markt den Firmen mit Wachstumschancen; selbst bei roten Zahlen in einer anfänglichen Phase honoriert der Markt die Zukunftsaussichten. Nach einigen Jahren, manchmal nur Monaten, muß man versuchen, die Aktien seiner neuen Firma öffentlich anzubieten. Vielleicht finden sich auch Interessenten aus den alten Industrien, von der Ostküste oder gar aus Europa, die sich ein neues Standbein in Silicon Valley suchen müssen. Sie bezahlen gut, frisches Geld fließt ins ›Valley‹, neue Ideen können finanziert werden. Neidisch blicken aus der ganzen Welt die Regionen der alten Industrien auf diese Hektik des Erfolgs, die Unerbittlichkeit des Modells: alles das mit den Möglichkeiten eines Stückchens Kristall, aufgebaut auf den gezielten Variationen des Gitters der Siliziumatome.

Konkurrenz und Kooperation finden in merkwürdiger Nähe zueinander statt. In vielen Fällen taucht kein Groll auf, wenn sich aus den eigenen Reihen Abtrünnige verabschieden. Oft ergeben sich sogar Konstellationen der Zusammenarbeit. Nehmen wir an, eine der vielen kleinen neuen Gruppen hat ein ganz modernes Silizium-Bauelement geschaffen. Der Markt für dieses Bauelement würde aber nur zögernd und vorsichtig reagieren. Weiß man denn, ob in dieser verrückten, nervösen und unsicheren Industrie dieser Lieferant überhaupt überleben kann? Was wird denn sein, wenn er eingeht? Woher soll man dann das Siliziumteil erhalten, es ist ja meist das Herz – oder das Gehirn – eines neuen Geräts? Eine zweite Lieferantenquelle muß unbedingt vorhanden sein, Absicherung und Stetigkeit werden gewünscht. Warum also nicht durch eine Teilung in zwei Firmen diese »second source«, die zweite Bezugsquelle, schaffen? Der Markt wächst schnell genug, man kann sich das Geschäft teilen. Die schnellen Gewinne der ersten Jahre werden sofort wieder in den Ableger gesteckt, die der einstige Freund und Kollege zu pflanzen bereit ist.

Dieser Schwung einer Gründerzeit, dieses Wechselspiel auf engstem Raum, dieser Rausch des Risikos, dieser Stolz und diese Zwangsvorstellung ununterbrochener Arbeit treiben auch die Technik voran. Der Siliziumkristall wird in eine Kontrolle gezwungen, die auch von den Fachleuten kaum für möglich gehalten wurde. Der alte Transistor, der wie ein Tafelberg, eine Mesa, aus der Kristallscheibe herausgeätzt wird, erweist sich als zu anfällig. Ein großer Nachteil haftet ihm an. Die Grenzen zwischen den p- und den n-Bereichen, die Übergänge, an denen die wichtigen Erscheinungen stattfinden, sie sind ungeschützt der umgebenden Luft ausgesetzt. Jedes bißchen Wasserdampf, jedes auch noch so feine Teilchen Schmutz aus der Luft verändert den Fluß der Elektronen, verzerrt die Eigenschaft des Schaltens und Verstärkens. Der Transistor wird zwar mit sauberem Stickstoffgas in sein kleines Messingtöpfchen eingepreßt, aber dennoch bleibt er nicht abgeschirmt von der Außenwelt. Es ist immer wieder die alte Geschichte, die schon Braun in Leipzig zur Verzweiflung trieb: An der Oberfläche geschieht Unkontrolliertes.

Die acht Gründer von Fairchild wußten, daß ihr Schicksal mit dieser Frage verbunden war. Wenn sie diese Krise nicht meisterten, dann würden sie mit ihrer jungen Firma scheitern. Der p-n-Übergang mußte in den Kristall hinein, mußte versiegelt und behütet werden. Und hier kam die wichtigste Eigenschaft des Siliziums wie ein gnädiges Geschenk der Natur zu Hilfe. Das Element Silizium hat ein ungeheuer stabiles Oxid, das man als schützende Hülle über den Kristall ziehen kann. Die Verbindung von Sauerstoff mit dem Silizium, Quarz und Sand, ist eine besonders widerstandsfähige chemische Kombination. Durch Sauerstoff-Zufuhr im heißen Ofen kann eine Deckschicht erzeugt werden. Das Germanium, Vorläufer und konkurrierendes Kristallmaterial, hat keine solche feste und robuste sauerstoffhaltige Schutzschicht. Hier müßte man fremde Atome anbringen, fremde Atome aber gerade sind es, die stören. Das eigene, eingeborene Oxid des Siliziums aber gestattet eine flache Form, eine planare neue Anordnung eines Transistors, die keinen der empfindlichen Teile ungeschützt der Außenwelt aussetzt. Diese »Planartechnologie« mit den passivierten Siliziumoberflächen brachte Fairchild und damit der gesamten Industrie eine entscheidende Verbesserung; vielleicht lag hier die wichtigste neue technische Erkenntnis für den späteren Erfolg des Silicon Valley.

Die Bearbeitung des Kristalls wurde jetzt verändert. Bisher mußte man wirklich das gesamte Volumen des Kristalls manipulieren. Durch Ätzen, Legieren, Trennen mußte man ins Innere vordringen. Jetzt wurde der Siliziumkristall nur noch von der Oberfläche her bearbeitet, und diese Oberfläche blieb geschützt. Öffnungen wurden in das Oxid geätzt, durch sie diffundierten die gewünschten fremden Atome, welche die p- und n-Zonen aufbauten. Durch Öffnungen mit immer feiner werdenden Abmessungen konnten mit metallenen Dämpfen Bahnen aufgebracht werden, die den Strom von außen ins Kristallinnere hereinlenkten, ohne daß dieses Innere bloßgelegt wurde. Die schützende Haut des Siliziumoxids war gleichzeitig eine trennende Schicht, eine Isolierung. Nur an den wirklich gewünschten Stellen konnten so die elektrischen Ströme ins Silizium gelenkt werden, allen ungewünschten Kurzschlüssen anderswo schob das nichtleitende Oxid einen unüberwindlichen Riegel vor. Wer nur an die Oberfläche des Kristalls herangehen muß, hat es mit seinen Werkzeugen auch leichter. Schwierige Operationen tief im Inneren des Kristalls sind nicht mehr notwendig. Beim alten Germaniumtransistor war noch das gesamte Kristallstückchen wichtig für die Funktionen. Die neue Technik des planaren Siliziums aber benutzte eigentlich nur noch eine dünne Haut des Kristalls, dicht unter dem schützenden Oxid. Der darunterliegende Rest des Kristalls war degradiert, diente nur noch als Halterung und Grundlage für den hauchdünnen Teil an seiner Obergrenze. Der eingesammelte Strom floß lediglich unbeeinflußt bis an die Untergrenze und dann hinaus. Immer dünner konnten die Silizium-Kristallscheibchen werden, nur ihre spröde Zerbrechlichkeit verlangte eine Mindestdicke von Bruchteilen eines Millimeters.

Diese Kunstfertigkeit führte zu immer besseren und zuverlässigeren Transistoren. Immer feinere Abmessungen ließen sich einstellen, immer schneller konnte der Transistor schwingen und schalten. Der größere Aufwand an Sorgfalt und Sauberkeit und die weitaus schwierigere Bearbeitung des Siliziums gegenüber dem Germanium begannen sich zu lohnen. Aus dem spröden Element der Erdkruste mit seinem hohen Schmelzpunkt, aber ausgestattet mit dem fabelhaft schützenden Oxid wurde Schritt für Schritt der halbleitende Kristall schlechthin. Immer ebenmäßiger, immer größer wurden die Einkristalle, die aus den heißen Tiegeln herausgezogen wurden. Anderthalb Zoll im Durchmesser maßen die zylindrischen Stäbe der Kristalle, das sind bescheidene 37 Millimeter; heute, in den achtziger Jahren, sind daraus große Platten von weit über hundertfünfzig Millimetern geworden. Der Rohstoff, in den die Alchemisten des Silicon Valley ihre elektronischen Funktionen hineingruben, wurde immer perfekter.

Eine neue Kunst vervollkommnete das Arsenal der Werkzeuge und Methoden. Dampf mit Siliziumatomen ließ sich vorsichtig an einen Kristall heranführen. Die Siliziumatome schlagen sich auf der Oberfläche nieder und finden ihren angestammten Platz. Wenn kein Schmutz die Regelmäßigkeit stört, dann wächst langsam und gleichmäßig ein neues Stückchen Kristall, das man gleich von Beginn an mit den gewünschten elektrischen Eigenschaften versehen kann. Epitaxie, in vornehmem Griechisch, nennt sich diese Herstellungsmethode. Sie kürzt ab, macht beweglicher.

Auch die Kernphysik mit ihrer Technik der großen Apparate wurde zu Hilfe gerufen. Könnte man nicht die Donatoren und Akzeptoren mit hoher Geschwindigkeit in den Kristall hineinschießen? Der langwierige und vom Schmutzbefall gefährdete Prozeß in den weißglühenden Ofenrohren könnte dann ersetzt werden durch ein im wahrsten Sinne des Wortes gezieltes Einpflanzen der Atome! Die Kernphysiker stellten in der Tat ihre großen Beschleuniger zur Verfügung; sie wurden in bescheidenere und handlichere Form gebracht und dienten zum Beschuß mit Atomstrahlen. Der Kristall litt zwar unter der massiven Kanonade und verzerrte und verspannte sich, aber eine kurze Kur in erwärmter Umgebung brachte die regelmäßige Harmonie des Gitters wieder ins Lot. Ein weiterer Schritt zur noch feineren Modellierung des Kristalls war gefunden. Aber wieder waren die Kosten für die Bearbeitung eines Siliziumkristalls angewachsen, wieder brauchte man Fachleute. Der unbeschwerte Handwerkerstil, mit dem die neugierigen und unbekümmerten Alleskönner eingestiegen waren, wich einer sich perfektionierenden Organisation.

Und Silicon Valley wächst weiter, dehnt sich zur Bucht hin und nach Süden aus. Die Grundstückspreise steigen, die Besiedlung wird dichter. Ganz Amerika entdeckt, daß hier gut Geld zu investieren ist. Auch die Luft wird belastet. Immer wenn Shockley mit mir in seinem offenen grünen Sportwagen auf einen mittäglichen Hamburger zum Essen fuhr, wurde die Luft geschnuppert. Er weissagte, daß der südkalifornische Smog auch den Norden heimsuchen würde, wenn erst die Dichte der Bevölkerung die Landschaft verändern würde. Er nannte es »das Prinzip sich angleichender Unattraktivität«, eine typische Physiker-Erklärung. Der Gleichgewichtszustand der Ruhe nach der stürmischen Entwicklung würde erst dann erreicht werden, wenn sich das Valley durch unerschwingliche Mieten und durch Gedränge genauso wenig anziehend gemacht haben würde wie all die anderen Gegenden in den Vereinigten Staaten. Ich erinnere mich genau, mit welch fassungslosen Kommentaren die Bemühungen Shockleys um Umweltgesetze und gegen Luftverschmutzung um 1959 von den Konkurrenten bedacht wurden; er solle sich lieber um die Halbleiter kümmern, solche Ideen gäben keinen wirtschaftlichen Erfolg.

Der große Erfolg aber sollte dem ›Valley‹ erst noch bevorstehen: Nicht nur der einsame einzelne Transistor, sondern ein ganzes Geflecht kann in den Siliziumkristall eingebettet werden!

VIII. Integre Kreise

Katzenjammer mit den Einzelbausteinen

Der erste Aufschwung und die hektischen Anstrengungen brachten der jungen Industrie prompt den ersten kräftigen Katzenjammer. Zu viele Firmen hatten sich in das Geschäft mit dem Transistor gestürzt. Jede technische Verbesserung, jeder neue wissenschaftlich fundierte Trick erhöhte die Ausbeute. Der Spitzenreiter in der Kunst konnte daraufhin die Preise kräftig erniedrigen, seinen Anteil am Markt ausweiten. Alle Mitbewerber mußten hinterher. So schwoll das Angebot an, aber der Markt konnte nicht entsprechend reagieren. Es gab einfach nicht so viele Anwendungen für die vielen Bauelemente. Die Lager mit unverkaufbaren Transistoren schwollen an, die kleinen Firmen mit ihrer prekären Finanzlage hatten einen zu kurzen Atem. Ein Physiker als Chef einer Firma dürfte vielleicht auch aus einer gewissen Arroganz wegen seiner wissenschaftlichen Ausbildung und aus dem Vollgefühl bisheriger Erfolge heraus nur wenig Verständnis für Buchhaltung und Geschäftsroutinen haben. Firmen kamen in Schwierigkeiten, Aktien stiegen nicht mehr, sondern wurden zu wertloser Makulatur. Neue Gebäude für Forschung und Entwicklung wurden überall geplant, der Platzbedarf sollte sich nach den Abschätzungen und Erwartungen etwa alle anderthalb bis zwei Jahre verdoppeln. Die Wirklichkeit sah anders aus, in den frühen sechziger Jahren kam eine erste Krise.

Brauchen wir denn wirklich so viele Transistoren? Ist es überhaupt sinnvoll, immer mehr Elemente auf immer größeren Scheiben von Siliziumkristallen unterzubringen und die Herstellung immer weiter zu perfektionieren? Wer soll so viel Mikroelektronik abnehmen? Das Militär war gar nicht so unersättlich wie vermutet, Radios und Fernseher ließen sich auch nicht unbegrenzt absetzen. Computer schienen die besten Kandidaten, aber das waren damals noch teure, große Geräte. Die Idee eines zentralen Großrechners mit vielen Zuleitungen war zu jener Zeit noch das allgemein anerkannte Modell, wie sich der Rechner in das Wirtschaftsleben einfügen sollte. Der einsame Transistor, als »diskretes« Einzelbauelement bezeichnet, war auch ein ganz und gar nicht befriedigendes Produkt für den Rechnerbau. Immer noch war im Gedächtnis kein Platz für Silizium; die kleinen Magnetperlchen, am Draht aufgefädelt, regierten noch. Im Rechenwerk sah man die Transistoren kaum vor lauter Zuleitungen und Kabeln. Etwas völlig Neues mußte her, um diese Krise zu überwinden. Und das war der integrierte Schaltkreis: Nicht mehr nur diskrete Individuen, sondern miteinander verknüpfte Schaltungen sollten aus Silizium entstehen.

Schaltkreise im Silizium

Jack Kilby bei Texas Instruments und seine Freunde in Dallas, aber auch Bob Noyce bei Fairchild, hatten den Mut, Patente vorsorglich anzumelden. In einem Stück Silizium sollten mehrere Transistoren dicht beieinander untergebracht werden, die Verbindungen zwischen ihnen – für den Stromfluß von einem Schalter zum anderen – sollten auch gleich im Kristall selbst verlegt werden. Wenn sich dieser Traum tatsächlich verwirklichen lassen könnte, dann wäre dem Kristall ein wichtiger Sieg gelungen. Der Transistor war noch ein verkleinerter Ersatz für schon bekannte Technik; er stellte lediglich eine miniaturisierte Röhre dar. Er konnte auch nur an die Stelle dieses Vorgängers treten. Eine solche ganze Schaltung mehrerer Elemente, ins Gitter des Siliziums integriert, das war noch nicht dagewesen. Neue Märkte müßten sich erschließen. Im Computer brauchte man immer wieder dieselben Typen von verschalteten Transistoren, in großer Zahl hintereinandergereiht. Eine logische Verknüpfung wird ja durch eine Folge miteinander verbundener Transistoren – als ein »Gatter« zur Kontrolle der Nullen und Einsen – dargestellt. Solche Gatter gleich im Stück ins Silizium zu versenken, erschien als ein erstes mögliches Ziel.

Wir alle hörten diese Botschaft sehr wohl und waren von der Idee begeistert. Wer aber selbst zur damaligen Zeit sich mit dem Kristall herumschlagen mußte, dem kamen Bedenken. Glücklich war man bereits, wenn nur jeder zweite Transistor auf einer Kristallscheibe nach allen Peinigungen im heißen Ofen, nach allen Schritten mit Sauerstoff und Donator-Atomen noch richtig funktionierte. Wie sollte es dann möglich sein, überhaupt noch eine vernünftige Ausbeute von so viel komplizierten Gebilden zu erhalten? Folgende Milchmädchenrechnung bot sich an: Nehmen wir jeden zweiten Transistor als gelungen an. Wenn man einen Schaltkreis aus zwei Transistoren bauen will, dann wird man höchstens ein Viertel aller solcher Kreise als funktionierend betrachten können. Bei dreien im Verbund wären es nur ein Achtel gute, der Rest Ausschuß. Vier Transistoren gar ließen nur ein Sechzehntel wirksamer Elemente erwarten.

Eines wurde uns allen damals sofort klar. Nur mit präziser Arbeit und sorgfältigster, sauberster Technik war dieser Traum des integrierten Schaltkreises zu verwirklichen. Erneut forderte der Kristall zur Forschung, zum Verständnis immer feinerer Vorgänge heraus. Man mußte jeder einzelnen Störung nachgehen, mußte verstehen lernen, warum manche Unregelmäßigkeit im Kristallbau auftauchte und wie sie zum Versagen führte. Grundlegende Erforschung des kristallenen Materials wurde wiederum zum Schlüssel des Erfolges. Mit Röntgenstrahlen und Elektronenmikroskopen, mit immer feineren Meßverfahren und immer exakteren Rechnungen ging es dem Silizium zuleibe. Ein großes Programm, »Physik des Versagens« wurde von der amerikanischen Luftwaffe bezahlt, um die Verirrungen des Atombaus aufzuklären.

Tatsächlich zeigte sich wieder, daß die Forscher zu kleinmütig waren, die von Berufs wegen optimistischeren Ingenieure aber recht behielten. Die Milchmädchenrechnung war falsch. Nur an bestimmten Stellen, zum Beispiel am Rande der erhitzten Kristallscheibe entstehen die Baufehler, große Bezirke der Scheibe bleiben jungfräulich intakt, hier lassen sich wirklich Schaltkreise bauen! Eine neue Ära im Silicon Valley brach an, wie ein Phönix erhob sich das Siliziumgewerbe aus einer Zeit wirtschaftlicher Schwäche. Das aus so vielen Atomen aufgebaute Gerüst des Siliziumkristalls bot genug Platz, um viele Funktionen im Inneren aufzubauen und ohne Umwege über die Außenwelt untereinander zu verbinden. Schaltpläne für die mathematische Logik können ins Innnere des Kristalls gegossen werden. Dem elektronischen Computer stand damit eine grundsätzliche Veränderung bevor.

Ein Wettkampf zwischen Texas und Kalifornien belebte die Szene. Jack Kilby in Dallas hatte mit Germanium experimentiert, seine Verbindungen zwischen den einzelnen Transistoren waren noch dünne, aufgepreßte Golddrähte. Aber in seinem Patentanspruch schrieb er, solche Verbindungen könnten auch in irgendeiner Form direkt auf eine undurchlässige Schicht auf dem Halbleiter angebracht werden. Texas Instruments gab mit großer Werbefanfare diese Entwicklung bekannt, es wurde das bestimmende Gesprächsthema auf der großen New Yorker Tagung der Radioingenieure im Jahre 1959. Fairchild war schon weiter; durch die großen Erfahrungen mit dem planaren Verfahren lag es auf der Hand, daß man die Verbindungsbahnen gleich auf das schützende Oxidhäutchen aufdampfte. Ein bitterer Streit um die Patente und um die Ehre, wer der wirkliche Erfinder der integrierten Schaltkreise war, entbrannte zwischen Texas und dem Silicon Valley, zwischen Jack Kilby und Bob Noyce. Die Halbleitertechnik war inzwischen aber schon älter, gereifter. Große Mannschaften forschten und entwickelten an allen Fronten. Man war nicht mehr allein, wie es seinerzeit Ferdinand Braun oder Max von Laue gewesen waren – vielleicht auch noch Shockley, Bardeen und Brattain. Aus einer Forschung, in der anfangs nur einzelne und einsame Forscher den Weg wiesen, wurde immer mehr ein anonymes Werk einer Vielzahl von Fachleuten. Es war der typische Weg jeder Technik, die sich aus den Laboratorien in die Fabriken hinein entwickelt.

Noch ein Unterschied bestand zwischen den texanischen und den kalifornischen Kontrahenten. Texas Instruments ließ sich sogleich auf die Werbung der Regierungslaboratorien ein und forschte an der Weiterentwicklung der neuen Schaltkreis-Grundlagen mit vielen Millionen Dollars aus Forschungsverträgen der amerikanischen Streitkräfte. Die Luftwaffe war besonders interessiert, ihre neuen Raketen brauchten kleine und zuverlässige Bauteile. Die meisten Fehlschläge bei diesen Geschossen konnte man auf ganz banale Versager zurückführen – nicht der Transistoren, sondern der Verbindungen; die Drähte rissen von den Halbleiterkristallen ab. Die Integration versprach hier Abhilfe, und tatsächlich bezahlte die Air Force damals fast einen halben Tausenddollarschein für die neuen Schaltkreise. Fairchild aber, geführt von den acht Abtrünnigen, wollte sich nicht in die Karten schauen lassen. Die eigene Kraft und auch der erarbeitete Vorsprung wurden so hoch eingeschätzt, daß keine Rüstungshilfe angenommen wurde. Silicon Valley blieb stolz darauf, sich nicht von den Technokraten des Pentagons fördern und bremsen zu lassen. Aber abkaufen ließ man sich die integrierten Schaltkreise durchaus. »Minuteman« hieß die neue Rakete – eine Antwort auf den Sputnik; sie verschlang im Inneren viel Silizium.

Fairchild wurde mit diesen Aufträgen größer, die 100 Millionen Dollar Umsatz wurden schnell erreicht und übertroffen. Das Selbstbewußtsein des gesamten Valleys stieg, man war an die Spitze des technischen Fortschritts gelangt. Nicht mehr die alten konservativen Häuser der Ostküste waren führend, nicht mehr die großen Universalfirmen der Elektrobranche, nicht die Riesenkonzerne mit den besten und größten Forschungslabors in den ländlichen Vorstädten New Yorks und mit den Wolkenkratzerbüros in Manhattan, sondern kleine Einheiten, wo Forscher, Manager, Erfinder und Verkäufer noch in einer Person vereinigt waren. Und die Früchte des Risikos flossen nicht in die Dividenden der Großaktionäre, wie es bei den alten Konzernen natürlich unvermeidlich war, sondern kamen denen zugute, die selbst in den Scheunen und Garagen begonnen hatten. »Young man, go West!« Dieser alte Ruf zu neuen Chancen hatte sich gelohnt.

Der Überschwang durch das Erfolgsgefühl machte kess und trieb das Silicon Valley voran. Aus Fairchilds Schmiede gingen die nächsten Generationen von Abtrünnigen auf Wanderschaft, gründeten eigene Gesellschaften. Der hartgesottene Fabrikationsmanager von Fairchild, Charlie Sporck, zog aus und gründete National Semiconductors, inzwischen auch eine Company mit Milliardenumsatz. Im Jahre 1968 wurden allein 13 neue »spin-offs«, Abspaltungen aus Fairchilds Crew formiert. Schließlich zog auch Bob Noyce mit einigen Freunden aus, ihr neu gewählter Name für das neue Wagnis war »Intel«. Intelligent waren die kleinen Halbleiterkristalle tatsächlich geworden.

Der integrierte Schaltkreis machte logische Entscheidungen billig. Jetzt war es nicht mehr nötig, lange Leitungen zum einen zentralen Großrechner zu führen, dort zu rechnen und zu entscheiden und die Befehle zurückzusenden. Unmittelbar vor Ort, in jedem Meßgerät, an jeder Steuerstelle konnte Logik angebracht werden. Computer wurden von nun an keine alleinstehenden großen Monster, sondern fügten sich als kleine und immer kleinere Bestandteile in alle möglichen elektrischen Geräte ein.

Die Kleinen im Westen, die Großen im Osten

Der Arbeitsstil der neuen elektronischen Industrie entfernte sich immer mehr vom gewohnten Bild der alten Elektroindustrie, dieser von viel Metall getragenen Herstellung aus Einzelteilen. Ein wichtiger, sogar ganz entscheidender Durchbruch konnte nun auch dem Silizium den Sieg über die kleinen aufgefädelten Magnetperlen verschaffen: Der Halbleiterspeicher wurde endlich Wirklichkeit. Mehrere Transistoren konnten jetzt mit Widerständen und speichernden Kondensatorstrukturen ins Silizium eingeprägt werden; an den Rand dieser regelmäßig sich wiederholenden Speicherplätze der Information konnte man gleich die Verstärker und all die Schalter und Weichen einbauen, die zum Weiterleiten, zum Lesen und Einschreiben der Information gebraucht wurden. Das ständige Hin und Her zwischen Elektrizität und

Typischer Speicherbaustein aus Silizium. 16 mal 1024 Speicherzellen sind in diesem Baustein (Stand der Technik etwa 1977) untergebracht. Gesamtfläche 20 Quadratmillimeter. Die hohe Regelmäßigkeit der Struktur zeigt, daß nur die Funktion des Abspeicherns von Information vorliegt; damit kann eine sehr hohe Funktionsdichte erreicht werden. In der Mitte die Zuleitungen, oben und unten Transistoren zur Versorgung und Verstärkung.

Magnetismus in den alten Gedächtnis-Bausteinen war vorbei; nur noch die Anwesenheit oder die Abwesenheit von Ladung ergab jetzt die Information, ließ zwischen Null und Eins unterscheiden. Nur noch elektrische Ladung wurde hin und her geschoben, auf kurzen Wegen und mit hoher Geschwindigkeit. Wer Speicher bauen konnte, der beherrschte die Welt der Halbleiter. Speicherbau erfordert die höchsten Künste, erschließt die weitesten Märkte – denn alle Computer brauchen unersättlich viel Speicherplatz – und entscheidet zwischen Fortschritt und Gewinn auf der einen Seite oder Stehenbleiben und Verlust auf der anderen.

In der Mitte der sechziger Jahre war aber inzwischen von der Ostküste, aus den großen Labors der alten Firmen, eine Neuheit gekommen. Man hatte nämlich das Silizium so gut unter Kontrolle gezwungen, daß der Uralttraum der Halbleiterforschung endlich verwirklicht werden konnte. Die allererste Idee hatte ja darin bestanden, ein Stück Kristall zu nehmen, dann von außen ein Metallplättchen anzubringen. Elektrische Ladung auf dem Plättchen sollte eine entgegengesetzte Ladung im Innern des Halbleiters erzeugen. Damit hatte man aus einem nicht leitenden Stück ein leitendes machen wollen. Diese allereinfachste Idee hatte den allerersten Patenten zugrunde gelegen. Es war nur fast über ein Jahrhundert lang zu schwierig gewesen. Die Elektronenröhre, der Spitzentransistor – und sogar der p-n-Transistor –, das alles waren nur behelfsmäßige Umwege gewesen. Wie immer waren es die störenden Oberflächen gewesen, die die Elektronen festhielten und am Fließen hinderten und damit ein Schalten unmöglich machten. Jetzt aber hatte man mit dem Silizium und seinem schönen Oxid ein so großartig sauberes System gefunden, daß die uralten Hoffnungen erneut genährt wurden. Und siehe da: Ein »Feldeffekt-Transistor« war möglich, das elektrische Feld der von außen herangeführten Ladungen konnte eine Steuerung im Innern bewirken, wenn man nur genügend saubere Oxidschichten wählte. Der Transistor hatte jetzt seine einfachste Variante gefunden. M-O-S heißen die abkürzenden Buchstaben: *M*etall – *O*xid – *S*ilizium, denn in dieser Reihenfolge sind die Schichten angeordnet. Das Metall kann mit seinem elektrischen Feld durch das Oxid hindurchwirken und im Silizium den Strom ein- und ausschalten.

Die wichtigsten Grundlagen wurden wieder von den alten Riesen an der Ostküste erforscht. Bell Laboratories mit seiner großen Tradition der Erforschung von Oberflächen lag mit an der Spitze; man kombinierte prinzipielle Theorie mit den praktischen Arbeiten an noch saubereren Oxidschichten. IBM benutzte zwar, vorsichtig und konservativ, immer noch die magnetischen Speicher, aber arbeitete auch an den MOS-Systemen; die alte Radioröhrenfirma RCA war auch noch unter denen, die intensive Entwicklung und Forschung betrieben. Aber auch Fairchild an der Westküste war mit im Rennen. Erst gegen Ende der sechziger Jahre war die Technik so gut unter Kontrolle, daß sie aus den Laboratorien heraus in die Hallen der Halbleiterfabriken Einzug fand und umgesetzt werden konnte. Gegen 1970 hatte die durchschnittliche Zahl von Bausteinen die Grenze von 50 überschritten; heute finden sich über 100000 Elemente auf einem »chip«, einem integrierten Schaltkreis.

Die von so vielen herbeigeträumte, dann herbeigeforschte ideale und einfachste Lösung des Feldeffekt-Transistors führte zu einem weiteren großen Schub in der Elektronik. Zwar waren diese MOS-Elemente deutlich langsamer, das Elektron mußte längere Wege im Kristall zurücklegen, und die Signale zu den Gattern brauchten längere Zeit. Dieser Nachteil gegenüber den alten Transistoren war nur schwer wettzumachen und bedeutete auf lange Zeit eine Arbeitsteilung zwischen diesen beiden Familien. Aber ein großer Vorteil war die ideale Einfachheit. Weitaus weniger Schritte im Herstellungsprozeß waren vonnöten. Weniger Fehler konnten passieren. Man konnte es sich leisten, die Elemente sehr dicht aneinanderzupacken. Die MOS-Schaltkreise wurden damit billiger und immer billiger.

Preisverfall und Lernkurve

Im Jahre 1970 kostete es einen amerikanischen Cent, um ein »bit«, eine Ja-Nein-Entscheidung, in einem Stückchen Silizium zu speichern. 1990 wird dieser Preis auf ein Tausendstel eines Cents gefallen sein; dieser schier unfaßbare Verfall der Preise folgt mit geradezu verblüffender Exaktheit einem mathematischen Gesetz. Alle 6 Jahre verringert sich der Preis auf ein Zehntel des Ausgangswertes. Eine solche Art des Rückgangs der Kosten hat es bisher noch nie in der Geschichte menschlicher Technik gegeben; hier liegt die Ursache für die immer stärkere Durchdringung unseres Lebens mit der Mikroelektronik.

Einer von Shockleys alter Mannschaft, Gordon Moore, hat sich über dieses Gesetz besondere Gedanken gemacht und es zu deuten versucht. Natürlich liegt diese Dramatik der Verbilligung daran, daß die Halbleiterphysiker immer tiefer in die Dimensionen des Kristalls hinuntersteigen. Andere Techniken, wie die Landwirtschaft oder die Metallverarbeitung, können nur in Grenzen Material einsparen. Die Mikroelektronik aber kommt mit immer weniger Kristallatomen aus, um eine Speicherfunktion herzustellen. In der Landwirtschaft etwa kann man viel mit künstlichem Dünger, modernen Geräten und Züchtung erreichen, aber die Größe einer Kartoffel bleibt unveränderlich und definiert eine Schranke. Mit dem Siliziumkristall aber lassen sich drei wesentliche Dinge durchführen. Erstens kann man die Fläche des einzelnen Transistors immer kleiner machen. Man muß dazu nur genügend präzise Instrumente haben, eine saubere Technik der Masken beherrschen, mit denen man ein photographisches Bild der Struktur auf den Kristall prägt, und man muß mit äußerster Sorgfalt alle Schritte verbinden und abstimmen, damit das Muster der vielen Schritte stets aufeinanderpaßt. Auch muß die Umgebung, in der der Kristall bearbeitet wird, immer sauberer werden. Je feiner die Struktur, um so leichter kann schon ein winziges Staubkörnchen alles zerstören.

Zum zweiten kann man immer größere Scheiben des Siliziumkristalls benutzen. Damit wird es möglich, immer mehr Schaltkreise auf einem Scheibchen unterzubringen. Die einzelne Scheibe ist es, die in den Ofen geschoben werden muß, jede einzelne Scheibe muß mit Photolack besprüht werden und an die Atomkanone getragen werden, um mit den fremden Donator-Atomen beschossen zu werden. Diese Handgriffe kosten Geld, aber die Kosten sind fast unabhängig davon, ob eine kleine oder eine große Scheibe benutzt wird. Voraussetzung ist, daß man die fehlerfreie und makellose Herstellung auch ganz großer Kristalle beherrscht, und diese Kunst haben die Praktiker heute von den Forschern gelernt. Größere Scheiben verbilligen also die Mikroelektronik.

Drittens aber kommt der Geistesblitz des Forschers und Ingenieurs dazu. Er muß immer wieder bessere Wege finden, um die Schaltung kleiner und feiner zu machen und mit weniger Platz auszukommen. »Real estate« – Grundstücksfläche wie bei Immobilien – nennen die Schaltungstechniker die Fläche, mit der sie zu geizen haben. Es gibt Spezialfirmen, die im Silicon Valley nichts weiter machen, als eine einmal entworfene Schaltung auf zwei Drittel der Fläche beispielsweise herunterzuschrumpfen. »Design Cleverness« heißt das neue Talent. Die neuen Halbleiterschaltungen sehen schon ganz anders aus als das, was früher mit Röhren und grobschlächtigen Kondensatoren und Widerständen fabriziert wurde. Alle Schwächen und Stärken des Kristall, durch die jahrelange gezielte Forschung bis ins einzelne verstanden

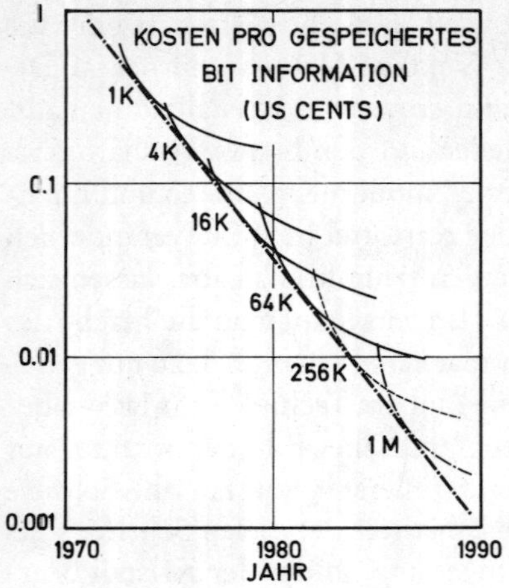

Darstellung des »Mooreschen Gesetzes« des exponentiellen Preisverfalls der Speicherfunktion im Verlauf von 1970 bis 1990. Die einzelnen Speicherbaustein-Generationen sind als Kurven eingezeichnet. 1 K bedeutet 1024 bit-Speicher, 4 K das Vierfache und so weiter. 1 M heißt ca. 1 Million Speicherzellen auf einem Chip. Man sieht für jede Generation einen zunächst steilen Abfall der Kosten pro Speichereinheit, dann ein Abflachen. Die nach rechts unten laufende gerade Linie ist die Tangente, sie kennzeichnet den exponentiellen Preisverfall, denn die linke Achse ist nicht linear geteilt, sondern jeweils in Sprüngen um das Zehnfache.

und beherrscht, wurden in den Entwurf einer Speicherzelle hineingelegt. Die Verdrahtung spielt natürlich eine große Rolle, immer feiner und schlanker werden die Metallbahnen, die auf der Oberfläche des Kristalls verlaufen und die Information transportieren.

Diese drei wichtigsten Trends lassen verstehen, wie in nur zwanzig Jahren die Speicherkosten auf ein Tausendstel fallen konnten und zur Zeit, allen Unkenrufen zum Trotz, immer noch weiter fallen. Die Verbreitung der integrierten Schaltungen wuchs mit, sonst hätte sich die Industrie der Siliziumelemente nicht entwickeln können. Mit fallenden Preisen erschlossen sich immer weitere Bereiche. Das unerschwingliche Luxusgerät, das der Computer noch gegen Ende des Krieges gewesen war, konnte jetzt jedem Schüler angeboten werden. Ein Gerätehersteller konnte sich schon ausrechnen, was sein Produkt kosten würde, wenn er in ein oder zwei Jahren damit auf den Markt kommen wollte. Er konnte auch vorausberechnen, wann sich solche phantastischen Ideen – phantastisch im wortwörtlichen Sinne – so billig herstellen ließen, daß man sagen konnte, ihre Zeit sei gekommen. Am Beispiel der Halbleiterindustrie und ihrem Preisverfall konnte der Fortschritt in der gesamten Technik geplant werden, in den USA – und bald auch in Japan. Es war die digital arbeitende Industrie, eine Industrie also, die alle Daten in Null- und Eins-Kombinationen umsetzt, die den Fortschritt diktierte, allen voran natürlich die Datenverarbeitung.

Den Firmen im Silicon Valley war damit etwas widerfahren, was Jahrhunderte zuvor und einige tausend Kilometer südlich der Eroberer Cortez getan hatte. Er hatte seine Schiffe verbrannt und damit unmißverständlich gezeigt, daß es nur den Weg voran, in die gefährliche Fremde, geben konnte. Zurückweichen und stehenbleiben, ausruhen auf dem doch schon so schön erreichten Fortschritt waren nicht möglich. Nur mit billigeren Preisen ließen sich die breiteren Märkte gewinnen, nur mit größeren Stückzahlen ließen sich die immer schwieriger werdenden Techniken erlernen und anwenden. Die »Lernkurve« wurde zum unerbittlichen Dogma des Valleys. Wer einen Speicherschaltkreis mit eintausend Speicherzellen schon herstellte und verkaufte, mußte bereits die nächste Generation eines Speichers mit viertausend Zellen in der Entwicklung haben, er mußte aus dem Erlös des laufenden Geschäfts die Entwicklung und Forschung bezahlen können, durfte nicht in die roten Zahlen rutschen, während der Preis für die gängigen Produkte fiel. Das war aber in dieser dynamischen Industrie nur durch die bessere Beherrschung der Ausbeute möglich. In der ersten Zeit war die Ausbeute noch klein, man hatte ja noch nicht gelernt, mit dem neuen Produkt entsprechend sorgfältig umzugehen. Der Kristall rächte sich dagegen unerbittlich, jeder Fehler führte zu Ausfällen, nur ein kleiner Teil aller Bausteine auf der Siliziumscheibe funktionierte und war verkäuflich. Lernen mußte man, und zwar schnell, Erfahrung sammeln mit viel Silizium, das durch die Öfen und Geräte läuft. Man mußte den Prozeß immer mehr verbessern, die Ausbeute steigern und so dem Preisverfall gelassen entgegensehen, ja ihn sogar herbeiführen. Nur die besten können sich das erarbeiten, wer hinten dran ist, wird ausgeschieden. Wer zu spät kommt, kann erst den Markt erreichen, wenn die Spitze schon bei den kleinen Preisen und schon fast beim nächsten Schritt ist. Daran liegt es, daß Europa in diesem unerbittlichen Wettrennen auf einer exponentiell in die Preistiefe stürzenden Kurve so entsetzlich traurig aussieht.

Es gibt eine andere Faustregel im Valley. Letztlich wird jeder Schaltkreis, egal wie kompliziert, um fünf Dollar herum kosten, wenn er nur in genügender Zahl gefertigt und genutzt wird. Das bedeutet aber, daß jede Familie neuer Elemente schon zum Tode verurteilt ist; sie wird mit Sicherheit von der nächsten Generation abgelöst. Ein brutaler Verdrängungswettbewerb ist in dieses System eingebaut. Dieser Wettbewerb aber sichert genau der Spitze die Existenz, er verhindert, daß andere

Mitbewerber allzuleicht in die Märkte eindringen können. Solche Zusammenhänge sind selbstverständlich jedem Volkswirt bekannt, aber die mathematische Erbarmungslosigkeit des exponentiellen Verfalls mit Folgen in dieser unerbittlichen Tragweite hat es noch nie gegeben.

Eine rastlose, eine dynamische Industrie muß es sein, die mit solchen Regeln leben kann. Die Lernkurve führte zu ruckartigen Entwicklungen, unter denen Silicon Valley immer wieder litt. Zeiten größter Hektik, mit Nachtschichten und durchgearbeiteten Wochenenden, voller Geschrei nach Schaltkreisen bei leeren Lagern wechselten sich ab mit hoffnungsloser Überproduktion und verstopften Absatzkanälen. Keine Puffer schien diese Industrie zu besitzen, um auszugleichen und einzuebnen. Der ständige Preiskampf solchen ungeahnten Ausmaßes führte auch zu ganz typischen Formen wirtschaftlicher Kooperation gerade unter den kleinen Firmen des Silicon Valley. Jeder versuchte nur das zu tun, was er wirklich beherrschte, wo seine Intelligenz lag, ganz im Gegensatz zu den großen, universell arbeitenden Firmen der klassischen Elektrotechnik.

Geflechte der Gegenseitigkeiten

Ein Geflecht einander zuarbeitender kleiner, äußerst beweglicher Firmen ist es, was Silicon Valley ausmacht. Wer ein großes und teures Gerät anschaffen muß, wird sich umschauen, ob nicht eine Spezialfirma ihm diese Arbeit abnehmen kann und ihm nur die wirklich benutzte Apparatezeit berechnet. Damit ist eine Chance gegeben, daß ein Spezialist sich mit dieser Methode als selbständige Firma anbietet. Natürlich geht so etwas nur in einer Industrielandschaft, wo die Nachfrage groß ist und der Fachmann sich anbieten kann. Räumliche Konzentration ist also Vorbedingung. Eine dezentrale Struktur, wie sie jetzt aus dem Egoismus der Bundesländer in Deutschland zu entstehen scheint, würde hier Probleme ergeben. Alle besonderen Dienstleistungen, die gesamte neue Werkzeugindustrie für Halbleitertechnik, die Versorgung mit superreinen Chemikalien oder mit hochspezialisierten Computerprogrammen, mit Meßinstrumenten oder Prüfgeräten siedelte sich in diesem Flechtwerk an. Kurze Wege, ein burschikoser Stil, Bekanntschaften und die Tatsache, daß die alten Hasen früher ohnehin allesamt Kollegen bei Fairchild waren, das ist Silicon Valley.

Die Universitäten in der Nachbarschaft nahmen teil, nicht ganz so unmittelbar, wie man oft in den Ministerialstuben und Rektorämtern deutscher Hochschulen meint. Silicon Valley entstand aus einer Zellteilung in einer lebendigen Industrie. Ausbildung und Spezialdienste der Wissenschaft aber werden gebraucht. Professoren wurden mit Beraterverträgen an die Firmen gezogen. Doktoranden arbeiteten nachts oder in den Ferien in der Industrie, Probleme aus der täglichen Technik wurden als wissenschaftliche Fragestellungen gesehen und miteinander kombiniert. Die Halbleitertechnik wäre ja ohne strenge Wissenschaft gar nicht möglich gewesen. Alle diese »Nebentätigkeiten«, wie das deutsche Beamtenstichwort heißt, sind nicht etwa illegal und müssen heimlich gemacht werden. Im Gegenteil: ein Berater-Job wird gewünscht und gefördert, er gilt als Kriterium für gute und relevante Wissenschaft. Die großen Hochschulen haben natürlich Schwierigkeiten, erfahrene Professoren der neu entstandenen Gebiete zu finden; sie brauchen aber solche Professoren, damit die Studenten kommen und ihre Studiengebühren zum Überleben der Universität entrichten. Großartig sind die Gehälter nicht, gemessen an dem, was die Industrie bieten kann. Also wird man einen guten jungen Halbleitermann mit dem Hinweis ködern, daß die Universität sogar bei der Vermittlung einer Beratertätigkeit mithilft. Automatisch ist damit sichergestellt, daß die allerneueste Technik mit den allerneuesten Methoden und den modernsten Problemen und Fragestellungen ihren Einzug in die Hörsäle hält und nicht etwas aus dem vorletzten Jahr gelehrt und gelernt wird. Eine enge Verbindung zwischen akademischer Welt und Industrie entsteht, was ohnehin für dieses Gewerbe leicht ist, denn jeder der neuen Halbleiter-Manager mußte ja vorher der Wissenschaft des Kristalls verbunden gewesen sein.

Ein Klima des gegenseitigen Verständnisses entsteht also trotz all der hektischen Konkurrenz. Ein solches Geflecht vieler kleiner Firmen, die allen eine Chance geben, entwickelt sich ganz anders als eine einzelne Großfirma mit vorgeschriebener Hierarchie und starrer Organisationsform. Der kollektive Neid, das größte Hemmnis, wenn Fortschritt nur mit Zusammenarbeit möglich ist, kann im Silicon Valley auch im Angesicht der vielen frischgebackenen Millionäre unterdrückt werden. Ein Untergebener kann der spätere Chef, auch der spätere Kunde und Lieferant werden. Wenn Platz gebraucht wird, fragt man vielleicht den Leiter einer speziellen Werkstatt, ob er nicht auszieht, dann als Selbständiger die Dienstleistung anbietet und gleichzeitig mit seinem Auszug Platz schafft. Finanzierung ließe sich – bei den schönen Gewinnen – sogar beschaffen, der alte Chef würde wohl sogar einige Anteile kaufen und damit eine Garantie für spätere Vertrauensverhältnisse geben.

Der Preisdruck und das ständige Auf und Ab der Konjunktur sorgen auch für eine andere Art der Zusammenarbeit. Wer versucht, über eine Hintertür in eine Halbleiterfabrik des Valleys einzudringen, der stolpert an großen Luftfrachtkartons vorbei, die auf dem Wege zum Flugplatz San Francisco sind. Von dort geht es halb um die Welt an die gegenüberliegenden Strände des Pazifischen Ozeans. In Korea, den Philippinen, in Taiwan, Hong Kong und in Malaysia werden die Siliziumscheiben mit Diamanten angeritzt, vorsichtig gebrochen und so in die einzelnen Chips zerlegt. Mit großer Sorgfalt und konkurrenzlos niedrigen Stundenlöhnen wird dann jeder einzelne Chip bearbeitet. Er wird auf eine Gehäuseunterlage montiert. Mit haarfeinen Golddrähtchen muß dann die Verbindung vom Chip zur Außenwelt hergestellt werden, die Kontaktanschlüsse auf dem Silizium werden mit den Steckern des Gehäuses verbunden. Dann muß jedem Chip nochmals viel Arbeit gewidmet werden; er muß auf sein Funktionieren geprüft werden. Das Testen und Auslesen ist ein sehr arbeitsintensiver Schritt. Ordentlich eingepackt und geprüft werden dann die verkapselten, sortierten Schaltkreise wieder nach Amerika zurückgeschickt.

»Off shore« – außerhalb der eigenen Küsten – heißt diese Strategie, zu der sich die Kalifornier mit ihren höchsten Löhnen gezwungen sahen. Nur die Planung, die Arbeit am Entwurf, die Entwicklung und Erforschung der technologischen Prozeßschritte lassen sich unter dem ständigen Druck des laufenden Preisverfalls noch im Valley durchführen. Die Geheimnisse der Schaltungen und die Kunst der Behandlung der gesamten Siliziumscheibe bleiben im Lande. Wenn jedoch nicht nur die gesamte Siliziumscheibe, sondern jeder einzelne ihrer vielen Schaltkreise angefaßt und bearbeitet werden muß, bleibt nur noch der asiatische Weg. Damit wanderten die neuen Techniken des Siliziums nach Ostasien. Fachkräfte wuchsen dort heran; die jungen Länder wollten einen größeren Anteil haben. Staaten wie Singapur zielten mit ihrer Bildungspolitik und ihrer wirtschaftlichen Strategie darauf, mehr als nur den Aufbau und das Testen in Lohnarbeit zu betreiben. Freihandelszonen mit großen Zollvorteilen entstanden, Geräteindustrie wurde herangezogen. Nicht nur der Schaltkreis, sondern ganze Untersysteme oder gar vollständige elektronische Geräte konnten hergestellt werden. Im Jahre 1982 schon war Exportartikel Nr. 1 für die Philippinen: die Elektronik!

Amerika hat traditionell Abneigungen gegen Einfuhrzölle. Dennoch wird immer wieder im Silicon Valley mit Sorge und Aufmerksamkeit jener Paragraph zitiert, der die Wiedereinfuhr der getesteten integrierten Schaltkreise mit Abgaben verteuern würde. Eine lange Debatte zwischen Kalifornien und Washington zog sich über die Jahre hin. Aber auch eine technische Komponente kam ins Spiel. Immer schneller und raffinierter wurden die automatischen Verpackungsanlagen und die Testmaschinen. Silicon Valley bildete aus den Halbleiterfirmen eine neue Werkzeugmaschinen-Industrie. Das Silizium wurde in den Schaltkreisen, die diese neuen Maschinen steuern, zum wichtigsten Helfer der Herstellung neuer Siliziumprodukte. Der Faktor Arbeit wurde unter dem Zwang und dem Fortschritt dieser Entwicklung wieder unbedeutender, Arbeitsplätze aus Ostasien wanderten tatsächlich wieder zurück ins teure Kalifornien. Asien aber war auf den Appetit gekommen, Mitsprache auch auf den technisch und wissenschaftlich anspruchsvollen Gebieten wurde zum Ziel seiner Politik. Das Bewußtsein über die Bedeutung des Siliziumkristalls war weitaus geschärfter als in den Amtsstuben europäischer Ministerien.

Europa schaute nur mit geringem Interesse auf die neuen Impulse aus dem Valley. Ganz selten kam ein europäischer Besucher in unsere Laboratorien. Nie habe ich selbst einen deutschen Fachmann aus der Industrie der Bundesrepublik erlebt, allenfalls waren es touristische Ausflüge, die einmal einen deutschen Gesprächspartner an die Westküste herüberbrachten. Der französische General und Präsident de Gaulle allerdings kam schon früh und mit einer Rede voller Weitblick ins Valley. Frankreich war es dann später auch, das durch seine Industriefirma Schlumberger die alte Mutter Fairchild aufkaufte, aber bereits zu einer Zeit, als die meisten der Jungen dort schon fortgegangen waren und ihre eigenen Läden eröffnet hatten. Dennoch kam dieser Aufkauf wie ein Schock und erweckte ein wenig Traurigkeit und Resignation bei den Valley-Managern. Die Selbständigkeit, das Unbeschwerte und der so völlig unkonventionelle Stil gingen immer mehr verloren; das war der Preis für die weltweite Bedeutung, die das Silizium dem Valley gegeben hat. Vollends hektisch wurde das Interesse Asiens und schließlich auch Europas an jeder nur irgendwie aktiven Halbleiterfirma in Silicon Valley, als mit einer neuen Vokabel auch die bis dahin lethargische Weltöffentlichkeit aufgeschreckt wurde: der Mikroprozessor.

Komplette Rechner im Silizium

Wer Logik und Speicher in einen Siliziumkristall einbauen kann, dem ist auch zuzutrauen, daß er beide Teile vereinigt und einen kompletten Rechner auf kleinster Fläche im Halbleiter unterbringt. Diese logische

Schlußfolgerung wurde in Silicon Valley auch praktisch umgesetzt. Integrierte Schaltkreise wurden anfangs in Sonderanfertigung für jeden Kunden hergestellt. Ein Konzept einer Schaltung wurde dem Silizium-Haus vorgelegt, dann wurden Photo-Masken angefertigt, die schließlich die gewünschte Kombination auf dem Stück Silizium erscheinen ließen. Intel, die neue Firma, die sich der eben eingeführten MOS-Technik verschrieben hatte, blieb einmal auf einem solchen Auftrag eines speziellen Kundenwunsches sitzen. Was tun, wie ließ sich trotzdem etwas aus dem ausgeführten Auftrag machen, ließen sich andere Interessenten finden? Die Schaltkreise waren inzwischen so umfangreich und gleichzeitig so wohlfeil geworden, daß man weit größere Käuferschichten erreichen müßte. Die Einsicht dämmerte, daß hier ein vielseitiges Produkt entstanden war. Schaltkreise ließen sich wie Bausteine zusammenstellen und konnten überall eingesetzt werden, wo Rechnen, Datenerfassung, Steuern, Regeln, Überwachen notwendig war. Die gesamte industrielle Welt, die nach Steuerung und Rationalisierung ihrer Prozesse rief, konnte jetzt zum Kunden werden; die Preise für speichernde Gedächtnisse und manipulierende Logik waren jetzt für jeden erschwinglich geworden. Das Wort »Mikroprozessor« gab den letzten Schub. Es wurde zur Parole, die aus dem Silicon Valley überallhin drang.

Technische Normen müssen gesetzt werden, damit Klarheit und Übersicht herrschen, der Markt bedient und informiert werden kann. Das Valley steckte diese Normen ab. Zuerst wurden kleine Familien von Mikroprozessoren gebaut, sie konnten nur jämmerliche vier bit, kleine Bröckchen digitalisierter Information bewältigen. Der große Durchbruch gelang mit Maschinen, die schon acht bit an Entscheidung im Rechner prozessieren konnten. Diese Fähigkeit reichte schon für viele Anwendungen. Der Baukasten solcher ineinandergreifender Schaltkreise wurde immer variationsreicher. Im Mittelpunkt stand der Zentralprozessor, in der Tat ein kompletter Rechner, wie er vor gar nicht so langer Zeit noch ganze Räume füllte. Er kommt mit lächerlichen fünf Volt Spannungsversorgung aus, kann addieren, multiplizieren. Ein winziger Quarzkristall mit seinen äußerst genauen Schwingungen der Atome ist die Uhr, versorgt den Rechner mit dem Takt und stößt alle Arbeitsvorgänge immer zur richtigen Zeit an, ähnlich dem Taktstock eines Dirigenten. Dieser Zentralprozessor kann mit Speichern kombiniert werden. Einmal gibt es da genau anpaßbare Speicher, die wie Notizblöcke arbeiten; Daten können eingelesen und wieder abgefragt, gelöscht und bewahrt werden. Dann aber gibt es Speicher, die dem kleinen Prozessor sein unverwechselbares Eigenleben verleihen. Fest einprogrammiert in das Silizium sind hier fertige Anweisungen zum Ablauf der Rechnungen, Betriebssysteme, Befehle, Information. Und noch weiter reicht der Baukastensatz. Es gibt Schaltkreise für das Aussenden und Empfangen von Daten, zur Anpassung an Meßgeräte oder an das Telefonnetz. Wandler werden zur Verfügung gestellt; sie nehmen aus der Umwelt die Daten in analoger Form auf und transformieren sie in die zur Maschinenverarbeitung notwendige digitale Form.

Diese Kombination von universellen Gerätschaften, die billig sind und allgemein verwendbar, mit hochspezialisierten, programmierbaren Bausteinen, eröffnete riesige neue Märkte und gab dem Silicon Valley wiederum einen kräftigen Wachstumsimpuls, führte es heraus aus einer Zeit nahezu stagnierender Entwicklung in ein ganz neues Aufgabengebiet. Diese Industrie sah sich zu Anfang der Entwicklung nur als Zulieferer. Der Transistor als Ersatz für die Röhre war ja nur eine Komponente für die Geräte der Elektronik. Die Transistorleute waren kaum angesehener als die Lieferanten von Schrauben, Glühlämpchen oder Kabeln. Konstruktive Ideen und den Zusammenbau besorgten andere; sie kontrollierten auch die Märkte und das Geschäft. Jetzt ging es anders herum. Das komplette Gerät konnte ins Silizium gepackt werden. Aus Firmen, die nur Komponenten herstellten, wurden plötzlich Unternehmen, die komplette Rechner und ganze Systeme anbieten konnten, und das in unwahrscheinlich anpassungsfähiger Vielfalt. Das ohnehin nicht zu bescheidene Selbstverständnis des Silicon Valley stieg noch einmal.

Eine weitere Hoffnung hatte sich erfüllt und bestätigt. Alle im Valley hatten sich das Ziel gesetzt, nicht nur für den militärischen Markt zu arbeiten. Die Abhängigkeit und die Hemmnisse einer solchen staatlichen Bürokratie waren den kalifornischen Pionieren immer suspekt gewesen; Entwicklung und Forschung mußten unabhängig bleiben. Das Ziel einer breiten Durchdringung der privaten Wirtschaft stand immer im Vordergrund. Mit dem Mikroprozessor war dieses Ziel endgültig erreicht. Der Rechner im Kristall war eine allgemein verwendbare Hilfe, ein Werkzeug mit breiten Fähigkeiten geworden.

Mit der größeren Aufgabe wandelten sich Stil und Arbeit im Silicon Valley. Handwerkliche Technik der Halbleiterbearbeitung war nicht mehr das allein Wichtige. Viel mehr Aufmerksamkeit wurde jetzt dem System gewidmet, das aus dem Silizium entstehen sollte. Junge Fachleute wurden gebraucht, die wissen, wie ein Rechner aufgebaut ist. Programmieren mußte man können, um zu verstehen, wie am besten die Strukturen der Schaltkreise an die Aufgaben des Rechners angepaßt werden können. Nicht nur die Hardware, das wirklich handgreifliche Stück Kristall, sondern jetzt auch die Software, die gedankliche Bewältigung der Arbeitsweise eines Computers, mußten im Valley begriffen und eingesetzt werden. Die Entwicklung neuer Schaltungs-Prinzipien, allgemeine wissenschaftliche Verfahren zum immer schnelleren Herstellen von Entwürfen, Programme zum Automatisieren solcher Entwürfe, das waren die neuen Herausforderungen. Die technologische Beherrschung des Kristalls blieb zwar wichtig, aber gleichberechtigt daneben trat jetzt die geistige Beherrschung ganzer Systeme.

Neue Konflikte spitzten sich zu. Aus Lieferanten von Einzelteilen entstanden den Großfirmen jetzt unmittelbare Wettbewerber. Neue Schlagworte beschrieben diesen Konkurrenzkampf. Die Transistorfirmen können eine Vorwärtsintegration anstreben, vorwärts bis in den Bau gesamter Rechenmaschinen oder anderer Produkte, bei denen die Herzstücke aus Silizium sind. Warum nicht Uhren oder gar Spielzeug gleich vollständig im Valley herstellen? Aber die alte Industrie sollte zurückschlagen – mit einer Rückwärtsintegration. Eine Instrumentenfirma oder ein Unternehmen, das Registrierkassen oder Waagen herstellt, mußte sich nun überlegen, ob nicht ein eigener Zweigbetrieb zur Herstellung integrierter Schaltkreise als Bestandteil des Unternehmens sinnvoll wäre. Silicon Valley mußte also eine vorsichtige Politik betreiben, um nicht von den kapitalstarken und in ihren Märkten eingeführten Großfirmen des Mittleren Westens und der Ostküste aus dem neuen Gebiet herausgedrängt zu werden. Eine ungestörte, sichere Belieferung jedes Interessenten mußte gewährleistet bleiben. Das Valley mußte überzeugend demonstrieren, daß niemand es den Spezialisten an Schnelligkeit, Ideenreichtum und – natürlich – mit den Preisen würde gleichtun können.

Also begann sich die Welt um die kalifornischen Siliziumspezialisten zu bemühen und sie zu umwerben. Europäische Firmen strebten Beteiligungen oder ganze Aufkäufe an. Die Ostküstenmagnaten kamen und versuchten, durch den Aufkauf kleiner oder großer Siliziumschmieden sich im Valley einzunisten und Zugang zur neuen Technik zu erlangen, bevor es zu spät sein könnte. »Alles, was man mit Federn, Schrauben und Zahnrädern macht, kann man mit den Mikroprozessoren besser machen«, lautete die zweifellos etwas überhebliche, aber doch nicht unberechtigte Meinung. Mechanik kann zwar nicht immer durch Elektronik ersetzt werden, aber in sehr vielen Fällen ist es möglich.

Die Zahl der Computersysteme, von denen in den frühen fünfziger

Jahren gerade 100 Stück pro Jahr verkauft worden waren, lag noch um 1960 in den USA bei etwa 2000 Stück im Jahr; 1968 waren es schon 15000. Eine viertel Million Computer waren schon 1975 weltweit erreicht. Diesen steilen Aufstieg eines anfangs unerschwinglichen Großsystems zu einem alltäglichen Produkt hatte niemand in dieser Form erwartet und auch nur annähernd für möglich gehalten. Aber auch viele andere Anwendungen wurden durch die ins Bodenlose gesunke-

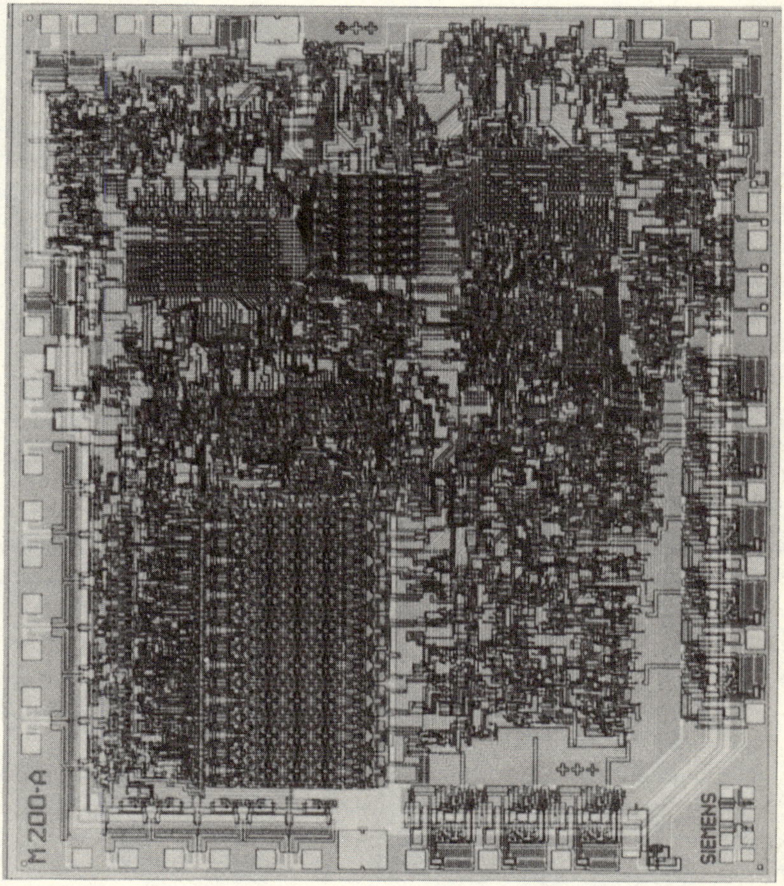

Aufsicht einer integrierten Schaltung eines Mikroprozessors, Stand der Technik von etwa 1977. Im Original mißt dieser Schaltkreis 4 mal 5 Millimeter. Rund 5000 Transistoren sind verschaltet. Die relativ unregelmäßige Anordnung zeigt, daß sehr viele verschiedene Funktionen untergebracht sind. Logische Funktionen überwiegen.

nen Preise ermöglicht. Uhren, Spiele, Büromaschinen und die gesamte neue Elektronik in Radios und Fernsehern, sprechende Instrumente zum Lesenlernen, dieser weit offene Markt, der sich direkt an den einzelnen Konsumenten wandte, war zu Beginn dieser Entwicklung überhaupt nicht vermutet und gesehen worden. Die meisten hatten – aus Gewohnheit – stark auf den Militärmarkt gesetzt und hier die Absatzchancen erhofft; aber der Anteil der Kunden in Uniform schrumpfte und wurde nicht der entscheidende Antrieb. Silicon Valley entstand mit Unterstützung, aber nicht in Abhängigkeit von der Waffentechnik.

Wichtigste Triebfeder des Aufschwungs waren die Computer. Neben den Riesen entstanden immer mehr kleine Gesellschaften, die aus den neuen Mikroprozessoren Rechner zusammenstellten und auf den Markt warfen. Dieser freie Markt wurde von Kalifornien bedient. Der Hunger nach Speichern beflügelte die Verwendung von Silizium. Eines späten Abends saß ich mit alten Freunden in der Kantine von Intel. Es war spät, aber immer noch waren viele der jungen Ingenieure an der Arbeit. Einer kam abgespannt an unseren Tisch, setzte sich mit seiner Cola zu uns und seufzte: »Da gibt man sich Mühe, strengt seinen Grips an, betreibt raffinierte Mathematik – und wozu? Unser Kunde setzt die Speicher und Schaltkreise in den dümmsten und primitivsten Spielen ein. Habt Ihr schon von den neuesten Telespielen gehört? Man muß Leute überfahren, dafür piepst es und blitzt, gibt Punkte-Prämien. Meine Güte, für solchen Mist betreiben wir hier die höchste Technologie.« Tatsächlich schwoll diese Sucht elektronischer Spiele zu Dimensionen an, auf die niemand vorbereitet war. Halbleiterbauelemente bis zu einer halben Milliarde Dollar im Jahr nahm dieser neue Kreis von Kunden ab. Das Wachstum war so abrupt und hektisch, daß sich Jahre später ein ebenso großer Katzenjammer und Pleiten einstellten. Auch dieser Anstoß festigte das Silicon Valley, denn Halbleiterei braucht Stückzahlen, um in der Lernkurve weiterzukommen.

Die Halbinsel bei San Francisco hatte mit dem Mikroprozessor nun endgültig ihr Gesicht verändert. Feldwege ohne Bürgersteige, kleine Gärten und Obstplantagen konnte man nicht mehr finden. Die Gemeinden waren reich geworden. Viel Geld floß in die Schulen, die Bibliotheken. Großstädtische Hotels und schon die ersten Bürohochhäuser entstanden. Erstklassige Buchhandlungen und selbst europäische Weine findet man um Palo Alto. Die Gegend mit dem höchsten Einkommen und einem Schuß von Snobismus im Kulturbewußtsein weiß, daß ganz Amerika diese Gegend beneidet und jeder Bundesstaat versucht, Ähnliches nachzuahmen. Das Valley ist großzügig, längst ist nicht mehr genügend Platz, man weicht in die Nachbarstaaten mit Zweigfabriken aus. Aber alles Neue, Erfundene und wirklich Wichtige bleibt daheim im Tal des Siliziums.

Der Menschenschlag, der in dieser Welt voller Dynamik und ständigem Wechsel sich zu behaupten hat, zeigt auch die entsprechenden Züge. Wer schon immer an das übernächste Produkt denken muß und weiß, daß seine heutigen Werke morgen nicht mehr verkaufbar sind, wer flüchtige Bindungen eingehen muß und immer nach anderen Geschäftspartnern sucht, wer einmal Chef, dann wieder Untergebener ist, der kann im privaten Leben wohl schwerlich ein Pol der Ruhe und Stabilität für seine Familie sein. Spöttisch begrüßt man sich an der Bar von Rickey's Hotel: »Na, bist du immer noch von derselben Frau geschieden, oder ist's schon eine neue?« Europäische Kinder stellen in der Schule erstaunt fest, daß Stiefeltern wohl die Regel zu sein scheinen. Drogen sind überall in der westlichen Welt ein Problem, hier aber besonders stark. Mit dem manchmal etwas verzweifelt klingenden Humor bezeichnen die Leute des Valleys ihr eigenes Leben mit den neuen Fachvokabeln ihrer Zunft. Die letzte Stufe ist »burn out« – ausgebrannt wie ein überlasteter Schaltkreis.

Die hemdsärmelige Fröhlichkeit, der freche Trotz und die unbekümmerte Offenheit im gegenseitigen Umgang sind einem anderen Stil gewichen. Das Valley ist erwachsen geworden, jugendlicher Leichtsinn kommt immer seltener vor. Fremde ›Mütter‹ von der Ostküste, aus Japan und Europa, haben sich die ›Adoptivkinder‹ kleiner Firmen geholt und damit sehr die alte Kameradschaft gestört. Das Land ist knapp geworden, Grenzen werden sichtbar – und gerade das Grenzenlose der Möglichkeiten war ja die Faszination gewesen. Allenfalls zehn Prozent der Fläche des Tales sind noch nicht erschlossen, also muß man Land suchen. Utah und Idaho, Oregon und Nevada teilen sich in den neuen Reichtum, den neuen Schwung mit dem Valley. Umweltgesetzgebung wird wichtig, besonders unter dem demokratischen Gouverneur Brown werden die Vorschriften verschärft. Siliziumherstellung bleibt nach wie vor eine der saubersten Industrien, aber auch sie läßt Abwässer mit Schadstoffen entstehen. Manche Bestimmungen schießen über das Ziel hinaus; Bob Noyce berichtete mir von einem Fall, wo selbst die aus dem Leitungswasser herausgefilterten Stoffe nicht wieder ins Abwasser zurückgegeben werden durften, sondern in Büchsen versiegelt abzutransportieren waren. Solche Gesetze treiben schnell die Siliziumlinien in nachsichtigere Gegenden. Am schlimmsten aber sind die ins

Abenteuerliche gewachsenen Preise für Häuser und Grundstücke, die Schranken des Wachstums aufbauen. Nur noch intensive Wertschöpfung, vor allem der Entwurf und die Entwicklung von Software – nicht mehr eine einfache Produktion – kann sich neu im Valley ansiedeln.

Das Tal hat auch seinen Frieden verloren. Agentengeschichten kursieren. Industriespione aus dem Osten Europas und dem Fernen Osten Asiens kommen in Scharen in die Gegend, die hohe Technologie verheißt. Die Bundeskriminalpolizei stellt Fallen, ertappt immer mehr, die auf die Angebote der Betriebsspionage eingehen. Immer dichter muß die Panzerung gegen Eindringlinge werden, offene Türen und lässige Unterhaltungen kann sich keiner mehr erlauben. Freunde sehen einander jetzt doch vor Gericht wieder, wenn sie sich mit einer Firmenneugründung trennen. Das Mitnehmen von Betriebsgeheimnissen wird jetzt unerbittlich verfolgt, ein Klima des Mißtrauens und der Zurückhaltung entsteht. Juristen, Patentanwälte, Sicherheitspolizisten und Informanten erlangen immer größere Bedeutung. All die bislang vermiedenen und so wenig geliebten Beiwerke einer sich versteifenden und alternden Industriekultur schleichen sich allmählich ins Valley hinein. Der stolze Satz der Halbleiterleute Kaliforniens »Wir schaffen Reichtum, andere verteilen ihn nur!«, er klingt immer weniger überzeugend.

Denn inzwischen ist ein Kriegszustand eingetreten, wieder ist ein Krieg über den Pazifik hinweg ausgebrochen. Es ist eine internationale Krise um den Halbleiterkristall; »nichi – bei handotai senso«, so nennen es die Japaner: der japanisch-amerikanische Halbleiterkrieg!

IX. Handotai Senso

Information sammeln!

Wie am Schnürchen hatte alles wieder funktioniert. Meine japanischen Freunde hatten mir ihre aktuelle Forschung gezeigt, ein enger Zeitplan war vollgestopft worden mit Information und Austausch. Artig hatte ich meine Schuhe vor der Tür ausgezogen, war mit Holzsandalen durch die Laboratorien geschlurft, durch Werkstätten und Hörsäle, die spartanisch und bescheiden, klein und zurückhaltend anmuteten. Aber überall intensive Arbeit, ein erschreckend genaues Wissen über die Vorgänge in Europa und in den USA, präzise Fragen – all dies in einer unvergleichlichen Verquickung höflicher Etikette mit bohrender Unnachgiebigkeit.

Draußen vor dem Tor des Labors wartete ein alter Taxifahrer, der mich zum Nachmittagstermin bei der Konkurrenz fahren sollte, quer durch enge und schmale Gassen, um hundert Ecken. Freundlich half er dem spitznasig-blassen Europäer in sein Auto, und schnell kam – in stockendem Englisch – ein Gespräch in Gang. Ob ich denn etwas von den neuen Computern und den Halbleitern verstünde, sonst wäre ich doch wohl nicht zwischen zwei solchen Laboratorien unterwegs? Aus Deutschland? Könnte ich ihm wohl eine Frage beantworten, die ihn bedrücke, weil er sie früh in der Zeitung gelesen und dann ein paar Mal im Radio gehört habe? Da hätte doch die große IBM gestern in New York berichtet, sie habe erstmals ein solches Ding zum Speichern von 64 Tausend Stück Information hergestellt. Diese Nachricht sei wichtig für Japan, er verstünde ja als einfacher Taxifahrer nichts davon; aber er wisse, daß man hier in Nippon unter allen Umständen bis 1985 gerade diese IBM einzuholen habe. Ob denn diese Hiobsbotschaft wirklich so furchtbar sei für Japan? Ich konnte ihn beruhigen, es war nur ein erstes Labormuster aus den USA. Mein Tip war, daß Nippon es nach aller Voraussicht schaffen würde. Selbst eine Wette wäre kein großes Risiko gewesen. Im Jahre 1983 beherrschten dann die japanischen Halbleiterfirmen tatsächlich zu fast drei Vierteln den offenen Weltmarkt für Siliziumchips, die 64 Kilobits an Information speichern. Aber mein Taxifahrer blieb besorgt und fühlte sich betroffen, genauso betroffen wie sein Frankfurter Taxikollege eine Woche später, weil Eintracht im Bundesligafußball zurückfiel; er hatte nie etwas von Silizium gehört.

»Nihon – ichi«, Japan ist Nummer Eins, steht auf der aufgerollten Papierfahne, die eine kleine Samuraipuppe trägt – ein Geschenk eines Freundes. Nummer Eins zu sein in einem »Krieg«, bei dem es auch um Autoexport, Stahlpreise und anderes geht, bei dem aber die Nummer Eins in allen Debatten und strategischen Aktionen dieses Kampfes fest auf ein Ziel gerichtet ist: den Siliziumkristall mit seiner Verheißung neuer Mikroelektronik. Jeder, der damit zu tun hat, gönnt sich keine Ruhe. Schon bei der Abholung am Flughafen beklagt die Frau des Kollegen, daß man als Gastforscher in Stuttgart den Papa wenigstens an einem halben Tag am Wochenende zu Hause hatte. Jetzt ist es anders. Jeden Wochentag wird gearbeitet; alle Tagungen und Konferenzen, Gutachtersitzungen und Fortbildungskurse werden nur übers Wochenende betrieben; der Kriegszustand kennt keine Gnade.

Abends treffe ich einen früheren Doktoranden, einen jungen deutschen Physiker, der jetzt als Gast in einem Forschungslabor der japanischen Industrie sein darf. Gerade hat er von seinem Kollegen im Labor, der im Betriebsrat ist, eine Neuigkeit erfahren und kann sie demonstrieren. Die Firma hat neue Taschenkalender herausgegeben. In Absprache mit den Arbeitnehmervertretern wurde in den Spalten jedes ersten Mittwochs im Monat ein kleines grünes Viereck eingedruckt. Großer Erfolg in der Auseinandersetzung: An diesem Tag, so hat der Firmenvorstand zugestanden, sollte jeder pünktlich nach Hause gehen, an diesem Tag also würde keine freiwillige Überstundenarbeit erwartet. Und dennoch hat man sich so an das Zuhause im Betrieb gewöhnt, daß auch hier noch bis spät abends durch die Labors geschlendert wird, gesprochen, gelesen, gearbeitet wird, viel Ritus dabei und ein Spiel, wer zuerst aufgibt und nach Hause fährt.

Erschreckende Bewunderung ergreift jeden, der regelmäßig Japan bereisen kann – und muß –, um sich anzusehen, wie gut es unsere ostasiatischen Konkurrenten gelernt haben, mit den Halbleiterkristallen umzugehen. Intelligenz, Disziplin, Pünktlichkeit und Sauberkeit – aber auch Unterwürfigkeit, Verzicht und Selbstaufgabe werden dem Silizium als Opfer dargeboten. Alle Tugenden einer sich hingebenden Präzision saugt die nationale Bemühung zur Mikroelektronik auf. Ein Land ohne Rohstoffe hat sich gezielt darauf eingerichtet, mit Intelligenz und Akribie Werte in die Struktur des Kristalls zu prägen und damit die neuen Märkte der Welt zu erobern. Der Erfolg ist sichtbar.

Nach Kriegsende 1945 arbeitete noch knapp die Hälfte aller Japaner in Landwirtschaft und Fischerei, noch nicht einmal ein Viertel beschäftigte die Industrie. Nach der Niederlage war alle Welt der Meinung, diese Insel sei allenfalls ein schon etwas weiter fortgeschrittenes Entwicklungsland, es trug ja noch nicht einmal 3 Prozent zur Weltproduktion bei – vernachlässigbar, aber dennoch wichtig als pazifischer Eckpfeiler in der amerikanischen Außenpolitik. General Douglas Mac Arthur, der neue Statthalter, wollte ein kommunistisches Arbeiterproletariat in diesem Lande verhindern. Er erzwang ein Schema, das einen gesicherten Arbeitsplatz mit geradezu lebenslanger Garantie als Beruhigung und als Anreiz von der großen Industrie gewährt wird. Dieses Prinzip wird später einen Druck auf ständige Modernisierung erzeugen, einen Druck aber, dem gleichzeitig durch die Garantie des Arbeitsplatzes viel von seiner Schärfe genommen wird. Hier wurde ungewollt eine Grundlage in den Arbeitsgesetzen gelegt, die sich gerade bei der Bewältigung der hektischen Mikroelektronik bewähren sollte.

Japan betreibt in den ersten Nachkriegsjahren keinen Wiederaufbau, sondern einen völligen Neuaufbau. Das strahlende Wirtschaftswunder der Bundesrepublik Deutschland, getragen von lange bekannten Gütern und Waren, findet in Japan kein Gegenstück. Aber die Japaner analysieren mit Sorgfalt alle Einzelheiten dieses Wirtschaftswunders, sammeln mit Bienenfleiß alle verfügbare Information und planen auf lange Sicht. Zunächst muß die Schwerindustrie, vor allem Stahl und Schiffbau, wieder aufgebaut werden, aber nur nach modernen Gesichtspunkten und von vornherein nicht mit der Idee, lediglich durch niedrige Stundenlöhne in der Welt konkurrenzfähig zu werden. Der Staat fördert die Einfuhr von Wissen, sorgt sich um Kontakte nach USA und Europa. Legionen junger Leute werden um die Welt geschickt, viele sehen darum schon sehr früh, was im Silicon Valley und bei Bell Labs neu geschieht. Zu Hause in Tokio wird nicht gefragt, wie die alten Techniken zu verteidigen seien, sondern immer und immer wird nach »future«, nach der Zukunft gefragt.

Eine eigene Forschung wird systematisch aufgebaut. Nicht die Erkenntnis der grundlegenden Zusammenhänge steht im Vordergrund, nicht die Naturphilosophie oder die schönen Künste, sondern die Fähigkeit zur Aufnahme neuer Technik und ihrer Nutzung. Großforschungszentren werden errichtet, die Universitäten werden ausgebaut und gelenkt, vor allem aber wird von Anfang an ein Klima des Gemeinsamen, eines nationalen Konsens im Hinblick auf die Notwendigkeit der industriellen Verwertung des Wissens geschaffen. Jedem Japaner wird eingehämmert, daß dieses dichtbesiedelte Land ohne Bodenschätze verhungern müßte, wenn es nicht mit neuesten Produkten hoher Wertschöpfung den Weltmarkt erobern würde. Alle haben sich unterzuordnen, die Freiheit des Forschers, sich seine Aufgaben selbst zu wählen, wird dem Ziel der technischen Innovation untergeordnet. Dazu gehört eine schmerzliche Beschränkung für die japanischen Physikerkollegen. Jahrelang müssen sie zusehen, wie die Halbleiterspezialisten in den USA und in Europa schnellen Zugang zu amerikanischen Computern, Meßgeräten und Werkzeugen haben und vortreffliche Forschung gestatten. Japan aber begrenzt diesen leichten Weg, einen Rückstand aufzuholen. Seine Forscher müssen zuerst diese Geräte verstehen, dann aber nachbauen. Die wissenschaftliche Fachwelt unterschätzt darum bis in die sechziger Jahre, was in diesem Lande geschieht. Dann aber ist eine eigene nationale Basis geschaffen.

Mit allen Mitteln wehrt sich Japan gegen bequeme Technologieimporte. Kaum gelingt es einer der großen, technisch und wissenschaftlich führenden Firmen, sich in Nippon einzunisten, Tochtergesellschaften aufzubauen oder mehrheitliche Beteiligungen zu erwerben. Lediglich Zusammenarbeit wird toleriert, während die Führung in japanischer Hand bleibt. Nur wenige Ausländer kommen in aktive Positionen; die japanische Sprache und Schrift zu beherrschen, ist eine weitere, schwer zu nehmende Hürde. Für die eigene Forschung und Technologie dagegen entsteht in Japan ein Netzwerk von Hilfen und Stützen. Auch kleine Betriebe können für anwendungsorientierte Forschung steuerliche Entlastung und Zuschüsse erhalten. Die Informationssysteme werden in einer Dichte und Tiefe ausgearbeitet, wie es andernorts kaum für möglich gehalten wird.

Information wird wie eine Waffe, wie ein Rohstoff behandelt. Im Westen ist jeder Forscher auf Kritik und Skepsis, auf Selbstbewußtsein und eigenständige Arbeit geschult. Er ist es gewohnt, ein fremdes Resultat mit Mißtrauen zu betrachten und zunächst einmal nachzuprüfen, was an dieser neuen Kenntnis wohl falsch sein könnte. Dieser Vorrang der Kritik hat zu den großen Erfolgen der westlichen Naturforschung geführt, er hat unbarmherzig das Falsche ausgemerzt und hat gleichzeitig den einzelnen Forscher zu persönlichen Höchstleistungen angetrieben. Gleichzeitig aber entstand zwangsläufig eine Barriere. »Not invented here« – das ist der Spruch der Abweisung. Was hier bei uns nicht erfunden wurde, kann nicht gut sein! So schirmen sich nicht nur die Universitäten voneinander ab, so verwehrt auch die Fabrik der Forschung den Zutritt und umgekehrt. Diese Seite des westlichen Individualismus wird in Japan gezielt bekämpft. Ein junger japanischer

Ingenieur wird ein amerikanisches Ergebnis ohne Vorurteil annehmen. Er wird eine fremde Arbeit mit Offenheit studieren, wie sie sich jeder westliche Forscher für seine eigenen Resultate wünscht, kaum aber für die Arbeit anderer aufzubringen bereit ist.

Sogar der Kaiser persönlich leiht sein Ansehen und läßt aus seiner Schatulle 50000 Yen in das »Institut für Erfindung und Innovation« fließen. Es ist zwar ein verschwindend kleiner Beitrag zu den jährlichen 12 Milliarden Yen (also 120 Millionen Mark), aber der Tenno unterstreicht so die Wichtigkeit. Information, Patente, Publikationen werden weit gestreut. Förderung und Anerkennung des Erfinders und ein freundliches Klima für Technik und Industrie sind die Aufgaben des Instituts »Hatsumei Kyokai«. Besonders die Jugend wird bedacht. Jährlich finden Ausstellungen für junge Erfinder statt, die bis zu 100000 Einsendungen vermerken können. Die besten erhalten Preise unter der kaiserlichen Schirmherrschaft. Eine richtige Weltausstellung wird für 1985 geplant. Das »Hatsumei Kyokai« unterhält Erfinderklubs. Mitglied kann man vom dritten Grundschuljahr an werden, wenn man sich qualifizieren kann. Wer Mitglied ist, wird betreut und kann auf einen beachtlichen Gerätepark zurückgreifen. Wichtigste Funktion dieser Institution für Erfindung und Innovation ist jedoch die schnelle und umfassende Weitergabe des technischen Wissens und die Verbreitung der Patentschriften; ohne einen solchen Dienst kann ein technologisch führendes Land nicht bestehen; darum ist stets ein Mitglied der kaiserlichen Familie im Präsidium vertreten.

Mit gezielter Sammlung technischer Information läßt sich der Aufbau eines Industrielandes planen. Es ist schon schwierig, die günstigen modernen Bereiche frühzeitig zu erkennen und sie danach einzuführen. Wesentlich problematischer aber ist es, die alten Industrien ohne Wachstumschancen frühzeitig genug abzubauen. Gerade aber dieses Thema sehen japanische Gesprächspartner immer wieder als schwierige Aufgabe an. Die Beschäftigung in der Landwirtschaft ist schon unter 10 Prozent gesunken, hier gibt es in den meisten Industriestaaten ebenfalls Erfahrung. Japan aber identifiziert und publiziert mit schonungsloser Härte immer wieder die Bedingungen in den »wesentlichen Niedergangsindustrien«. Dazu gehören vor allen Dingen die rohstoffintensiven Zweige der Industrie: Stahl, Petrochemie, Aluminium, Papier, Kunststoff-Fasern. Fast alle diese Zweige bringen Verluste ein, belasten zudem die Umwelt und fordern gleichzeitig hohe Importe teurer Rohstoffe. Seit den Ölkrisen der siebziger Jahre verschärfte sich diese Lage. Systematischer Abbau dieser Industriezweige ist nationales Ziel.

Was tritt an die Stelle dieser Sparten? Womit will Japan auf den Weltmärkten als Anbieter vertreten sein? Die Mikroelektronik mit ihren Geräten und Dienstleistungen von universeller Breite hat Vorrang. Den Halbleiterkristall einzusetzen, auf immer kleinerem Raum immer mehr Funktionen unterzubringen, daraus neue Produkte zu machen, dies ist der Schlachtruf im Handotai Senso. Das Ziel hatte man schon gegen Ende der fünfziger Jahre erkannt: Der amerikanische Computerriese IBM muß eingeholt und überholt werden. Das war selbst meinem Taxifahrer klargemacht worden.

Siliziumschaltkreise für den Sonnenaufgang

In allen japanischen Statistiken der wirtschaftlichen Stärke findet sich unweigerlich eine ausführliche Betrachtung der Halbleiter-Bauelemente als dem zentralen Punkt im Technologiewettstreit. Alle Instrumente staatlicher Planung sind auf dieses Ziel gerichtet. Stolz werden die Erfolge verkündet: Noch im Jahre 1970 mußte Japan ein Drittel seiner integrierten Schaltkreise einführen, aus Silicon Valley natürlich, aus Texas und Arizona. 1982 aber hatte sich die Lage ins Gegenteil verkehrt: Japan exportierte bereits dreimal soviel Schaltkreise in die Vereinigten Staaten und erzielte auf diesem Gebiet einen Handelsüberschuß von 200 Millionen Dollar. Für das gesamte Halbleitergebiet war der Überschuß schon weit über eine halbe Milliarde Dollar in einem Jahr angewachsen.

Die Mikroelektronik mit ihrem Kernstück der eigenen Entwicklung integrierter Schaltkreise wurde frühzeitig in den Katalog der gesamten wirtschaftlichen Planung Japans aufgenommen. Industrien, die nur große Mengen von Rohstoffen umwälzen, erhielten einen geringen Stellenwert, wenn auch die Stahlindustrie als Grundlage für Schiffbau und Automobilfertigung anfangs große Bedeutung hatte. Wie aber in ein so völlig neues Gebiet wie die Halbleiter-Elektronik eindringen? Welches waren und sind die Instrumente, mit denen die Japaner diese beachtliche Aufgabe so glänzend lösten?

Die Rohstoffe im Halbleiterkrieg sind nicht mehr gewaltige Massen von Stahl oder Beton. Der materielle Aufwand ist fast unsichtbar. Die wenigen Gramm eines Einkristalls aus Silizium fallen nicht auf. Information, Ausbildung, Disziplin und Sauberkeit, Ausdauer in einem sich beschleunigenden Wettbewerb und wirtschaftliche Gemeinsamkeit in der Strategie sind wichtiger. Die Information über diese neue

Technik lag noch auf der Straße. Man mußte sie nur systematisch aufsammeln und sorgfältig aufbereiten. Diese Aufgabe haben die Japaner mit größerem Ernst betrieben als die Urheber der Information es selbst tun. Der eitle individuelle Forscher im Westen ist freigebig genug, was die Veröffentlichung seiner wissenschaftlichen Resultate betrifft. In der Präsentation seiner Arbeit vor der Öffentlichkeit sieht er den Lohn für seine Arbeit. Sein in den Journalen gedruckt erscheinender Name, sein persönlicher Auftritt auf internationalen Fachtagungen, sein Beitrag in einem Patent sind Nachweise eigener Leistung. Dieser Lohn bewirkt immer neue Anstrengungen. Die Berücksichtigung dieser persönlichen Motive auch in den industriellen Laboratorien der USA, besonders bei den Bell Laboratorien, war ja der Schlüssel zum Erfolg gewesen und paßte zudem in die notwendige Politik eines staatlich gelenkten Monopols.

Information war also leicht zugänglich; man hatte nur Englisch zu lernen und systematisch vorzugehen. Die Japaner wissen, daß man im Ausland von ihnen sagt, sie seien besser im Organisieren des Informationsflusses als im Erzeugen neuer Information; aber diese Bemerkung stört sie nicht allzusehr. In großen Scharen ziehen seit Jahrzehnten japanische Fachleute durch Amerika und Europa, besuchen die Laboratorien und Universitäten. Makoto Kikuchi, der Forschungschef der Firma SONY, weiß pikante Einzelheiten zu erzählen. Kikuchi wurde schon frühzeitig als Student an das Massachusetts Institute of Technology gesandt, um moderne Elektronik vor Ort zu lernen. Regelmäßig geht er jetzt zu den wichtigsten Tagungen in den USA. Eines Tages sitzt man in der Kantine der Bell Laboratorien zusammen. Kikuchi fragt seine amerikanischen Kollegen, wie denn bei Bell die Arbeit am Programm der »Functional devices«, der neuen funktionellen Bausteine also, vorangehe? Keiner der Bell-Leute weiß davon, was ist denn das? Kikuchi ist verblüfft: »Aber Euer eigener Chef, Jack Morton, Vizepräsident, hat doch darüber gesprochen und geschrieben!« Nein, das gäbe es wirklich nicht, daran würde in den USA nicht gearbeitet. Tatsächlich aber hatte Morton hierüber gesprochen. In Japan waren seine Reden haarscharf analysiert worden. Man spann seine Ideen weiter, ein beachtlich finanziertes Programm wurde aufgebaut.

Japaner lassen sich von Worten, Parolen, begeistern und lenken. Schlagworte, die aus dem fremden Lande USA kommen, werden nicht als »not invented here« verachtet und verdrängt, sie dienen vielmehr als Rohstoff, als Steine des Gegners im Go-Spiel, die man selbst geschickt auszunützen hat. Darum andererseits reagieren die japanischen Fachkollegen jetzt außerordentlich gereizt, wenn man ihnen mangelnde Fairness vorwirft. Schlimmer noch: der beleidigte Forscher im Westen fühlt sich beraubt und klagt an, daß Japan kaum eigene Beiträge zu den Grundlagen der neuen Technik legt, aber mit den Anwendungen amerikanischer Forschung die Märkte des eigenen Landes erobert. Kikuchi wehrt sich – für alle seine Landsleute – gegen diesen Vorwurf. Die Debatten in den Wandelhallen der Kongreßsäle und auch auf den Diskussionspodien werden gereizter. Gegenargument aus Nippon ist, daß die Amerikaner in ihrer uneinigen Individualität ihre eigenen Aussagen gar nicht mehr ernst nähmen und keinen Grund hätten, Vorwürfe zu machen. Aber gleichzeitig versucht Japan mit allen Kräften, an der Schaffung neuer Information stärker beteiligt zu sein, um der Gefahr zu begegnen, aus der Gemeinschaft der forschenden Nationen ausgeschlossen zu werden.

Forschung wird in Japan nüchterner betrachtet als im Westen, wo ein Hauch eigenständiger Kultur und schöpferischen Alleingangs mitzuwehen hat. Schon in der Klassifizierung forschender Arbeit legen Japaner ihre Spielregeln fest: Grundlagenforschung und Anwendung sind nicht als Gegensätze aufzufassen. Forschung besteht aus einem System von vier Quadranten. Der Gegensatz von »grundlegend« ist nicht etwa »angewandt«, sondern ganz einfach »nicht-grundlegend«. Der Gegensatz zu »angewandt« wäre »abgewandt« oder »nicht-anwendbar«. Also gibt es vier Möglichkeiten. Erstens grundlegende, nichtanzuwendende Forschung, die »reine« Arbeit, wie man im Westen zu sagen pflegt – im Kontrast zur »unreinen«. Zweitens gibt es grundlegende Forschung, die neue Prinzipien und Methoden finden soll, die sich auf technische und soziale Fragestellungen anwenden lassen. Quadrant 3 würde enthalten, wie die praktische Arbeit ohne Grundlagen neu zu schaffen wäre; man könnte dies auch – so die japanische Erklärung – »Entwicklungsarbeit« nennen, sie hat aus den Grundlagen des Wissens neue Praxis zu schaffen. Der vierte Quadrant wäre die abgewandte, nicht-grundlegende Entwicklung, sie würde auch keinen Beitrag zu neuer Methodik liefern; ihr würde nicht nur ein Bezug sondern auch wisssenschaftliche Strenge fehlen. Dieser vierte Quadrant soll und darf darum gar nicht erst besetzt werden; Wissenschaftsmanager in Japan haben dafür zu sorgen, daß diese Forschung nicht stattfindet.

Folgerichtig hat eine große japanische Elektro-Firma, Matsushita, darum auch einen mit 50 Millionen Yen außerordentlich hoch dotierten »Japan-Prize« gestiftet. Er soll mit dem Nobelpreis konkurrieren, ist deshalb wesentlich großzügiger bemessen. Der Nobelpreis soll grundlegende Forschung belohnen, der Japanpreis aber ist ganz bewußt für erfolgreiche angewandte Forschung ausgesetzt worden.

Systematisch hat der fernöstliche Außenseiter die Forschung als Mittel zum Aufholen kultureller und technischer Rückstände benutzt, durchaus in Anlehnung an die Lage im kaiserlichen Deutschland des vergangenen Jahrhunderts. Drei Phasen der Entwicklung sehen die Japaner selbst. Die kaiserliche Universität war das Hauptinstrument in den Jahren vor 1900. Unmittelbar vor dem Zweiten Weltkrieg erreichte die zweite Phase ihren Höhepunkt, die hauptsächlich geprägt war von der Gründung großer nationaler Laboratorien. Nach dem Zweiten Weltkrieg aber war der mit Abstand wichtigste neue Schritt die systematische Gründung leistungsfähiger Forschungs- und Entwicklungs-Laboratorien der Industriefirmen.

Modernisierung des alten kaiserlichen Japan ließ sich – nach dem Beispiel der europäischen Schulen – nur mit einem prestigeträchtigen, scharf selektierenden Universitätssystem erreichen. Dennoch hatten bereits vor Beginn dieses Jahrhunderts die Ingenieurwissenschaften erhebliche Bedeutung gewonnen. Der starke Eindruck, den die westlichen Mächte auf Japan machten, kam ja von überragenden technischen Produkten. Von vornherein wurde also bewußt der Quadrant 2 stark besetzt, die anwendbare Grundlagenforschung, die wissenschaftliche Ingenieurkunst als das entscheidende Mittel der Modernisierung angesehen. Zum Berufsbild des praktischen Ingenieurs gehörte von vornherein dazu, wissenschaftlich arbeiten zu können und zu müssen. Dieser Trend wurde zu Beginn unseres Jahrhunderts noch verstärkt. Die Nationallaboratorien für Chemie, Kunststoffe, Textilien, Mechanik und vor allen Dingen für die Elektrotechnik, dienten zur Stärkung und zum systematischen Aufbau einer gut funktionierenden und ineinandergreifenden Infrastruktur des Landes. Militärischer Ehrgeiz und Pläne zur Eroberung neuer Räume beschleunigten diese Entwicklung.

Neue Prüfsteine einer Wirtschaft

Europäische Modelle, vor allem aus England und Deutschland, standen bis zum Zweiten Weltkrieg häufig Pate für japanische Entwicklungen. Nach dem Ende des Zweiten Weltkriegs aber wurden die USA zum herausfordernden Vorbild. Die japanischen Späher hatten schon sehr früh erkannt, daß die nobelpreisträchtige Grundlagenforschung auf den technisch und wirtschaftlich aussichtsreichen Gebieten in den USA von den Industrielaboratorien getragen wurde. Die Forschungsstätten der Telefon- und Elektroindustrie an der Ostküste der USA dienten als Vorbild, gleichzeitig aber wurde die Rolle des Silicon Valley als einer Ansammlung kleiner Firmen zur Nutzung neuer Wissenschaft schon früh erkannt. Vielleicht haben die Japaner dieses neue wirtschaftliche Phänomen in Kalifornien sogar zeitiger als die Amerikaner selbst gesehen, sicherlich eher aber als alle Europäer. Ich entsinne mich vieler Gespräche mit japanischen Kollegen in den frühen sechziger Jahren im Silicon Valley. Schon damals fiel mir der eigenartige Widerspruch auf zwischen der wildwachsenden Spontaneität unserer eigenen Arbeit auf der einen Seite mit andererseits der bitterernsten Systematik der Beobachtung japanischer Besucher, die damals noch gar nicht Mitspieler waren und vielleicht deshalb weiter in die Ferne dachten. Europäische Besucher kamen nicht; das Wirtschaftswunder in Deutschland florierte so gut mit konventionellen Produkten.

Aufbau des Weltstandards industrieller Leistung mit der unerbittlichen Strenge wissenschaftlicher Methodik war also das Motiv zur Gründung der vielen industriellen Forschungslaboratorien. Von vornherein wurde schonungslos auf die führenden Technologien geachtet, kein Ausweichen auf billigere, einfachere Techniken gestattet. Das bloße Übernehmen fremden Wissens entfiel, die Gründung anspruchsvoller Laboratorien innerhalb der Industrie erstrebte eine wirklich wissenschaftliche Aneignung neuer Kenntnisse. Grundlegende Forschung mit dem Blick auf das Anwendbare, so lautete das Konzept zur Integration und zum Beherrschen neuer Technologien; der Halbleiterkristall stand dabei schon früh im Rampenlicht, die Mikroelektronik wurde frühzeitig als Schlüsseltechnik erkannt.

Bewußt wurde gesteuert und unterstützt, daß die japanische Mikroelektronikindustrie andere alte Industrien verdrängte. Ein starker innerer Markt für Produkte der Unterhaltungselektronik forcierte diesen Trend. Diese Grundlage war und bleibt wahrscheinlich wichtiger als die staatliche direkte Lenkung. Die Japaner wehren sich vehement gegen die Anschuldigung, sie betrieben unlauteren Wettbewerb durch eine staatliche Intervention. Immer wieder verweisen sie auf zwei wesentliche Punkte. Nur ein geringer Teil der japanischen Forschung wird direkt vom Staat finanziert. Zweitens bleibt der innere Wettbewerb zwischen den einzelnen Firmen der Hochtechnologie in aller

Schärfe bestehen. Das Journal of Japanese Trade and Industry veröffentlichte folgende Vergleichsziffern für den Anteil des Staates an den Forschungsgesamtausgaben (einschließlich Verteidigung): USA 48 %, Frankreich 58 %, Großbritannien 48 %, Bundesrepublik 44 %, Japan 28 %. Die beiden Verlierer des Zweiten Weltkriegs sind naturgemäß schwächer auf dem Rüstungsgebiet engagiert, aber selbst bei Vernachlässigung aller Ausgaben für Verteidigung stellt sich für die Japaner die Bilanz immer noch so dar: Anteil des Staates an der Forschung – Verteidigung ausgenommen – USA 33 %, Bundesrepublik 41 %, Frankreich 47 %, Großbritannien 32 % – und Japan am Schluß mit nur 28 %. Solche Zahlen bedürfen natürlich stets einer genauen Überprüfung und einer Verabredung. Dennoch sieht man, daß die unmittelbaren staatlichen Eingriffe, wie wir sie zur Zeit vor allem in Frankreich beobachten, in Japan keineswegs das Hauptinstrument der Förderung moderner Technologie sind.

MITI lenkt

Unmittelbare Förderung durch direkte Finanzierung einer technischen Entwicklung ist weniger nötig in einem Lande, das zu einem nationalen Konsens gelangen kann. Staatliche Stellen dienen darum mehr zur Lenkung, zur Formulierung gemeinsamer Ziele. Eine der wichtigsten japanischen Institutionen für diese Aufgabe ist das Tsusansho, für Westler genannt MITI, das Ministerium für internationalen Handel und Industrie. Diese vier Buchstaben flößen den amerikanischen Konkurrenten wahren Schrecken ein, ein allgewaltiges Superministerium wird als Gegner vermutet. Handel, Technologieentwicklung, Wirtschafts- und Außenpolitik scheinen hier unter einem Dach vereint zu sein. Aber eine autoritäre Befehlszentrale ist das MITI nicht.

Während des Krieges koordinierte das MITI als Beschaffungsamt einen beachtlichen Teil der japanischen Wirtschaft, es verlor aber diese Stellung sofort nach der Kapitulation. Erst in den fünfziger Jahren, etwa gleichzeitig mit dem bewußten, beschleunigten Ausbau der industriellen Forschung und Entwicklung, begann sich die neue umfassende Machtposition dieser staatlichen Behörde auszuweiten.

In den Nachkriegsjahren war die Frage des technologischen Imports, der Beschaffung der knappen, unbedingt notwendigen Dollar-Devisen, bedeutendstes Problem der japanischen Industrie. Das MITI teilte die fremden Währungen zu, überwachte damit die Investitionen.

Alle Lizenzverträge mit ausländischen Partnern, wie auch die damit verbundenen Pläne eigener Fertigung mit der Hoffnung auf einen späteren Export liefen über die Schreibtische der MITI-Beamten. Als führende Fachleute der Regierung, oft mit guten technischen Kenntnissen, genossen sie hohes gesellschaftliches Ansehen. In der Nachkriegszeit eines im Kriege geschlagenen Landes ohne nennenswertes Gewicht in der Weltpolitik, darum also mit relativ bedeutungsloser Außenpolitik und ohne jegliche militärische Machtelite mußte also die Wirtschaftspolitik die wichtigste Rolle einnehmen. In der jungen Bundesrepublik Deutschland war dies auch der Fall. In Japan aber gab man dem MITI durch die Kombination mit technischer Planung stärkeres Gewicht. So etwas war in Deutschland unter dem Programm einer freien Marktwirtschaft nicht denkbar.

Das MITI sieht seine Aufgaben in vier Bereichen. Erstens muß der internationale Handel Japans gefördert werden. Japan ist ohne Handel nicht lebensfähig; die Weltmärkte auch angesichts großer Exporterfolge offenzuhalten, ist nationale Pflicht. Zweitens sollen alle sich entwickelnden neuen Trends auf den Märkten der Welt genauestens überwacht werden; die Ergebnisse der Überwachung müssen schnell allen Interessenten in der Industrie zugängig gemacht werden und müssen frühzeitig zu gemeinsamen Strategien führen. Das MITI hat hierzu eine Fülle von Beratungsgremien eingerichtet, führt oft in diesen Kommissionen den Vorsitz und sorgt für Konsens in der Planung, auch ohne direkte Befehlsgewalt. Als dritte Aufgabe zitiert das MITI die Verbesserung internationaler Zusammenarbeit. Von neuen großen Projekten darf Japan nicht ausgeschlossen bleiben, weiterhin erfordern die japanischen Exportinteressen eine ständige Arbeit, die zur Harmonisierung internationaler Spannungen beitragen kann und damit die Liberalisierung des Außenhandels zugunsten Japans erhält. Als vierte Aufgabe erscheint die Regulierung des Außenhandels. Dies bedeutet Förderung und Kontrolle der Importe und Exporte. Eine Gesellschaft zur Außenhandelsförderung, die JETRO, wurde 1958 nach alten britischen Vorbildern gegründet. Sie ist wesentlicher Teil der ausländischen Präsenz Japans geworden, macht damit das diplomatische Corps zu einem vorzüglichen Instrument der Informationssammlung.

Im Inland untersteht dem Ministerium ein Netz von Behörden. Nicht nur wirtschaftliche oder finanzpolitische, handelsrechtliche oder patentrechtliche Fragen können von diesen Behörden behandelt werden. Dem MITI unterstehen direkt auch rein technisch und wissenschaftlich arbeitende Laboratorien. Das Electrotechnical Laboratory ist eines dieser Forschungslaboratorien. Es war ursprünglich, ähnlich wie im Deutschen Reich die Physikalisch-Technische Reichsanstalt in Berlin, als Einrichtung zum Testen elektrischer Maschinen und Geräte und zur Überwachung von Meß- und Eichproblemen der Elektrizität eingerichtet worden. In den fünfziger Jahren, schon bald nach der Erfindung des Transistors, wurde diesem Labor auch Informationssammlung und zunehmend eigene Entwicklungsarbeit übertragen. Das Labor hat in den letzten Jahren als eine der wichtigsten Schmieden für hervorragend ausgebildetes Personal gedient. Für eine solche relativ neutrale Organisation war es leicht, vielfältige Kontakte zu allen großen Forschungsstätten der Welt zu knüpfen. Industriefirmen heuerten, wo sie nur konnten, die hier aufgewachsenen Spezialisten als Chefs ihrer neu einzurichtenden Forschungslaboratorien an. Für die gemeinsamen Aktionen auf dem Gebiet der Halbleiterschaltkreise holte man sich die Projektleiter aus diesem Labor und betraute sie mit der Koordination der Industriekooperation.

Wer einen ehemaligen MITI-Fachwissenschaftler in seine Firma ziehen konnte, war günstig dran. Ein in Japan wichtiger unmittelbarer Kontakt zum mächtigsten staatlichen Lenkungsorgan war damit geschaffen. Kein bedeutendes Industrieunternehmen kann ohne die Hilfe und das Wohlwollen von MITI etwas erreichen. Die Fülle der Informationen, der Zugang zu den Daten, das frühe Erkennen neuer Planung, die Mitsprache in den ausgedehnten Phasen der Absprachen vor Entscheidungen konnte und kann nur über MITI erreicht werden. Allein die überragende Rolle der Weiterleitung gesammelter Information war wesentlich. Dennoch wurde verhindert, daß MITI zu einer tyrannischen Monsterbürokratie wurde – vielleicht liegt hier eine der bedeutendsten Leistungen japanischen Zusammenlebens. Wirtschaftspolitik wird nicht diktiert; zunächst wird nur Hilfe durch Informationsverteilung gewährt. Politischer Streit und alle wirtschaftlichen Interessenkonflikte werden systematisch harmonisiert. Schon allein die in den westlichen Ländern so intensive wie fruchtlose Unterscheidung und Polarisierung zwischen Forschungspolitik und Wirtschaftspolitik entfällt fast automatisch. Die Industrieunternehmen erkennen den Nutzen einer freiwilligen Anerkennung der MITI-Rolle zur Kompromißfindung. Die Verwaltungsstrukturen bauen auf den Sitten des Landes auf, deren Hauptziele die Einigung, die Vermeidung offener Konflikte und unter allen Umständen die Verhinderung des Gesichtsverlustes sind. MITI führt in vielen Gremien mit Senioren den Vorsitz. Wer in einer Verhandlungsrunde in Japan der Älteste ist, hat automatisch besonderes Gewicht, darum ist bereits die Zusammensetzung solcher Gremien von Bedeutung.

»Visionen« – so lautet die bezeichnende Namensgebung vieler weitreichender MITI-Programme für die künftige technische Entwicklung Japans. Mit der gegenwärtigen Information und den in aller Welt gesammelten Einschätzungen und Voraussagen wird ein bis in die Einzelheiten ausgearbeitetes Modell für die Entwicklung gezeichnet. Es dient allen Interessenten als Diskussionsgrundlage, nicht als ein starrer Wirtschaftsplan wie in den östlichen Planwirtschaften. Eine mögliche Landschaft wird aufgezeichnet, in der jeder japanische Partner neue Möglichkeiten, aber auch neue Verpflichtungen frühzeitig anvisieren kann und eigene Prioritäten setzen soll. Anpassungsmaßnahmen und Stoff zum Nachdenken darüber werden geliefert. Eingriffe von geringer Popularität, die das MITI betreibt, sind vor allen Dingen gerade die schmerzhaften Maßnahmen des Einschränkens und Schrumpfens nicht mehr gewünschter, unrentabler und umweltbelastender Industrien. Ein Halbleiterkrieg braucht realistische Strategien für Rückzüge und Frontbegradigungen.

Die größten und berühmtesten Visionen des MITI betrafen den Kristall. Halbleiter wurden schon vor 1960 als Grundlage der Mikroelektronik und Mikroelektronik als Grundlage moderner Industrie erkannt. Schüchtern und noch ein wenig unsicher, kam eines Abends ein japanischer Freund, aus dem Electrotechnical Laboratory aus Tokio entsandt nach Stanford, in unser kalifornisches Haus. Er war an unserem alten Auto interessiert, aber dann war es ihm doch zu teuer. Wir blieben miteinander im Gespräch, er schaute sich von seinem Halbleiterlabor in Stanford systematisch im gesamten Valley um. Einige Jahre später schon war er es, der interessierte amerikanische Besucher empfing. Yasuo Tarui war aus dem Electrotechnical Laboratory delegiert, um eines der ganz großen Gemeinschaftsprojekte der japanischen Industrie, der Hochschulen und des Staates zu lenken: das VLSI-Programm. Very Large Scale Integration, die Größtintegration der Halbleiterbauelemente, war das Thema.

Auf der Grundlage der riesigen Informationsmenge gingen die Japaner gemeinsam dieses Ziel an, ohne aber ihre inzwischen immer zahlreicher gewordenen Halbleiterfirmen einfach zu einer einzigen Supergruppe zusammenzuzwingen. Nur die Forschung, die frühe Planung, die Absprachen zu nötigen Normen und erste Vorversuche sollten von den Firmen gemeinsam durchgeführt werden. Klare Zielvorgaben wurden gesteckt, Zeitpläne aufgestellt, Pflichten verteilt. Nach Beendigung dieser Startphase sollten das MITI und alle anderen staatlichen Stellen sich wieder zurückziehen. Wie ein Segelflieger in die Höhe gezogen wird und nach dem Start das Zugseil auszuklinken hat, so sollten sich die Firmen dann aus dem Verbund lösen und jede für sich weiterfliegen. Kaum jemand in den USA glaubte, daß dies tatsächlich so ablaufen würde, man fürchtete, daß das VLSI-Programm, trotz aller Bekundungen, nur die erste Stufe zu einem Mammutblock »Japan Incorporated« sein würde.

Aber es geschah wie verkündet. Mannschaften aus einzelnen Firmen wurden zu zwei großen Blöcken formiert, die teils in Konkurrenz, teils in Arbeitsteilung alle besonders schwierigen Voraussetzungen zum anspruchsvollen Integrationsprogramm durcharbeiteten. Neue Verfahren der Phototechnik zum Aufbringen der feinsten Muster auf dem Silizium wurden entwickelt. Neue Maschinen entstanden aus diesen Forschungen, sie wurden als Prototypen ausprobiert, dann weitergereicht an mittlere und kleinere Produktionsbetriebe, die damit neue Produkte, neue Marktchancen erhielten. Die rigorose Strenge und die anspruchsvoll gesteckten Ziele ergaben harte Anforderungen, aber gleichzeitig war sichergestellt, daß diese Werkzeuge für die Präzisionsbearbeitung des Siliziumkristalls auch wirklich von den Herstellern im Lande übernommen werden würden. Das MITI kannte den Stand der amerikanischen Konkurrenz genau und ließ sich nicht mit schlechteren Lösungen abspeisen. Nur bei mindestens gleicher Qualität ließe sich mit den neuen Maschinen auch der Weltmarkt erobern. So entstand und entsteht ein völlig neuer Bereich einer Superpräzisions-Maschinenbauindustrie in Nippon selbst. Raffinierte technische Beherrschung verlangt der Siliziumkristall. Optische Methoden werden verfeinert; Laserlicht zum Beherrschen von Abständen unter einem tausendstel Millimeter verwendet. In großen Kammern aus Edelstahl brennen Gasentladungen, deren ionisierte Atome zum gezielten Abätzen der Kristalloberfläche genutzt werden. Sorgfältig geregelte Temperaturen, auf Bruchteile eines Grads genau bestimmt, brauchen die Öfen, wo die fremden Atome in den Kristall dringen und die gewünschten Funktionen bewirken. Automaten entstehen, um die Scheiben des spröden Siliziums ohne Bruch und ohne Verschmutzung von einem Arbeitsgang zum nächsten zu leiten.

Diese Entwicklung wurde nicht wie in den USA in Doppelarbeit und Konkurrenz geleistet, sondern in Absprache. Allen Mitgliedern der Entwicklungsmannschaft wurde diese Technologie zugänglich gemacht. Dafür konnte man sich ein im Westen schier unvorstellbares

Maß an Arbeit leisten. Einmal ging es tief in die wissenschaftlichen Grundlagen, dabei halfen auch die Universitäten mit. Zum anderen aber wurde mit einer für westliche Maßstäbe geradezu entsetzlichen Breite und mit einer an Sturheit grenzenden Ausdauer in riesigen Versuchsreihen jede auch nur irgendwie denkbare Veränderung der Kennwerte durchgeführt und ausgemessen. Das Prinzip an wenigen intelligenten Versuchen kennenzulernen, diese westliche Einstellung genügte nicht. Der tatsächliche Versuch mußte in jeder nur möglichen Variante durchgezogen werden. Massenfertigung mußte auf Massenexperimenten aufbauen.

Tausende und aber Tausende von Siliziumscheiben liefen in einem der Gemeinschaftslaboratorien durch die Öfen und Maschinen. Leiter dieser Gruppe war wieder einer, der vor Jahren in die USA gesandt worden war, wieder aus dem Electrotechnical Laboratory des MITI. Bei Bell hatte er die letzten Kunstgriffe der Züchtung und Beobachtung des Kristalls erlernt, jetzt wurde sie im großen Stil zu Hause in die Praxis umgesetzt. Der Exerzierplatz des VLSI-Material-Labors zeigte jede Schwäche des Kristalls, legte jede Abweichung des Kristallbaus unbarmherzig offen. Alle nur irgendwie erdenklichen Kombinationen von Herstellungsprozessen wurden ausprobiert, jede Mischung von fremden Zusätzen im Siliziumkristall untersucht. Bei einer internationalen Konferenz über die Physik der Halbleiter in Kioto konnte ich vom Podium aus zusehen, wie die westlichen Fachleute auf einen Bericht von dieser wahren Materialschlacht reagierten. Zunächst zeigte sich leicht spöttisches Zucken um die Mundwinkel, daß die japanischen Konkurrenten nicht mit wenigen gezielten Versuchen das wissenschaftliche Prinzip ergründeten, sondern offensichtlich jede nur denkbare Möglichkeit wirklich mit Tausenden von Versuchen stur durchspielten. Aber im Laufe des Vortrags zeigte sich die Breite, der bittere Ernst der japanischen Arbeit, ein Erfahrungsschatz wurde deutlich – oder wenigstens angedeutet –, der einen immer mehr das Fürchten lehrte. Sorgenfalten wurden sichtbar, immer tiefer; immer ernster wurden die zunächst so überheblichen Gesichter.

Einige Jahre später zeigte sich der Erfolg: Nahezu der gesamte Weltmarkt für die neuesten Siliziumspeicher war den Japanern zugefallen. Ihre Prozesse waren sauberer, zuverlässiger, sie kannten alle möglichen Fehler, die der Siliziumkristall mit einem Versagen seiner Speicherfunktion beantworten würde. Sie wußten aus Theorie und mühseliger Praxis, welcher der beste Weg war, wie die Ausbeute in der Produktion auf sagenhafte Weise zu steigern und damit die Schwelle zwischen Profit und Defizit zu überspringen war. Nur scheinbar mühelos, in Wahrheit aus der Mühe gemeinsamer Anstrengung mit dem Kristall, war ihnen dieser unbestreitbare Triumph gelungen. Unter den zehn größten Halbleiterherstellern waren 1983 schon vier Japaner; nur ein Europäer – Philips – war in dieser Liga noch dabei und in nur vier Jahren um zwei Plätze auf den Rang sechs gefallen!

Ein gut geführtes staatliches Telefonnetz kann heute mühelos große Gewinne erzielen, die Lust der Leute am Plaudern läßt sich nutzen, Geräte leisten automatisch Tag und Nacht die Arbeit, wenige lohnhungrige Fachleute werden gebraucht. »Mushi-mushi«, begrüßen die japanischen Leute einander über den Draht. Eine hohe Dichte an Telefonanschlüssen hat sich das Land in kurzer Zeit zugelegt. Die Telefongesellschaft Nippon Telegraph and Telephone, NTT, ist zu einem mächtigen Faktor geworden. Mit ihrem großen Inlandsnetz hat sie sich starke einheimische Lieferfirmen großgezogen, die sich jetzt überall in die Weltmärkte der Telefonie drängen. Telefonschaltzentralen sind eigentlich nichts anderes als große Computer, die in kurzer Zeit die schnellsten Verbindungswege zu suchen und die Weichen zu schalten haben. So wie die Computer einst mit mechanischen Schaltern arbeiteten und heute das Silizium benutzen, genauso geht es den Vermittlungsstellen: Sie werden nicht mehr mechanisch, sondern elektronisch geschaltet. Sprache und Datenströme, Fernsehbilder und konzertreine Musik werden digital aufbereitet, gebündelt, kodiert und übertragen, dann wieder zerteilt und an den Empfänger weitergegeben. Shockleys und Kellys alte Träume vom vollelektronischen Festkörper-Telefonsystem verwirklichen sich heute. NTT steckte als damals noch staatliche Behörde alles Verdiente wieder in neue Forschung und Entwicklung. Das überragende, den japanischen Besuchern einst so unerreichbar strahlende Vorbild der Bell Telephone Laboratories wird in Tokio und Umgebung nachgeahmt – und mit erstaunlichem Erfolg.

NTT stellt keine Telefone her, installiert sie bloß – wie es auch die Deutsche Bundespost und die meisten anderen Fernsprechverwaltungen tun. Dennoch unterhält NTT drei große Forschungs- und Entwicklungslaboratorien. Ein riesiges Gebäude in Musashino bei Tokio ist das Hauptquartier, für die Forschung am Kristall und seinen Eigenschaften allein wurde gerade in Atsugi – nahe dem heiligen Berg Fuji – ein besonderes Materialforschungszentrum eingerichtet. Mit den selbst erarbeiteten genauen Kenntnissen von den Möglichkeiten der modernen Technik und einem exakten Überblick über den internationalen Stand kann kein Anbieter der NTT etwas vormachen. NTT weiß genau, was möglich und erreichbar ist, eine Peitsche höchster Qualitätsansprüche und ständiger Modernisierung und Verbesserung wird ohne Erbarmen über allen Lieferfirmen – ob aus Japan oder sonstwoher – geschwungen. Wer der NTT ein Fernmeldesystem verkaufen kann, der kann es überall in der Welt getrost anbieten, schärfere Kontrollen und Qualitätsmaßstäbe gibt es kaum. Die nationale Telefonbehörde also stärkt damit die Exportfähigkeit ihrer Zulieferer, in bester alter europäischer Tradition, aber heute mit ganz anderen Größenordnungen. Der bundesdeutsche Forschungsminister war bei einem Japanbesuch im Jahre 1983 erschrocken, als er erfuhr, daß NTT für Forschung und Entwicklung anderthalbmal so viel ausgibt, wie die gesamte große Max-Planck-Gesellschaft mit ihren über 50 Instituten in allen möglichen Bereichen der Physik, Chemie, Biologie, Weltraumforschung, Geschichte, Recht und Psychiatrie und vielem mehr die Bundesrepublik kostet.

Unnachgiebige Strenge, das ist die Politik der staatlichen Stellen in Japan, um Qualität zu sichern. Das jahrzehntelange schäbige Image japanischer Waren, der Ruf, nur ein billiger sklavischer Nachahmer westlicher Erfinderkunst zu sein, mußte beseitigt werden. In den USA hatte das Militär in der Frühphase der Halbleitertechnik nicht auf die Kosten geschaut, dafür aber Zuverlässigkeit und Genauigkeit erzwungen. In Japan müssen es zivile staatliche Stellen mit Prestige und Monopolstellung sein, die diese Rolle übernehmen. Aus dem Vorwurf mieser japanischer Qualität mußte das Gegenteil, die Hochachtung vor japanischer Präzision, erarbeitet und erzwungen werden. Ein alter Vorgang wiederholte sich hier, denn einst war »Made in Germany« wegen der schlechten Qualität von den herrschenden Briten als Stempel gefordert worden – doch dann wurde es zum Gütesiegel.

Von MITI, NTT und anderen staatlichen Behörden mehr gefordert als gefördert, schon gar nicht subventioniert, entwickelte sich zunächst mühselig, dann aber immer schneller eine neue japanische Industrie. Der Übergang von der alten Elektrotechnik mit Kupfer und Magneteisen zur neuen Elektronik mit dem Siliziumkristall wurde in Japan besser beherrscht als in Europa und den USA. Hier, im Land der aufgehenden Sonne, schafften die traditionellen Firmen tatsächlich den Übergang ins Neue. Daneben entstehen Ableger und Kreuzungen zwischen den alten Firmen, ganz neue Betriebe tauchen auf, Zulieferer und Spezialisten. Was noch im Laborstadium ist, vertraut man lieber einer kleineren, neuen Firma an, die man unter dem schützenden Halbschatten eines großen Handelshauses gerade mit der richtigen Dosierung von Hilfe aufwachsen läßt.

Massive Investitions-Ströme

Japanische Wirtschaft gibt auch den Fachleuten Rätsel auf. Wer wem gehört, das ist schwer festzustellen. Absprachen und Finanzierungsgemeinschaft scheint es überall zu geben. Wenige große Industrieblöcke, dennoch von erstaunlicher Geschmeidigkeit, scheinen mit ihren Banken, Handelsvertretungen, politischen Gewichten, den Ton anzugeben und dennoch bis in die kleinsten Einzelheiten hinein die Verantwortlichkeit genau zu definieren.

Die Struktur der japanischen Industrie ist von eigenartigen Gegensätzen geprägt. Wer sich nur mit dem Auto in die Laboratorien der großen Konzerne fahren läßt, erkennt nicht das komplette Gegenteil einer handwerklichen Kleinindustrie. In den Gassen und Winkeln der Vorstädte trifft man vor den Häusern kleine Werkstätten, die scheinbar Tag und Nacht mit einfachsten Hilfsmitteln Metallteile bearbeiten, Sortierarbeit vollbringen oder Teile zusammenbauen. Es sind die unzählig vielen Heimarbeitsbetriebe, die den Deutschen immer an Gerhart Hauptmann und seine »Weber« denken lassen. In Körben auf dem Rücken, auf Fahrrädern oder schon mit kleinen Transportern schaffen sie ihre Produkte zur Sammelstelle. Vom großen Konzern, der ihnen ihre Arbeit billigst entlohnt, sind sie oft total abhängig. Große Unterschiede in der Ausbildung finden sich zwischen den spezialisierten Naturwissenschaftlern und Ingenieuren der Großkonzerne und den Familien der zuliefernden Kleinbetriebe.

Die großen Firmen aber, entstanden aus den alten Konzernen und Handelshäusern, stehen im Technologiekrieg an der Vorderfront. Fujitsu, mit engen Bindungen an ein deutsches Unternehmen, hat sich in dem vom MITI entfachten Konkurrenzkampf um die Computerfabrikation ganz nach vorn geschoben und ein erstes nationales Ziel erreicht, nämlich die japanische Tochter von IBM von der ersten Stelle im Inlandsmarkt zu verdrängen. Die neue Forschung der Fujitsu an neuen Halbleiter-Kristallen war so gut, daß die großen Laboratorien in den USA auch auf diese Linie einschwenken mußten. Es sind vor allen Dingen die stetigen, für westliche Begriffe unverantwortlich hohen Investitionen, die den Amerikanern Unverständnis und Sorge bereiten.

Wer kann schon jahrelang hintereinander 20 % und mehr vom Umsatz immer wieder in Forschung, Entwicklung und neue Produktionsmittel hineinpumpen? Als im Jahre 1975 wieder einmal einer der üblichen hektischen Rückschläge für die amerikanische Industrie kam, und man nicht genug Geld zur Investition hatte, hohe Zinsen drückten und die Börse und die Aktionäre nicht jedes Vierteljahr mit roten Zahlen verprellt werden durften, da wurde gespart. Die Hälfte der Belegschaften mußte gehen, neue Anschaffungen unterblieben. Heute sagen die Japaner, daß hier eben der Fehler in den USA gelegen hätte. Japan nämlich hat weiter ausgebaut und war lieferfähig, als der unbeherrschte Halbleitermarkt genauso hektisch wieder in die andere Richtung ausschlug. Die sechs wichtigsten japanischen Firmen, die sich mit den Metall-Oxid-Silizium-Speichern, den neuen MOS-Schaltkreisen also, ihre Marktanteile erobern wollten, investierten im Jahre 1982 über 20 % ihres Umsatzes in neue Vorrichtungen. Dieser Betrag lag höher als der schon im Jahre 1978 für unglaublich gehaltene Satz von 14 %. Die USA lagen dagegen um viele Prozentpunkte darunter. Die nächste Generation der Siliziumschaltkreise, die 256 Tausend Bit Information auf kleinster Kristallfläche speichern können, wird jede Firma mehr als 100, vielleicht gar 200 Millionen Dollar als Minimum gekostet haben. Woher nimmt man so viel Geld?

Die Finanzierung solcher Riesenvorhaben erhält keine direkte, bestimmt aber indirekte Hilfe vom japanischen Staat. Das MITI hat viele Register, um Geldströme zu lenken und zu kanalisieren. Mit Ingrimm weisen die amerikanischen Beobachter immer wieder auf die Ungleichheit der Chancen. In Japan ist von vornherein die Sparneigung größer als in den USA, wo man schließlich zu konsumieren hat, um die Wirtschaft anzukurbeln. Zur Zeit liegt die Sparquote in Japan mit etwa 18 Prozent rund dreimal so hoch wie in den USA, in früheren Jahren war dieser Anteil am Einkommen, der auf die hohe Kante gelegt wird, sogar noch höher, nämlich fast 25 %. Auch in der jungen Bundesrepublik, im Wirtschaftswunderland, waren es diese hohen Sparquoten, die den Aufbau finanzieren ließen. Kaufkraft wird im Inland zum Beispiel über die Postsparbücher abgeschöpft; die japanische Post ist bekannt für eine recht oberflächliche Kontrolle. Meinetwegen soll der Postsparer manches dem Finanzamt verheimlichen, sogar hinterziehen können, Hauptsache ist, daß er sein Geld beim Staat wieder anlegt. Große Ströme flüssiger Mittel können dann über staatliche Entwicklungsbanken und andere Kanäle wieder in die Wirtschaft gelenkt werden. Es mag wohl zutreffen, daß Forschung und Entwicklung an den neuen kleinen Wunderdingen aus Silizium nur zu einem geringen Teil vom Staat direkt finanziert werden, wie in den Statistiken steht; indirekte Hilfe hinter den Kulissen und Lenkung durch das Ministerium für Internationalen Handel und Industrie kommt noch hinzu und bedeutet eine Stärkung gegenüber der ausländischen Konkurrenz!

Auch die bürokratischen Hemmnisse mögen geringer sein als in den Vereinigten Staaten, denn Japan hat viel weniger Bürokraten. Zwar ist der japanische Umgang kompliziert, voller Rituale und Schranken, voller Prüfungen und Absicherungen. Verzweifelt schrieb mir vor Jahren ein früherer Doktorand aus einem großen japanischen Labor der Elektronikindustrie: »Hier brauche ich Tage, um ein etwas ungewöhnliches Experiment zu machen. Einen Ofen wollte ich für meine Kristalle über Nacht angeschaltet lassen. Fünfzehn Stempel, das sind hier die Unterschriften, habe ich bei allen möglichen Leuten sammeln müssen. Nein, so werden die Japaner es nicht schaffen.« Heute denkt er anders. Trotz der komplizierten Umgangsformen – vielleicht sogar deswegen – marschieren die Divisionen im Nichi-bei-handotai-senso, dem Halbleiterkrieg, im wohldisziplinierten Gleichschritt, alle zusammen auf klar definierte Ziele zu.

Die Gewerkschaften sind zahm und nicht zentral organisiert. Zwar gibt es immer wieder Streiks; gar nicht so wenige Arbeitsstunden gehen der japanischen Industrie durch solche Kampfmaßnahmen verloren – mehr als in der Bundesrepublik in normalen Jahren. Jeder Betrieb hat seine eigene Gewerkschaft, das erleichtert dem Arbeitgeber manches. Die enge Bindung des Arbeitnehmers an den Betrieb, die Sicherheit eines Arbeitsplatzes, jedenfalls in den Großbetrieben, verhindert große Konfrontationen. Mancher Streik scheint sogar überraschend günstig gekommen zu sein, eigenartigerweise genau zu Zeiten schlechter Konjunktur und gefüllter Lager, wo man in anderen Ländern Kurzarbeit eingeführt hätte. Ein beträchtlicher Puffer bei den Löhnen und Gehältern besteht darin, daß nur ein Teil der Bezahlung aus einem festen Gehalt kommt, dazu erhebliche Prämien, die sich dem Verlauf des Geschäftes anpassen lassen.

Information ist auch in den Industriebetrieben der wichtigste Rohstoff. Er muß beschafft werden, und sei es sogar widerrechtlich aus den USA. Scharen japanischer Techniker bereisen die internationalen Tagungen, man trifft sich dann spät in der Nacht, um das Erlauschte auszutauschen und bereitet den nächsten Tag strategisch vor. Patente gehören zu den Schriftstücken mit besonders viel Detailinformation. Ein ordentlich geschriebenes Patent muß zunächst den Stand der Technik beschreiben, sollte dann die Schwächen und Unzulänglichkeiten der bestehenden Methoden schildern und schließlich mit Sorgfalt die neue Erfindung offenlegen und dabei auch wirklich die praktischen Verfahren im einzelnen schildern. Japaner stürzen sich auf Patente, Japaner müssen in einer Industriefirma Patente erzeugen. In vielen Laboratorien kann ein junger Forscher nur hoffen, eine Tagung zu besuchen oder gar eine Reise in die USA machen zu dürfen, wenn er jährlich seine zwei Patente geschrieben hat. Eine Flut von Anmeldungen ergießt sich in die überforderten Patentbehörden. Vergleiche der Patentanmeldungen werden gern als Maß der technologischen Kraft eines Landes angesehen, man muß sich aber hüten. Qualität wird in der bloßen Zahl nicht mitgewertet. Doch ist es ein geschickter Schachzug, in den Laboratorien das Patent als Maßstab einzuführen. Der Forscher bleibt sich so der Praxis bewußt, muß sauber formulieren, die vorige Literatur kennen, muß sich immer überlegen, was es zu verbessern gilt. Gleichzeitig sichern Patente eben doch eine Technik, oft sind es winzige Einzelheiten; aber was patentiert ist, das darf nur mit Lizenz von anderen benutzt werden. Die Elektrotechnik mit der neuen Mikroelektronik trägt am meisten zu den Patenten bei: 92000 waren es gegen nur 15000 in der Chemie als zweitstärkster Branche! Bei den Lizenzen ist für Japan, wie für Deutschland, die Gesamtbilanz negativ. Beide Länder zahlen Gebühren, um mit fremder Leute Ideen eigene Produkte zu schaffen. Aber bei allen modernen Branchen, auch wieder in der Halbleitertechnik, beginnt sich für Japan die Waagschale jetzt in eine andere Richtung zu bewegen.

Kreativität um jeden Preis

Im Sommer 1984 erfuhr ich von Wissenschaftler-Kollegen in Tokio sowie von Industriemanagern und Vertretern der beiden wichtigen Ministerien, dem MITI und dem »Monbusho«– dem Erziehungsministerium – von langfristigen Plänen. Eingriffe in das Hochschulsystem sind nicht nur in Europa und den USA zu Recht schwierig, auch in Japan sind die Professorenprivilegien geschützt. Dennoch wird es wohl Eingriffe in die Planung geben. Knapp die Hälfte aller graduierten Studenten konzentriert sich schon jetzt in den Ingenieurwissenschaften, dazu kommen noch über 10 Prozent Naturwissenschaftler. Fast zwei Drittel aller Master's-Kurs-Studenten steht also der gewünschten technischen Expansion zur Verfügung. Die Ausbildungskosten aber sind hoch, eine Erweiterung des Lehrkörpers soll daher höchstens der Zunahme der Studentenzahl entsprechen. Nur die »Sonnenaufgangsfächer« der modernen Technik erhalten über MITI und die Industrie gezielt noch weitere Personalstellen.

Die staatlichen Forschungsinstitute werden hart an die Kandare genommen. Die Zahl der vom Staat bezahlten Forscher beläuft sich zur Zeit auf rund 40000 Personen. Trotz ihrer Erfolge sollen es insgesamt bis zur Jahrhundertwende nicht mehr werden, allenfalls soll es Umgruppierungen in die »Sonnenaufgangsfächer« geben. Hauptaugenmerk gilt den Wachstumsindustrien. Die Zahl der Industrieforscher und Entwicklungsingenieure soll sich von jetzt knapp 200000 auf etwa 400000 bis zum Ende des Jahrhunderts verdoppeln – eine Zahl, die den amerikanischen Konkurrenten Schrecken einflößt. Hinter diesen Plänen steckt eine Strategie, die sich besonders stark von den Plänen Europas unterscheidet. Staatsinstitute leiden trotz allen guten Willens unter der Schwierigkeit des Technologietransfers, der sich auch durch eine weitere Ebene staatlicher Institute als Vermittler kaum erzwingen läßt. Arbeitsplätze entstehen eben doch am schnellsten unmittelbar in der Industrie. Japans Industrie aber muß sich darauf einstellen, nicht mehr ohne große Anstrengung neue Ideen aus US-Labors zu erhalten. Die Führungsposition muß bald mit eigener Forschung erarbeitet werden. Darum wird jetzt gerade die riskante, grundlegende Forschung systematisch mit MITI-Finanzspritzen selbst in mittlere und kleinere Firmen eingeführt. Das MITI wird mit Strenge nur die neuen und gewünschten Techniken unterstützen; Straßenbau, Großchemie, Stahl gehören zu den »Sonnenuntergangsbranchen«, denen Unterstützung wohl verweigert werden wird. Korea und andere Konkurrenzländer lauern schon mit noch geringeren Lohnkosten. Besonders die konventionellen Industrien – auch der Automobilbau – werden Federn lassen müssen. Nur der Weg nach vorn, in die Kommunikationsindustrien, wird helfen, mit dem Siliziumkristall als Kernstück.

Vorsichtige Kritik und dem Fremden gegenüber subtil angedeutete Skepsis vernimmt man in den Laboratorien der japanischen Universitäten. Die einseitig auf eine Industrieforschung ausgerichtete Planung wird Schwächen zeigen, gerade dort, wo Neues gefunden werden muß. Die straffe Disziplin in einem Laboratorium einer Industriefirma wird, speziell unter wirtschaftlich schwierigen Verhältnissen, wenig Freiraum für neue Entdeckungen gewähren. Wird man in Japan nicht einen Fehler begehen, wenn die unabhängigen Universitäten zu sehr gegängelt werden und man die akademische Spielwiese asphaltiert?

Diese Frage wird die japanischen Planer gegen Ende der achtziger Jahre noch intensiv bewegen!

Japans Industrie beginnt also jetzt – nach bewährtem amerikanischem Vorbild – noch weitaus intensiver zu forschen und wendet sich dabei auch stärker als bisher den Grundlagen zu. Der immer wieder von den Amerikanern erhobene Vorwurf, daß Japans Industrie nicht schöpferisch sei, trifft, weil die Japaner selbst wissen, daß er stimmt. Keine der großen wissenschaftlichen Neuheiten für die festen Kristalle und ihre Elektronen kam wirklich aus Nippon. Vielleicht nur die eine Ausnahme der Tunneldiode; Leo Esaki hatte im stark verunreinigten Germanium gefunden, daß Elektronen nicht über eine im Kristall aufgebaute Schwelle springen müssen, sondern daß sie wie durch einen Tunnel hindurchtauchen können. So tun es auch die Teilchen, wenn sie aus einem radioaktiven Kern herauskommen; es ist ein Ereignis, das nur die Quantentheorie erklären kann. Dafür bekam Leo Esaki den Nobelpreis, heute aber arbeitet er für die IBM in ihrem großen Labor nahe New York.

Schöpferische Eigenleistung aber wird gefordert sein, wenn Japan nicht nur die Spitze erreichen, sondern auch halten will. Laufend erscheinen Delegationen im Stuttgarter Max-Planck-Institut und stellen immer wieder die gleiche Frage: Wie kann man schöpferische Forschung organisieren, wie prägt man Kreativität? Dieser immer empfindlicher erkannte Mangel ist nichts anderes als die Rückseite des bisherigen Erfolges. Die lange Tradition eines räumlich bedrängten Inselvolks zur Harmonisierung der Interessen, zu Kompromissen und zu Unterordnungen ist ein Hindernis für ungewöhnliche, rebellische Ideen, und sie verhindert die Alleingänge voller Trotz und Mut.

Für die Japaner ist Ausbildung immer eine Leidenschaft. Wer einmal in japanischen Parks und an Baudenkmälern von Mengen uniformierter Schulkinder umringt war, wird dieses Bild nie vergessen. Disziplin und strenge Regeln, Auswendiglernen und Rezitieren bleiben wesentliche Prinzipien alter ostasiatischer Erziehung. Strenge Auslese und Rangordnungen zählen. Familientragödien bahnen sich an, wenn die Aufnahmeprüfung nicht bestanden wird. Ein Weihnachtsrundbrief eines Physikerkollegen aus Tokio schilderte mir, wie das Motiv des Wettbewerbs in den Schulen auch die Atmosphäre in den Familien beherrscht. Der Sohn hatte weiter Sport und Musik betrieben, weil es ihm Spaß machte, er hatte sich nicht uneingeschränkt dem Pauken verschrieben. Er wurde Zweiter statt Erster im Wettbewerb. Schlimmer noch, er wollte gar nicht in die Prestige-Universität von Tokio, obwohl sein

Zensurendurchschnitt gereicht hätte. Ein anderes College war ihm lieber. Damit gefährdete er den führenden Platz seiner Schule, gemessen an der Zahl der an die Spitzen-Universitäten entsandten Absolventen. Kein Mensch telefonierte und gratulierte, die Familie wurde gemieden wie Pestkranke, denn alle Zeitungen hatten die angenommenen neuen Studenten namentlich im gesamten Land bekanntgemacht. Sein Name fehlte, der vermeintliche Versager wurde geschnitten. Verlierer mag man nicht in Japan, zu unterliegen ist unehrenhaft.

Was das Verständnis der neuen Elektronik betrifft, wird die Jugend systematisch informiert. Der staatliche Rundfunk NHK bringt ausgezeichnete naturwissenschaftliche Sendungen. Heimcomputer werden den Schulen in genügender Zahl zugeführt. Wettbewerbe im Basteln, in der Forschung, finden überall im Lande statt. Ein technischer Beruf ist erstrebenswert. Und auch an den Hochschulen und Universitäten genießen die technischen und naturwissenschaftlichen Fächer vermutlich ein höheres Ansehen als in den Ländern Europas. Und kein anderes technisches Erzeugnis verlangt und belohnt die Tugenden der Ausdauer und Geduld, der Sorgfalt und Sauberkeit, der Disziplin und Präzision so sehr und so streng wie der Halbleiter.

Makoto Kikuchi, Forschungschef von SONY und der Jugend aus vielen Fernsehsendungen vertrauter Physiker, schreibt in einem Buch über die japanische Mikroelektronik, daß die Japaner mit ihren Erziehungsprinzipien und ihrer Hingabe eben doch mehr als die oberflächlichen Amerikaner dazu berufen sein werden, die Halbleiterkristalle zur höchsten Vollendung zu treiben und zu nutzen. »Es war eine unfaßbare Leistung, von 99.9 Prozent sauberen Kristallen, die wir nach dem Kriege hatten, zu den notwendigen 99.9999999 Prozent Sauberkeit zu kommen, und das in einem einzigen Sprung. Es war mehr als nur die Reinigung des Materials und die Beherrschung der nötigen chemischen Prozesse.« Es war eine fanatische Hingabe an die Präzision.

Mit der Jugend Japans, die voller Neugier ist und voller Begeisterung für alle neuen elektronischen Spielzeuge und Gerätschaften, ließ sich auch ein starker und aufnahmefähiger Markt im eigenen Lande aufbauen. Jeder ausländische Besucher ist überrascht, daß die eigenen Produkte in den Kaufhäusern an der Ginza so teuer sind. Der Frage, ob man im Ausland nicht doch zu Dumpingpreisen verkaufe und im Lande die Kaufkraft abschöpft, folgen meist komplizierte Antworten über direkte und indirekte Kaufsteuern oder andere Erklärungen. Dennoch stürzt sich der jugendliche Käufer mit Inbrunst, aber auch kritisch auf neue Produkte.

Erziehung, Bereitschaft zum Konsum, Mitwirkung an neuer Technik, sind weitere Bestandteile eines Systems, das Japan auszumachen scheint. Die Homogenität und Einheit des Landes zeigt sich auch hier, sie erschreckt alle Konkurrenten Japans. Ein integriertes System ist entstanden in einem Lande, wo komplizierte Konventionen und schwierige Verständigung in Wort und Schrift auch ein anderes Bild hätten entstehen lassen können. Mein Freund Makoto Kikuchi wohnt noch jetzt in seinem winzigen Haus, das er schon als junger Physiker im Electrotechnical Laboratory hatte. Jetzt, als berühmter Industrieboß, in ein größeres Haus umzuziehen, würde ihn aus einer Gemeinschaft heraussondern; er will nichts anderes sein. Japans Bevölkerung ist so homogen, wie man es sich als Amerikaner und auch als Europäer nicht mehr vorstellen kann. Als einer meiner Mitarbeiter als Gastforscher in ein japanisches Industrielabor ging, erhielt er eine Liste, in der alle Ausländer in dieser fast hunderttausend Mitarbeiter zählenden Gesellschaft aufgeführt waren: Er war Nummer 16. Es gibt fast keine fremden Arbeitskräfte in Nippon. Die anderen fünfzehn waren, wie wir später erfuhren, lediglich als Englischlehrer mit dem richtigen angeborenen Akzent eingestellt worden. »Gastarbeiter« werden nicht ins Land gebeten.

Die Idee des integrierten Systems beherrscht alle Aktionen des MITI und anderer Regierungsstellen. Aber auch das Management in Wirtschaft und Industrie versucht ständig zu integrieren: Management nicht von oben herab, voller Konflikte und Kämpfe, sondern Management durch Übereinstimmung und gegenseitige Absicherung. Wochenlang wird in den Laboratorien und Büros über neue Methoden diskutiert. Jeder soll von vornherein informiert und befragt werden. Die amerikanischen Manager versuchten hinter dieses Geheimnis zu kommen; jahrelang waren alle Bücher über dieses Thema des fernöstlichen Managementwunders die Bestseller in den bookstores. Wer aber selbst in einem solchen Labor gearbeitet hat, weiß, daß vieles an diesen Absprachen doch mehr ein Ritus ist. Die Entscheidungen sind ohnehin gefallen, aber allein die miteinander verbrachte Zeit im Gespräch versöhnt und vereint. Ein Betrieb ist für die meisten ohnehin wie »zu Hause« – und genauso nennen die Angehörigen auch »ihre« Firma. Dann bedeutet es auch kein so großes Opfer, bis spät nach dem sogenannten Feierabend noch im Labor zu sein, völlig ungezwungen – in Filzlatschen und Hemdsärmeln. Dann geht man auch gemeinsam in

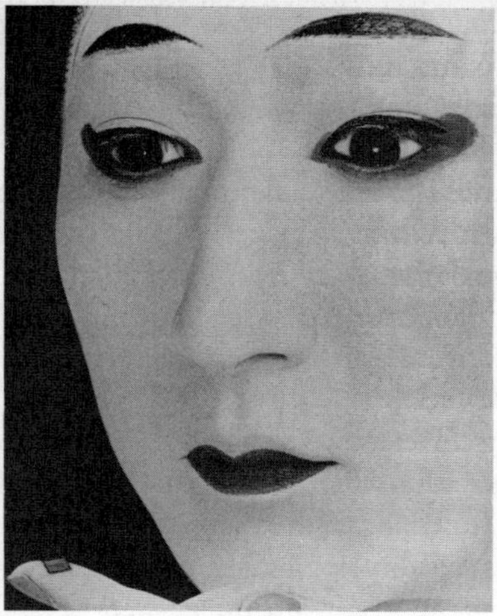

Titelbild einer japanischen Anzeigenkampagne zur Selbstdarstellung der »Japanese Technology Today«, die in amerikanischen Zeitschriften erschien. Der traditionelle Kabuki-Schauspieler Tokizo Nakamura balanciert auf dem Finger einen 64k-Siliziumspeicher der Firma Matsushita.

den Urlaub, in besondere Hotels, mit heißen Bädern natürlich, von der Firma bezahlt und organisiert.

Die Soziologen vermuten, es sei die alte Gemeinsamkeit der Reisbauern Asiens, die hier nachwirkt. Nur gemeinsam ließen sich die großen Bewässerungsprojekte zur Kultivierung dieser Pflanze bewältigen. Gemeinsamer Respekt und die Tradition für das nationale Wohl haben ihre Bedeutung nicht verloren. Sich zu integrieren, sich gemeinsamen Aufgaben zu widmen, trägt dem Japaner die Anerkennung seiner Mitmenschen ein. In den Forschungslaboratorien sind es nicht die genialen Einzelkämpfer, die die Erfindungen vorantreiben, es sind Stoßtrupps verschworener Mannschaften, die Innovationen aus den verfügbaren Informationen entwickeln und damit neue Produkte schaffen. Neue Produkte werden in einem solchen System auch unter allen Umständen benötigt. Sie allein treiben den Wettbewerb weiter an, sie schaffen aber auch das Wachstum, das diese Wirtschaft braucht, um ihr Versprechen eines lebenslang garantierten Arbeitsplatzes wahrmachen zu können. Nur so auch kann das nochmals weitaus schwierigere Ziel gelingen, die als Nachzügler erkannten und zum Sterben verurteilten alten Industrien auch wirklich schrumpfen und verwelken zu lassen und durch neue Betätigungen verbessernd zu ersetzen.

Japan ist auf vielen wirtschaftlichen Sektoren erfolgreich. Trotzdem findet sich in jeder Analyse der japanischen Strategie unter allen Themen immer die neue Mikroelektronik an erster Stelle. Japans Wirtschaft engagierte eine der besten Werbeagenturen der Madison Avenue, um in Millionen Exemplaren in den wichtigsten amerikanischen Zeitschriften die Qualität ihrer Technik vorzuführen. Das Titelbild einer solchen farbigen, zweiunddreißig Seiten starken Beilage trägt den Titel: »Japans Technologie heute – Die elektronische Revolution geht weiter.« Ein weißgeschminkter Kabuki-Schauspieler, als Symbol für Japans alte Tradition, ist abgebildet. Auf seinem Zeigefinger balanciert er das neue Symbol: einen Siliziumspeicher, ein kleines Stückchen Kristall, Sinnbild technologischer Exzellenz. Immer wieder und überall wird zuerst die Mikroelektronik zitiert, obwohl die anderen Industrien ja doch noch größere Umsätze erzielen. Autos, Stahl und Schiffe sind auch von Bedeutung, der wahre Wettbewerb mit dem einstigen Besieger Amerika aber entbrannte um die Beherrschung und Ausprägung des Siliziumkristalls. Die alte Idee, das Einheitliche und Verbindende im Kristall zu suchen, wie es der antike Mensch erstrebte und der Alchemist auf seine Weise versuchte, hat nun im Fernen Osten neue Stärke gewonnen.

Jetzt, ein paar Jahre nachdem das Titelbild mit dem Kabukispieler mit Chip erschienen ist, ist der Siliziumkristall auch im Westen zum Symbol für den Kampf um den Fortschritt geworden. Ein großes amerikanisches Magazin veröffentlichte eine Karikatur, wo Uncle Sam oben auf einem Gipfel gemeinsam mit einem kleinen Japaner einen Schaltkreis triumphierend schultert, tief unten im Tal aber ein Europäer ein altes mechanisches Uhrwerk zu Markte schleppen will. Nordrhein-Westfalen, altes europäisches Industriekerngebiet, wirbt mit einer viertelseitigen Zeitungsanzeige um Ansiedlung neuer Industrien. Im Hintergrund dieser Werbung um Fortschritt sieht man eine elektronische Schaltungsplatine mit dem Herzstück eines elektronisch programmierbaren Siliziumspeichers. Man kann darauf sogar die Typennummer erkennen und die drei Buchstaben der Herstellerfirma: N E C; N ist die Abkürzung von Nippon.

X. American Return

Schockierend gute Importe

Die Amerikaner sind recht gutwillige und langmütige Zeitgenossen; reizt man sie aber zu sehr, dann werden sie ernstlich böse. Eine Menge hatten sie sich gefallen lassen. Japan hatte ihre Stahlindustrie ruiniert, große Firmen hatten zuerst ihre Labors und dann ihre Werkpforten geschlossen. Die Textilindustrie mußte leiden. Dann kamen in Rudeln die kleinen japanischen Autos über den Pazifik. Fernseher und Hi-fi trugen zwar noch amerikanisch klingende Namen, Pioneer oder Panasonic, aber gefertigt waren sie in Japan. Recht gelassen und immer mit dem traditionellen Optimismus zum Freihandel ließ sich Amerika alles gefallen. Natürlich gibt es eine alte Tradition, daß die Märkte offen bleiben sollen und der Verbraucher nicht durch Zölle geschröpft und dann allein den einheimischen Großfirmen ausgeliefert werden sollte. Mit nationalen Zollschranken oder dem Ruf nach staatlicher Hilfe für die Wirtschaft verscherzt sich ein amerikanischer Politiker im allgemeinen die Stimmen seiner Wähler.

Der lange amerikanische Geduldsfaden aber riß plötzlich. Man fühlte sich massiv herausgefordert zu einer gewaltigen Gegenleistung. Ein japanischer Aufschlag in diesem Match wird jetzt mit einem Schmetterball als Return beantwortet. Anlaß waren die Halbleiterspeicher. An der Speichertechnologie sollt ihr sie erkennen, hier scheidet man die »Männer von den Knaben«, dieses Kriterium für Könnerschaft ist allen Experten bekannt. Wer diese dichtgepackten Siliziumbausteine in großer Zahl mit hoher Ausbeute fertigen kann, führt im Mikroelektronikrennen und kann auch all die anderen Leistungen moderner Elektronik vollbringen. Hewlett-Packard, eine der ersten, noch jugendlich aktiven Firmen des Silicon Valley brauchte für seine hochwertigen Meßgeräte und Computer viele solche Speicher. Ausfälle durfte man sich nicht leisten, also wurde der Markt geprüft. Mit weitem Abstand schnitten die Japaner am besten ab, traurig sahen dagegen die einheimischen Lieferanten aus. Ähnliche Vergleiche stellte auch die Telefongesellschaft an, auch sie hat auf Qualität zu achten; ihre Leitungen und Schaltzentralen sollen rund um die Uhr viele Jahre in Betrieb bleiben. Und schließlich schaute sich das Militär die Palette der Angebote an. Das Ergebnis war beschämend: Eigentlich konnte man nur japanische Speicher in die modernsten Waffen einbauen. Amerika zeigte sich überrumpelt und gedemütigt – wie seinerzeit in Pearl Harbor.

Alles konnte man sich bieten lassen, man konnte auf General Motors schimpfen, sich kleine Toyotas kaufen oder mit Kassettenrekordern aus Japan herumlaufen. Bei den Halbleitern aber hörte der Spaß auf, denn dieses neue Gebiet war eine amerikanische Domäne. Der Transistor war die ganz große amerikanische Erfindung, das Silicon Valley das stolze Beispiel für die letzte westliche Grenze amerikanischen Pioniertums. Es war zugleich die Hoffnung, in kriegerischen Auseinandersetzungen nicht Menschen einsetzen und opfern zu müssen, sondern als Stellvertreter eine überragende Technik zu besitzen – ohne moderne Mikroelektronik ist dies jedoch nur eine trügerische Hoffnung.

Man hatte sich lange in Sicherheit gewiegt, die grundlegende Forschung war ja so viel besser in den USA als überall sonst in der Welt. Auf den Turnieren der internationalen Fachtagungen glänzten die Amerikaner, die Japaner stotterten unsicher. Schleuderpreise und unfaires Dumping, trickreiche Exportoffensiven waren es wohl gewesen, nicht unbedingt technisches Können, so glaubte man über die Japaner urteilen zu können. Die ständige Entgegnung, Japan würde die Qualität überbieten statt die Preise zu unterbieten, wurde als verständliche aber unwahre Ausrede gedeutet. Nun aber hatten unverdächtige Landsleute, richtige Techniker und nicht bloß Importeure, einen echten Vergleich zugunsten der Japaner durchgeführt. Generell waren die japanischen Speicher besser, hatten weniger Ausfälle, besaßen längere Lebensdauer, hatten günstigere Kennzahlen, vor allen Dingen war die Abweichung der wichtigen Datenwerte von einem Exemplar zum nächsten weitaus geringer. Damit war bewiesen, daß man in Kawasaki und Yokohama den Kristall viel besser verstand und ihn maßgerecht und immer wieder gleich zuschneidern konnte.

Trotzdem argwöhnten die amerikanischen Ingenieure immer wieder, der Halbleiterkrieg könnte mit unfairen Waffen und Regelverstößen geführt werden. Verbittert reagierten die Organisatoren der internationalen Fachtagungen über integrierte Schaltkreise, als trotz ständiger Bitten und Einladungen keine japanischen Vorträge eingereicht wurden. Nur hören wollten die Japaner, nicht über ihre Arbeit berichten. Auf offener Bühne wurden die japanischen Kollegen angeklagt; für einen Asiaten eine harte Erfahrung, so das Gesicht zu verlieren. In seinem Buch »Japanese Microelectronics« verfährt Makoto Kikuchi darum in ungewöhnlich offener Weise mit seinen alten Freunden, die zu neuen Gegnern geworden waren. Jahrelang habe Japan in harter Arbeit das Vorbild Amerika zu erreichen versucht, habe fleißig und beharrlich nachexerziert. Amerika aber habe sich in eine Melancholie, in ein Selbstmitleid gesteigert. Es nehme seine eigenen Grundsätze nicht mehr wahr. Japan sei dagegen befähigt, mit eigenen kulturellen Maßstäben auch eine unabhängige Technologie aufzubauen. Denn wenn das Klima sich weiter so verschlechtere, dann könne Japan nicht mehr damit rechnen, von den USA Informationen und Beistand zu erhalten.

Der Informationshunger hatte Japaner auch zu sehr bedenklichen Methoden verleitet. Wie ein Schock ging es durch das Silicon Valley, als Agenten für die japanische Firma Hitachi dabei erwischt wurden, wie sie mit Bestechungsgeldern auf höchst illegale Weise sich Zugang zu den Geheimnissen der amerikanischen Hochtechnologie verschaffen wollten. Achtzehn hochrangige japanische Geschäftsleute wurden überführt, geheime Dokumente der IBM für sich stehlen zu lassen. Sechs wurden vom FBI verhaftet, darunter ein Oberingenieur der Hitachi namens Kenji Hayashi. Im Silicon Valley gibt es viele Beraterfirmen, es findet sich rasch jemand, der für einen schnellen Dollar Betriebsgeheimnisse ausplaudert. Hitachi und Mitsubishi, zwei der japanischen Computerfirmen, hatten besondere Schwierigkeiten im Wettlauf mit der IBM. Eine der neuesten großen IBM-Maschinen, die Serie 3081, war ein Dorn im Auge und ein schier uneinnehmbares Hindernis im Rennen um die Computervorherrschaft. Nicht so sehr die Hardware, also die greifbare Siliziumtechnik, vielmehr das geistige Konzept, die Architektur der neuen Anlagen, ihr Aufbau und die Software, boten Probleme. Also wurde über eine Reihe dunkler Hintermänner und Scheinfirmen der Informationsdiebstahl eingefädelt. Das FBI erwischte die Japaner, obwohl es eigentlich mehr nach sowjetischen Spionen Ausschau gehalten und geglaubt hatte, den Russen eine Falle zu stellen. Statt dessen aber trafen sie Japaner an; im Februar 1983 gab Hitachi vor Gericht die Verschwörung zu. Der Fall wirbelte viel Staub auf und bekam den Schimpfnamen »Japscam«, die erste Silbe erinnert an die haßerfüllte Bezeichnung für den Feind aus dem Zweiten Weltkrieg. Vorher hatte man in Amerika überall die Abkürzung »Jap.«, auch in der üblichen Kurzbezeichnung etwa für nationale Fachzeitschriften, peinlich und aus Höflichkeit vermieden. Nun war der Konflikt erneut ausgebrochen.

Kompliziertes Hin und Her vor den Gerichten ist in den USA üblich, und auch in diesem dramatischen Fall des Technologiediebstahls wanderten Klagen und Gegenklagen auf immer höhere Ebenen der bürokratischen Instanzen. Zuerst hatten die Verteidiger der angeklagten Technikdiebe einige Formalien auf ihrer Seite, weil die anklagenden Regierungsstellen nicht alles Beweismaterial auch den Verteidigern hatten zukommen lassen; aber dieser Richterspruch wurde in der nächsten Instanz umgeworfen. Vielleicht kommt es jetzt zu erneuten Runden gegen die Hitachi-Verschwörung mit den beiden Ingenieuren Raymond Cadet, einem ehemaligen Mann von IBM, und Barry Saffaie, die sich über eine Beraterfirma in Mountain View, direkt im Herzen des Silicon Valley, zum Diebstahl hergegeben hatten und vom FBI mit Hilfe von Videorekordern überführt worden waren; elektronische Spionage und Gegenspionage!

Die Nachrichten von den Kriegsschauplätzen in den Laboratorien, den staubgeschützten Fabriken der Siliziumgießereien und den amerikanischen Gerichtssälen faszinieren immer größere Kreise der Öffentlichkeit in den USA. Dutzende von Reportern waren dabei, als im Frühjahr 1984 erneut die Firma Hewlett-Packard Bericht abgab über die Qualität und Zuverlässigkeit der nächsten Generation der Siliziumspeicher. Für den neuen hp1000-Minicomputer braucht man riesige Mengen der neuesten Speicherbausteine; sie müssen höchste Güte und Zuverlässigkeit aufweisen. Bob Frankenberg brachte zuerst die gute Nachricht: Die amerikanischen Hersteller sind viel besser geworden, dreimal so gut wie vor vier Jahren. Erleichtertes Aufatmen im Auditorium. Aber da kam die Kehrseite der Medaille: Die Japaner sind siebenmal besser geworden. Nur drei Firmen haben sich für die hohen Ansprüche der nächsten Generation der integrierten Siliziumspeicher durchgesetzt, sie soll mit 256 Tausend Bit Information auf einem Chip Silizium funktionieren; alle drei Geprüften und Zugelassenen sitzen in Nippon. Es bleibt viel zu tun in den amerikanischen Werkstätten. Kompromißlos muß man sich einer Parole unterwerfen, sie lautet in erbarmungsloser Einfachheit: »Zero Defects« – der Kristall muß so sorgfältig, so exakt, so liebevoll und fürsorglich behandelt werden, daß null Defekte, eben überhaupt keinerlei Fehler in seinem Aufbau entstehen. Und hier haben die Japaner in diesem Ringen um die Perfektion des Siliziums mindestens ein Jahr Vorsprung.

Die Generäle und ihre technischen Offiziere in Zivil oder Uniform werden selbstverständlich immer besorgter. Amerika hat sich in den letzten Jahren noch stärker als bislang auf Technik statt auf Kopfstärke seiner Streitkräfte festgelegt. Die Abschaffung der Wehrpflicht hat bewirkt, daß die ausgebildete Intelligenz jetzt nicht mehr in dem Maße für militärische Zwecke verfügbar ist; die Freiwilligen kommen doch zu großen Teilen aus Bevölkerungsschichten, denen die teure Ausbildung in den USA verwehrt ist. Also müssen die neuen komplizierten Waffensysteme mit ihrem immer stärker wachsenden Elektronik-Anteil möglichst einfach, »fool-proof« – idiotensicher, ausgestattet sein. Noch stärkere Automatisierung, selbsttätige Überprüfung und Überwachung wird gefordert. »Fire-and-forget« – abschießen und sich dann um nichts mehr kümmern müssen, lautet eine typische Forderung für Raketenwaffen. Andererseits werden die Anforderungen immer schärfer, was die Geschwindigkeit der Reaktion betrifft. Blitzschnell müssen Beobachtungen erledigt werden, sofortige Analyse und unmittelbare Weitergabe wird verlangt. Extrem schnelle Schaltkreise mit höchster Zuverlässigkeit unter den schmutzigen Bedingungen militärischer Schlachtfelder verlangt das Pentagon.

Industrielenkung im Land der freien Märkte

Soll man die besten Silizium-Chips nun tatsächlich aus Japan importieren? Eine groteske Situation entsteht in diesem eigenartigen Zweifrontenkrieg, dem die USA nicht ausweichen können. Die militärische Konfrontation mit den Sowjets können die Amerikaner nicht mit einer technischen Kapitulation im Wirtschaftskrieg mit Japan, dem Handotai Senso, beantworten. Das Pentagon ist in einer Klemme. Im Frühjahr 1984 gab der Unterstaatssekretär im Verteidigungsministerium, Richard deLauer, eine überraschend freimütige Erklärung ab. »Die Russen setzen unsere amerikanische Technik in ihren neuen Waffensystemen schneller und effektiver ein als wir selbst«, sagte er in einer Konferenz der Elektronikingenieure über eine »nationale Elektronik-Strategie«, einer für den US-Elektronik-Fachverband bisher ungewöhnlichen Thematik. Wie ist so etwas möglich, fragt nicht nur der unter riesigen Schuldenbergen stöhnende amerikanische Steuerzahler. »Bei uns dauert alles zu lange. Wir brauchen unglaublich viel Zeit für die Bürokratie und alle Entscheidungsprozesse. Alte Zöpfe bei der Zulassung neuer Bauteile, der endlosen Prüfung, der Kontrolle und der Preisfestlegung sind die hauptsächlichen Barrieren, die neue Technologie schnell in die amerikanischen Waffensysteme zu bringen.« Dann schilderte der Unterstaatssekretär, wie die Russen über legale, halblegale und illegale Wege auch an die neuesten Produkte des Siliziums herankommen und ohne viel Umstände, ohne monatelanges Testen, dafür aber oft mit listigen, kleinen Veränderungen, diese Chips, made in USA, ihren eigenen Waffen einverleiben.

Die Freimütigkeit solcher Aussagen ist nur auf den ersten Blick überraschend. Mit solchen Informationen muß das Pentagon jetzt alles versuchen, eigene Programme finanzieren zu können und gleichzeitig den Fluß von Informationen und integrierten Schaltkreisen einzuschränken. Beides sind in den Vereinigten Staaten unpopuläre Maßnahmen; sie kosten viel Geld und verschaffen staatlichen Stellen starken Einfluß innerhalb einer Industrie, die für Schnelligkeit, Offenheit der Märkte und einen grenzüberschreitenden Handel bekannt war.

Very High Speed Integrated Circuits, sehr schnelle Schaltkreise, braucht das Pentagon. Diese Abkürzung VHSIC, ein wenig schwierig als ›wie-sick‹ auszusprechen, wird zum Schlagwort. Eine Anlehnung an japanische Abkürzungen ist festzustellen, natürlich muß das v vorn hin, denn nur mit »very« bestehen Chancen, daß Senat und Repräsentantenhaus mitmachen. Eigene Projekte entstehen, wieder sind es – wie damals zu Beginn des Siliziumzeitalters das »Minuteman-Program« – sehr hohe Ansprüche. Firmen werden eingeladen, aufgefordert, unter erheblichen Druck gesetzt, hier im nationalen Interesse mitzuwirken. Schon von vornherein wird den NATO-Partnern in Europa, auch der Bundesrepublik, klargemacht, daß alles aus VHSIC nicht das Land verlassen darf; die Spitze der elektronischen Technologie muß in den USA bleiben! Nur zögernd gehen wiederum die kleineren Firmen des Silicon Valley auf diese Pläne ein, sie vertrauen weiter auf die Marktkräfte. In Dallas kommt es zu großen inneren Auseinandersetzungen beim Giganten Texas Instruments; die Halbleiterleute unterliegen und verlassen in Scharen das Management; Texas Instruments stützt sich stark auf militärische Kontrakte und Zulieferung. Bedeutendste Partner aber sind die großen Flugzeugfirmen und Raumfahrtkonzerne. Für sie ist der Militärmarkt lebenswichtig, sie stimmen dem VHSIC-Projekt als erste zu und verstärken ihre Aktionen auf dem Siliziumsektor.

Auch an der anderen Front tut sich etwas. Japans großes Ziel war und bleibt, den Markt der nächsten großen Computergeneration mit ganz neuen Superrechnern zu beherrschen. Seit vielen Jahren wird dieses Ziel einer »fünften Rechnergeneration« systematisch und schrittweise weiterverfolgt. Sehr große Rechner aber sind kein sonderlich erstrebenswertes Produkt auf den zivilen Märkten. Industrie und

Handel wollen keine Mammutcomputer, sondern immer nur die gerade richtige Größe. Militärs aber brauchen sehr schnelle und sehr große Maschinen, das hatte der Zweite Weltkrieg mit seinen Anforderungen für Wetterbeobachtung, Codeknacken oder Geschoßbahnberechnungen bewiesen. Die größten Rechner also fehlen in den USA; eine Produktlinie unter dem Namen des einstigen IBM-Konstrukteurs Gene Amdahl gibt es zwar, aber der wird weitgehend bei Fujitsu in Japan gebaut, wo die Konzernzentrale in Numazu zu Füßen des Fuji-Berges gerade erneut 190 Millionen Dollar Amdahl-Anteile erworben hat. Harte Debatten gab es im amerikanischen Kongreß, die Champions der Eigeninitiative und der Privatwirtschaft verhöhnten die Wünsche des Pentagons nach eigenen Größtrechnern als einen »billigen Wanderzirkus« – eine »road show« –, aber es sieht zur Zeit so aus, als werde auch hier stärkerer staatlicher Einfluß unter dem doppelten Druck des Zweifrontenkonflikts notwendig und zunächst einmal 600 Millionen Dollar für Forschung und Technologie erfordern. »Wir haben die Forschung hierfür geleistet und Sie einfach sitzengelassen, so etwas darf nicht noch einmal passieren«, sagte der Unterstaatssekretär den Ingenieuren, die er vor allen Dingen für die Software-Entwicklung brauchen wird. Unterstützung erhielt er von einem Nobelpreisträger, Kenneth Wilson, dem Physiker von der Cornell-Universität, der für seine neueste Forschung auf außerordentlich schnelle und leistungsstarke Rechenmaschinen angewiesen ist.

Solcher Beifall und solche Unterstützung aus der akademischen Szene aber ist keineswegs die Regel. Die Professoren an den amerikanischen Hochschulen sind zurückhaltend, sie stehen vielfach mehr auf der Seite der Demokraten und kritisieren die hohen Rüstungsausgaben, verweisen auf dringend notwendige Sozialaufwendungen, vor allem in den Schulen des Landes. Noch stärker sind die Sorgen der Forscher, sie konnten bereits erleben, wie Vertreter der Washingtoner Ministerien sie hindern, Fachvorträge bei internationalen Tagungen zu halten. Unvermittelt waren Herren erschienen und hatten Vorträge abgesagt und versucht, ausländische Hörer von Tagungen überhaupt fernzuhalten. Die akademische Freiheit, das Recht der Entfaltung und des Meinungsaustausches ist gefährdet, eine der wichtigsten Voraussetzungen des schöpferischen Forschens überhaupt.

Ein amerikanischer Senator im Wahlkampf hat Schwierigkeiten. Einmal soll er als Verfechter der akademischen Freiheit auftreten und sich für den freien Fluß der Informationen, auch über die Grenzen des Landes hinaus, einsetzen. Zum anderen haben die Arbeitslosen seiner

Wahlbezirke wenig Verständnis, daß sie ihre Arbeitsplätze verlieren, weil ostasiatische Konkurrenz sie mit Hilfe der aus den USA exportierten wissenschaftlichen Forschungsergebnisse überflügelt. Entsprechend zerrissen und zersplittert sind die heftigen politischen Debatten. Die westlichen Länder haben ein »CoCom«, ein Koordinierungskomitee gegründet; es soll den unerlaubten Export strategisch wichtiger Güter – vor allem aus den USA – in Länder des Warschauer Paktes verhindern. Im Frühjahr 1984 wurde erstmals scharf kontrolliert und weitaus strengere Maßstäbe und Kontrollen angelegt. Viele Kanäle gibt es; da können Halbleiter-Elemente, Software oder Produktionsgeräte für die Siliziumtechnik in die Hände der Konkurrenten fallen. Kleine Schaltkreise großer Intelligenz lassen sich bereits im Diplomatengepäck mitnehmen, für größere Brocken gibt es nicht nur Wege über Helsinki, Wien oder Belgrad. Leidtragende sind aber vor allem auch die westlichen Verbündeten, sie fühlen sich immer stärker vom freien Bezug neuester Technik ausgeschaltet oder mindestens durch eine ständig steigende Kontrollbürokratie behindert. Das Wettrennen um die neue Mikroelektronik belastet und lähmt den freien Handel und den schnellen Austausch der Forschung, gerade die Werte, die man verteidigen möchte. Betroffen wird jeder Forscher sein; ich selbst erhielt aus den USA eine Nachricht, daß bestimmte Information nur über die deutsche Botschaft, die bundesdeutsche natürlich, möglich sein würde.

Ein Ruf nach Vater Staat ist für einen echten Amerikaner im Business ein schmachvoller letzter Hilfeschrei. Gerade die junge Halbleiterindustrie hatte immer auf die eigene Kraft gebaut. Sie aber ist es, die in den letzten Jahren mit besonderer Lautstärke nach Schutz und Kontrolle ruft. Die fünf wichtigsten Prioritäten des Halbleiter-Verbandes in den USA sind: Steuerhilfe für Forschung, eine faire Regelung der Exportkontrollen, die bei aller Berücksichtigung der nationalen Interessen den Handel nicht zu sehr stranguliert, drittens eine Regelung der Zölle und Abgaben, die die Wiedereinfuhr fertig montierter Chips aus Ostasien nicht zu stark belastet, viertens eine Ausnahmeregelung, die bei Forschungszusammenschluß nicht mit Strafverfahren gegen die Antitrust-Kartellgesetze droht, und schließlich eine hieb- und stichfeste Patentrechtslage, die einen Eigentumsschutz auch für Software-Programme gewährleistet und den immer schlimmeren Diebstahl geistigen Eigentums einzudämmen hilft. Diese lange Liste heftig umstrittener politischer Wünsche und Sorgen zeigt, wie die neue Industrie langsam altert und schwerfällig wird; sie demonstriert aber auch, mit welch entscheidender politischer Bedeutung der Siliziumkristall in den USA und in Japan bereits die öffentliche Szene beherrscht. Die Zeiten sind vorbei, da die Beschäftigung mit Siliziumscheiben noch ein privates Steckenpferd junger Forscher in gemieteten alten Obstscheunen war.

Schwächen der Ausbildung

Die größte Schwäche im Wettbewerb mit beiden Konkurrenten, Japan und der Sowjetunion, sieht Amerika in der Ausbildung des Nachwuchses. Schon in den Grundschulen und den High Schools ist die Lage aussichtslos; noch nicht einmal jeder Schulbezirk hat wenigstens einen richtig ausgebildeten Physiklehrer. Von den etwa 200000 planmäßig eingestellten Lehrern für Mathematik und Naturwissenschaften haben etwa die Hälfte gar kein Studium und keine richtige Lehrbefähigung für diese Fächer; aber man muß nehmen, was kommt! In den letzten 10 Jahren ist die Zahl der Mathematiklehrer um 77 Prozent gesunken. Das ist kein Wunder, denn ein Mathematiklehrer verdient weit weniger als ein halbwegs erfolgreicher Versicherungsvertreter. Mehr als das Doppelte könnte er mit Software oder Computertechnik in der Industrie verdienen. Die Nation müßte eigentlich ihren ohnehin dürftigen Mathematikunterricht um ein Jahr in den Schulen erweitern, aber die dafür mindestens notwendigen 68000 Lehrer sind nicht herbeizuschaffen.

In den Universitäten sieht es entsprechend düster aus. Wem die Impulse aus der Schule fehlen, der wird sich schwerlich für ein so schwieriges Studium wie Mathematik, Physik oder Computerwissenschaften erwärmen können. Als »Master of Business Administration«, als Wirtschaftswissenschaftler mit Buchhaltungskenntnissen und Steuerrechtwissen aber kann man ohnehin weit mehr Geld machen als ein Techniker. Kauf und Verkauf von Aktien und Anleihen ist ein so angeschwollenes Geschäft, daß man bei den Provisionen schon als junger Anfänger ordentlich verdienen kann. Warum also sich auf ein langes, zähes, naturwissenschaftliches Studium einlassen? Im Lande spürt man überall die Verbitterung der Techniker und Wissenschaftler auf diese Business Administrators, die nichts von der »hi-tech«, der Hochtechnologie, verstehen, alles bürokratischer und juristisch komplizierter machen und zugleich Macht und Reichtum – in den Städten der Ostküste – kontrollieren.

Wer also bevölkert dann die großartig ausgerüsteten Laboratorien der Elite-Universitäten, wenn der amerikanische Nachwuchs nur in die Vorlesungen der Volkswirte geht? Fast die Hälfte der Doktoranden in den Ingenieurwissenschaften sind Ausländer, die meisten kommen aus Asien. Junge Chinesen aus Taiwan, indische Softwarespezialisten, Einwanderer von den Philippinen oder Flüchtlinge aus dem Iran und auch viele Europäer sind es, die gern die schwierige Last eines Ingenieurstudiums auf sich nehmen. Sie wissen, daß man sie brauchen wird, und das ist der Schlüssel für die ersehnte »grüne Karte«, Ausweis eines Einwanderervisums. Jede amerikanische Einwanderergeneration hatte sich mit den harten und niedrigen Jobs erst einmal hochzudienen und den Eintritt zu erarbeiten. Chinesische Arbeiter hatten die Bahnen aus dem Mittleren Westen bis an die pazifische Küste gelegt; ein Jahrhundert später arbeiten junge chinesische Forscher nächtelang an ihrer Dissertation in den Labors von Stanford und Harvard. Viele aber werden vielleicht doch wieder heimgehen, es winken Vorteile, ein größeres Ansehen zu Hause und neue Chancen – dann hätte Amerika auch noch den Nachteil, daß diese Köpfe ihr Wissen an die ostasiatische Konkurrenz weitergeben.

Die Gesamtzahl der jungen Fachleute ist in den USA ohnehin gefährlich gering: Auf 10000 College-Abgänger kommen in den USA nur lächerliche 70 Ingenieure, in Japan dagegen 400. In den achtziger Jahren ist insgesamt die Zahl der Absolventen mit technischem Doktorgrad um ein Drittel geringer als noch vor zehn Jahren; sie scheint weiter zu fallen. Ganz schwierig sieht es in den besonders attraktiven und neuen Gebieten, vor allem bei den Computerwissenschaften aus. Man findet hier keine jungen Dozenten und Professoren, obwohl die Privatuniversitäten alles nur Erdenkliche tun, mit Sonderzulagen und Beihilfen, mit Darlehen und Nebenverdienst in der Industrie. Die Studenten wünschen in diesen Privatuniversitäten die besten Lehrer, die aber können bei dem großen Mangel an Fachkräften in der Industrie weit besser verdienen.

Die Professorengehälter an den Staatsuniversitäten sind trotz der starken Inflation kaum mitgewachsen. Heute verdient im Mittel ein junger Assistenzprofessor weniger als ein durchschnittlicher Verkäufer. Der Personalmangel bei Fachkräften wird eine Begrenzung der amerikanischen Technologie bedeuten. Für spätere Zeiträume mag die Aussicht etwas besser sein. Die guten Gehälter für Techniker und die zu erwartende Überbesetzung in den juristischen und wirtschaftswissenschaftlichen Disziplinen wird ausgleichend wirken. Zudem wächst mit den ganz jungen eine computerbegeisterte Generation heran, die nicht in der Schule, sondern mit dem Heimcomputer aus dem Laden nebenan die neue Technik gelernt hat. Aber es wird noch eine lange Zeit brauchen. Amerika wird in den nächsten Jahren viele Fachleute aus aller Welt importieren wollen. Einstweilen sind die Einwanderungsgesetze streng. Ausnahmen für wissenschaftliche Fachkräfte werden nur unter Druck und mit viel Bürokratie zugelassen. Grotesk ist diese Situation, denn die Flut der einwandernden armen Mexikaner über die kalifornische und texanische Grenze hält unvermindert an, vielleicht könnte ohne die »wetbacks« mit ihrem vom Durchwaten des Rio Grande noch nassen Rücken auch die US-Landwirtschaft gar nicht existieren. Dort aber, wo die Einwanderung kontrollierbar ist, da greift die »Immigration and Naturalization«-Behörde hart durch. Sie verhindert einstweilen noch einen größeren »brain drain«, den Abzug der Gehirne aus Europa. Unter dem Mangel an Fachleuten mag sich diese Haltung der Behörden schnell ändern. Auch hier wird immer mehr Verwaltung, Bürokratie und Staatsgewalt einziehen und auch eine klassische amerikanische Freiheit, die der Ausbildung an den hohen Schulen, immer stärker gängeln.

Die Universitäten aber können auch die Gunst der Stunde nutzen, können ausbauen, neue große Geräte sich vom Staat finanzieren lassen und ganz neue Studienpläne anbieten. Massive Förderung der berühmten Universitäten setzt ein. Die Regionen wetteifern miteinander. Jede Hochschule will möglichst das gloriose Beispiel von Stanford und dem MIT in Massachusetts kopieren. Das ehemals nur als Tabakstaat bekannte North Carolina hat drei Universitäten, in einem Dreieck zueinander angeordnet. Ein Forschungspark entsteht in diesem Dreieck; massiv und abgestimmt aufeinander erweitern die drei Hochschulen

Mit einem Elektronenstrahl in eine NaCl-Schicht geschriebene Zeile eines Epigramms von Lessing: »... was artig ist, ist klein.« Die Schriftstriche sind nur noch etwa 2 Nanometer breit, das entspricht etwa vier Atomabständen im Siliziumkristall. Hergestellt in den »Submikron-Laboratorien« der Cornell Universität, Ithaca, von M. Isaacson, April 1981, unter Mitarbeit von H. Beneking/Aachen.

Elektronenmikroskopische Aufnahme sehr feiner Strukturen, die heute zum Beispiel mit Röntgenstrahlbelichtung erreichbar sind. Die senkrecht aufragenden Blöcke sind stehengebliebene Teile eines Fotolacks, der Rest wurde nach der Belichtung weggeätzt. An den freien Stellen könnte nun beispielsweise eine Einbringung elektronischer aktiver Fremdatome erfolgen, die damit auf äußerst fein definierte Bereiche beschränkt wären. Breiten von weniger als einem Zehntausendstel Millimeter sind heute erreichbar. Vgl. auch S. 282. (Photo: Fraunhofer Institut für Mikrostrukturtechnik, Berlin)

ihre Abteilungen in den Naturwissenschaften und der Computerei. In der Mitte wird systematisch die Industrie angesiedelt. Neue junge Professoren erhalten mit dem Stellenangebot auch gleich eine schriftliche Verpflichtung einer Firma, daß sie Nebentätigkeit wünscht und honoriert. In Kalifornien baut Berkeley ein großes Materialforschungszentrum auf; die Kristalle müssen noch edler und ebenmäßiger werden, neue Wissenschaft dazu wird im Verbund mehrerer Fakultäten eingerichtet.

In Ithaca, an den schönen Seen des nördlichen Staates New York, liegt die private und angesehene Cornell Universität. Hier wurde mit großen Mitteln der Bundesregierung ein nationales Zentrum für allerfeinste, allerkleinste Strukturen eingerichtet. Der Siliziumkristall bietet sich zu immer feinerer, immer dichterer Ausnutzung an, aber man muß neue Werkzeuge erfinden, um solche feine Zeichnung auf dem

Halbleiterplättchen auch wirklich anbringen zu können. Mit neuen Lichtquellen sollen in Cornell diese Ziselierungen gezogen werden. Gleichzeitig aber wird es ganz neue, bislang noch gar nicht erahnte Schwierigkeiten – vielleicht auch neue Möglichkeiten – geben, wenn alle Transistoren so sehr dicht aneinandersitzen. Auch sie sollen in Cornell erforscht werden – in dieser »Submicron Facility«, dem Labor-Zentrum für die Wissenschaft bei Abmessungen, kleiner als ein Mikrometer, das ist nur ein tausendstel Millimeter.

Die Fachleute aus Cornell hörten einmal zu, als ich bei der Eröffnung einer Mikroelektroniktagung in Aachen ein Lessing-Epigramm etwas mißbrauchte und zum Lobe der Mikrostrukturierung zitierte: »... was artig ist, ist klein!« Diese Zeile wurde später mit einem Elektronenstrahl geschrieben, so fein und artig, daß die Breite der Schriftstriche schon in wenigen Atomabständen zu messen ist.

Andere Universitäten wollen Cornell nachahmen. Texas richtet mit viel Stiftungskapital überall im Staat neue Laboratorien und Professuren ein; man will mit den dort ausgebildeten Leuten gleichzeitig die Industrie im Staate behalten und vergrößern. Auch Neuengland mit den alten efeuumrankten Universitätsgebäuden reiht sich in diesen Wettbewerb ein. Amerika muß eine neue Ausbildung schaffen, um in diesem unerbittlichen technischen Wettbewerb bestehen zu können.

Die Kleinen wehren sich

Und die mittlere und kleine Industrie, die Halbleiter, Software, Instrumente oder Geräte herstellt? Sie muß ebenfalls investieren, um am Leben zu bleiben. Nicht jede Gerätefirma kann sich eine der immer teureren und komplizierteren Transistorproduktionen leisten. Eine eigene Fertigung der schnellsten integrierten Schaltkreise würde zwar einen gewaltigen Vorsprung bedeuten, aber die Kosten übersteigen die Möglichkeiten. Darum waren die Universitäten sehr erfolgreich in der Anwerbung industrieller Interessenten. Man gründet einen »Club«, wo gegen Beitrag Forschung und Entwicklung getrieben wird, und die Ergebnisse allen Clubmitgliedern zugutekommen. Der Anschluß an die neueste Forschung geht so nicht verloren. Die Bundesregierung und die einzelnen Staaten kommen zu Hilfe. Großindustrie tritt bei, sie erhofft sich Belebung des Geschäfts und Verbesserung der Ausbildung. Eine gute, moderne Infrastruktur kann so aufgebaut werden. Einstweilen droht noch der Kartellrichter, aber im Lande hofft man, daß solche Zusammenschlüsse in Forschung und Entwicklung entgegen der sonst sehr scharfen Antitrust-Rechtsprechung genehmigt werden. Der Siliziumkristall erheischt auch hier eine Ausnahmerolle und wird sie vermutlich von Staat und Gerichten auch erhalten. Ebenso werden andere großzügige Regeln, wie die des »Goldenen Fallschirms« wohl großzügig ausgelegt werden. Goldene Fallschirme nennt man die lukrativen Belohnungen mit Steuervorteilen für die Besitzer kleiner Firmen, die von großen geschluckt wurden. Der Aufkauf wurde dem früheren Besitzer durch großzügige Beraterverträge oder andere Nettigkeiten vergoldet, die eigentlich einer steuerlichen Gerechtigkeit nicht gerade entsprachen; auch hier wird man Augen zudrücken.

Auf seine kleinen, wendigen und erfindungsreichen Firmen ist Amerika stolz. Im plötzlichen Aufstieg junger Stars will das Land seine Jugend verwirklicht sehen. Es waren aber auch gerade die Kleinen, die im Halbleiterkrieg gegen Japan Vorstöße unternahmen und Siege erzielten. Der Mikroprozessor als Konzept universell verwendbarer kleiner Computer in einem Stück Silizium war eine Idee einer kleinen, neuen Firma gewesen. Japan mußte sich sputen, schnell nachzuziehen. Als alle Welt dachte, die Japaner hätten mit billigen Taschenrechnern den gesamten Weltmarkt in der Hand, da kamen einige aktive junge Leute auf den damals kühnen Gedanken, einen viel anspruchsvolleren Taschenrechner zu bauen, mit Logarithmen und Exponentialfunktionen und sämtlichen komplizierten statistischen Rechenmethoden. Hewlett und Packard, die Firmengründer, überstimmten die Zweifler in der eigenen Firma. Das Risiko wurde gewagt, der anspruchsvolle Rechner hoher Qualität setzte sich durch. Die Ingenieure kauften diesen ins Silizium eingegossenen Rechenschieber – wieder ein kalifornischer Erfolg!

Tröstlichstes Symbol der Hoffnung Amerikas auf die eigene Jugend aber wurde »apple«, der Apfel. Neues und Erfolgreiches kann gewagt und geschaffen werden, selbst in den Landstrichen Amerikas, wo die höchsten Löhne gezahlt werden müssen, im kalifornischen Silicon Valley. Zwei junge Burschen, Stephen Jobs und Stephen Wozniak, wollten die jetzt so wohlfeilen Siliziumchips nutzen, um sich den langgehegten Wunsch nach einem eigenen richtigen Computer zu erfüllen. Mußten denn die Elektronenrechner immer nur aus den großen Firmen kommen? War ein Privatmann verdammt, sich allenfalls mit einem Sichtgerät zu Hause einer Maschine eines benachbarten Rechenzentrums anzuschließen? Warum denn nicht jeden Interessierten seinen ureigenen, ordentlichen und leistungsfähigen Rechner erwerben lassen, den er auch tatsächlich nutzen kann? Ein alltägliches Produkt wäre ein solcher Rechner, nichts Gewaltiges mehr, was nur in klimatisierten, abgeschlossenen Räumen von Fachleuten gehätschelt werden müßte. Etwas so Alltägliches wie der Apfel aus dem Obstfach des Supermarktes.

Und so kam es dann auch, sehr zur Verwunderung und Überraschung sowohl der japanischen Marketingfachleute als auch der großen Computerfirmen im Lande. Mitten aus dem Silicon Valley, wo die Speicher und Logikbausteine sprießen, direkt in Cupertino, entstand wieder ein solches Aufstiegswunder einer völlig neuen Firma. »Apple Computer« nutzte mit Mut und den geringen Gemeinkosten einer Garagenfirma die Chance, die hinterher eigentlich alle wahrnehmen konnten: Der Heimcomputer war nicht nur eine technisch jetzt problemlos durchführbare Lösung, sondern er wurde auch gekauft. Er wurde so begeistert vom Publikum verlangt, daß Apple kaum nachkam – und nun die Großen allenthalben Appetit bekamen und auch in dieses Geschäft einstiegen. Aber der Heimcomputer hielt auch den Einzug in die Schulen und in Feriencamps. Eine speziell für Apple gedachte Gesetzesvorlage im US-Kongreß erleichterte den Schulen und der Firma Apple das Geschäft, indem Steuernachlaß gegen Rabatt aufgerechnet wurde und der Markt sich gewaltig erweiterte.

Jetzt kam plötzlich der Siliziumkristall in großer Menge und in seiner raffiniertesten Form der Verarbeitung bis in die Kinderzimmer und in die Spielräume im Keller der Häuser, die die Amerikaner ihre »rec rooms« – ihre »Entspannungszimmer« nennen. Mit diesem einst für unmöglich gehaltenen Einzug in die Privatsphäre waren für die Amerikaner zwei wesentliche Dinge geschehen. Einmal hatte der jugendliche Schwung der noch immer nicht ausgestorbenen Mutigen in den USA bewiesen, daß die Japaner mit wirklich neuen Ideen zu schlagen waren. Risiken und schnelle Aufbauarbeit waren belohnt worden, wieder waren mit den jungen Millionären personifizierte Vorbilder einer neuen »Hi-tech«-Generation vorzeigbar. Zum zweiten aber war dem Computer die Aura des Unnahbaren, des Zentralen, des Beherrschenden genommen. Die panische Angst vor Orwells Großem Bruder wurde ja zu den Anfangszeiten des großen Rechners noch genährt und verstärkt. Computer waren stets im Besitz der herrschenden Bürokratie, des Militärs oder anderer zentraler staatlicher Stellen. In den Betrieben und Unternehmen war er das zentrale Gehirn, das alles wußte und nur wenigen den Zutritt gestattete. Eine besondere Sprache war erforderlich, um auch nur von ferne über ein Datensichtgerät mit dem Rechner sprechen zu können. Computerwissen sonderte damit eine spezielle Kaste heraus, der Rest fühlte sich in seiner Unwissenheit beherrscht und manipuliert. Die immer billigeren Siliziumschaltkreise aber konnten den Computer demokratisieren. Das geheimnisumwobene und aus Unkenntnis überschätzte Monopol des Großrechners wurde durchbrochen. Diese Verbreitung und Dezentralisierung als Folge der immer weiter ins Bodenlose sinkenden Kosten für Siliziumspeicher und Mikroprozessoren kann in ihrer Bedeutung für die soziale Wirkung der Computertechnik nicht hoch genug eingeschätzt werden.

Anpassung der Großen im Osten der USA

Die japanische Herausforderung beflügelte nicht nur den Staat und die kleinen, bedrängten Firmen im Silicon Valley. Das Ausmaß der neuen Konkurrenz aus Asien bewirkte auch, daß in den Konzern-Zentralen an der Ostküste nun auch die mächtigen Großfirmen reagierten. In der Old Orchard Road in Armonk, nördlich von New York, wurde die Politik von IBM formuliert. In Manhattan, am Broadway unweit der Wall Street, mußte die Telefongesellschaft AT & T ihre Strategie planen. Beide Riesen sind voneinander und durch Japan bedroht. Computer und Telefonnetze werden einander durch die immer weiter vordringende Siliziumtechnik so ähnlich, daß das bisherige Nebeneinander der Geschäfte jetzt in harten Wettbewerb umschlägt. Die gewaltigen Anstrengungen der Japaner auf dem Computermarkt und die immer freizügigere Beschaffungspolitik der Telefongesellschaften erforderte Gegenmaßnahmen. Solche Strategien kosten Geld, aber dies ist für die Großkonzerne eine wesentlich einfacher zu lösende Frage als für kleine Unternehmen.

Damoklesschwerter aber schwebten für viele Jahre über den beiden Giganten und führten zu lähmender Unsicherheit. Die scharfe Gesetzgebung gegen Monopole wurde beiden Firmen angedroht. Eisenbahnwagen voller Dokumente über Marktbeherrschung und technische Vorsprünge wurden gesammelt, in Washington von Juristen und Politikern geprüft und in unzähligen Anhörungen verhandelt. Expertenbataillone mit gewaltigem Troß wurden von beiden Seiten ins Gefecht geschickt. Relativ schnell wurde der Antitrustfall gegen IBM entschieden. Hier konnte trotz der starken Marktposition keine eindeutig monopolistische Rolle konstatiert werden, die Eingriffe des Staates erforderte. Der Aufschwung der kleineren Firmen und die nachweislich vorhandene Möglichkeit, daß auch Neulinge eine Chance auf dem Rechnermarkt haben, waren wichtige Argumente.

Quälend langsam aber zog sich das Verfahren gegen die Telefongesellschaft hin. Mit über einer Million Beschäftigten und einer Rekordzahl von Aktionären wurde hier eine der größten Industriefirmen überhaupt vor Gericht zitiert. Die alte Regelung des staatlich kontrollierten Monopols mit seiner Verpflichtung zu Dienstleistungen überall im Lande, der Beschränkung auf das Telefongeschäft und der erzwungenen Freigabe technischer Information – wie beim Transistorpatent – wurde jetzt in Frage gestellt. Eine Reihe kleinerer Firmen hatte angeklagt, die allgewaltige »Ma Bell«, die Mutter Bell Telephone, ließe niemanden an das lukrative Geschäft heran. Viel billiger ließe sich in kleinerer Privatinitiative so mancher Nachrichtenverkehr lösen. Mutter Bell dächte immer nur an die eigenen Kinder, so zum Beispiel ihre Tochter Western Electric. Sie allein dürfe mit Geräten, mit Kabeln und Mikrowellenstrecken die amerikanischen Telefonnetze beliefern; kein kleiner Zulieferer hätte eine Chance, an diesem gigantischen Kuchen auch nur ein Krümelchen Geschäft abzubekommen. Schon allein durch die technischen Normen könnte sich A T & T immer den eigenen Vorteil sichern.

In der Öffentlichkeit wurde die Debatte lebhaft mitgeführt. Die meisten Telefon-Kunden hatten sich an Ma Bell gewöhnt, waren von dem guten Service angetan – die blaue Glocke war zum Wahrzeichen einer nationalen Institution geworden. Jeder Ausländer bestätigte immer wieder, um wieviel preiswerter und billiger das amerikanische Telefon sei. Die Wissenschaftler aber wiesen auf noch wichtigeres hin: Nur ein so großes, leistungsfähiges System war in der Lage gewesen, Forschung von solcher Intensität und Qualität durchzuhalten, die zu einem Transistor, zu Nobelpreisen, zum ersten Fernmeldesatelliten, zur Sonnenbatterie und vielen anderen Resultaten geführt hatte. Davon aber wußte die breite Öffentlichkeit weniger. Tatsächlich war in den letzten Jahren der Kundendienst auch in vielen Regionen des Landes schlechter geworden, Unmut kam auf. Das traditionelle Mißtrauen jedes Amerikaners gegen große, allgewaltige und beherrschende Machtblöcke war es aber, das für den Kartellrichter Greene die Stimmung im Lande zu lenken schien.

Richter Harold H. Greene trug die Last einer historischen und folgenschweren Aufgabe. Er war 1939 in Ostdeutschland als Heinz Grünhaus geboren, war nach dem Kriege als Feldwebel der US Army wieder in Europa gewesen. 1978 hatte er den Vorsitz in dem Riesenprozeß übernehmen müssen, eine schwere Verantwortung. Der Einfluß einer richterlichen Instanz auf eine Entscheidung von so übergroßer Bedeutung für den künftigen technischen Fortschritt wurde von vielen Ingenieuren und Technikern als bedenklich eingeschätzt. Eine Gesellschaft mit 69 Milliarden Dollar Jahresumsatz stand zur Disposition. Im Jahre 1983 verkündete Greene den Spruch und die bis in alle Einzelheiten gehenden Ausführungsbestimmungen. Mit dem Silvestertag des Jahres 1983 sollte A T & T sterben. Eine Rumpffirma des gleichen Namens sollte bestehen bleiben. Ihr sollte die Produktionsfirma Western Electric weiterhin gehören, auch das alte Bell Laboratorium. Im Lande aber sollten 7 neue regionale Holding-Gesellschaften entstehen. Sie sollten das Telefongeschäft abwickeln und dabei nicht mehr gezwungen sein, bei Western Electric allein zu kaufen. Der Telefonmarkt war weit geöffnet worden, jeder – auch ein Kleiner – hatte nun Zugang.

In den Laboratorien von Murray Hill, der Wiege des Transistors und der ersten richtigen Siliziumkristalle, herrschte jahrelang eine gedrückte Stimmung. Nach dem 1.1.1984 wurde auch hier eine Trennung durchgeführt. Das alte Labor wurde kleiner, neu organisiert und vermutlich viel stärker in die Probleme der Fabriken eingespannt. Die ungewöhnliche Freiheit des Forschers und des Forschens wird man zu bewahren versuchen, ob es aber gelingen wird? Ein neues Labor wird schon als Konkurrenz von den sieben regionalen Schwestern gegründet, auch hier wird der Name Bell geführt werden. Die Teilung des Labors war von Schmerzen begleitet. Für einen, der in diesem Labor die einmalige Atmosphäre der Forschung erlebt und dankbar genossen hat, war es jammervoll anzusehen, wie aus alten Kollegen und Freunden nun durch die Teilung feindliche Brüder wurden. Der richterliche Spruch wurde zur greifbaren Realität einer Spaltung.

Die Stellungnahmen der Fachwelt waren von Verbitterung gekennzeichnet. Aus dem Silicon Valley ließ Gordon Moore, einer von Shockleys Abtrünnigen und angesehener Wortführer der Siliziumpioniere im ganzen Land, verlauten, daß eine nationale Tragödie geschehen sei. Das Bell Lab zu zerschlagen sei ein Vergehen an einem nationalen Schatz. Alle die kleinen Firmenkeimlinge in Kalifornien, in Arizona, Utah oder sonstwo im Lande hatten nur wachsen und gedeihen können, weil die Information bei Bell erarbeitet worden war und dann freizügig – wie dem Monopol vorgeschrieben – verteilt worden war. Woher sollte nun das ganz Neue, das Risikoreiche, die Großforschung einer auch auf Jahre tapfer durchfinanzierten Mannschaft kommen? Gordon Moore unkte sogar, daß man aus Kalifornien nun wohl nach Musashino zu schauen habe, wo die zentralen Labors des japanischen Telefonkonzerns zusammenbleiben und noch weiter ausgebaut werden. Ob man aber hier auch gleiche Freizügigkeit würde walten lassen? Schwerlich!

Die Japaner nämlich erkannten schon weitaus früher als die Europäer, daß Richter Greenes Spruch eine weltweite Bedeutung haben würde. Die gesamte internationale Szenerie der Kommunikationsindustrie war betroffen! Diese Industrie wird in einigen Jahren der größte Zweig aller industriellen Tätigkeit sein. Information zu schaffen und zu vertreiben, wird mehr Umsatz und Arbeitsvorrat geben, als es die Wirtschaft mit Energie heute gewährleistet. Das Jahr 1983 brachte den Japanern ja selbst den Umschwung: In diesem Jahre wurde wertmäßig mehr an Elektronik als an Autos exportiert! Hier liegen die großen Felder zukünftiger Betätigung, ohne daß Berge von Mineralien und Rohstoffen mit riesigem Energiebedarf umzusetzen sind. Jede Änderung der Konkurrenzstruktur in diesem Wirtschaftszweig muß also sorgfältig beachtet werden.

Die einst so allgewaltige American Telephone and Telegraph war zwar amputiert und gedemütigt, zurechtgestutzt und verkleinert worden. Im Gegenzug aber war ihr aber auch eine Zwangsjacke ausgezogen worden. Vorher hatte sie grundsätzlich nicht den offenen Markt beliefern dürfen, sie konnte nur ihrem eigenen Netz ihre Produkte anbieten. Der alte »consent decree«, die Einverständniserklärung zur Weitergabe der Transistorpatente und anderen Wissens und der Verzicht, zum Beispiel Hörgeräte oder Rechenmaschinen auf dem freien Markt anzubieten, war eine wohlabgewogene Taktik gewesen, die vor allem das Telefonnetz intakt hielt. Nun aber, nach der Zerschlagung, kann die neue, schlankere A T & T auf den Märkten der Welt als Anbieter auftreten. Ein bisher von nationaler Monopolstruktur beruhigter Markt wird nun in unerwarteter Weise offen und lebendig, er wird jedem aktiven Anbieter große Möglichkeiten bieten.

Das geballte und jetzt entfesselte technische Können, der riesige Vorrat an Kenntnis, die großen Fabriken der A T & T werden natürlich jetzt auch die europäischen und andere Märkte erfassen. Die neue A T & T streckt ihre Fühler aus. Ihr fehlt jedoch ein strategisch organisiertes Verkaufsnetz, es war bislang unnötig. In Eindhoven wurde mit Philips ein Pakt geschlossen, größere Telefonsysteme werden künftig gemeinsam erarbeitet und vertrieben werden. Kleinere Endgeräte aber werden auch gebraucht, auch hierzu mußte in Europa ein wendiger und fixer Partner gesucht werden. Zur großen Überraschung entschied sich A T & T für Olivetti, eine schon manchmal totgeglaubte italienische Firma, die unter neuer Führung wie ein Phönix auferstand und der nun mit einer millionenschweren Geldspritze aus einer direkten A T & T-Beteiligung eine beachtliche Zukunft an der Seite der Amerikaner bevorsteht. Vermutlich wäre man auch gern mit deutschen Partnern zusammengegangen, denn die Bundesrepublik ist nun einmal der größte europäische Markt – ein richtiger Partner aber war wohl noch nicht zu finden.

Vielleicht also werden die Unken eines Besseren belehrt, vielleicht wird der Richterspruch der Zerschlagung wirklich Schwung und Unternehmergeist in Vielfalt erzeugen. Neue Chancen sieht man, sie kamen in Fülle aus den Forschungslabors der alten Mutter Bell. Stolz zeigte Bell sein neuestes Verfahren: Licht als Träger der Information, durch schlanke Fasern geführt. Im Kupferdraht laufen die Elektronen und tragen das Signal der Sprache von Ort zu Ort. Oder es sind sehr kurze Radiowellen, denen ein Gespräch aufgeprägt wird und von einem Turm zum anderen läuft. Licht hat noch schnellere Schwingungen als die Radiowellen, kann darum noch mehr an Information aufnehmen und viel, viel mehr Telefongespräche auf einmal übertragen. Aber Licht läßt sich nur sehr schlecht im freien Raum von einer Stelle zur anderen senden; jede Störung – ob Nebel, Regen oder schwankende Temperatur – zerstreut und schwächt bis zur Unkenntlichkeit. Ein Lichtstrahl muß also geführt und behütet werden.

Auch für diese technische Herausforderung wird ein fester Körper gewählt, und wieder spielt das Siliziumatom eine besondere Rolle. Quarzsand besteht aus dem Oxid des Siliziums, der Verbindung jeweils eines Siliziumatoms mit zwei Sauerstoffatomen; die beiden häufigsten chemischen Elemente unserer Erde sind hier vereinigt. Eine Faser aus Quarz, dünner als ein menschliches Haar, soll die Lichtblitze mit den aufgeprägten Nachrichten über große Entfernungen leiten. Die Grundidee hört sich einfach an, doch die Verwirklichung ist problematisch. Ein Blick aus dem Fenster verdeutlicht die Schwierigkeit. Selbst ein hochwertiges Fensterglas verschluckt trotz seiner geringen Dicke bereits viel vom einfallenden Tageslicht. Will man aber Licht über viele Kilometer transportieren, dann braucht man so reines und perfektes Quarzglas, wie es kaum erreichbar schien – man stelle sich vor, durch eine kilometerdicke Scheibe zu blicken, nichts wäre vom anderen Ende zu erkennen. Schon die wenigen Wassermoleküle, die versehentlich ins Glas eingebaut werden, würden jeden Lichtstrahl auf solch langer Entfernung für sich beanspruchen, das Licht absorbieren und damit jedes Signal zerstören.

Die anfangs ebenfalls als unmöglich angesehene chemische Reinheit der Siliziumkristalle ermutigte jedoch zum Versuch, auch das Quarzglas mit so hoher Reinheit herzustellen. In eindrucksvoll kurzer Zeit gelang auch hier der Erfolg, nachdem zunächst mit wissenschaftlicher Sorgfalt geklärt wurde, welches die Erscheinungen sind, die das Licht in einer Faser verringern und zerstreuen. Wassermoleküle und die Atome des Eisens mußten unter allen Umständen vermieden werden; es gelang. So wie vom Siliziumkristall gelernt, wurde nun auch die haarfeine Faser auf Bruchteile von Millimetern in ihrer chemischen Zusammensetzung geprägt, um dem Licht seinen Weg exakt vorzuschreiben. Das Oxid des inzwischen vergessenen ersten Halbleiters, des Germaniums, kam zu Ehren. Seine Beimischung verändert in gezielter Weise die Lichtbrechung in der Faser.

Heute läßt sich ohne Auffrischung ein Lichtblitz über mehr als 200 km lange Faserstrecken schicken, am anderen Ende ist das anfängliche Signal immer noch zu entziffern. Schmaler und dünner sind damit die Kabel zur Nachrichtenübermittlung geworden, trotzdem bieten sie wesentlich mehr Kapazität zur Übertragung, denn die sehr hohe Schwingungszahl des Lichts eignet sich für sehr hohe Informationsbeschickung. Die Telefonfirma A T & T sah in dieser Lichtwellen-Kommunikation eine große Chance und betrieb über viele Jahre intensive Forschung. Der praktische Nutzen wird zum Beispiel in der Wall Street, dem Finanzviertel von Manhattan, erkennbar. Hier wollen so viele Kunden an Leitungen angeschlossen werden, daß unter den Bürgersteigen schon längst kein Platz mehr ist für dicke traditionelle Kupferkabel. Das schlanke und viel leistungsfähigere Glasfaserkabel war hier die optimale Lösung zur Erweiterung der Kommunikationspfade. Aber selbst für äußerst lange Wege eignet sich die Glasfaser. Neue Transatlantik-Seekabel in Lichtleitertechnik werden schon verlegt. Genügend lange Abschnitte der Kabel sind bereits möglich, um die Zahl der nötigen Zwischenverstärker zum Wiederauffrischen der Signale gering halten zu können. Schon zu Beginn des Jahres 1983 war eine Lichtsekunde Glasfaserkabel von A T & T verlegt worden oder in Auftrag gegeben worden. Eine Lichtsekunde entspricht einer Strecke von 300 000 km; es ist die Entfernung, die das Licht in einer Sekunde durcheilt. Die großen alten Kupferkabelfabriken, beispielsweise in Baltimore, mit vielen Arbeitsplätzen spezialisierter Metallverarbeitung wurden geschlossen. Dafür aber entstanden neue Fabriken, in denen die moderne Technik genutzt wird; wieder hat Silizium einen Sieg über die Metalle erzwungen.

Die beiden amerikanischen Giganten, »Mother Bell« – verjüngt und schlanker, ein wenig ärmer aber aus dem Scheidungsprozeß entlassen – und »Big Blue«, IBM, Marktbeherrscher auf dem Rechnergebiet, sind mit der enormen Kapitalkraft, der großen Ertragsstärke, der Präsenz auf den Weltmärkten und der traditionell hervorragenden Forschung und Entwicklung starke Trümpfe der amerikanischen Technologie. Riesige Werke für Siliziumschaltkreise liegen in Fishkill, nördlich von New York, und in Burlington, im Bundesstaat Vermont. Hier baut IBM für seinen eigenen Bedarf die Schaltkreise für die Logik-Teile seiner Computer. An vielen anderen Standorten der Welt wird in dieser Großfirma ebenfalls Silizium verarbeitet, und dennoch war es stets zu wenig. Von vielen anderen Zulieferern mußten große Mengen von Siliziumchips dazugekauft werden, um die Rechner bestücken zu können.

Beim Konkurrenten A T & T ist aus einem lange stiefmütterlich behandelten Laboratorium in Pennsylvania ein neuer Standort für die Siliziumtechnik entstanden. Nach vielen Jahren stetiger, großzügiger Investition wuchs in Allentown, zwei Autostunden vom Laborhauptquartier in Murray Hill, ein technologisches Prunkstück aus dem Boden. Der Vizepräsident für elektronische Technologie, Klaus Bowers, in Deutschland geboren und in Oxford ausgebildet, hat die »Bowers' Towers« für die Halbleiter errichtet. Eine starke Mannschaft hat hier eine der zur Zeit besten Techniken für große Silizium-Speicherbausteine geschaffen. Die Generation der achtziger Jahre mit 256 Tausend Informations-Bits auf wenigen Quadratmillimetern Silizium kann hier mit hoher Ausbeute hergestellt werden. Jede neue Generation der Speicher, mit immer höherer Aufnahmekapazität, verlangt höheren Aufwand.

Eine neue Technik der MOS-Speicher wird hier konsequent betrieben, wobei immer zwei Sorten von Transistoren miteinander kombiniert werden: solche, wo sich Elektronen durch einen gesteuerten Kanal schlängeln, mit solchen, wo es die Elektronenlöcher sind, die im Kanal fließen. Eine solche komplementäre Technik erfordert großen Aufwand, mehr Einzelschritte, bei denen Fehler unterlaufen könnten und die Ausbeute an funktionierenden Schaltkreisen leiden könnte. Dennoch lohnt die Mühe, denn die geschickte Kopplung der beiden Sorten von Transistoren spart Energie. Im Ruhezustand fließt in solchen Schaltern praktisch gar kein Strom mehr, also wird sich ein solcher Schalter auch nicht mehr so stark erwärmen wie seine Vorgänger. Wer aber immer dichtere und kleinere Speicherzellen haben möchte, der muß mit der Energie noch geiziger umgehen, denn an dieser Stelle setzt der Kristall seinen stärksten Widerstand entgegen. Wird ein Halbleiterkristall zu stark erwärmt, dann brechen in seinem Gefüge durch die immer heftiger werdende Bewegung der Atome die Bindungen, es werden Elektronen freigesetzt, die alle fein konstruierten Strukturen überschwemmen und jegliches Gedächtnis für gespeicherte Information verlieren. Hier also den Fluß der Elektrizität noch sorgfältiger zu verstehen und zu lenken, ist Aufgabe der Forschung, wie sie ein Mammutkonzern gezielt einzusetzen vermag.

Auch mit neuen Werkzeugen geht es dem Silizium an das Gitter. Man muß es schaffen, nur leicht beschädigte Speicher nach der Fertigung noch auszubessern, nachzuarbeiten, damit kann die Ausbeute nutzbarer Elemente auf der Siliziumscheibe erhöht werden. Also werden gleich von vornherein ein paar Speicherzellen mehr eingebaut, ein Vorrat für Notfälle. Nach dem Lauf durch die Öfen und Maschinen in der Fabrik wird jedes einzelne Element in einem großen Rechner genauestens ausgemessen, jeder Fehler wird festgestellt. Das Silizium, das schon in dem Testrechner eingebaut ist, prüft also die nächste Generation des Siliziums – so schnell, daß der Mensch noch nicht einmal Zuschauer ist. In Sekundenbruchteilen entscheidet der Rechner, wie der defekte Speicher zu reparieren sei. Die Anweisungen fließen sofort an eine Steuervorrichtung, die Strahlen einer starken Laser-Lichtquelle auf die gewünschte Stelle sendet und metallische Verbindungen durchtrennt und damit die Schaltung verändert. Das defekte Teil der Schaltung wird mit Licht herausoperiert, ein einwandfreies Stück aus dem Reservevorrat dafür eingeschaltet. Die Mannschaft der verjüngten American Telephone and Telegraph ist zuversichtlich. Nach langen Jahren der technologischen Führung im Silicon Valley hat man jetzt hier im Osten das Gefühl, an der Spitze zu sein. Neue große Fabriken werden in Florida geplant und gebaut, denn dieser Vorsprung kann nun nach der Neuorganisation durch den Kartellrichter Greene auf dem freien Markt der ganzen Welt umgesetzt werden – in Allentown, Pennsylvania, glaubt man, mit dieser Generation der 256 Kilobit-Speicher die unbestrittene Führung zu haben und auch den Japanern Paroli bieten zu können.

Nicht nur die sichtbaren Maschinen mit ihrer Laserchirurgie beeindrucken den geschulten Beobachter. Vielleicht noch wichtiger ist, daß hier ein in sich geschlossenes System für die Beherrschung des Siliziums erarbeitet wurde. Software muß geschaffen werden, Programme zur Konstruktion neuer Schaltkreise, Sprachen für die neu entstehenden Rechner. Einheitlich und in sich schlüssig, ohne Flickwerk und Kanten muß ein solches Netzwerk der geistigen Beherrschung des Siliziumkristalls sein. »Unix« nennt Bell sein neues System, das dieser Aufgabe gerecht wird. Armeen von Software-Spezialisten werden eingesetzt. Der Aufwand lohnt sich. Schnelle und leistungsfähige Systeme entstehen, sie können Datenmengen im Großformat bearbeiten, 32 Bit pro Vorgang und nicht mehr nur 8 wie in den ersten Mikroprozessoren. Nicht nur die neuen digitalen Telefonsysteme werden davon profitieren; überall wird ein neuer Standard gesetzt. Das Eindringen dieses bislang gefesselten Riesen A T & T in den Weltmarkt wird die Szenerie verändern. Aber A T & T muß lernen, auf offenen Märkten zu verkaufen. Der jetzt viel zu große Personalbestand wird schmerzhaft schrumpfen müssen; mehr als ein Viertel der ehemaligen Mitarbeiter werden in den nächsten Jahren andere Arbeitsplätze suchen müssen.

Aber auch der blaue Gegner, IBM, so nach seiner Erkennungsfarbe auf den Schränken der Computer genannt, hat in den letzten Jahren von sich reden gemacht. Nicht nur die Forschung, sondern noch stärker die disziplinierte und gedrillte Verkaufsmannschaft hat unerwartete Erfolge errungen. Alle Welt hatte ein wenig schadenfroh gegrinst, daß ausgerechnet zwei Schuljungen bei »Apple« in Kalifornien den Heimcomputer einführten und damit dem Computerriesen eine lange Nase drehten. Würde IBM zurückschlagen, würde dieser Markt so groß eingeschätzt werden, daß sich auch IBM einlassen würde? Der Gegenschlag kam tatsächlich. Mit seinem sorgsam strategisch geplanten Personal-Computer verwies der Riese den frechen Neuling in kürzester Zeit auf einen mageren zweiten Platz. Nicht unbedingt der allerletzte technische Schrei war es, nichts Aufregendes, kaum etwas Neues konnte die IBM bieten. Das Gesamtpaket aber, mit seiner Fülle von Programmen für alle Arten neuer Anwender, der gute Ruf und die Dauerhaftigkeit, die Tradition und die Garantie eines Kundendienstes waren es, die innerhalb unvorstellbar kurzer Zeit diesen Marktführer auch auf dem Gebiet der kleinsten Rechner unangefochten wieder an die Spitze führte. Anfang 1984, dem Orwell-Jahr mit den Ängsten vor einem Zentralcomputer, verließ alle 16 Sekunden ein kleiner Privatcomputer die Fließbänder der Zulieferfirmen für IBM – und doch war der Bedarf größer, die Nachfrage immer noch nicht zu decken.

Informatik-Kampf über den Pazifik hinweg

Alle Register der Politik, alle Ressorts der Regierungen in den USA und Japan müssen sich jetzt mit den zukünftigen Entwicklungen der neuen Halbleitertechnik befassen. Die große Auseinandersetzung innerhalb der amerikanischen Regierung, zwischen Pentagon und Handelsministerium, hat den Präsidenten selbst zum Eingriff verleitet; er bestimmte scharfe Kontrollen des Pentagons für die Ausfuhr der neuen Siliziumtechniken auch über den Kopf des Handelsministers Malcolm Baldridge hinweg. Merkwürdig und inkonsequent erschien darum die Nachricht, daß IBM gerade mit Hitachi, den unfairen Spionen, einen Vertrag über eine umfangreiche Speicherzulieferung abschloß. Der Bedarf war so groß, daß man überall – auch bei den erklärten Gegnern – zukaufen mußte.

Der 1. April 1984 wird ein historisches Datum in diesem Kampf werden. An diesem Tage wurden alle Zollschranken für Halbleiterbauelemente zwischen den USA und Japan auf Null zusammengestrichen. Der Turnierplatz wurde frei, damit im absolut offenen Streit auf jeder Seite die Besten herausgefordert werden. Dieser Schritt ist kühn und in seiner Härte erstaunlich, keineswegs selbstverständlich. Auf beiden Seiten des Pazifik waren Stimmen laut geworden, die heimische Industrie gegen die vermeintlich oder tatsächlich unfaire Konkurrenz der anderen Seite zu sichern, ihr hinter schützenden Barrieren von Einfuhrbestimmungen ein wenig Verschnaufen in diesem immer heftigeren und hektischeren Technologiestreit zu gönnen. Und dennoch einigte man sich auf Kampf mit offenen Visieren, ein jeder im Vertrauen auf eigene Kraft, schöpferische Forschung und ideenreiche Marktstrategien. Mit diesen offenen Visieren werden in den USA und Japan die Forschung und Entwicklung, die Anwendung und das Wachstum dieser Märkte beschleunigt vorangetrieben werden. Die übrigen Pazifikanrainer werden teilnehmen; Singapur, Malaysia und die anderen Nachbarn können nicht mehr zurück. Nur eine Region der Welt – neben dem trägen Ostblock – wird sich anders verhalten: die Europäische, sogenannte Gemeinschaft verschanzt sich hinter einer soliden Mauer; denn für jeden importierten elektronischen Schaltkreis kassieren Europas Zöllner volle siebzehn Prozent, wie es Europas Industrien immer gefordert hatten.

Der gemeinsame pazifische Markt der Informationswirtschaft führte auch in Japan zu beachtlichen rechtlichen Veränderungen. Vorbedingung für die Offenheit von Konkurrenz und Kooperation war nämlich, daß auch Japan dem USA-Beispiel einer vollständigen Marktöffnung durch Privatisierung der Telekommunikation folgte. Bisher hatte Japan am üblichen europäischen Konzept festgehalten und alle Telegraphie und das Telefonnetz einer staatlich kontrollierten Gesellschaft, eben der Nippon Telegraph and Telephone Corporation, übertragen. Im Jahre 1984 mußte sich diese Lage ändern. NTT wurde privatisiert, neue Mitbewerber drängen ins Kommunikationsgeschäft. Eine »Dai ni den-den«, die »Nummer Zwei Tel-Tel« entstand im Frühjahr 1984. Ich war zufällig just an diesem Tage zu Besuch in den Laboratorien der einst allmächtigen NTT; mit dem Anschein souveräner Gelassenheit und der Sicherheit des großen Forschungsapparates kommentierte man dieses Erscheinen der neuen innerjapanischen Konkurrenz, aber der Ansporn zu noch schnellerer und besserer Forschungsarbeit war unverkennbar.

Technologiepolitik ist Angelpunkt jeder Machtpolitik geworden, so sieht man es in Washington und Tokio. Die Zerschlagung der potenten Forschung bei Bell Telephone macht nun manchem Beamten und Politiker doch mehr Sorgen als noch vor einigen Jahren. Erfahrene Senatoren haben mir gestanden, daß hier vielleicht ein entscheidender strategischer Fehler zur eigenen Schwächung gemacht worden sei; aber die Mehrheit in Senat und Repräsentantenhaus war doch auf seiten der antimonopolistischen Bürger gewesen. Leider aber wurden diese Bürger zunächst bitter enttäuscht, die Tarife wurden erst einmal erhöht, das einheitliche System aufgesplittert und unübersichtlicher. Nun also muß wenigstens die große Hoffnung auf verstärkte Exporte in die schnell wachsenden Märkte der Telekommunikation in der ganzen Welt in Erfüllung gehen. Vor dem Handelsausschuß des Repräsentantenhauses berichtete Anfang 1984 der Handelsbotschafter William Brock mit gedämpftem Optimismus von den umfangreichen Verhandlungen zwischen den USA und Japan. Man drängt auf faire Öffnung des großen Marktes der japanischen Telekommunikation. Aufträge von über drei Milliarden Dollar jährlich hat Nippon Telegraph zu vergeben. Mit massivem Druck schafften die Amerikaner immerhin im Rahmen von 140 Millionen Dollar Exporte nach Japan; aber das ist nur ein Drittel der japanischen Exporte in die USA. Ein umfangreicher Dreijahrespakt läuft zur Zeit auf diesem Gebiet, er umfaßt auch Abmachungen über gemeinsame Forschung. Die amerikanischen Zulieferer verlangen Einsicht in die Forschung der riesigen, noch immer expandierenden Laboratorien der Nippon Tel & Tel, sie werden ihn auch – wenigstens teilweise – erhalten und somit auch frühzeitig über die neuen technischen Normen und Regeln informiert werden: Es geht um die neuen Glasfasern, neue Halbleiter-Komponenten, neue Computertechniken. Damit sind die Voraussetzungen geschaffen, wie man aus der Gemeinsamkeit der Konkurrenz auch die großen Märkte der übrigen Welt erobern kann.

Die neuesten Berichte über die japanisch-amerikanische Konkurrenz auf den großen Märkten der Telekommunikation aber beunruhigen das amerikanische Publikum. »Enorme und unerwartete Auswirkungen auf stark anwachsende Importe« bei Telefonie-Ausrüstungen wurden im Jahre 1983 bereits festgestellt, als die alte American Telephone and Telegraph Company noch intakt war. In den Jahren 1977 bis 1982 hatten die USA auf diesem wichtigen Exportgebiet immer mit Leichtigkeit einen beruhigenden Außenhandelsüberschuß erwirtschaftet. Im Jahre 1983 aber drehte sich das Blatt, ein Minus von einer Viertelmilliarde Dollar wurde verzeichnet. Die jetzt in sieben Teilgesellschaften zerschlagenen regionalen Telefongesellschaften hatten schon in diesem Jahre begonnen, sich von der Zwangsmutter Western Electric zu lösen, und kauften zunehmend in Japan. Nicht weniger als 45 % aller Importe stammen aus Japan, stellt die Electronic Industries Association der USA fest. Mehr als doppelt so hoch wie der des nächstgrößten Lieferanten ist damit der japanische Anteil. Es muß damit gerechnet werden, daß die Japaner die völlige rechtliche Entflechtung, die am 1. 1. 1984 in Kraft trat, weidlich ausnutzen.

Die kleineren Zulieferer in den USA hatten sich ja gerade durch diese Zerschlagung erhofft, daß nun sie selbst einen Teil des vorher verschlossenen Marktes erringen könnten, darum hatten sie sich in den Anhörungen auch für die Auflösung des Monopols stark gemacht. Ortsgespräche wurden teurer, denn bisher hatte die Wirtschaft mit relativ höheren Tarifen für Ferngespräche die lokalen Tarife niedrig gehalten; diese bewußte Subventionierung entfällt jetzt. Verbitterung und Verhärtung machen sich nun breit, auch der »kleine Mann« ist verärgert. Nicht nur, daß seine Telefonrechnung ansteigt, nun wird es auch noch weniger Arbeitsplätze in der Telefonindustrie geben! Als im November 1984 stolz – vor den Präsidentschaftswahlen – die ungewöhnlich niedrige Inflationsrate dem Verbraucher gemeldet wurde, da gab es nur eine hervorstechende Ausnahme: Telefongespräche führten mit einer jährlichen Kostensteigerung von 16 % mit weitem Abstand die Inflationsrate an. Die Verbitterung darüber ist auch dem amerikanischen Präsidenten nicht verborgen geblieben; sein Wissenschaftsberater gab mir in privaten Gesprächen zu, hier sei ein schwerer strategischer Fehler gemacht worden, natürlich von der früheren Regierung – aber man hätte eben versäumt, diesen Fehler noch zu korrigieren.

Dieser sich in voller Schärfe abzeichnende Wettbewerb um die Märkte der Information prägt auch die Innenpolitik des sonst so liberalen Landes mit einer traditionell freien und unabhängigen Wirtschaft. Wenn der Handelsminister Malcolm Baldridge, Mitglied einer republikanischen Regierungsmannschaft, öffentlich darüber spekuliert, ob nicht doch eine gestraffte und einheitliche Industriepolitik in den USA vonnöten sei, dann ist dies mehr als nur der Ausdruck für einen Machtkampf mit dem Pentagon, das aus strategischen Gründen mit Präsidentenbilligung eine starke Aufsicht über den Handel mit technologischen Gütern zugesprochen bekam. Die Erfolge der integrierten Anstrengungen Japans, die bewunderte Rolle eines lenkend eingreifenden MITI-Ministeriums beeindrucken Amerika so stark, daß eherne politische Prinzipien zu wanken beginnen.

Die amerikanische Öffentlichkeit weiß um die Schärfe der Auseinandersetzung. Aus Wall Street, vom Investmenthaus Paine Webber, kam beispielsweise die Abschätzung, daß schon 1988 die Japaner bereits mehr als die Hälfte des dann schon auf über 50 Milliarden Dollar angeschwollenen Mikroelektronikmarktes der Welt beherrschen würden, trotz amerikanischer Gegenwehr. Gereizter und feindseliger wird auch die Haltung breiterer Bevölkerungskreise. Der Zorn richtet sich nicht nur gegen Dumpingpreise und Aggression aus Nippon, auch der Forscher im eigenen Lande wird kritisiert: Was nutzen immer mehr Nobelpreise in Physik und Chemie, was bringen die immer größeren Ausgaben, wenn solcherlei Forschung die Arbeitsplätze im eigenen Lande nicht schützt, sondern sogar noch in Gefahr bringt?

In der für die Halbleiterleute im Silicon Valley besonders harten Krise der Jahre 1981/82 gab es erhebliche Rückgänge in den Umsätzen für integrierte Schaltkreise. Solche Krisen wurden bis dahin kurz und bündig gelöst; man konnte von einer Woche zur nächsten auch größere Zahlen von Arbeitskräften entlassen. Die Mittel der Kurzarbeit oder eines zwangsweise verlängerten Weihnachtswochenendes waren – ähnlich wie in Europa – auch immer stärker eingesetzt worden, denn man wollte sein mühsam geschultes Personal nicht verlieren, vor allem, wenn es jetzt immer stärker auf verbesserte Qualitäten ankam. In der letzten Krise aber geschah erstmals Neues. Unter dem gnadenlosen Tempo der von Japan forcierten Weiterentwicklung neuer Schaltkreisgenerationen entschlossen sich die technologisch führenden Firmen zu Mehrarbeit! Für das gleiche Gehalt bat die Firmenleitung um 11%

mehr Arbeitsleistung. Nur so konnte gesichert werden, daß der Einstieg in die neue Generation so rechtzeitig erfolgte, daß die Firma am Leben blieb. Diese Arbeitszeitverlängerung bei vollem Lohnverzicht wurde akzeptiert, sicherlich nicht mit Wohlwollen von seiten der Gewerkschaften – aber Japan ließ keine Wahl.

Amerika hat zwei Küsten, was Europäer in ihrem Kolonisatorstolz gern verdrängen. Der volkreichste Bundesstaat, Kalifornien, ist dem Fernen Osten zugeneigt. Fern ist dieser Osten nur aus der Sicht des alten Europa. Japan ist nah, von San Francisco betrachtet. In einem Buch »Die Vereinigten Staaten als Weltmacht« liest man: »So aufrichtig man auch die Leistungen der Japaner bewundert hat, so ändert das doch nichts daran, daß der weiße Arbeiter, will er seine gewohnte Lebenshaltung bewahren, der Konkurrenz der Japaner ebensowenig gewachsen ist wie der der Chinesen. Der schädliche Einfluß auf wirtschaftlichem Gebiet ist nicht zu leugnen.« Diese so freimütigen Worte stammen von Harvard-Professor Archibald Coolidge; er schrieb sie aber schon im Jahre 1901! Der Schlußakkord dieses Buches aus dem Anfang des Jahrhunderts betrifft auch nicht Europa, sondern den pazifischen Raum. Coolidge erinnert daran, daß das amerikanische Volk »nie wieder zu dem einfacheren Leben der Altväter zurückkehren kann«. Es solle die Worte seines Präsidenten Theodore Roosevelt beherzigen: »Wir haben keine Wahl, ob wir eine große Rolle in der Weltgeschichte spielen wollen oder nicht. Wir müssen die Rolle übernehmen; uns steht nur darüber die freie Entscheidung zu, ob wir sie gut oder schlecht spielen wollen.« Diese Worte gelten noch heute. Der Fehdehandschuh einer technologischen Auseinandersetzung muß aufgenommen werden. Die gewaltig angefachten Anstrengungen in der Mikroelektronik sind sichtbarer Beweis dafür, eine große Rolle gut spielen zu wollen. In dieser Schlacht um den Siliziumkristall und seine Folgen nimmt das müde Europa nur noch eine Beobachterrolle ein, es ist zum Schlachtenbummler geworden.

XI. Europa in der Abseitsfalle

Müdes Abendland

»Von hier und heute geht eine neue Epoche der Weltgeschichte aus, und ihr könnt sagen, ihr seid dabeigewesen.« Schlachtenbummler Goethe tröstete und erquickte bei Valmy die Geschlagenen. Noch am Morgen der Schlacht hatte man geglaubt, die alte Ordnung würde mit den Emporkömmlingen kurzen Prozeß machen können. Sämtliche Franzosen sollten »aufgespießt und aufgespeist« werden. Aber der Gegner war ernsthaft unterschätzt worden, da schien mit der Französischen Revolution etwas Starkes aufzuziehen. Man war gezwungen, Schutz zu suchen, sich in die Erde einzugraben. Der Herzog von Weimar selbst verschmähte nicht eine solche voreilige Bestattung, ganz in Reichweite der feindlichen Kanonen. Aber man wollte nicht die »weislich ersonnene Bequemlichkeit« aufgeben. »... und es war dies nicht das letztemal, wo ich bemerkte, daß man, um der Unbequemlichkeit auszuweichen, die Gefahr nicht scheue.«

Neues ist unbequem, Revolutionen lästig. »Weislich Ersonnenes« sollte sich schließlich bewahren lassen. Die »Campagne in Frankreich 1792«, die Goethe als eine Art Kriegsberichterstatter in hoffnungsvollem Siegesgefühl unbedingter Überlegenheit mitgemacht hatte, findet Parallelen in der Kampagne um den Siliziumkristall. Die alten Industrienationen des jetzt so überheblich-bequem erscheinenden Europa graben sich zum Schutz in die Erde ein.

Trotz aller früheren Forschungsarbeit, selbst in den schwierigen ersten Nachkriegsjahren noch voller Aktivität und Witz, ist Europa heute – in den achtziger Jahren – fast bedeutungslos auf dem Felde der neuen Schaltkreistechnik. Zahlen sprechen eine beredte Sprache. Pro Kopf und Jahr erarbeiten die Menschen in den USA, in Japan und in der Europäischen Gemeinschaft – ganz grob gesehen – etwa gleich große Beträge des Bruttosozialprodukts. Die USA führen, Japan liegt noch hinten, die Wechselkurse zwischen Dollar, Yen und Mark spielen eine Rolle, aber pauschal gerechnet sind die Regionen mit etwa 24000 DM pro Kopf und Jahr ähnlich. Ähnlich und vergleichbar sind auch die USA und Japan, was die Produktion pro Kopf und Jahr an integrierten Siliziumschaltkreisen betrifft, es sind – wieder grob geschätzt – etwa 60 Mark. Europa aber liegt mit 6,40 Mark pro Kopf und Jahr schon weit zurück, nur ein Zehntel dessen, was in Japan und den USA geleistet wird, wird hier produziert!

Auch andere vergleichbare Zahlen sehen schlimm aus für das alte Europa. Der Bedarf an neuer Technik scheint weitaus geringer zu sein; im Vergleich zu den Pazifikmächten wird weniger moderne Elektronik in Geräte und Systeme eingebaut. Unter der Liga der führenden Schaltkreishersteller ist unter den ersten zehn nur ein Europäer: Philips. Dieser international geschickt auf allen Märkten operierende und kooperierende Elektrokonzern verdankt aber diese Rolle der Tatsache, daß er sich frühzeitig mit dem Einkauf der Firma Signetics in Sunnyvale, mitten im Herzen des Silicon Valley, eine kräftige Produktionsstätte in der Höhle des Löwen besorgt hatte und diese Position nun mit einer mächtigen Investition für die neuen MOS-Siliziumschaltkreise in Albuquerque im Staate Neu-Mexiko noch weiter ausbaut.

Der Anteil der Einfuhren an der inländischen Versorgung für Büromaschinen und elektronische Datenverarbeitung lag 1982 für die Bundesrepublik Deutschland bei über 76 Prozent. Die Einfuhren in Teilen dieses Bereiches waren im Jahre 1983 um über 40 Prozent gestiegen, die recht geringen Ausfuhren in diesem Sektor aber nur um etwa 5 Prozent. Bei sonst stagnierenden wirtschaftlichen Entwicklungen und zum Teil schmerzhaften Rückschlägen in einigen Bereichen ist aber gerade dieser Markt der neuen Elektronik die wesentliche Wachstumsbranche, an der Deutschland und ganz Europa nicht eigenständig teilzunehmen vermögen. Auf 10 Milliarden DM pro Jahr wird der Computer-Umsatz in der Bundesrepublik mindestens geschätzt, zweistellige Zuwachsraten werden weiter erwartet, so meldet der Zentralverband der Elektrotechnischen Industrie aus Frankfurt. Aber man braucht gar nicht die Statistiken zu lesen; ein Blick in das Schaufenster eines Radiogeschäftes zeigt, woher die modernen Produkte kommen – oder man schaue sich beim Einkauf einmal das Typenschild der überall vorhandenen Registrierkassen genauer an, mit hoher Wahrscheinlichkeit wird man einen fernöstlichen Herstellungsort entdecken.

Noch im Jahre 1973 waren die Handelsströme zwischen Nippon und der Bundesrepublik ungefähr ausgeglichen, sie lagen damals bei rund 1,2 Milliarden DM. Schon 1982 aber kam aus Japan mit 5 Milliarden DM Wert mehr als doppelt soviel, als die Bundesrepublik in Japan verkaufen konnte. Die Mikroelektronik spielte dabei in den Computern und den Videorekordern, den HiFi-Anlagen und den Walkman-Radios eine zentrale Rolle. Japan ist über diesen eigenen Erfolg schon

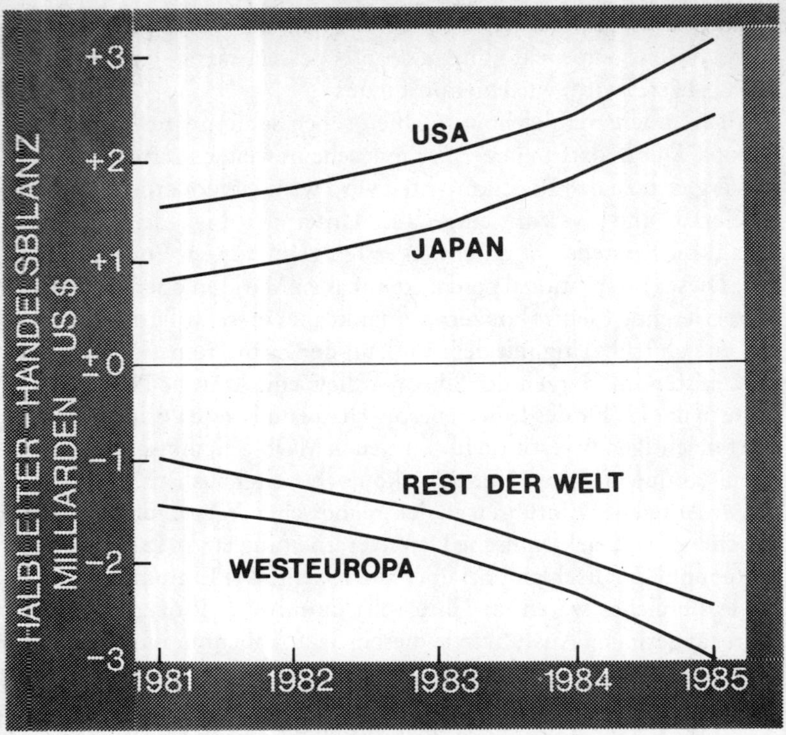

Handelsbilanz für Halbleiter-Bauelemente (ohne Sowjetunion und China). Exportüberschüsse auf diesem Gebiet der Hochtechnologie erwirtschaften die USA und Japan (oberer Teil des Diagramms). Westeuropa dagegen ist in steigendem Maße auf Importe von Siliziumschaltkreisen angewiesen, dies sogar, obwohl der Pro-Kopf-Verbrauch an Elektronik hier geringer ist als in Japan und den USA. Die Zahlen stammen aus dem Jahr 1983. Tatsächlich sind 1984 die Unterschiede noch krasser geworden.

fast erschrocken und selbstverständlich besorgt, daß das Ungleichgewicht zu noch empfindlicheren Zöllen und Schranken führen kann. Im Juli 1980 erscheint in den Zeitungen der Bundesrepublik eine mehrseitige Anzeige japanischer Firmen. Die Schocküberschrift lautet: »Japanische Elektronik erobert den deutschen Markt.« Am Schluß einer Analyse schreibt der japanische Experte: »Die Bundesrepublik bleibt tatsächlich auf dem aussichtsreichen Gebiet Computer und Halbleiter hinter den USA und Japan zurück. Es wird sogar gesagt, daß die Bundesrepublik diesen Bereich aufgegeben hat. Aber es ist auch bekannt, daß Deutschland Japan in der Erforschung und Entwicklung der Atomenergie für friedliche Zwecke weit voraus ist und mit den USA auf diesem Gebiet wetthalten kann.« Und der ostasiatische Freund meint es gut und rät: »Sie müssen mit der Entwicklung neuer Technologien anfangen!«

Zu diesem Zeitpunkt waren deutsche Gesprächspartner nur zögernd und auch nicht öffentlich bereit, solchen vernichtenden Urteilen zuzustimmen. Heute aber ist die Lage so eindeutig, daß eine Beschönigung ausbleibt. In seiner »Siemens-Zeitschrift« schreibt Aufsichtsratsvorsitzender Bernhard Plettner nach einer Würdigung der Stärken der deutschen Elektroindustrie: »Schwach dagegen sind wir in Europa in der Mikroelektronik und in der Datenverarbeitung.« Das Gesamtgebiet der mikroelektronischen und der älteren elektronischen Bauelemente zeigt den USA-Marktanteil mit 34 Prozent, Japan mit 25 Prozent, Europa mit nur 18 Prozent. Die Produktion aber liegt in Europa bei nur 15 Prozent. Für die modernsten Kategorien der Silizium-Mikroelektronik sind diese Prozentzahlen noch ungünstiger; je neuer das Bauelement, desto schwächer ist Europa.

Ganze Bereiche der Industrie, die von einer Veränderung durch die Mikroelektronik betroffen wurden, existieren kaum noch in Europa oder sind stark gefährdet. Kameras und Armbanduhren waren stolze Träger devisenstarker Exporte, sie mußten aufgegeben werden. Hämisch fallen jetzt die Medien über die verschlafenen Deutschen her. So schreibt die ehrwürdige »Financial Times« über die westdeutsche Elektronikindustrie: »Die Deutschen sind in Gefahr, das Boot zu verpassen in dieser nächsten industriellen Revolution ...«, und sie zeigen dazu das Bild eines verzweifelt dreinblickenden Ingenieurs, der sich an den Kopf greift – dazu als Unterschrift das Zitat eines Amerikaners: »Zu oft versuchen sie, das Rad neu zu erfinden.« Angeklagt also sind die Starrheit und das allzu Gründliche. Aus dem Silicon Valley schreibt die Tageszeitung »San Jose Mercury« in einem langen Artikel, die Lage in der deutschen Mikroelektronikszene sei so verhärtet und unbeweglich, daß es selbst die agilen Schöpfer des »Apple«-Computers niemals geschafft hätten. Solche Erfindungskraft und solcher Schwung auf diesem neuen Gebiet der »High Technology« sei in diesem vergreisenden Lande schlechterdings nicht denkbar. Nur der Außenseiter Nixdorf aus Paderborn wird als Ausnahme für Exporterfolge angeführt; von ihm aber weiß man, daß seine Bindungen und Präsenzen in den USA sehr stark sind.

Große Mühe müssen sich die internationalen Fachzeitschriften geben, damit sie wenigstens ab und zu von den großen technischen Konferenzen auch Neuigkeiten von europäischen, besonders den deutschen Industriefirmen berichten können. Die Arbeit in den Laboratorien der Firmen muß sich voll auf das Nachholen konzentrieren, denn der Rückstand in der hektischen und unerbittlichen Forschung wird auf mindestens zwei Jahre geschätzt. Früher, zu den Zeiten der Vorherrschaft britischer Dampfmaschinen oder Lokomotiven, war ein solcher Vorsprung durchaus einholbar. Heute aber, mit dramatischen Preisverfällen und beschleunigtem Entwicklungstempo, bedeutet ein solcher Rückstand höchste Gefahr; nur die Spitzenreiter auf der abfallenden »Lernkurve« kommen auf ihre Kosten. Patente und Fachaufsätze aus der Bundesrepublik werden seltener. Die neueren japanischen Kommentare reden schon gar nicht mehr – wie sie es noch bis 1980 taten – von einer ernstzunehmenden europäischen Rolle in diesem nur noch zwischen den USA und ihnen ausgetragenen Technologiestreit.

Trotz großer finanzieller Anstrengungen in allerjüngster Zeit und trotz staatlicher Hilfe für die Halbleitertechnik in Deutschlands größtem Elektrokonzern Siemens, der nun auch klar seine beachtlichen Ziele in der Öffentlichkeit darstellt, bleibt der Unterschied gewaltig. Die Investitionsanstrengungen für das Jahr 1984 werden von der Beraterfirma Henderson weltweit abgeschätzt und verglichen. Vier japanische und zwei US-Halbleiterhersteller wollen zwischen 400 und 500 Millionen Dollar in ihre Mikroelektronik neu investieren; Siemens, der Vertreter der Bundesrepublik zusammen mit seiner amerikanischen Tochterfirma, kommt dagegen trotz der ungewöhnlichen Bemühungen nur gerade auf ein Fünftel des Spitzenreiters. Diese Zahlen haben inzwischen auch die Politiker erreicht. Mit Recht warnen sie in der Öffentlichkeit davor, nur Schwarzmalerei zu betreiben, denn nach wie vor ist die deutsche Industrie exportstark und leistungsfähig; aber stets wird zugegeben, daß in der Mikroelektronik – und vielleicht in der neuen biologischen Technik – der Rückstand sehr groß ist.

Geschickte Verzichtspolitik?

Wie kam es zu einem so eklatanten Rückstand, den viele schon für nicht mehr aufholbar halten? Ist Europa müde, dumm und faul geworden? Wer hat geschlafen oder gar sabotiert? Polemische Antworten auf diese jetzt auch von der Politik entdeckten Fragen zu finden, ist kein

Kunststück. Jede Gruppierung versucht andere Sündenböcke zu sehen, irgendwo auf gegnerischer Seite natürlich. Dieses Phänomen eines so großen europäischen Rückstandes auf dem wichtigsten Gebiet der modernen Technik ist von so umspannender Wichtigkeit, daß man versuchen sollte, Hintergründe und Entwicklung kühl und sachlich auszuloten.

Zunächst sollte man sehen, daß die Bundesrepublik vielleicht sogar wegen der Nichtbeachtung der neuen Techniken ein massives Plus in ihrer Außenhandelsbilanz aufweist. Die USA beneiden Deutschland darum; nur Japan und die Ölländer haben ähnliches zu bieten. Also hat die Wirtschaftspolitik – im großen ganzen – sich nicht so schlecht geschlagen. Die Welt braucht in erster Linie eine zuverlässige Lieferung der üblichen Produkte: Motoren, Glühlampen, vor allem offenbar erstklassige Automobile. Viel Mikroelektronik können nur die höchstentwickelten Märkte verbrauchen, ein großer Teil der Welt ist noch nicht so weit. Nach wie vor ist es offensichtlich lohnenswert, althergebrachte Güter mit neuer Fertigungstechnik, guter Finanzierung durch staatliche Kredite, einer flinken, weltweiten Verkaufsorganisation und gutem Kundendienst zu verkaufen. Diese Generallinie der Bundesrepublik Deutschland hat ihr das Wirtschaftswunder beschert; die auch jetzt noch anhaltenden Handelsüberschüsse beweisen den Erfolg einer solchen Strategie.

Viele Japaner und Amerikaner vermuten hier auch wirklich eine Verzichtsstrategie und eine Defensivtaktik, die bewußt eingeschlagen wurde. Der Bundesrepublik Deutschland fehlen militärische Motive für neue Techniken, nationales Prestige für große Weltraumprogramme gibt es ebenfalls nicht. Damit aber gibt es auch keine attraktive Konkurrenz für die heranwachsenden Wissenschaftler und Techniker wie in den USA, wo die »glamour«-Industrie jeden Willigen und Begabten an sich riß und die althergebrachten, ein wenig langweiligen Industrien unter dem Mangel an gutem technischem Nachwuchs zum Teil eingingen. Der beklagenswerte Rückstand der amerikanischen »smoke stack industry«, im »Rostgürtel« des Mittleren Westens, also der alten Wirtschaft, hat zum Teil diesen Grund. Gute junge Ingenieure in Mitteleuropa zogen aber weiterhin in den Maschinenbau, wurden Automobilingenieure, modernisierten mit ihrem Wissen selbst so alte Zweige wie Textilien, Möbel, Schuhe, die in den USA geschwächt wurden.

Im Frühjahr 1967 – ich war eben aus den USA an die Universität Frankfurt zurückgekehrt und hatte einige vorlaute öffentliche Bemerkungen zur kommenden Mikroelektronik gewagt – lud mich der hessische Landesvater Zinn zu einem Vortrag über Halbleiter, Forschung und forschungsintensive Industrie ein. Damals – zur Zeit einer Hochkonjunktur mit Arbeitskräftemangel – aber konnte ein Vorschlag für Technologiezentren an neuen Universitäten nur belächelt werden; den neugegründeten »Reformuniversitäten« wurden darum gänzlich andere Prioritäten und Strukturen gegeben.

Auch die Frage der Arbeitsplätze, die eine neue Technik schaffen kann, sollte nüchtern betrachtet werden. Im Verhältnis zu den vielen Jobs, die in der üblichen Industrie angeboten werden, hat die Mikroelektronik bislang jedenfalls nur relativ wenige, unmittelbar neue Arbeitsplätze geschaffen. In Amerika halten die Arbeitsplatzverluste bei Autos, Stahl, Textilien die Waage gegenüber den immerhin beachtlichen Zuwächsen beim Silizium und seiner Elektronik. Der große Aufschwung der Erwerbstätigkeit im Jahre 1983/84 wurde jedoch stärker von Dienstleistungen – zum Beispiel dem Gaststättengewerbe – getragen als vom vielbeschworenen »High technology«-Bereich. Russell Rumberger und Henry Levin vom Stanford Research Institute haben ernüchternd festgestellt, daß man bis 1995 vielleicht an die 53000 Computertechniker brauchen wird, aber über 800000 Reinigungskräfte, die ein wenig hochtrabend »building custodians« – Raumpfleger – genannt werden. Ist es vielleicht also, bei aller Bedeutung der neuen Techniken und ihrer wirklich zentralen Funktion für viele andere Bereiche, dennoch in erster Linie wichtig, die alten Berufspositionen abzusichern und lieber hier zu unterstützen, als sich mit viel Aufwand den unsicheren und teuren neuen Arbeitsplätzen zuzuwenden? Ein Politiker wird jedenfalls leichter Stimmen sammeln können, wenn er – zumal in Europa – das Vorhandene mit Subvention zu erhalten verspricht.

Der Mangel an militärischen Märkten und an exotischen Weltraumprogrammen stärkte die europäischen Konsummärkte. Der Automobilmarkt bot heftige nationale Konkurrenz, die fehlende Geschwindigkeitsbeschränkung auf den deutschen Autobahnen erwies sich als eine so scharfe Auslese für schnelle und dauerhafte Fahrzeuge, daß man damit die internationalen Märkte beeindruckte. Auch der erfolgreiche Manager einer Firma im Silicon Valley ist stolz auf sein Prestige-Auto made in Germany, selbst wenn er damit noch nicht einmal 90 Kilometer in der Stunde fahren darf. Computer aber, die Hauptträger der modernen elektronischen Bauelemente, sind erst in allerjüngster Zeit auch zu einem Konsumartikel geworden. Das Radio und das Farbfernsehen haben dagegen in Europa mit ihren großen Märkten auch eine Familie von Siliziumschaltkreisen hochgepäppelt: die analogen integrierten Schaltkreise. Das Germanium mit seinen einfachen, billigen Transistoren war zuerst in die Radios eingezogen; verspätet erst kam das bessere Silizium. Aus den mit vielen einzelnen Transistoren bestückten Leiterplatten im Fernsehgerät entstanden dann schrittweise integrierte Schaltkreise. Diese so entstandenen Schaltkreise behielten aber die gewohnten Funktionen der analogen Technik bei, während die große neue Entwicklung durch die Datenverarbeitung die digitalen Schaltkreise, die neuen Bauelemente mit einer Ja-Nein-Entscheidung, erforderte. Bei aller Bedeutung der analogen Technik erweist sich jetzt die Enthaltsamkeit Europas auf den Gebieten der digitalen Schaltkreise als verhängnisvoll und folgenschwer. Stark war und ist Europa auch noch auf den Gebieten der Leistungs-Halbleiter. Das Silizium mit seinem robusten Kristallgitter hatte sich schon bald als widerstandsfähig erwiesen, auch große elektrische Ströme steuern und regeln zu können. Deshalb braucht die europäische Tradition der elektrischen Großmaschinen das Silizium, lange behielt Europa hier auch eine führende Rolle.

War es also tatsächlich eine bewußte Strategie, die Europa auf all den neuen Feldern der Mikroelektronik betrieben hat? Vielleicht hat man den Partnern wirklich ein Schnippchen schlagen können? Wenn sich Japan mit integrierter Industriepolitik und die USA mit ihren Militärforderungen und scharfer innerer Konkurrenz im Silicon Valley hart bekämpfen und unter gewaltigen Anstrengungen laufend ihre Preise für die Siliziumchips halsabschneiderisch heruntersetzen, kann man dann nicht als lachender Dritter Nutzen ziehen? Man beschaffe sich die billigen Schaltkreise und baue sie in eigene Produkte ein. Die Wertschöpfung kann dann mit den gesamten Systemen erfolgen. Keinesfalls also scheint es notwendig zu sein, sich an diesem hektischen Markt mit seinen Preisverfällen und seiner rasanten Folge stets neuer Produkte selbst zu beteiligen. Man spart Geld für Forschung, Entwicklung und die Einführung stets neuer Schaltkreise, nutzt sie aber in den eigenen Geräten. Ein führender Manager einer großen deutschen Elektrofirma, die sich in der Unterhaltungselektronik und in der Telefonie betätigt, drückte diese Strategie bei einer Tagung der Nachrichtentechnischen Gesellschaft in Baden-Baden vor einigen Jahren auch so aus: »Die Chips sind wie das Granulat der Kunststoffe. Sie sind ein Rohstoff, den man zukauft und veredelt!« Die Zahlen scheinen solcher Meinung auch recht zu geben. Das Silizium mit seinen Schaltkreisen beträgt als Anteil der gesamten Elektroproduktion höchstens etwa 8 Prozent. Die Mikroelektronik in der Bundesrepublik Deutschland erwirtschaftet nur ein Promille am gesamten Bruttosozialprodukt; wozu die Aufregung?

Und doch ist die Aufregung berechtigt, denn der Schein dieser geringfügigen Anteile trügt. Die Mikroelektronik mag zwar ein kleines Volumen in den Handelsstatistiken ausmachen und darum von den Laien vernachlässigt werden, aber sie ist eine Schlüsseltechnologie. Dieses griffige Schlagwort hält jetzt auch seinen Einzug in die europäischen Diskussionen. Silizium wird in immer mehr Produkten, in Werkzeugmaschinen, Kraftfahrzeugen, Geräten und Meßinstrumenten, dem Telefon und aller Unterhaltung eine immer wesentlichere Rolle einnehmen. Man wird es ob seiner Winzigkeit nicht sehen, aber es wird in den großen Systemen die steuernde und lenkende, die regelnde und ordnende Funktion übernehmen. Immer weitere Zweige der gesamten Industrie werden vom Siliziumchip abhängig werden. Eine Volkswirtschaft ohne eigene Entwicklung, ohne unmittelbaren Zugang zu den neuesten Produkten dieser Technik droht zu vergreisen. Wer nur Zweitkunde bei den Schaltkreisen ist, muß sich auch um den Konkurrenzstand seiner Werkzeugmaschinen Sorgen machen. Roboter brauchen nicht nur Muskeln aus Stahl, sondern auch Gehirn und Nerven aus Silizium.

Sorgfältige Aufstellungen der deutschen Exportwirtschaft und der Exporte der benachbarten europäischen Länder zeigen immer deutlicher, daß weitaus mehr Bereiche der Industrieproduktion als nur die Halbleiter selbst betroffen sind. Überall, wo am Rande einer technischen Einrichtung zum Steuern, Regeln und Kontrollieren die Mikroelektronik immer schneller zum unersetzlichen Bestandteil wird, dort genau büßen die europäischen Länder viele einstige Vormachtstellungen auf den Weltmärkten ein. Immer mehr häufen sich die Fälle, wo man nicht mehr einfach die Mikroelektronik als Zubehör einkaufen kann, um damit seine mechanischen Produkte zu veredeln; die Spitzentechnologen behalten die neuen Systeme für sich und versuchen natürlich, mit diesem Herzstück einer »Schlüsseltechnologie« das größere Geschäft zu machen.

Aber nicht nur das Schlagwort Schlüsseltechnologie zählt. Diese neue Industrie mit dem Siliziumkristall hat auch die größten Chancen auf Wachstum und Ausdehnung, auf neue und anspruchsvolle Arbeitsplätze. Die AEG-Telefunken-Schätzung für die Bundesrepublik erwartet in den achtziger Jahren nur 2,3 % Wachstum für die Gesamtwirtschaft, aber 8 % für die Informations- und Kommunikationstechnik, die aber ohne Schaltkreise nicht zu erreichen ist. Information als ein abstraktes Produkt ohne Fluß von Materie, ohne Rohstoffhunger und Energiebedarf kann auch wachsen in einem Land der Enge und Umweltbelastung. »Silizium ist der neue Stahl«, hat schon vor Jahren unablässig einer der Schaltkreis-Pioniere, Marty Lepselter von den Bell Labs, gepredigt. Warum hat man in Europa diesen Ruf nicht gehört, wie kam es zu einer solch gewaltigen Fehleinschätzung und zur Bedeutungslosigkeit angesichts der Japaner und Amerikaner? Diese Frage ist von geradezu historischem Gewicht für Europa.

Gründe für den Rückstand

Es scheinen drei wesentliche Gründe gewesen zu sein, die Europa – und besonders der Bundesrepublik Deutschland diesen Rückstand gebracht haben: Das Silizium wurde unterschätzt, das Wirtschaftswunder althergebrachter Waren war zu erfolgreich, die Prioritäten von Öffentlichkeit und Staat lagen an anderen Stellen.

Die Chancen des Siliziumkristalls wurden von vielen unterschätzt. Auch der unmittelbar mit diesem Kristall arbeitende Fachmann hätte zu Beginn der Entwicklung der neuen Schaltkreise nicht gewagt, von einer so weitgehenden Beherrschung und Nutzung dieser Halbleiter-Stoffe zu träumen. Es hatte oft den Mut der Verzweiflung der kleinen neuen Firmen im Silicon Valley erfordert, um die notwendige Perfektion zu erreichen. Die Giganten an der Ostküste der USA mit ihrer auf ganz andere Produkte und Methoden fixierten Unternehmensphilosophie waren zu Beginn auch eher skeptisch und zurückhaltend gewesen. Die großen Firmen in Europa waren aber seit Jahrzehnten eng mit den amerikanischen Großkonzernen verbunden, sie hatten Austausch von Informationen und Patenten, zum Teil lagen auch Anteile an europäischen Firmen in den Händen der transatlantischen Partner. Enge Zusammenarbeit gab es bei der Kernenergie, wo man überall in Europa anfänglich auf die US-Patente und Lizenzen angewiesen war. Der Informationsfluß der Zwergfirmen aus Kalifornien war dagegen unbedeutend. Eigene kleine Firmen konnten aus mancherlei Gründen in Europa nicht entstehen.

Das Wirtschaftswunder der Nachkriegszeit mit dem riesigen Bedarf an konventionellen Produkten ließ nie einen lauten Ruf nach völlig neuer Betätigung aufkommen. Der Wiederaufbau der europäischen

Volkswirtschaften verlangte nach Kapital für die Erweiterung der Fabriken und nach Arbeitskräften. Jeder Pfennig und jedes Paar arbeitswilliger Hände wurde – bis in die Mitte der siebziger Jahre – in die sich ausdehnenden, erfolgreichen und exportstarken traditionellen Industrien gesteckt. Es wäre leichtfertig und polemisch, den deutschen Managern jetzt nachzusagen, sie hätten das Neue einfach verschlafen. Eine Abwägung des Erfolgs, der Kosten, der Risiken, sprach immer zugunsten des Bewährten. Die schwache Kapitaldecke, die im Verhältnis zu den USA gefährlich geringen Gewinnspannen, die hohen Soziallasten, ließen das Risiko auf den schwer abzuschätzenden neuen Gebieten der Elektronik zu hoch erscheinen. Militärische Unterstützung fehlte, andererseits konnte man ohne Bedenken aus dem Silicon Valley die Schaltkreise günstig einkaufen, wenn man sie wirklich haben wollte. Forschung ließ sich weitgehend einsparen, das Erwirtschaftete wurde in Löhnen und Gehältern ausgeschüttet und kurbelte mit der Kaufkraft die traditionellen Märkte an. Gegen Ende der sechziger Jahre wäre vermutlich keine politische Partei mutig genug gewesen, hier eine Verzichtspolitik zum Aufbau einer neuen Elektronik zu propagieren. Ganz anders sah es dagegen in Japan aus, wo ein Nachzügler seine Chancen nur im Überspringen sah, zielstrebig eine langfristige Planung durchführte und die Ergebnisse der Planung auch wirklich umsetzte.

Öffentlichkeit und staatliche Stellen trugen dieser Situation auch voll Rechnung. Die Wichtigkeit einer neuen Technik voller Hektik und Unberechenbarkeit stand weit hinter anderen Fragen zurück. Wozu sollte der Staat auch Vorsorge für neue Produkte treffen, wenn das Problem der Industrie darin bestand, für die bestehende Palette von Erzeugnissen vor allem genügend Arbeitskräfte aus Südeuropa möglichst schnell anzuwerben und anzulernen? Die Prioritäten in Ausbildung und technischer Entwicklung lagen in ganz anderen Bereichen. Die Versorgung mit genügend billiger Energie für diese auf vollen Touren laufende Industrie mußte zuerst gesichert werden. So wurde dem Bund die Frage der Kerntechnologie als wesentliche Aufgabe übertragen und mit großem Forschungsaufwand betrieben. Die Kompetenzprobleme zwischen Bund und Ländern wurden geregelt, eine effektive Kooperation mit der Industrie wurde erreicht, große Forschungszentren für die Kernphysik und ihre Technik errichtet. Andere Gemeinschaftsaufgaben, wie Weltraumforschung oder Meeresforschung, wurden ebenfalls zu Aufgaben des Bundes. Ähnliche Entwicklungen liefen in den anderen europäischen Ländern.

Verhältnismäßig spät dagegen bemerkte man, daß auch die Computertechnik von vergleichbarer Wichtigkeit war. Umfangreiche Projekte zur Unterstützung der Datenverarbeitung wurden dann angeworfen. Sie scheiterten. Staatliche Bürokratie hat in einer freien Marktwirtschaft einfach keine Chance zu konkurrieren, vor allem wenn es sich bei der Konkurrenz um ein erfolgreiches übernationales Unternehmen wie IBM handelt. An eine drastische nationalistische Politik, die sich unmittelbar gegen die Konkurrenz der amerikanischen Datenverarbeitungsfirmen wendete, so wie es Japan tat, war im Europa einer NATO-Partnerschaft überhaupt nicht zu denken. Trotz großer politischer Anstrengungen, eine europäische Datenunion, UNIDATA, ins Leben zu rufen und am Leben zu halten, gelang es in Europa nicht, eine »digitale Industrie« lebensfähig und eigenständig aufzubauen. Damit war dem Siliziumkristall sein erfolgreichstes Wirkungsfeld entzogen.

Die Bundesländer Deutschlands haben als ihre bedeutendste Eigenständigkeit die Kulturpolitik zu verteidigen. Hierzu gehören die Schulen und Universitäten und mit den Universitäten auch wesentliche Teile der Forschung. In den sechziger und siebziger Jahren hatte hier die Bereitstellung von genügend Studienplätzen für eine anschwellende Zahl junger Menschen, die auf ihr Bürgerrecht zu besserer Bildung pochten, klare Priorität. Die Ausrüstung der Forschung an den Universitäten wurde zwar auch mit beachtlichen Mitteln verbessert, aber sie war zweitrangig. Die für die Mikroelektronik notwendige Forschung und Ausbildung blieb Sache der Länder, sie wurde nicht für so wichtig gehalten, als daß man auch sie dem Bund geopfert hätte. Erforschung des Kristalls benötigt auch keine milliardenteuren Maschinen, wie sie für die Kernphysik und die Physik höchster Energien notwendig ist. Der Festkörper muß dagegen von einer Vielzahl verschiedener Disziplinen erforscht und in Gemeinsamkeit weiterentwikkelt werden. Eine solche Gemeinsamkeit aber wurde an den sich aufblähenden Universitäten immer schwieriger: Es verschwanden die alten Fakultäten, wo Physiker und Chemiker noch zusammengesessen hatten. Größere und immer noch größere Gremien für immer kleinere Bereiche der Wissenschaft hatten in der Gruppenuniversität für die Planung und Lenkung zu sorgen. Forschung an den Kristallen und seinen vielen neuen Chancen mußte unter dieser Entwicklung leiden.

Trotz immer lauter tönender Warnungen liefen diese Entwicklungen in die achtziger Jahre hinein ohne große Änderungen weiter. Das Erwachen wurde unangenehm. Die traditionellen Industrien sahen ihre

Märkte schwinden, Konkurrenz durch die Schwellenländer aufkommen. Arbeitslosigkeit, ein fast vergessenes und verdrängtes Phänomen, trat plötzlich in aller Schärfe in Europa wieder auf. Jetzt müßten neue Betätigungsfelder her, aber diese Felder sind schon von den Konkurrenten um den Pazifik besetzt. Und aus der Silizium-Elektronik entstehen nun sogar noch ganz neue Verfahren, die eine Rationalisierung großen Stils erst ermöglichen und auch erzwingen und die damit die sozialen Probleme der Arbeitslosigkeit noch verstärken werden. Mit den importierten neuen Mikroprozessoren exportieren wir Europäer unsere Arbeitsplätze.

Unsere japanischen Konkurrenten versuchen natürlich, alle Vorwürfe unfairer Handelspraxis abzuweisen und denken darum manchmal sogar intensiver als wir selbst nach, warum es zu diesem technologischen Rückstand kam. Das »Meister-Syndrom« ist ein beliebtes Gegenargument, das man immer wieder in Japan hört. Die einst so entscheidende Tugend der Lehre und Ausbildung, der Präzision und Stetigkeit des deutschen Facharbeiters und des Meisters soll sich nach Meinung der Japaner jetzt in Deutschland ins Gegenteil verkehrt haben. Meisterbetriebe seien vom Prinzip her zu langsam und stetig. Selbst mittlere und kleine Betriebe brauchen einfach wendigere und mehr auf Beherrschung des Neuen getrimmte Fachkräfte. Die wissenschaftliche Grundhaltung sollte jetzt die solide und stetige Praxis des Meisters ersetzen – aber dazu sind wir, ihrer Meinung nach, im alten Europa nicht in der Lage und wohl auch nicht willens.

Mit beißender Schärfe und in überspitzter Form hat Bruce Nussbaum mit seinem Buch »The World after Oil« im Sommer 1983 überall in Amerika – und 1984 auch in Europa – für eine Diskussion dieser jammervollen Rolle Europas im Streit um die neuen Technologien gesorgt. Nussbaum fühlt sich als Fortschrittsapostel, greift die alte »Schornstein-Industrie« mit ihrer Unfähigkeit zur Verjüngung auch und besonders im eigenen Lande an. Er schildert die Unerbittlichkeit der Auseinandersetzung mit Japan, zeigt auf, daß die Entscheidung für das nächste Jahrhundert mit der Beherrschung der Mikroelektronik fallen wird, und belegt diese Aussage mit Berichten von der Härte und Unfairness dieses Kampfes mit seinen Spionageaffären, dem Computerdiebstahl, den Tricks und Schlichen bei der Errichtung von Mauern aus Zöllen und Bestimmungen. Die Bundesrepublik Deutschland ist Nussbaum das abschreckendste Beispiel eines untergehenden Industrielandes, seinen Landsleuten zur Lehre dargeboten.

Für Nussbaum ist Deutschland ein durch Sozialismus und Bürokratie, durch Überalterung und Angst gelähmtes Land, hoffnungslos dem Untergang geweiht. Hauptursache des Untergangs wird die Unfähigkeit zur Mikroelektronik sein. Deutschland will krampfhaft an den alten Industrien an Rhein, Ruhr und Saar festhalten. Solches Festhalten sei auch von Innen- und Außenpolitik eine Notwendigkeit. Jede deutsche Regierung muß unter allen Umständen die vielen Arbeitsplätze auch in noch so alten Industrien erhalten, weil soziale Unruhe inmitten Europas sofort zu größten Problemen führen muß. Außenpolitisch sieht Nussbaum für Deutschland einen Zwang, mit dem Ostblock zu kooperieren – aber hier läge auch die Chance für die Bundesrepublik. Nussbaum stellt den Ostblock als unfähigen Koloß mit einer unterdrückten, ständig betrunkenen Arbeiterschaft dar. Dieser Koloß sei gar nicht fähig, neue Technik zu verwenden und einzusetzen. Statt dessen werden weiter Stahl und Beton gebraucht werden, alte Technik weiterverwendet. Hier liegt für den amerikanischen Kritiker auch der tiefere Grund der antiamerikanischen Stimmungen in Europa. Die Unfähigkeit im Wettbewerb mit den neuen Technologien führt zur Verdammung dieser Entwicklungen, sie werden als unerwünscht und unmenschlich verdrängt; die Trauben sind dem Fuchs zu sauer. Bleiben die Chancen der Wirtschaft mit Kunden, die noch die alte Technik haben möchten. Darum ist für Nussbaum das von den Amerikanern so heftig bekämpfte Röhrenprojekt mit der Sowjetunion eine zwingende historische Notwendigkeit eines Paktes der technologisch unfähigen Nationen. Die Neutralisierung eines wirtschaftlich geschwächten Deutschland sieht Nussbaum am Horizont, große Aufträge für die vergreisende bundesdeutsche Schwerindustrie als Köder von Moskau sagt er voraus. »Wenn es je ein wirtschaftliches Umfeld gab, das unternehmerische Tätigkeit entmutigte, dann ist es das heutige Deutschland. Wenn es je eine Nation gab, die straucheln muß beim Übergang der Welt in eine neue Nach-Öl-Zeit, dann ist es Deutschland.« Mit diesen Worten beendet Nussbaum ein Kapitel.

Diese harten Worte, überspitzt und publikumswirksam formuliert, verkennen völlig, daß die Bundesrepublik immer noch exportstärkstes Land der Welt ist und immer noch hohe Außenhandelsüberschüsse erwirtschaftet. Die Botschaft ist auch nicht uneigennützig, sie spiegelt auch eine Konkurrenz zu Europa wider. In diesem Buch drückt sich auch die Sorge aus, die ganz Amerika anläßlich der pazifischen Auseinandersetzung den Beziehungen über den Atlantik widmet. Der einst so starke Verbündete ist unsicher geworden. Und in der Tat sahen die amerikanischen Beobachter mit Erstaunen, wie zahlreich bundesdeutsche Politiker im Jahre 1984 zur Messe nach Leipzig strömten, Kredite mitbrachten und stolz zu Hause von osteuropäischen Aufträgen für kranke westdeutsche Stahlkonzerne zu berichten wußten. Zur gleichen Zeit aber stritten Bonner Ministerialbeamte, ob man eine staatliche Förderung der Kommunikationsindustrie wirklich brauche. Zur gleichen Zeit überschattete die Krise auf dem europäischen Agrarmarkt tatsächlich alle auch noch so bescheidenen Pläne gemeinsamer Forschung zur Mikroelektronik in den Staaten der Gemeinschaft. Dem Europäer stünde es an, die beißende Kritik in Abgewogenheit zu studieren und nicht, »um der Unbequemlichkeit auszuweichen, die Gefahr zu scheuen«. Die »Campagne um den Siliciumkrystall« erfordert mehr Einsatz als nur die interessierte Beobachtung durch Schlachtenbummler.

Europäische Vielfalt in der Passivität

Was aber tut Europa zur Zeit? Eine zerstrittene, lose gefügte Ansammlung einzelner Staaten kümmert sich in erster Linie um die Landwirtschaft. Nächtelange Sitzungen der Minister befassen sich mit Olivenöl, Milchproduktion und Abschöpfungsbeträgen. An gemeinsame Aktionen, die die neue Technologie betreffen, ist dabei nicht zu denken, die ärmeren Mitglieder der Gemeinschaft haben hieran auch noch weniger unmittelbares Interesse als die reichen. Irland beispielsweise ringt um einzelne Prozentpunkte seiner Milchquote und bringt gleichzeitig sein niedriges Lohnniveau ins Spiel, um für die Ansiedlung amerikanischer Elektronikfirmen attraktiv zu sein. Auch die Diskrepanz der Zahlen ist bezeichnend: Im Jahre 1980 pumpte die Europäische Gemeinschaft vierzigmal mehr Geld in die Landwirtschaft als in Forschung und Entwicklung! In der Elektronik redet man über 25prozentige Umsatzsteigerungen in einem Jahr, über entsprechende Verbilligungen der neuen Bauelemente; bei der Diskussion der garantierten Preise für landwirtschaftliche Erzeugnisse aber entbrennt bereits ein nicht zu schlichtender Streit um Einbußen von nur einem Prozent. Aber die Bauern haben unmittelbaren Einfluß, und ihre Arbeit betrifft jeden. Die Erinnerung an Hungerjahre im Krieg und in der Nachkriegszeit wird niemand verdrängen können. Der politische Einfluß und die Aufmerksamkeit für landwirtschaftliche Fragen sind groß. Nur ein winziger Bruchteil der vielen Milliarden, zum Beispiel 12 Milliarden DM für Molkereiprodukte allein, würde bereits in einer gemeinsamen Entwicklungspolitik der Mikroelektronik einen wesentlichen Beitrag liefern. Einen wohlklingenden Namen gibt es schon für ein Programm der europäischen Forschung auf dem Sektor der Informationstechniken: ESPRIT. Vielleicht läßt sich aus diesem Projekt etwas bewegen, wenn es nicht von den anderen unlösbaren europäischen Fragen erdrosselt wird, erdrosselt von dem Strick, mit dem bei den deprimierenden Gipfeltreffen alle Fragen gemeinsam miteinander »verschnürt« wurden. Bedrückt berichten die europäischen Forscher, nur eines sei schon klar, für ESPRIT wird es acht verschiedene Berichtspflichten geben! Hoffen wir auf einen wirklichen Aufschwung.

Ein europäisches Programm müßte von einer einigermaßen gleichartigen Interessenlage der Länder ausgehen. Hier zeigen sich in den Staaten der Gemeinschaft vollkommen unterschiedliche Positionen. Da sind zunächst die beiden alten Siegermächte, England und Frankreich, deren kontinuierliche militärische Interessen stets für eine staatliche Beachtung der modernsten Elektronik sorgten. Das Vereinigte Königreich hat eine ununterbrochene Förderung betrieben, die jedoch trotz vieler Anläufe nicht zum erhofften Durchbruch geführt hat. Und dennoch ist die Mikroelektronik in Großbritannien im Augenblick für europäische Verhältnisse noch recht stark. Jeder dritte Schaltkreis aus Silizium kommt nämlich inzwischen aus Schottland. Die Gegend zwischen Glasgow und Edinburgh ist aufgeblüht, ein neues Tal, das »Silicon Glen« ist entstanden. Die niedrigen Löhne und Gehälter dieser wirtschaftlich notleidenden Region, die Verfügbarkeit guter Arbeitskräfte, die systematisch aufgebaute Unterstützung durch die Heriot-Watt-Universität in Edinburgh und eine manchmal bis zur Selbstverleugnung reichende Anwerbung mit billigstem Baugrund und steuerlichen Großzügigkeiten haben die Halbleiterindustrie aus der ganzen Welt angelockt. Ölgelder Schottlands wurden gegen Anwerbungskosten verrechnet. Heute sitzen die Ableger aus Silicon Valley und aus Japan in Schottland. Die Flugzeit in die USA ist kürzer, die Belegschaften sprechen zwar mit rauher schottischer Zunge, aber Englisch ist die Muttersprache – es hilft bei der nötigen schnellen Überführung von Prozessen und Anweisungen für das Silizium. In Greenock und Queensferry gibt es Diffusionsöfen für Siliziumscheiben und Produktion von elektronischen Meßgeräten. Eben wird Grund und Boden in Livingston vorbereitet für einen japanischen Siliziumhersteller, die Shin-Etsu-Handotai, die ihre Kristallplättchen gleich vor Ort poliert und einige Straßen weiter den japanischen Töchterfirmen zur Verarbeitung hinüberschicken wird. Von Schottland aus könnte der gesamte europäische Markt für elektronische Mikroschaltkreise beliefert werden. Großbritannien hat also in pragmatischer Weise den nationalen Stolz heruntergeschluckt – nachdem manche frühere Programme zur Selbstversorgung gescheitert waren – und hat systematisch die Japaner und Amerikaner zur Ansiedlung gelockt. Die Anziehungskraft dieses »Silicon Glen« wird von den kontinentalen Konkurrenten nur schwer zu überbieten sein. Ein mögliches europäisches Szenarium zeigt also eine schottische Konzentration – natürlich ohne eigenständige Forschung und unter strikter Fremdlenkung – der großen japanischen und amerikanischen Siliziumspezialisten. Doch immerhin: 1984 waren es fast 500 Firmen mit einigen tausend Arbeitsplätzen im »Silicon Glen«.

Die Republik Frankreich geht andere Wege als das Vereinigte Königreich. Zu Zeiten der bürgerlichen Regierungen wurde auch eine systematische Ansiedlung und Kooperation vor allem der amerikanischen Partner gesucht. Dann aber kam die große Welle der Verstaatlichungen im Zuge der sozialistischen Regierungspolitik. Frankreichs Computerentwicklung und Halbleiterindustrie war schon vorher durch große staatliche Planungsaktionen gestützt worden, es gab einen »plan calcul« für die Rechner und einen »plan composants« für die Halbleiterbauelemente. Nach der Verstaatlichung wurden größere Einheiten geschaffen und zu einer monolithischen Industrie vereinigt. Trotz großer Verluste kaufte sich der Konzern Thomson weitere Beteiligungen hinzu, besonders wichtig dabei war die Erwerbung wesentlicher Teile der deutschen Telefunken. Damit erwarben sich die Franzosen nicht nur eine Verstärkung in der Konsumelektronik mit Absatzmöglichkeiten für Fernseher und Radiogeräte, sie erweiterten vor allen Dingen einen jetzt kontrollierten Absatzmarkt für Siliziumschaltkreise und damit eine breitere Basis für Neuentwicklungen von Schaltkreisen, die das Land für seine militärische Unabhängigkeit benötigt. Gleichzeitig entfallen durch die Verstaatlichung auch die schwierigen Schnittstellen zwischen staatlich subventionierter Forschung und einer privatwirtschaftlichen Nutzung solcher staatlich bezahlter Vorleistung; hier tut sich jede Privatwirtschaft mit staatlichen Eingriffen in die Forschung grundsätzlich schwer. Frankreich hat die Post als Träger seiner modernen Telekommunikation und Vehikel der Modernisierung erkannt und fördert in großen neuen Laboratorien – zum Teil elegantester Architektur als Symbol des Modernen – die Forschung, etwa in der Nähe von Grenoble, einem der Zentren künftiger französischer Elektronik. Ob aber bei den zunehmenden Verlusten und den schweren Zerreißproben im gezielten Schrumpfungsprozeß der Stahlindustrie und anderer alter Wirtschaftszweige wirklich eine Modernisierung eintritt, muß die Zukunft zeigen. Massiv jedenfalls sind die Förderungen für den Siliziumkristall und seine Folgeprodukte, hart auch der Eingriff der zentralistischen Regierung bei den alten Industrien; Japans Beispiel wird ernstgenommen.

Südlich der Alpen herrscht wieder eine andere Taktik. Die chronisch mit roten Zahlen wirtschaftende Halbleiterfirma SGS-Ates zeigt sich plötzlich verjüngt, aggressiv und erfolgreich. Der aus Sizilien in die USA ausgewanderte agile und erfahrene Pasquale Pistorio wurde aus einer der großen Siliziumfirmen der USA zurück nach Mailand geholt. Er räumte auf, ging Zusammenarbeitsverträge mit Japanern und dem Silicon Valley ein und schaffte mit einer abgespeckten Mannschaft nach dreizehn verlustreichen Jahren tatsächlich im Jahre 1983 erstmals einen kleinen Gewinn. »In Italien wird jetzt wieder Industriegeschichte gemacht«, berichtete ein Nachrichtenmagazin über ihn und die neu entfachte Aktivität. Aber noch größere Hoffnung und Auszeichnung kam von Olivetti, einer Geräte- und Schreibmaschinenfirma, die als Partner von der mächtigen, jetzt auf allen Märkten aktiven American Telephone and Telegraph auserkoren wurde. A T & T kaufte sich mit einer Finanzspritze von einer Viertelmilliarde Dollar ein; hier beginnt eine für Europa wichtige Zusammenarbeit mit dem amerikanischen Telefongiganten. Über Olivetti wird die Kunst der Siliziumbearbeitung nach Europa gelangen. Aber auch die Chemie wird aktiv, in Italien entsteht ein neuer Lieferant für Siliziumkristalle, der sich auch in den USA betätigen wird.

Die Niederlande aber haben innerhalb Europas die vermutlich stärkste Position, denn hier, in Eindhoven, ist Hauptsitz der Elektronikweltfirma Philips mit weiten internationalen Verflechtungen und immer stärkerem Engagement dort, wo man am besten mit dem Silizium zu hantieren versteht: Sowohl in Japan als auch im Silicon Valley und andernorts in den USA ist Philips mit Forschung, Entwicklung und Herstellung der neuen Mikroelektronik vertreten. Vor vielen Jahren schon hat die fachlich spezialisierte Beraterfirma Mackintosh eine langfristige Prognose für die Halbleiter in Europa aufgestellt. Die Vision sah so trüb aus, daß man sie nur ungern in Europa zur Kenntnis nehmen wollte. Nur bei einer grundsätzlichen Änderung der staatlichen und privatwirtschaftlichen Initiativen würde sich Europa als gleichberechtigt und ebenbürtig in dieser neuen Technologie erweisen; andernfalls würde wohl nur eine Firma, allenfalls vielleicht auch deren zwei, in Europa übrigbleiben. In Holland glaubt man, diese eine Firma stellen zu können.

Dieser oberflächliche Blick auf die Mikroelektronik der neuen Schaltkreise und ihre Anwendungen und Märkte zeigt, wie unterschiedlich das Bild in den einzelnen Partnerländern der Gemeinschaft aussieht. Eine integrierte Anstrengung wie in Japan wird es in Europa wohl nie geben können. Auch eine durch nationale Politik gestärkte Kombination ganz großer und ganz kleiner Technologiefirmen wie in den USA wird Europa nicht in geschlossener Form zuwegebringen. Lediglich bei der schützenden Zollmauer war man sich einig geworden, sie ist aber nicht der nötige Ansporn im Wettbewerb. Sonst aber konkurrieren die europäischen Länder miteinander, meist um die Ansiedlung und die Kooperationsverträge mit Japanern und den USA. Die einzelnen nationalen Postsysteme werden alles tun, um zunächst der im Lande ansässigen Halbleiterindustrie die Aufträge zu verschaffen, militärische Programme – wenn auch unter gemeinsamem NATO-Schirm – werden ebenso wirken. Immerhin gelingt es bei den Post- und Telefonverwaltungen wie auch in den militärischen Stäben, daß man sich wenigstens noch auf minimale technische Absprachen und gemeinsame Normen einigt, aber die sind ohnehin in vielen Fällen bereits von den führenden Technologienationen praktisch vorgegeben, man muß sich anschließen.

Den stärksten Impuls für einheitliche europäische Arbeit und für wissenschaftliche und technische Gemeinsamkeit liefern darum – die internationalen Multis! Der Computermarktführer IBM hat in allen europäischen Ländern eigene Aktivitäten entwickelt, betreibt großartige Grundlagenforschung in einem Labor am Zürichsee, hat überall erstklassige Entwicklung, die ständig der harten vergleichenden Konkurrenz aus den USA unterworfen ist. Die Klammern zwischen den einzelnen europäischen Ländern sind stark, man hat gemeinsame Ziele, spricht in einer Sprache. Vermutlich wird sich aus der Kooperation mit den großen Japanern und auch mit der künftig weltweit agierenden American Telephone and Telegraph eine Verstärkung dieses Netzes ergeben. Siemens-Chef Bernhard Plettner empfindet es als »ein wahres Glück, daß beispielsweise die IBM, ITT, daß Hewlett-Pakkard, Intel oder wer auch immer Fabrikationen und Forschungsentwicklung hier in der Bundesrepublik Deutschland haben, so daß wir auf diese Art und Weise auch wirklich am internationalen Kreislauf teilnehmen«.

Nehmen wir in der Bundesrepublik wirklich teil? Der »Regierungsbericht Informationstechnik« vom Februar 1984 zeigt ein niederschmetterndes Schaubild über den Verlauf der Produktionswerte in der Informationstechnik, das die Gnostic Forschung erstellt hat. Ab 1975 zeigen die USA einen phänomenal steilen Anstieg auf deutlich über 100 Milliarden Dollar jährliches Volumen. Japan und die Bundesrepublik waren gegen 1966 noch gleichauf, 1982 war Japan schon fast dreimal so stark und mit klar ansteigender Tendenz, die Bundesrepublik aber auf niedrigem Niveau, abfallend.

Hat Nussbaum mit seiner ätzenden Kritik wirklich recht? Auf jeden Fall hat sein Buch in den USA viele schockierte Leser gefunden, das Vertrauen und die Zuversicht in die Bundesrepublik hat damit in den für Wirtschaft und Politik wichtigen Kreisen auch nicht gerade zugenommen; vielleicht ist die Schwäche der Mark auch ein wenig von dieser wenig vertrauenerweckenden Analyse beeinflußt worden – womit aber wiederum der traditionelle bundesdeutsche Export in die USA auf den konventionellen Märkten nochmals beflügelt wurde! Wie sieht es um 1984, dem an Pessimismus so trächtigen Orwell-Jahr, in der Bundesrepublik Deutschland aus?

Die Bundesregierung weist bezüglich der neuen Technologien eine weitaus größere Zersplitterung der Zuständigkeiten auf als etwa Japan oder die USA: Das MITI hat in Japan eine überragende Lenkungsfunktion, ist direkt dem Premierminister unterstellt und besetzt die wichtigsten Stabsfunktionen für Wissenschaft und Technik. In den USA spielt das Pentagon eine große Rolle, es wirkt bis tief in die Ausbildung und Forschung an den Universitäten hinein, denn ein großer Batzen der Forschungs-Finanzierung kommt über das Verteidigungsministerium. Der Präsident hat im Weißen Haus einen unmittelbaren Wissenschaftsberater. Der deutsche Bundeskanzler besitzt keine so konzentrierte Eingriffsmöglichkeit. Lediglich einmal hatte Bundeskanzler Schmidt durch seinen Forschungsminister Hauff nach dem Scheitern der langjährigen »Konzertierten Aktion« zwischen Wirtschaft und Gewerkschaft als Teilersatz einen »Technologiepolitischen Dialog« einberufen. Zu diesem Dialog trafen sich je vier Vertreter von Wirtschaft, Gewerkschaften und der Wissenschaft. Gesprächsgrundlage waren damals, im Jahre 1977, zwei explosive Gutachten, die beide zwei wesentliche Aussagen machten: Erstens, keine Technologie hat so einschneidende Bedeutung für Wirtschaft und Gemeinwohl wie die

Mikroelektronik – auch Kerntechnik, Medizin, Weltraumtechnik, Chemie und Kunststoffe wurden auch nicht für annähernd so wichtig eingestuft. Zweitens wurde für die nächsten Jahre eine geradezu beängstigend hohe Arbeitslosenquote in der Bundesrepublik Deutschland vorhergesagt, man werde mit fast 2 Millionen ohne Beschäftigung rechnen müssen. Diese letzte Aussage mußte streng geheim gehalten werden, um politische Unruhe zu vermeiden. Sie überschattete den Dialog, der im Rheinhotel Dreesen in Godesberg immer mehr in höfischem Zeremoniell erstarrte. Wirtschaft und Gewerkschaft waren sich uneins; die Wirtschaftler verharmlosten die Mikroelektronik als eine langsame, ganz normale technische Evolution; die Gewerkschaftsseite aber sah in ihr eine nur Nachteile bringende Technik. Empfehlungen an das Bundeskabinett konnten in dieser Atmosphäre nicht formuliert werden; der »Dialog« löste sich bald auf.

Die Mikroelektronik umfaßt inzwischen nicht nur Forschung und Technologie, sie berührt viele Ressorts, damit viele Personen und in einer Koalition notgedrungen auch unterschiedliche Parteien. In den USA spielt der Verteidigungsminister eine große Rolle, nicht so in Bonn. Undenkbar und unerwünscht wäre beispielsweise eine Förderung der Hochschulforschung aus dem Verteidigungshaushalt; eine lange Tradition der Forschungsfreiheit wäre gefährdet, nach unrühmlichen Geschehnissen der Vergangenheit kommt eine solche Aktion nicht in Betracht, es wäre eine, gelinde gesagt, geschmacklose Angelegenheit, die übrigens auch Probleme rein rechtlicher Art durch das für kulturelle Fragen wichtige Bund/Länder-Verhältnis aufwirft. Somit aber entfällt eine Chance, die politisch geforderten hohen Beiträge zu den gemeinsamen Verteidigungskosten wenigstens teilweise auf Gebieten auszugeben, die auch der zivilen Wirtschaft zugute kommen – so wird es etwa in Großbritannien und Frankreich praktiziert. Junge Forscher in Frankreich können ihren Wehrdienst beispielsweise auch in einem staatlichen Forschungslabor ableisten, ihre langjährige schwierige Ausbildung wird somit nicht unterbrochen, sondern gefördert. Selbst eine solche Regelung ist für die Bundesrepublik schwer vorstellbar. Also spielt der riesige Verteidigungshaushalt eine fast vollständig untergeordnete Rolle in der Stärkung heimischer Technologie. Sie kommt noch am stärksten in traditionellen Techniken, etwa dem gepanzerten Kraftfahrzeug, zur Geltung. Moderne Elektronik wird vom großen Partner USA importiert. Der Verteidigungsminister fördert einige Forschungsinstitute, die zum Teil durchaus zivile und öffentlich zugängige Grundlagenforschung betreiben; dies geschieht teilweise über Kontrakte mit der Fraunhofergesellschaft für Angewandte Forschung. Die Förderung dieser Institute auf dem Gebiet der Mikroelektronik ging aber so unrühmlich und zögernd vonstatten, daß einer der Direktoren eines solchen Instituts nach jahrelangen fruchtlosen Bemühungen um einen recht kleinen Neubau kündigte und ein anderes Institut übernahm.

In Japan fehlt ebenfalls der starke Schub durch kriegerische Motive, hier aber greift das Superministerium für Handel und Technologie lenkend und planend ein. Die so erfolgreiche Politik der freien Marktwirtschaft der jungen Bundesrepublik hat aber – zu Recht – ein Mißtrauen gegen staatliche Eingriffe genährt. Ähnlich wie beim MITI untersteht auch dem bundesdeutschen Wirtschaftsminister ein wissenschaftlich-technisches Forschungsinstitut, die Physikalisch-Technische Bundesanstalt. Während in Japan das MITI seine Laboratorien zu großen Planungszentren ausweitete, beschränkte Bonn seine PTB auf die klassischen Gebiete der Eichung und Normung; in letzter Zeit sind viele Aufgaben der Entsorgung von abgebrannten Kernbrennstoffen hinzugekommen. Mikroelektronik-Entwicklung kann und soll diese Behörde nicht betreiben, auch für Grundlagenforschung bleibt wenig Raum.

Hauptgrundsatz einer liberalen Wirtschaftspolitik sind ordnungspolitische Richtlinien. Eine konzentrierte Förderung der Forschung kann leicht gegen Kartellgesetze verstoßen, dies hat ein liberaler Wirtschaftsminister zu verhindern. Indirekte Entlastungen durch Steuerbegünstigung ist allenfalls hinzunehmen, direkte Zuschüsse verstoßen gegen den Gedanken der freien Marktwirtschaft. Sollte die Mikroelektronik wirklich etwas Wichtiges sein, dann werden die Kräfte des Marktes schon für Aktionen sorgen! Es ist in Bonn ein offenes Geheimnis, auch in der Presse vermerkt, daß der Verabschiedung des Regierungsprogramms »Informationstechnik« heftiges Ringen um einzelne Passagen und Formulierungen vorausging; dreimal hatte der Forschungsminister den Bericht schon angekündigt, ihn aber wegen der Bedenken des Wirtschaftsministers wieder zurückziehen müssen.

Ein großes Fernmeldesystem, die Bundespost also, könnte mit ihrem Bedarf an neuer Technik ein mächtiger Förderer der neuesten Technik sein. In Japan wurde darum der Nippon Telegraph and Telephone eine zentrale Rolle – mit großzügigen Laboratorien – eingeräumt; das berühmte Beispiel der Bell Labs sollte imitiert werden. Die Bundespost ist mit ihrem Telefonbereich auch eine der bestverdienenden Organisationen der Welt, bis zu 5 Milliarden jährlich entstehen an

Überschüssen aus den nicht so ganz billigen Gebühren! Mit Leichtigkeit ließe sich dieser Überschuß in beste Laboratorien verwandeln. Aber die Deutsche Bundespost muß ihren Überschuß in die Kasse des Bundesministers der Finanzen abliefern, er wird zur Deckung der vielen Fehlbeträge dringend gebraucht. Bleibt der Post nur ein zwar sehr gutes, aber doch winziges Forschungslabor innerhalb des Fernmeldetechnischen Zentralamts in Darmstadt. In Japan ist die Fernmeldezentrale mit ihrer eigenen Forschung den Anbietern für neue Technik mindestens im Kenntnisstand ebenbürtig, oft überlegen. Nicht so in der Bundesrepublik, wo traditionell die Lieferanten, auf Postdeutsch »Amtsbaufirmen« tituliert, ihre eigene Forschung und Entwicklung betrieben und die Post im wesentlichen prüfte und Zulassungen erteilte, dann einkaufte und installierte. Diese Tradition hat sich in der Tat über viele Jahrzehnte – auch in sehr schwierigen Jahren der Nachkriegszeit – durchaus bewährt, ob sie noch angemessen ist, sollte man im Vergleich mit anderen Industrieländern in den nächsten Jahren überprüfen. Die in Bewegung geratenen Märkte der Welt werden heiß umkämpft werden, denn es geht jetzt um weitaus mehr als nur um Drähte und mechanische Schalter. Neuheit um jeden Preis sollte sicherlich nicht angestrebt werden, gerade im Telefonbereich ist solide Technik mit hoher Zuverlässigkeit oft wichtiger als modernster Fortschritt. Dennoch stimmt nachdenklich, daß im Jahre 1984 die große Bell ihr altehrwürdiges großes Kupferkabel-Werk in Baltimore schließt und 3500 Arbeiter entlassen muß, dafür aber die Glasfaserkabel gar nicht schnell genug geliefert werden können – exakt das Umgekehrte spielt sich in der Bundesrepublik ab.

Wo also soll dann im Bundeskabinett die Federführung für diese so weltumspannende neue Technik liegen? In den frühen Jahren der Entwicklung war es keine Frage: Die Mikroelektronik ist eine Wissenschaft und sie braucht Forschung. Einst waren diese beiden Bereiche unter einem Minister vereinigt, seit einiger Zeit aber sind es deren zwei. Bildung und Wissenschaft darf der Bund nur behutsam anfassen, er kann nicht gegen das Grundgesetz verstoßen, das hier den Ländern die Kulturhoheit zuspricht. Es können Absprachen, Planungen und Rahmengesetze gemeinsam verfaßt werden, der Bund kann sich mit Finanzzuschüssen an Hochschulen beteiligen. Bleibt also das Forschungsressort übrig, um sich der neuen Mikroelektronik anzunehmen. Das Forschungsministerium entstand aus einem Atom- und Wasserbauministerium, wo zuerst eine Instanz benötigt wurde, um technische und wissenschaftliche Fragen zu regeln, die weit über die

Wünsche und Möglichkeiten der einzelnen Länder hinausgingen. Bis 1955 waren unter den alliierten Bestimmungen ohnehin viele Bereiche der Forschung untersagt, selbstverständlich gehörte die Kerntechnik dazu. Als diese Einschränkungen gelockert wurden, schienen die meisten Industrieländer weit voraus in der Nutzung der Kernenergie. Deutschland mußte nachholen, um seine Energieversorgung zu sichern. Große Atomprogramme wurden eingeleitet; seit 1974 wurden knapp 5 Milliarden Mark nur hierfür ausgegeben. Andere Großprojekte, so etwa der Bau leistungsfähiger Teilchenbeschleuniger, wurden zum Teil in sehr erfolgreicher internationaler Absprache, wie etwa bei CERN in Genf, in die Wege geleitet.

Die Mikroelektronik aber sah anfangs wie eine »little science« aus, die gar keine großen internationalen Einrichtungen brauchte. Außerdem meinte Deutschlands Industrie, diese Dinge sehr gut selbst machen zu können. Der Verdacht kam auf, hier sei keine Forschung vonnöten, sondern es würde nach Subventionen gerufen. Unterstützung der Mikroelektronik war darum bei weitem nicht so eindeutig als Aufgabe definiert, bei der der Bund durch das Forschungsministerium so unbestritten fachlich und rechtlich kompetent war wie bei der Kernenergie. Der Siliziumkristall wurde so recht nicht in seiner Bedeutung ernst genommen. Als in den späten sechziger Jahren die ersten parlamentarischen Anfragen kamen, wurde dem Forschungsminister in das Manuskript der Antwort geschrieben, daß »die sogenannte Festkörperforschung« als Teil der Kernforschung auch mit gefördert werden solle – so problematisch waren die Verhältnisse im Bundesstaat Deutschland – ein völlig anderes Bild schon damals als im zentral gelenkten Japan!

Darum sollte nicht der Fortschritt geschmälert werden, der darin liegt, daß im März 1984 nach manchem zähen Ringen zwischen den Fachministerien tatsächlich ein Regierungsbericht verabschiedet wurde, der den Stand der Informationstechnik ungeschminkt schilderte und ein abgestimmtes Programm für verschiedene Bereiche für die nächsten vier bis fünf Jahre vorlegte. Die prägende Rolle der Informationstechnik wird als wesentlicher Faktor für die Wettbewerbsfähigkeit einer Industrienation beschrieben. 320 Millionen Mark fließen in ein neues Sonderprogramm für neue Mikrobausteine, die den Kontakt des Rechners mit der Außenwelt herstellen sollen, 200 Millionen sollen die »Neuen Bauelement-Techniken« fördern, der größte Brokken aber, 600 Millionen, geht in das Submikronprojekt; zwei große Elektrofirmen sollen zusammenwirken, um dem Siliziumkristall

Funktionen einzuprägen, deren Abmessungen nur noch unter einem Mikron – also einem tausendstel Millimeter – liegen sollen. Besonders in Berlin fördert der Bund intensiv die Forschung und Entwicklung. Zur Optoelektronik, den Glasfaser-Nachrichtensystemen und einer in den Kristall hineingearbeiteten »Integrierten Optik« soll das Heinrich-Hertz-Institut beitragen. Strukturen unterhalb etwa eines halben Mikrometers werden sich mit normalem, sichtbarem Licht nicht mehr erzeugen lassen. Darum wird mit der Röntgenlichtquelle BESSY (Berliner Elektronenstrahl-Synchrotron) eine Lithographie für mögliche neue Generationen von Schaltkreisen entwickelt. BESSY genießt als Forschungsstätte bereits internationales Ansehen. Eine direkte Beteiligung bundesdeutscher Industriefirmen an diesem noch sehr riskanten Zukunftsprojekt konnte letztlich erreicht werden.

Hochschulen und Forschungsinstitute sollen zusammenarbeiten, die großen Bundesbehörden sollen durch die Beschaffung einheimischer Schaltkreise die Märkte stärken. Die Post plant ein integriertes Datennetz. Die Datenverarbeitung soll mit Forschung und Anwendung unterstützt werden. Fünf Ziele sieht die Regierung: Verbesserung der Wettbewerbsfähigkeit, Motivierung der Menschen, Belebung der Kommunikationsmärkte, Verbreiterung der Technologiebasis zur Verteidigung, Konzentration der Forschung. Knapp drei Milliarden Mark sind für die nächsten fünf Jahre eingeplant.

Der Finanzumfang ist trotz der großen Ziele bescheiden, aber es ist besser als gar nichts. Die Fünf Weisen, die Berater des Wirtschaftsministers, schätzen, daß jährlich etwa 9 Milliarden Mark an Subventionen gezahlt werden. Das Defizit der Bundesbahn ist natürlich größer als die Beträge, von denen hier gesprochen wird. Drei Milliarden wird vielleicht allein schon das massige Klinikum in Aachen kosten, falls es je fertig gebaut wird. Drei Milliarden Mark pro Jahr ist inzwischen ein Umsatzvolumen, mit dem eine internationale Halbleiterfirma schon nicht mehr unter den Großen der Branche rangiert. Und dennoch sollte man nicht zu abschätzig urteilen, immerhin hat erstmals eine Bundesregierung einen Anlauf zu einer gemeinsamen Strategie genommen.

Politisch ist nämlich die Mikroelektronik und die von ihr bewegte Informationstechnik in unserem Lande bislang jedenfalls keineswegs populär. Hier gibt es keine großen Lobbies wie in der Landwirtschaft, der Medizin, den alten großen Industrien mit ihren vielen Arbeitnehmern, die nach Sicherung rufen. Prompt reagiert auch der Deutsche Gewerkschaftsbund: »mehr als fragwürdig« sei dieses Regierungsprogramm. Siegfried Bleicher sagte in Bochum einige Tage nach der Verkündung des Programms, daß keine neuen Arbeitsplätze geschaffen würden, sondern nur einseitige Gewinnsteigerungen erzielt würden. Die von der Regierung erhoffte »Motivierung der Menschen«, einer der wichtigsten Bestandteile des japanischen Systems, wird sich also im alten Europa nicht so leicht erreichen lassen; integrierte Schaltkreise geraten in politisches Räderwerk.

Ein in Wahlkämpfen abgehärteter Politiker wird auch selbst Bedenken gegenüber den neuen Techniken haben, denn für ihn ist die neue Mikroelektronik mit einer Änderung der Medienlandschaft verbunden, und dies ist der wichtigste Zugang, über den Politiker die Wähler erreichen. Wenn viele neue Kanäle mit Unterhaltung werben, dann wird der Zugang viel schwerer, als es jetzt mit dem öffentlich-rechtlichen System der von den Politikern in den Rundfunkbeiräten mitbestimmten deutschen Radio- und Fernsehlandschaft war. In fast allen politischen Diskussionen um die neuen Chips trat darum der technische Aspekt immer weit hinter den Fragen der neuen Medien zurück.

Dennoch hat sich die Bundesregierung zu einem Programm durchgerungen, trotz aller Ressortabgrenzung, trotz der Sorge um Ordnungspolitik. Zwei beschleunigende Gründe mag es gegeben haben. Einmal schickt sich Europa von Straßburg und Brüssel an, wenigstens Pläne für gemeinsame Forschung zu machen. Zweitens, und das ist weitaus drängender, haben nach langen Jahren der Teilnahmslosigkeit plötzlich fast alle Bundesländer die Mikroelektronik entdeckt und treiben eigene Programme voran. Den Anfang machte Baden-Württemberg; und hier ist es auch noch relativ am einfachsten: Keine großen Stahlwerke, keine Kohlezechen müssen vor dem Zorn arbeitsverlierender Kumpel mit Subventionen am Leben gehalten werden. Maschinen und Kraftfahrzeuge werden hier im Südwesten gebaut, und man hat aus Japan gelernt, daß für moderne Produkte die Chips aus Silizium die Schlüsselbauelemente sind. Und trotzdem ist der Mut und die Schnelligkeit des Landesvaters Späth bemerkenswert, mit kurzer Vorbereitung ganz erhebliche Beträge für die moderne Technologie in seinem Lande freizumachen und Einsparungen an Stellen vorzunehmen, wo Protest im Lande und vor allem im Landtag zu erwarten war. Pädagogische Hochschulen wurden einfach zugemacht, damit wurden die bislang uneingeschränkt wichtigen Prioritäten der Bildungspolitik in Frage gestellt – und man bedenke auch, daß die Lehrer in allen Landtagen letztlich die stärkste Fraktion stellen! Bekannt ist das Scherzwort: »Die Landtage sind mal voller, mal leerer – aber stets voller Lehrer.«

Das Stuttgarter Beispiel löste sofort in allen anderen Landeshauptstädten vergleichbare Maßnahmen aus. Mikroelektronikzentren, Risikogesellschaften, Technologieparks, Innovationszentren sind die neuen Ausdrücke, die politisches Gewicht erhalten. Plötzlich kennt man »Silicon Valley« und reist amtlich nach Kalifornien. Die Öffentlichkeit hat ein neues Gesprächsthema, das ist sicherlich wichtig und richtig. Doch die Konkurrenz der Länder verzettelt und zerreibt auch viele Ansätze, die eigentlich in größerem Maßstab auf Bundesebene zu planen wären oder – welch Traumbild der jungen Forscher – am besten eine europäische Anstrengung wert gewesen wären.

Mit einem japanischen Gast sitze ich in meinem Stuttgarter Labor zusammen. Der Ministerpräsident hatte ihn als Hauptredner zu einem Kongreß über die Zukunft der Mikroelektronik nach Europa gebeten, die Chancen des Industrielandes Baden-Württemberg sind zu besprechen. Der asiatische Gast ist bestens informiert, wir plaudern zuerst einmal über Stuttgarts Theater, neue deutsche Lyrik, dann über Lessing, die Aufklärung in Mitteleuropa. Gemeinsam interessierende Fragen der Halbleiterphysik, Probleme der Schulausbildung und der Bewältigung der vielen Fachliteratur werden von uns besprochen. Dann kommt höflich die Frage, was wir denn hier in Europa nun wirklich machten mit der Mikroelektronik. Er verstünde nicht so recht.

Von Japan aus sieht man Europa; Brüssel entscheidet über Einfuhrquoten japanischer Videorekorder. Hier aber sei er jetzt im Lande Lessings und Goethes, nein wohl doch im Lande Schillers und Uhlands, denn dieser Kongreß habe ja nur die Exportchancen und die Technologiepolitik einer kleinen Region zum Ziel gehabt, nämlich Württembergs und Badens. Das sei doch ein Gebiet so groß wie daheim eine Präfektur. Ich solle ihm das doch bitte erklären, man würde ihm zu Hause diese Beobachtung kaum glauben. Welche raffinierte deutsche Strategie stecke denn dahinter? Ich versuche mein bestes, ihm die Hintergründe zu erklären, gerate tiefer in die Erläuterung der Zusammenhänge, muß immer mehr aus der Geschichte unseres Landes erklären, lande bei Großherzögen und Fürstbischöfen, bei Königen und dem Wiener Kongreß, versuche die historische Vielfalt als Motiv der Zersplitterung entschuldigend anzubringen. Spät abends wird unser Gast abgeholt, er sieht mich beim Abschied mit einer Mischung aus Erstaunen und Bedauern an.

Kleine Firmen fehlen in Europa, mutige Anfänger zu neuer Technik. Hier liegt sicherlich der stärkste Unterschied zu den Vereinigten Staaten, darum wird nun endlich dem Ereignis »Silicon Valley« in Europa Beachtung geschenkt. Aber es ist auch schwer, sich in einem Land voller zurückhaltender Bürokratie, voller Vorsicht, mit »Vollkaskomentalität«, einen solchen Sprung zu wagen. Steuern und Börsengesetze sind längst nicht so wie in den USA darauf angelegt, das Risiko zu suchen und es in Form von nicht offiziell geprüften und zugelassenen Aktien zu streuen. Die Finanzinstitute in den USA haben überall Spezialisten, die viel von neuester Technik verstehen, denn das Neue wird von Banken und Anlegern als Bonus angesehen. Manchmal ist diese Bewertung allein der Neuheit unseriös, aber nur an solchen Stellen sind relativ große Gewinne zu erwarten. In Europa, das ein Jahrhundert voller Unsicherheit und Angst hinter sich hat, dem immer wieder von Kaisern und Führern ein Aufbruch in das ganz Neue versprochen wurde, zählt Sicherheit auch bei Bescheidenheit weitaus mehr. Nur auf einem Gebiet haben wir in der Bundesrepublik viele kleine, sogar kleinste Firmen: die Software-Dienste. Programme lassen sich schnell und mit wenig apparativem Aufwand schreiben und vertreiben.

Die riskanten Investitionen für eine eigene Halbleiterfabrik oder eine Gesellschaft für Geräte und Instrumente erfordern zu viel Wagemut. Außerdem braucht man Buchhalter, Steuerberater und Schreibkräfte, wenn man Kredite haben will – und für all diese Helfer sollte man schon eine Rücklage für einen Sozialplan machen, wenn das Wagnis schiefgeht. Dieser Aufwand ist hoch, vielleicht können ihn die großzügigen Hilfen der neu ins Leben gerufenen Risikofinanzierung mindern. Aber selbst wenn ich als Forscher ein schönes neues Gerät mit viel moderner Elektronik, vielen Siliziumschaltkreisen entwickelt habe, so werde ich es wohl kaum außerhalb Europas anbieten können, allein der europäische Schutzzoll von 17% auf die Schaltkreise treibt mein Produkt in zu hohe Preisregionen.

Kleine Firmen aber gibt es dennoch, und sie schlagen sich nicht schlecht. Bildschirmtext, eine zwar etwas späte aber solide geplante Einrichtung der Bundespost, braucht neue Schaltkreise, um die Nachricht zu entziffern und ein Bild auf dem Fernsehschirm zu zeigen. Die nur 1500 Mann starke Loewe-Opta in Kronach im nördlichen Bayern hat hier – mit Hilfe auch einer kleinen Siliziumfirma im Silicon Valley – ganz moderne Technik entwickelt. Es gibt weitere Beispiele. Doch die meisten der vielen Elektronikfirmen in der Bundesrepublik, viele um München herum, sind meist doch nur Import- und Tochterfirmen der amerikanischen und japanischen Technologieführer. Immerhin sorgen sie dafür, daß neue Technik hereingeholt wird, daß Gebrauchsanweisungen übersetzt werden, Kundendienst und Beratung geschehen. Am rasanten Markt für die Personalcomputer, dem neuesten in der Mikroelektronik, gibt es so gut wie gar keine eigene bundesdeutsche Produktion, alles wird eingeführt. Nicht weniger als die Hälfte aller vom Verein Deutscher Maschinen- und Anlagenbauer befragten Mitgliedsfirmen antwortete Anfang 1984 auf die Frage »Welche Auswirkungen der Mikroelektronik gibt es bei Ihnen« erstaunlicherweise mit »Keine Auswirkungen«; mit Erbitterung stellt das ein Kommentator des Vereins Deutscher Ingenieure fest, ein Verband, der mit Bundeshilfe von seinem Technologiezentrum in Berlin aus besondere Anstrengungen unternimmt, um die neuen Techniken wenigstens bekannt zu machen, denn gerade der Maschinenbau – eine besondere Exportstärke bisher – wird sich unter dem Einfluß des Siliziumchips stark wandeln.

Bleibt also die Hoffnung, mit Hilfe der Töchter der Ausländer aufzuholen, aber die scheinen doch am liebsten nach Schottland zu gehen; und es bleiben schließlich die finanzstarken großen Elektrofirmen. Hier werden auch zur Zeit wirklich massive Anstrengungen unternommen, um den Rückstand, der etwa bei 2 bis 3 Jahren liegt, wenigstens auf den wichtigsten Gebieten der Siliziumtechnik aufzuholen. Wie wichtig es ist, für seine eigene Produktpalette auch den schnellen und ungehemmten Zugang zu Schaltkreisen zu haben, hat der selbst für langjährige Beobachter des schwankenden Chip-Marktes ungewöhnliche Boom des Frühjahrs 1984 gezeigt. Plötzlich wollte alle Welt wieder Silizium kaufen, es war nicht genug zu erhalten. Besonders in Deutschland standen Bänder still, weil die Bauelemente nicht mehr zu erhalten waren, denn zuerst wird natürlich der eigene, viel stärkere, wichtigere und naheliegende Markt in den USA und Japan beliefert. Stets droht auch das völlige Ausbleiben von Lieferungen der zwar unscheinbar kleinen und nicht übermäßig teuren – aber eben wesentlichen – Schaltkreise. Aus USA könnten militärisch motivierte Embargo-Einschränkungen kommen, in Japan könnte man auf den Gedanken kommen, daß nicht mehr nur die Schaltkreise, sondern nur das fertige Gerät zum Ankauf angeboten wird, die meiste Entwicklung und Intelligenz steckt schließlich ohnehin in dem winzigen Stück Silizium. Das ist es, was eine Schlüsseltechnologie ausmacht.

Hätte Europa eine Jugend, die im Rennen um das Silizium mithalten könnte? Hier mangelt es sicher nicht. Es gibt in Europa, und ganz sicher auch in der Bundesrepublik, viele mutige, intelligente und gut ausgebildete junge Leute. Der Nachwuchs ist bestimmt nicht schuld an dem Technologierückstand. Trotz mancher Schwächen und Ungereimtheiten der bundesdeutschen Schulsysteme kommt immer noch viel guter Nachwuchs. Selbst die nicht zu unterschätzenden Sprachbarrieren – bis zum Fach-Englisch – werden gemeistert. Auch die Studenten und die jungen Forscher an vielen Hochschulen können sich sehr wohl mit ihresgleichen in anderen Erdteilen messen. Trotz zahlenmäßiger Unterlegenheit liefern Europas Forscher erfreulich viele erstklassige Ergebnisse und oft auch wirklich ganz neue Ideen. Einige der ganz besonders spannenden und unerwarteten Resultate im Verständnis des festen Kristalls oder bei den Prinzipien der Mikroelektronik sind sogar gerade in den letzten Jahren aus der Bundesrepublik gekommen. Gezielte Förderung an Hochschulen und Instituten und die internationale Herausforderung haben also ihre Wirkungen nicht verfehlt – wenn auch leider immer wieder festzustellen ist, daß die guten deutschen Forscher weitaus älter sind als ihre Konkurrenten in fast allen anderen Ländern.

Nachwuchs ist also vorhanden, vielleicht nicht so zahlreich und sicher nicht ganz so taufrisch, hier scheint das Problem nicht zu liegen – so einfach es auch wäre, zuerst der Jugend den Vorwurf mangelnder Tatkraft zu machen. Wir scheinen aber diesem jungen Nachwuchs nach der Phase des Lernens nicht mehr genügend zu bieten. Forderung und Förderung reichen offenbar nicht aus. Forschung allein genügt auch nicht, um ein so wichtiges Gebiet mit so großen Konsequenzen für Wirtschaft und Industrie zu beleben. Es reicht nicht, nur im Troß als Schlachtenbummler mitzuziehen, wenn offenbar eine neue Epoche voller Chancen und Gefährdungen mit ganz neuartigen Auswirkungen aufzuziehen scheint.

Ein Heimcomputer besitzt zwei besondere Tasten. Damit lassen sich wichtige Programmierungen eintippen. Eine Taste heißt »return«; man drückt sie, um mit einem neuen Schritt das Programm weiterlaufen zu lassen, um im Rennen zu bleiben. Die andere Taste nennt sich »escape«, aussteigen, Schluß machen. Unter dem Eindruck asiatischer Konkurrenz entschied sich Amerika für »return«! Und Europa?

XII. Siliziumzeit

Material für alle Zwecke

Die festen Stoffe haben den großen Kulturepochen der Menschheit ihre Namen gegeben: Steinzeit, Bronzezeit, Eisenzeit. Jede handwerkliche Meisterschaft der Materie ließ die Zivilisation sprunghaft vorschnellen. Die Beherrschung der neuen, schwieriger zu verarbeitenden Festkörper war das Ergebnis vieler Versuche, Fehlschläge, neuer Versuche, geschickter Nutzung zufälliger Befunde. Dem Sammeln und Schmelzen der Werkstoffe folgte die Bearbeitung, Formgebung, dann ein Zusammenbau in größere Gebilde.

Wir scheinen jetzt ans Ende der Eisenzeit zu gelangen. Natürlich werden wir künftig nicht auf Stahl verzichten und die Jahrhunderte der Erfahrung in der Veredelung metallischer Werkstoffe nicht aufgeben, aber mit dem Halbleiter ist ein bisher noch nicht beherrschter und bislang noch nicht genutzter Stoff aufgetaucht. Wir scheinen am Beginn der Siliziumzeit zu stehen. Der Unterschied zu den bisherigen Techniken ist kraß. Zufälliges Probieren, aufmerksames Beobachten, Lernen aus Fehlschlägen, all diese bewährten Verfahren der früheren Epochen versagen beim empfindlichen Halbleiterkristall. Nur durch eine wissenschaftlich sauber erarbeitete Grundlage vom Verständnis der Atome und ihres Zusammenwirkens im Raumgitter des Kristalls konnte die moderne Elektronik entstehen. Blindes Tasten, praktische Erfahrung, Tradition einer Zunft und das gefühlsmäßige Gespür für technische Möglichkeiten reichen nicht mehr aus. Strenge Methodik, präzise Diagnose, zahlenmäßige Überprüfbarkeit, mathematische Disziplin und unvorstellbare Sauberkeit in der Handhabung sind die Voraussetzungen für die neuen Techniken und ihre wirtschaftliche Umsetzung. Das einfache »Begreifen« des Werkstücks, die augenfällige Größe der Werkzeuge und Utensilien, das durchschaubare Zusammensetzen der Erzeugnisse schwindet ebenfalls. Unsichtbar für das menschliche Auge, unfaßbar, nicht begreifbar mit Fingern und Sinnen ist die Funktion jetzt nur noch in der Besonderheit der räumlichen Anordnung der Atome verborgen.

Kaum verwunderlich ist es, daß gerade die alten technischen Hochkulturen sich schwer tun. Nur zögernd weicht die in langer Mühe erarbeitete Kunst des Prägens und Formens aus metallischem Stoff. Das unsichtbar Kleine im Kristall bedroht alte Tradition, entwertet frühere Talente. Das Unbegreifliche mit seiner winzigen Mächtigkeit ängstigt und bedrückt.

Im Jahre 1972 verzeichnet die physikalische Fachliteratur für die Eigenschaften der Stoffe Eisen und Silizium ein Gleichauf der Zahl wissenschaftlicher Veröffentlichungen. Es waren jeweils etwa 500 Arbeiten, die über die grundlegenden Eigenschaften dieser elementaren Werkstoffe neue Ergebnisse vorstellten. Ein Jahrzehnt später, im Jahre 1982, war die Zahl für das Silizium auf 3300 angeschwollen, fast 10 Fachartikel jeden Tag! Dem Eisen wurden 700 Publikationen gewidmet. Kein Stoff, kein chemisches Element, keine Verbindung – auch nicht das Wasser – ist uns heute bis in so feine Einzelheiten seiner Zusammensetzung, seines Atombaus im Kristall mit jeder noch so kleinen Abweichung der regelmäßigen Anordnung, seiner Reaktionen auf Licht, Magnetfelder, seiner Grenzflächen gegen verwandte Stoffe, seiner Fähigkeit zur Leitung elektrischen Stromes so genau bekannt. Darum also vermuten wir, daß es ein Silizium-Zeitalter wird, nicht eine Halbleiterzeit, schon gar nicht ein Kunststoffzeitalter. Auch ein Wort wie »Atomzeitalter« wäre zu vage und unbestimmt, besonders wenn damit allein auf Bombe und Kraftwerk verwiesen werden soll.

Die rücksichtslose Durchsetzung des Siliziums ist keineswegs selbstverständlich. Es gibt Tausende von halbleitenden Stoffen. Viele dieser speziellen Materialien haben auch besonders günstige Eigenschaften, wären also für besondere Anwendungen oft sogar besser geeignet als das Silizium. Die meisten dieser Bewerber um einen Platz in der neuen Kunst der Mikroelektronik aber hat das Silizium verdrängt, viele andere Anwärter mußten sich – wie anfangs das Germanium – geschlagen geben. Die Festigkeit des Aufbaus, die einfache chemische Rolle als ein Element, die erreichbare hohe Reinheit, die Dotierbarkeit sowohl mit Donatoren zum Elektronenspenden als auch mit Akzeptoren zum Elektronenentzug, all diese Eigenschaften sind wichtig. Am bedeutendsten aber ist wohl doch die einmalig günstige Kombination des Siliziums mit seinem Oxid, das sich als saubere, schützende Haut erzeugen läßt. Die Oxidhaut ist Schutz, Muster und Maske für die Bearbeitung und schließlich als isolierende Deckschicht selbst elektronisch wirksamer Bestandteil der Transistoren.

Jede neue Kunstfertigkeit in der Modellierung des Siliziumkristalls erweitert den Schatz der Kenntnisse und Methoden. Viele Geräte und Apparaturen entstehen, dem Silizium direkt auf den Leib geschneidert. Die großen Stückzahlen der Silizium-Schaltkreise senken Kosten und Preise, mit denen ein konkurrierendes Material kaum mithalten kann. Es ist für den Fachmann ein faszinierendes Schauspiel, wie sich ein neues technologisches System entwickelt, wie optimale Lösungen gefunden werden und sich einnisten, zu Normen und festen Regeln werden, zur selbstverständlichen Allgemeinheit werden. Gleichzeitig aber wuchert und wächst die Technik mit vielen Verästelungen in immer breitere und weitere Anwendungen, beschleunigt sich selbst.

Die mit dem Siliziumkristall bereits beherrschte Feinheit der Abmessungen ist dem Außenstehenden nur sehr schwer anschaulich zu vermitteln. Hans Friedrich aus dem Siemens-Forschungslabor benutzt gerne dieses Beispiel: Man nehme ein menschliches Haar, schneide es senkrecht. Auf der so entstandenen Schnittfläche muß man beim Silizium nicht weniger als 100 Speicher unterbringen, dies ist der notwendige Stand der Technik der gerade aufkommenden Speichergeneration! Wie sorgfältig muß für diese Technik die Kristalloberfläche bearbeitet sein? Ingolf Ruge von der Technischen Universität München erzählt den Studenten folgenden Vergleich: Die Unebenheit eines Weizenkornes auf der Fläche von vierzig Fußballfeldern ist gerade noch erlaubt! Diese Beispiele zeigen, welchen Platz sich die Siliziumtechnologie erobert hat.

Einen Platz an der Sonne hat das Element Si nicht nur im übertragenen Sinne durch seine Alleinherrschaft in der Mikroelektronik, es strebt auch in des Wortes unmittelbarer Bedeutung zur Sonne. Ein p-n-Übergang in einem Kristall kann Sonnenlicht direkt in elektrische Energie verwandeln. Das Lichtteilchen aus der Sonne schlägt im Kristall ein Elektron aus dem Verband der einander bindenden Atome, läßt ein Loch zurück, das ja wie ein positiv geladenes Teilchen erscheint. Im Übergang zwischen einer n-Zone und einer p-Zone im Kristall muß stets ein elektrisches Feld herrschen. Dieses durch den Kristallaufbau und seine gezielt eingebrachten Verunreinigungen geschaffene Feld zieht Elektron und Loch in getrennte Richtungen. Im p-Teil sammeln sich die positiven Löcher, zum n-Teil streben die negativen Elektronen. Damit ist eine Ladungstrennung entstanden, so wie sie auch in einer Batterie oder im Elektrizitätsgenerator die Quelle für elektrischen Strom darstellt. Aus Silizium im Licht wurde eine Batterie, ohne daß sich etwas bewegt, ohne daß man etwas hören oder riechen kann.

Diese Direktumwandlung von Licht in elektrische Energie besticht durch Einfachheit und Schonung der Umwelt. Nur sind die Kosten noch viel zu hoch, um mit Kohle oder Atomstrom konkurrieren zu können. Große Flächen, die unschön schwarz in der Landschaft stehen würden, müßte man zudem aufbauen. Aber für viele Anwendungen, besonders in den sonnenreichen äquatorialen Gegenden oder weit weg von Kraftwerken – auf Bergen, Bojen, in Oasen zum Beispiel, könnte das Silizium Energie bereitstellen. Die hohen Kosten spielen gar keine Rolle, wenn nur geringe Energiemengen benötigt werden, wie etwa in einem Taschenrechner mit neuen, energie-enthaltsamen Silizium-Schaltkreisen. Das Tageslicht genügt hier schon. Japans Rechnerkonstrukteure haben als einzige diesen Markt sofort erkannt; sie hatten ohnehin inzwischen auch das Monopol auf Taschenrechner erobert. Mit Silizium-Sonnenzellen werden heute schon viele solcher kleinster Computer versorgt. Und hier tritt das Silizium in billigster aber unordentlicher Form auf. Nicht mehr der sorgfältige, aber auch teure perfekte Kristall wird hier verwendet, sondern ein unregelmäßig angeordnetes Siliziumgebilde, wo die Atome regellos aufeinander folgen, man nennt es das amorphe Silizium, im Unterschied zum geregelten kristallinen. Verzicht auf teure Ordnung bedingt auch Verzicht auf Energieausbeute, aber die Kostenersparnis macht wenigstens teilweise diesen Verlust wett, denn das Material wird nicht mehr aus einem hoch erhitzten Tiegel langsam herausgezogen, sondern es wird schnell auf große Flächen aufgedampft. Der Siliziumkristall hat also sich selbst eine Konkurrenz geschaffen.

Viel Feldgeschrei gab es vor einigen Jahren, als mancher auch für die hohen Ansprüche der elektronischen Schaltkreise sich mit der Regellosigkeit zufriedengeben wollte. Aber die Präzision der Mikroelektronik, ihr Zwang zu hoher Stückzahl-Ausbeute macht die strenge Wiederholbarkeit des kristallinen Aufbaus zur unbedingten Voraussetzung; die Qualität des Endproduktes in seiner Differenziertheit trägt auch leicht die Kosten für den Kristall. Bei der Lichtumwandlung dagegen kommt es nicht auf die Kontrolle des Kleinen an, man braucht vor allem große Flächen, wo überall derselbe, physikalisch sehr einfache Vorgang abläuft.

Noch ist der Kampf nicht entschieden, in welcher Form das Silizium vielleicht wirklich einmal im größeren Maßstab Sonnenlicht in elektrischen Strom verwandeln wird. Ein Kompromiß nämlich ist möglich. Statt absolut makelloser großer Einkristalle mit ungestörtem Bau läßt sich auch mit einem Gemisch feinster Kriställchen schon recht ordentlich Energie gewinnen. Geschmolzenes Silizium läßt sich in große Blöcke gießen, dann in Scheiben zersägen. Gute Sonnenzellen mit solchem Vielkristall-Material werden bereits in großer Stückzahl hergestellt. Hier hat sich ein Energieprogramm der deutschen Bundesregierung ausgezahlt, eine Spitzenposition der deutschen Chemieindustrie – durch die Firma Heliotronic – erkennen sogar die amerikanischen Konkurrenten an. Es wird das Bemühen der nächsten Zeit sein, diese Prozesse großtechnisch und billig zu meistern.

Konkurrenten des Siliziums

Viele Wunder kann das Silizium bewirken, nur an einer Stelle zeigt es Schwäche. Licht läßt sich im Innern seines Kristallbaus nicht erzeugen. Die Wandlung von Licht zu Strom der Solarzelle läßt sich nicht umkehren. Eine solche unmittelbare Erzeugung von Licht durch einen elektrischen Strom ist aber eine wichtige technische Forderung. Für die Telefontechnik mit Glasfasern wird eine kleine, robuste, ergiebige Lichtquelle gebraucht, die alte Glühlampe ist zu aufwendig und plump. Eine neue Familie rivalisierender Halbleiter-Kristalle läuft hier dem Silizium den Rang ab; Galliumarsenid und seine Verwandten können direkt einen elektrischen Strom in Licht verwandeln und sogar Laserlicht erzeugen.

Heinrich Welker und seine Forschungsmannschaft in den Erlanger Laboratorien von Siemens fanden in den fünfziger Jahren diese neuen Substanzen. Welker wollte den halbleitenden Charakter des Germaniums besser verstehen, wollte die Eigenschaften des gesamten Kristalls aus den Eigenschaften der einzelnen Atome herleiten. Dabei machte er Gedankenexperimente, die bald als wirkliche Versuche zu Erfolgen führten. Was passiert, wenn man statt zwei Germanium-Atomen mit ihren zusammen acht äußeren Elektronen zwei andere Atome nimmt, die gemeinsam immer noch acht Elektronen aufweisen? Man gehe im Periodensystem der chemischen Elemente vom Germanium aus einen Schritt nach rechts, dort steht das Arsen, es hat 5 Elektronen in seiner äußeren Hülle. Links einen Schritt entfernt steht das Gallium, es hat drei äußere Elektronen. Beide zusammen ergeben das Galliumarsenid. Die beiden unterschiedlichen Atome, Gallium und Arsen, sorgen für Polarisation, ein Spannungsfeld unterschiedlicher Ladungszustände entsteht aus der Mischung. Zwei wichtige Unterschiede entstehen gegenüber Germanium und Silizium: Erstens, die Elektronen im Galliumarsenid sind beweglicher, laufen schneller durch den Kristall; und zweitens wirkt Licht im Kristall stärker.

Die schnelle Beweglichkeit der Elektronen in diesem neuen Stoff Galliumarsenid erweckte Hoffnungen. Fieberhaft wurde in Erlangen gearbeitet, ein deutsches Industrielaboratorium stand an der Spitze des Fortschritts, doch blieb der Erfolg für die Anwendung aus. Die neuen Kristalle konnten sich trotz vieler Vorzüge nicht durchsetzen. Das Silizium mit seiner einfacheren Struktur und seiner Zuverlässigkeit blieb der Sieger. Unglücklich kann industrielle Grundlagenforschung verlaufen, sie kann Enttäuschung in fast tragischem Ausmaß ergeben, wenn sie zu früh kommt und der wirtschaftlichen Nutzung zu weit vorauseilt. Die Enttäuschung führte zu Überreaktionen und bewirkte von nun an größere Zurückhaltung und Vorsicht in der Planung neuer Forschung; Risikofreude und Unternehmungsgeist erhielten Dämpfer.

Jahre später, nach viel staatlich gestützter weiterer Arbeit stellten sich Erfolge ein, zunächst in den deutschen und holländischen Laboratorien von Philips, dann in den Vereinigten Staaten. Saubere und regelmäßigere Kristalle wurden gezüchtet, ihnen ließ sich das Licht in vielen Farben entlocken. Grün und rot können die Halbleiter aus Gallium und Phosphor leuchten. Im Innern des Kristalls werden durch den elektrischen Strom die Elektronen in Zonen geschwemmt, in denen viele freie Plätze, Löcher, vorhanden sind. Der bekannte p-n Übergang leistet eine solche Vereinigung von Teilchen und Antiteilchen. Wenn die Elektronen in den freien Platz springen, müssen sie Energie abgeben, das kann durch das Aussenden von Licht geschehen. Mit erstaunlich hoher Ausbeute kann man einem Galliumarsenidkristall das unsichtbare Licht im infraroten Bereich des Spektrums entlocken, wenn man Siliziumatome einbaut. Solche Lichtquellen aus Halbleiterkristallen sind heute jedem Haushalt vertraut. Anzeigelämpchen in Rot und Grün bestücken viele Geräte; mit der Infrarotlampe aus Galliumarsenid schaltet man die Fernsteuerung des Fernsehers ein und aus. Und noch weiter läßt sich die Lichtausbeute steigern, bis zum scharf gebündelten Strahl des Lasers. Winzige Bröckchen unglaublich sorgfältig in Schichten aufgebauter Kristalle erzeugen Licht im strengen Gleichtakt, wenn elektrischer Strom von außen her durch den Kristall geleitet wird. Eine Laserdiode, bei der das schon vorhandene Licht das neu entstehende immer im richtigen Takt entfacht, kann so gebaut werden. Faser und Laser, zwei Erfolge der Festkörperforschung, haben damit die Nachrichtentechnik revolutioniert. Licht schwingt sehr viel häufiger und schneller als es die Radiowellen tun, damit kann ihm auch weitaus mehr Information aufgeprägt werden.

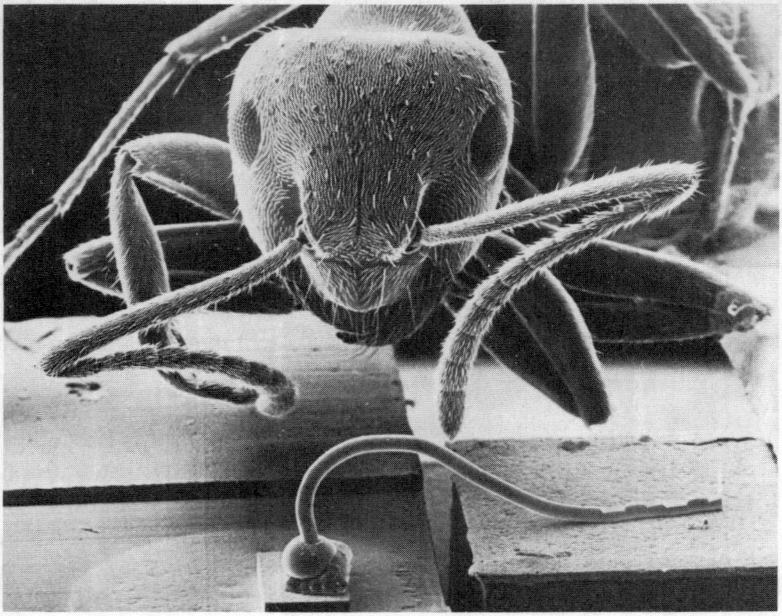

Eine Laserdiode aus Galliumarsenid im Vergleich zu einer Ameise. Strom wird durch den von rechts kommenden Draht über ein Bröckchen Kontaktmetall in den außerordentlich fein strukturierten Kristall geleitet und tritt an der unteren Metallauflage wieder aus. Licht entsteht unmittelbar durch den Stromfluß, es wird an der präzise bearbeiteten Spaltfläche des Kristalls (unten Mitte) ausgesandt und kann zur Nachrichtenübermittlung direkt in eine Glasfaser eingekoppelt werden. (Aufnahme mit einem Rasterelektronenmikroskop, AEG-Telefunken, Ulm)

Der Strahl einer nur mit dem Mikroskop sichtbaren Laserdiode dient aber auch dazu, aus einer mit winzigen Löchern bestanzten Videoplatte Musik und Fernsehinformation abzufragen; keine direkte Berührung – wie seinerzeit mit der kratzigen Grammophonnadel – ist vonnöten, nur der Lichtstrahl tastet.

Diese neue Technik der Optoelektronik war nur mit den Verbindungshalbleitern – wie dem Galliumarsenid oder Galliumphosphid – möglich. Kein Kristall aus nur einer Sorte von Atomen eines chemischen Elementes – wie Silizium oder Germanium – sondern ein aus zwei unterschiedlichen Atomen zusammengesetzter Stoff leistet die Kopplung zwischen Licht und elektrischem Strom so effektvoll. Die

Physik und Chemie der Verbindungshalbleiter blühten unter dem Ansporn der Optoelektronik wieder auf. Neue Verfahren der Herstellung extrem kontrollierter Kristallschichten entstanden. In einem auf Hochvakuum ausgepumpten Gefäß können sorgfältig geregelte Strahlen jeder gewünschten Atomsorte auf eine kristalline Unterlage gelenkt werden. So entsteht, Atomlage nach Atomlage in genau vorgeschriebener Weise, ein neuer Kristall. Seine Zusammensetzung wird den Forderungen genau angepaßt. Ein Laser soll möglichst sein Licht genau mit der Farbe aussenden, die am wenigsten von der Glasfaser verschluckt wird und am sichersten durch die Faser geleitet wird. Verbindungshalbleiter lassen sich mischen, damit kann jede gewünschte Eigenschaft hergestellt werden.

Mit der neuen Technik und ihren präzisen Stoffen entstand wieder neue Grundlagenforschung. Die kristallenen Schichten sind heute so dünn geworden, daß die kleinen Abstände, in die die Elektronen gezwängt werden, bereits die Quanteneigenschaften der Natur zeigen. Der Kristall wird damit zum Laboratorium für gezielte Experimente der Quantentheorie. Eine der aufregendsten Entwicklungen der heutigen Physik geschah darum nicht in den teuren, kilometerlangen Tunneln der Hochenergiephysiker, sondern im Inneren eines Kristalls. Der deutsche Festkörperphysiker Klaus von Klitzing wollte Elektronen an einer Halbleiteroberfläche im starken Magnetfeld studieren. In Grenoble, wo Strom aus Wasserkraft und Kühlwasser aus den Alpenflüssen billiger sind als in Deutschland, steht das deutsch-französische Laboratorium für hohe magnetische Felder. Die Max-Planck-Gesellschaft betreibt es mit der französischen Schwesterorganisation C.N.R.S.; allen Hochschulen ist diese Quelle sehr starker Magnetfelder zugängig. Klaus von Klitzing fragte seine Freunde im Siemens-Labor, ob man ihm einen der technisch ausgereiften Feldeffekt-Transistoren aus Silizium zu einem Versuch geben könnte, man gewährte die bescheidene Bitte. Die Ergebnisse waren aufsehenerregend.

Wenn die Elektronen eine zweifache Beschränkung ihrer Bewegung erfahren, durch das elektrische Feld nahe der Oberfläche und durch das magnetische Feld, dann bleibt keine Zufälligkeit des Materials und der Struktur mehr übrig. Ganz augenfällige neue Quanteneffekte tauchen auf. Eine Leitfähigkeit entsteht, die nur noch durch die elementaren Natur-Konstanten gegeben ist: Plancks Wirkungsquantum und der Zahlenwert der Elektronenladung bestimmen allein die Verhältnisse. Etwas Beachtliches war gefunden, ein Meilenstein in der Geschichte der Beherrschung des Kristalls. Der Kristall ist nur noch Gefaß für Elementarteilchen, seine Rolle als Behälter kann völlig zurückgedrängt werden. Viele Anwendungen sind schon zu sehen. Das Ohm, die aus dem Schulunterricht vertraute Maßeinheit für den elektrischen Widerstand, kann jetzt neu festgelegt werden – nur durch die Quanteneigenschaften des Siliziumtransistors im magnetischen Felde; wir brauchen nicht mehr zu lernen, wie lang, wie dick, aus welchem Material ein Stück Draht sein soll, um genau ein Ohm Widerstand zu schaffen; jetzt können allgemein verbindliche Bedingungen definiert werden.

Dieser »von-Klitzing-Effekt« des quantisierten Hallwiderstandes, wie er wissenschaftlich heißt, ist von weitreichender Bedeutung. Er demonstriert, wie weit heute schon der Aufbau und die Beherrschung des Kristalls reicht. Nur noch die prinzipiellen physikalischen Eigenschaften und nicht mehr die stofflichen Zufälligkeiten entscheiden; eine ideale physikalische Vorhersage kann getroffen und bewiesen werden. Chemische Zusammensetzung und kristalliner Aufbau sind so perfektioniert, daß sie keine Rolle mehr spielen. Diese Situation ist genau umgekehrt als vor hundert Jahren, als Braun, Becquerel und all ihre Kollegen die Physik des Kristalls vor lauter stofflicher Unzulänglichkeit nicht erblicken konnten!

Ein zweiter großer Konkurrent des Siliziums, der Magnetspeicher, war anfangs gewichen, hatte aber mit verjüngter Technik und frischen Ideen zum Gegenschlage angesetzt. Blasenspeicher nannte sich das Konzept, Information magnetisch in einem Kristall unterzubringen. Ja und Nein lassen sich durch Nordpol oder Südpol einer magnetisierten Zone, einer »Blase« darstellen. Neue Materialien, Granatkristalle mit geschickt gewählten Zusätzen magnetischer Atome gaben wieder Hoffnung, daß man sehr dicht gepackte Informationsspeicher würde herstellen können. Die Anwesenheit oder das Fehlen kleiner Domänen magnetisierter Bereiche versprach sparsam und wirtschaftlich zu sein. Und einen weiteren Vorteil konnte man mitnehmen, denn die Magnetisierung blieb lange erhalten und mußte nicht – wie in einem Siliziumspeicher – immer wieder durch Stromimpulse aufgefrischt werden. ›Nichtflüchtig‹ nennt man ein solches Prinzip der Speicherung von Information.

Großer Forschungsaufwand, wie ihn nur die ganz großen Firmen aus eigener Kraft bewältigen können, war gerade in den letzten Jahren von den beiden Kontrahenten Bell und IBM aufgebracht worden. Aber das Silizium setzte sich auch gegen die gegnerischen Stoffe durch und überlebte mit wahrhaft darwinistischer Rücksichtslosigkeit. Die immer bessere Beherrschung von Material und Strukturen, der daraus entstehende Preisverfall und das für die Siliziumtechnik entstehende Umfeld breiter Methoden und Kenntnisse war so stark, daß trotz mancher Vorteile diese magnetischen Speicher aufgeben mußten und nur noch für kleinere Bereiche von Spezialanwendungen eine Nische gefunden haben. Solche technischen Entwicklungen haben wirklich Ähnlichkeit mit der unbarmherzigen Verdrängung biologischer Individuen; die hier viel kürzeren Zeiträume und die Überschaubarkeit solcher Wettbewerbe um technisches Überleben faszinieren den geschulten Beobachter.

Ein weiterer, ernsthafter Mitbewerber erwuchs dem Silizium aus einer anderen Ecke der modernen Physik. Dieser Bewerber wurde ebenfalls mit großem Aufwand – vielleicht über 100 Millionen Dollar – in den USA, vor allen Dingen in den Laboratorien der IBM intensiv unter die Lupe genommen. Supraleitung heißt die physikalische Bezeichnung für die Tatsache, daß bei Temperaturen nur knapp über dem absoluten Nullpunkt – also bei etwa minus 270 Grad Celsius – manche Metalle dem Fluß eines Elektronenstromes überhaupt keinen Widerstand entgegensetzen. Bei einer internationalen Konferenz hatte ein junger englischer Forscher, Brian Josephson, eine merkwürdige Theorie vorgeschlagen. Keiner wollte diese Dinge zunächst glauben, aber Josephson behielt mit seinen Vorhersagen recht, sein Effekt erhielt seinen Namen und er den Nobelpreis. Zwei Metallstreifen, durch eine dünne isolierende Schicht voneinander getrennt, sollten eine Art Schalter ergeben. Mit extrem kurzen Schaltzeiten konnte diese Anordnung zwischen zwei Zuständen hin- und hergeschaltet werden. Genau solche Vorgänge kann man für die Null und die Eins beim Speichern und Manipulieren der Ja-Nein-Alternative für digitale Information einsetzen. Vorteile deuteten sich an, vor allem dort, wo das Silizium Schwächen aufweist. Zum Schalten eines Josephson-Elementes braucht man geradezu unvorstellbar geringe Mengen an Energie, kein Wunder, denn man arbeitet bei ganz niedrigen Temperaturen und mit Stoffen, die einen verlustlosen Stromtransport ermöglichen.

Die wesentliche Grenze bei den weiteren Verkleinerungen und Verdichtungen der Siliziumspeicher liegt bei der Erwärmung, die jeder Schaltvorgang im Kristall erzeugt; sie wird Verlustleistung genannt. Hier tauchen die Grenzen der Beherrschbarkeit auf, denn wenn sich der Kristall zu stark erwärmt, dann wird es kritisch, er verliert genau die Eigenschaften, die ihn als Halbleiter zur Unterscheidung einer Null gegenüber einer Eins befähigen. Mit Wasserkühlung und anderen Tricks muß man schon jetzt dem Siliziumspeicher seinen Charakter auch unter Belastung zu bewahren helfen, warum also nicht konsequent sein, auf den Kristall aus Silizium verzichten und ein kleines Stückchen Metall statt dessen nehmen und es ganz tief herunterkühlen? Phantastisch nahmen sich die vorhergesagten Geschwindigkeiten dieser Schalter aus, unglaublich fast, wie geizig man mit Energie für einen elementaren Schritt des Speicherns und Schaltens sein konnte. Aus Japan wurde mit wachen Augen jede neue Entwicklung verfolgt. Die Generale im Pentagon erhofften sich hier den ganz schnellen Supercomputer, sie waren bereit, notfalls auch die großen Kühlaggregate zu spenden.

Wer im Sommer 1983 in den sanft geschwungenen Gängen des großen IBM-Labors in Yorktown Heights sein konnte, der wurde Zeuge lebhafter Debatten. Triumph und tiefste Niedergeschlagenheit waren vor Ort mitzuerleben. Das gesamte Josephson-Projekt, vielleicht 120 Wissenschaftler umfassend, wurde aufgegeben. Silizium war Sieger geblieben. Die Kältetechnik war mühsam, die Metalle widerstanden dem harten Wechsel zwischen Aufwärmen und Abkühlen nicht genügend, aber ganz besonders wichtig war wieder dieselbe alte Frage, die schon beim Transistor immer wieder gestellt worden war und dort positiv beantwortet werden konnte: Läßt sich Verstärkung erreichen? Wer einen Computer baut, muß die Signale über weite Strecken jagen. Das Signal wird dabei schwächer, es muß neu belebt und auf genügend hohen Pegel gehoben werden. Hier gab es Probleme. Eine Hundertschaft von Wissenschaftlern hatte Jahre geforscht, nicht vergeblich, nur mit dem Erfolg einer negativen Antwort auf die gestellte Frage. So ist Forschung, so muß Forschung sein. Nur die Bestätigung einer Vermutung, eines Vorurteils zu erhalten, ist keinen Schweißtropfen wert; dennoch war dieses Eingeständnis der Niederlage gegen die Halbleiter ein deprimierender Abgang.

Oberflächen- oder Raumerfüllung?

Immer kleinere Maße, immer feinere Beherrschung des Kristalls treiben die Forschung voran. Forscher am Zürichsee, wo die IBM ihre Grundlagenforschung in Europa betreibt, schufen ein neues Instrument. Mit einer feinen Nadelspitze – immer wieder Ferdinand Braun und seine Technik! – betasten sie die Oberfläche eines Kristalls in so winzig feinen Schritten, daß sie mit diesem »Tunnel-Mikroskop« den genauen atomaren Bau der Kristalloberfläche direkt ausmessen können. Die Schwierigkeiten der Oberfläche waren es ja gewesen, die so lange Zeit allen Fortschritt vereitelt hatten. Jetzt kann man jede Verzerrung, jede Stufe, jede Verschmutzung Atom für Atom feststellen. Tunneln nennt man die Quanteneigenschaft, daß ein Teilchen als Welle einen Berg durchdringt, den ein Teilchen der klassischen Physik, etwa eine Billiardkugel, als unüberwindlich ansehen muß. Geringste Veränderungen der Abstände zwischen Spitze und den benachbarten Atomen der Kristalloberfläche bewirken starke Änderungen der tunnelnden Übergänge. Ein nahe gelegenes Atom zieht leicht einen Strom aus der Spitze, ein ferneres vermag es schon kaum noch. Mit dieser Eigenschaft der Quantennatur der Atome im Kristall können wir jetzt die feinsten Einzelheiten einer Oberfläche vermessen.

Die Beherrschung der Oberfläche war in vielen der Krisen zur Nutzung fester Körper entscheidend gewesen, Grenzen und Oberflächen bleiben auch in Zukunft wichtige Gebiete der Forschung, aus denen neue Anwendung fließen wird. Immer enger und gedrängter werden in den Kristallen die Elektronen in flächenhafte Gebilde gedrängt; der Hauptteil des Kristalls scheint nur noch eine Unterlage, eine Halterung zu sein für die ins Zweidimensionale schrumpfende Zone, in der sich die neue Elektronik abspielt. Damit wird noch einmal eine wesentliche Vereinfachung erzielt, nochmals wird weniger Stoff, weniger Raum für die Wirkungen des Schaltens und Speicherns benötigt. Stets hat sich menschliche Technik bemüht, die Dimensionen ihrer Werkzeuge zu verringern. Aus den dreidimensionalen Höhlen der Vorzeit entstehen heute unsere Wohnungen durch Aneinanderfügen nur noch flächenhafter Wände. Künstler und Architekten bedauern den Verlust des Plastischen. Häute aus Kunststoff und Blech sind die Elemente moderner Technik. Material wird gespart, die Werkzeuge brauchen nicht mehr tief ins Innere zu dringen, sie formen und prägen von außen; immer dünner wird die Zone der Wirkung. In der Entwicklung der Halbleitertechnik ist dieser Zug zum Flächenhaften, zur Verringerung des Räumlichen ins Zweidimensionale, besonders kraß sichtbar.

Eine der wichtigen Fragen für die Zukunft der Mikroelektronik wird sein, ob mit immer geschickterer Nutzung der Fläche nicht doch noch eine Beherrschung des Raumes gelingt. Dreidimensionale Schaltkreise allerhöchster Packungsdichte sind denkbar, wenn man Schicht auf Schicht zu reihen verstünde und auf diese Weise die aktiven Zonen miteinander verbinden oder trennen könnte, so wie es die Wirkungsweise jeweils verlangt. Einstweilen ist dieser Weg noch nicht begehbar, die Werkzeuge aber deuten sich schon an. Sehr dünne

Schichten lassen sich mit der neuen Technik der Kristallaufbauten aus Molekularstrahlen schon herstellen; eine Dimension, die Tiefe, wäre damit schon unter Kontrolle. Die beiden anderen Dimensionen in der Fläche lassen sich auch nach Wunsch ausbilden, dazu nimmt man die fotografischen Techniken, das Abätzen. Wie lassen sich beide Techniken vereinen? Hier liegt das Problem. Erste Ansätze dazu zeigen sich aber in der Verbindungstechnik zwischen den Schaltkreisen in einem Computer. Der große Marktführer auf dem Rechnergebiet hat hier mit einem riesigen Aufwand an Forschung und Entwicklung die Keramik zu beherrschen gelernt. Viele Einzelschichten werden übereinandergelegt, jede Schicht mit ihrem eigenen Muster an Verbindungen und Kanälen. Aufeinandergestapelt, mit peinlicher Einhaltung der Maße und Kontrolle der Übereinstimmung, entsteht so ein dreidimensionaler Körper, in dessen Innerem die verschlungenen Leiterbahnen zur Vermittlung der Ströme zwischen den Speichern und Logikbausteinen dienen. Die dritte Dimension ist hier schon wieder zurückgewonnen, sie läßt in der Verbindung und Überkreuzung der Wege viel mehr Spielraum als es die Beschränkung auf eine Fläche erlaubte.

Wettlauf mit Biomolekülen

Überall in den großen Laboratorien wird nachgedacht und experimentiert, ob neue Wege zurück in den Raum gefunden werden können. Vor allem die Kristallzüchter sind es, die versuchen, dem Wachstum eines Kristalls streng die Richtungen der Ausdehnung vorzuschreiben. Aber ein ganz gewaltiges Problem taucht dabei auf, wenn wirklich die elektronische Funktion ins Innere gelegt werden soll. Wie kann die viele nutzlose Wärme abgeführt werden, die bei jedem Vorgang des Schaltens, des Verstärkens, der Speicherung, der Zuführung elektrischer Ladung entsteht? Große Forschungsmühen haben diese Wärmeentwicklung schon weit zurückgedrängt; aber für eine wirklich dicht gepackte elektronische Raumausnutzung steht in dieser Aufheizung des Kristalls das Zeichen einer neuen Krise der künftigen Entwicklung. Wärme ist ungeordnete, unkontrollierte Bewegung, regellos, alle Atome erfassend, sich ausbreitend, nicht mehr rückgängig zu machen. Beim Pfad durch den Kristall stößt das Elektron immer wieder mit den Atomen zusammen. Energie der Bewegung des Elektrons geht dann über auf die Atome, dies ist die Ursache der Erwärmung des

Kristalls. Wir müssen noch besser verstehen, wie diese Erscheinungen vermindert werden können.

Die Natur beherrscht es weit besser, Funktionen ablaufen zu lassen, Räume zu nutzen, ohne daß es zu lebensgefährlicher Erwärmung kommt. Jeder, der nachzudenken hat, wie mikroelektronische Wirkung zu verstehen und zu verbessern sei, spürt, wie die Bewunderung für die Schönheit der Prinzipien im Aufbau lebender Zellen wächst. Mit geringstem Energieaufwand, auf kleinstem Raum, geschützt durch eine geradezu unfaßbare Anpassungsfähigkeit, schafft der biologische Mechanismus Leistungen, die dem mit anorganischer Materie imitierenden Physiker Hochachtung abverlangt. Ähnlichkeiten im Aufbau zeigen sich an den Grenzflächen. Die p-n-Übergänge und die Zellwände sind Orte, an denen elektrische Spannungen auftauchen und Ungleichgewichte von Ionen und Elektronen aufrecht erhalten werden. Aber schon die Mechanismen der Leitung elektrischer Ladung sind ganz unterschiedlich, hier ist die Natur offensichtlich viel langsamer, sie macht den Nachteil aber mit dichterer Packung wieder wett und kommt ohne den großen Aufwand einer Abkühlung aus. Die Natur ist viel stärker differenziert in der Wahl und Nutzung ihrer Strukturen, der Siliziumkristall dagegen nutzt immer wieder die gleiche Anordnung in stets wiederkehrender Monotonie aneinandergereiht und muß manchen Umweg in Kauf nehmen, um unterschiedliche Aufgaben mit einem Minimum an Bausteinen lösen zu können.

Spannend wird es sein, die Entwicklungen der nächsten Jahrzehnte zu verfolgen und immer die Frage im Hinterkopf zu behalten, ob sich die Systeme weiter voneinander entfernen oder sich einander nähern werden. Wird es dem Siliziumatom gelingen, sich mit der Vielfalt des Kohlenstoffatoms zu messen? Beide Atome sind einander verwandt, beide haben eine vierzählige Symmetrie in ihren Elektronenhüllen, mit denen die Bindung zu den Nachbaratomen geknüpft wird. Die schier unendliche Vielfalt der Verbindungen der organischen Chemie, vom einfachen Alkohol bis hin zu den Nukleinsäuren als Träger biologischer Information, beruht auf den Eigenschaften des Kohlenstoffatoms. Spröder und weniger vielfältig ist das Siliziumatom, das wir bis jetzt eigentlich nur im regelmäßigen Raster des reinen Siliziumkristalles benutzen. Nur an verhältnismäßig wenigen Stellen wird einmal ein elektrisch aktives, fremdes Atom auf den Platz eines Siliziumatoms gesetzt. Wird sich bei den immer dichter gepackten künftigen elektronischen Schaltkreisen mit dem dann notwendigen immer häufigeren Einbau fremder Zusätze eine ähnliche Komplizierung und Verästelung ergeben, wie sie von der Natur vorgeführt wird? Noch ist nicht zu erkennen, ob eine solche Annäherung tatsächlich stattfinden kann. Eines aber ist sicher: Die Bedeutung künftiger Mikroelektronik liegt nicht nur im primitiven Handwerk weiteren Verkleinerns anorganischer Funktionen im Kristall. Die Mikroelektronik wird eine tiefgehende Auseinandersetzung mit den Strukturen und Funktionen des Lebens bewirken.

Man kann ein Gatter eines MOS-Siliziumschaltkreises mit dem Neuron des menschlichen Gehirns vergleichen, beide sind jeweils die elementaren Bausteine der so unterschiedlichen Systeme. Heute mißt ein Gatter etwa 15 Tausendstel Millimeter, ein Neuron etwa dreimal so viel. Dafür aber kommt das Neuron mit nur einem Tausendstel des Energieaufwandes im Vergleich zum Silizium-Gatter aus und hat den unschätzbaren Vorteil einer in der langen Evolution entstandenen überlegenen »Systemarchitektur«.

Biochips, mit diesem so schön sensationell und förderungsheischend klingenden Schlagwort haben sich viele Forscher mit großen Versprechungen um Gelder und Aufmerksamkeit bemüht. Hier soll schon die nächste Generation viel besserer und schnellerer Bauelemente entstehen. Ist das Siliziumzeitalter schon wieder dem Untergang geweiht? Da kommen Anrufe aus Bonn, ob man nicht gleich auf dieses neue Pferd setzen solle, wo man doch offensichtlich den Siliziumzug verpaßt hätte? Der Biochip ist noch in weiter Ferne, er ist nebelhaft zu ahnen. Noch kein klares Konzept der Verwirklichung ist zu sehen, schon gar nicht ist zu erkennen, ob ein Biochip mit dem »alten« Siliziumkristall wetteifern könnte. Zunächst einmal müssen solche Materialien einige grundlegende Künste beherrschen: Strom zu leiten, zu schalten und zu verstärken, Schreiben und Lesen von Information zuzulassen.

Es gibt organische Stoffe, die sich zu recht ordentlichen Leitern der Elektrizität präparieren lassen; hier wird heute überall Forschung betrieben. Die bewährten Methoden der inzwischen mit mannigfaltigen Werkzeugen ausgestatteten Festkörperforschung können hier schnell eingesetzt werden. Auch gäbe es große organische Moleküle, die man in deutlich voneinander unterscheidbaren Anordnungen herstellen kann. Solche Unterscheidung könnte dazu dienen, eine Null von einer Eins zu trennen und auf diese Weise Information zu speichern. Aber die Kombinationen von Leitern und Gedächtnismolekülen sind schwierig. Problematisch ist auch die Technik der Herstellung und der Kopplung der inneren Vorgänge nach außen; Kontakte sind nicht einfach zu finden. Werden solche künstlichen organischen Anordnungen dann auch wirklich kühl bleiben oder sich nicht doch zu heftig beim Stromdurchgang erwärmen? Der starre Kristall aus Silizium hält eine ganze Menge Wärme aus, aber eine Verbindung aus der organischen Chemie zersetzt sich meist schon bei geringfügiger Erwärmung. Viele Fragen sind noch ganz und gar nicht gelöst. Derweilen aber gelingt es dem Silizium, seinen Vorsprung als eine Technik de facto auszudehnen. Der Wettlauf hat noch gar nicht recht angefangen, er wird spannend werden.

Die Forschung an festen Stoffen hat uns Verfahren erbracht, mit denen der atomare Aufbau in immer feineren Abmessungen beobachtet, gemessen und schließlich auch nach Wunsch beeinflußt werden kann. Alle diese raffinierten Methoden werden mit Sicherheit auch für organische Verbindungen und für biologische Systeme eingesetzt werden. In dieser Übertragung wissenschaftlicher Arbeitsweise vom noch einfachen Kristall auf immer kompliziertere Stoffe liegt für die nähere Zukunft vermutlich die wichtigste Kopplung zwischen der Mikroelektronik und der Biotechnologie. In seinem berühmten kleinen Büchlein zum Thema »Was ist Leben?« hat Erwin Schrödinger, einer der Väter der Quantenphysik, schon vor vierzig Jahren die Voraussage gemacht, daß Leben mit den biologischen Großmolekülen verknüpft ist und daß ein Verständnis dieser »aperiodischen Kristalle« notwendig sein wird. Die Entschlüsselung des genetischen Codes war der erste wichtige Schritt zu diesem Verständnis. »Aperiodisch« heißt hier, daß die stete Wiederholung, das periodische Gitter des Kristalls, sich im Biomolekül nicht wiederfindet. Die regelmäßige Raumerfüllung hat das Verständnis erleichtert, viele Eigenschaften des Kristalls lassen sich schon allein aus seiner symmetrischen Gleichförmigkeit vorhersagen. Das Leben benutzt aber weitaus schwierigere Formen, differenziert viel stärker, verzichtet damit auf die Periodizität. Ein Verstehen dieser schwierigeren räumlichen Anordnung kann erst vollständig geschehen, wenn der einfachere Fall des anorganischen Kristalls gelöst ist.

Biotechnologie und Mikroelektronik arbeiten von zwei unterschiedlichen Grenzfällen aufeinander zu. Mit Molekülen als Bausteinen wird man versuchen, immer vielfältigere Kombinationen durch Aneinanderfügung aufzubauen, daraus größere Einheiten mit einer vielleicht möglichen Handhabbarkeit für Schaltfunktionen zu erzielen. Die Mikroelektronik geht vom handhabbaren Raster des Kristalls aus, dringt in immer kleinere Dimensionen vor, wirkt eher zerteilend und trennend als anfügend, sie versucht vom Größeren her auf atomare

Maße vorzustoßen. Bislang nutzt die Biotechnik noch überraschend wenig von den Künsten der strukturierenden Mikrophysik, sie hat ihre Erfolge stärker aus der präparierenden Kunst der organischen Chemie bezogen. Die nächsten Jahrzehnte werden vermutlich eine Angleichung erkennen lassen, die von einer immer stärkeren praktischen Nutzung der experimentellen Methodik der Festkörperforschung gekennzeichnet sein wird. Die Zusammenarbeit innerhalb dieser beiden Disziplinen wird sich verstärken. Welche Möglichkeiten sich aus solcher einander verstärkenden Gemeinsamkeit zweier noch getrennter Wissenschaftszweige ergeben werden, ist ungewiß. Der Schritt vom streng periodischen Kristall zum nicht mehr periodischen System vieler aneinander gekoppelter Atome wird schwierig werden, Aufregendes ist zu erwarten.

Eine neue Feinstmechanik

Neben dieser Schrittmacherrolle für eine vielleicht kommende Biologie hat das Silizium mit seiner spröden und sterilen Sauberkeit auch eine völlig neue Feinmechanik bereits in die Wege geleitet. Silizium ist zu einem Rohstoff geworden, aus dem Werkstücke von extremer Kleinheit herausgearbeitet werden können. Das gleichmäßige Raster des Kristalls kann mit allerhöchster Präzision bearbeitet werden. Äußerst feine Düsen können aus dem Kristall durch Ätzen erzeugt werden. Sehr dünne, dennoch großflächige Membrane können – auch durch Ätzen – aus einer Siliziumscheibe gewonnen werden. Die hohe Gleichförmigkeit des Gitters erlaubt Dinge, die mit den alten metallischen Werkstoffen vollkommen undenkbar waren. Ganze Meßgeräte, die vorher aus vielen Einzelteilen zu großen Apparaten zusammengebaut wurden, lassen sich heute in einer Scheibe Silizium unterbringen. Ein Meßwerkzeug zur Bestimmung der Zusammensetzung von Gasen beispielsweise ist mit dieser »Mikromechanik« komponiert worden. Feinste Zuleitungen für die Gase, Filter und Absperrungen können als dünne Kanäle in das Siliziumgitter hineingeätzt werden, die Elektronik läßt sich sofort an den entscheidenden Meßstellen ins Silizium hineinintegrieren. Eine neue Form der Elektromechanik kann so im Inneren des Kristalls entstehen; die vielen Rezepte zur Bearbeitung des Werkstoffs Silizium werden weit jenseits der Mikroelektronik wirksam – sie verstärken damit den Vorsprung dieses kristallenen Elementes vor seinen Mitbewerbern.

Dünne Spirale aus einer Silizium-Membran, die als Drucksonde benutzt werden kann. Die gesamte Anordnung ist etwa einen Quadratmillimeter groß. (Fraunhofer Institut für Mikrostrukturtechnik, Berlin)

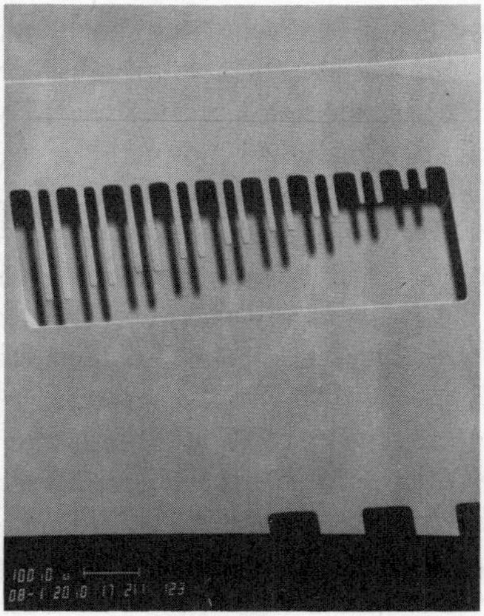

Aus Silizium geätzte Anordnung von schwingungsfähigen Stäbchen. Die Breite dieser Zungen beträgt nur etwa ein Hundertstel Millimeter. Silizium ist zu einem neuen Material einer Feinstmechanik geworden.

Bei den vielen Meßsonden wird das Silizium auch als ein mikromechanisch bearbeitetes Material voraussichtlich eine wichtige Rolle spielen. Kleinste Druckmesser, bei denen sich nur geringe Massen schwingender Häute oder sich bewegender Zeiger, Zungen und Hebel dem äußeren Umstand anpassen, machen sehr flinke Messungen möglich. Solche Messungen von kleinen Druckänderungen brauchen wir im Kraftfahrzeug, aber auch in Waschmaschinen und im Umweltschutz. Die Empfindlichkeit des Halbleiters gegenüber allen äußeren Einflüssen – gegen Licht und Magnetfelder, gegen fremde Atome oder mechanische Belastung – macht das Silizium zu einem idealen Material für Meßfühler und Sonden. Der Siliziumkristall wird damit nicht nur rechnen, speichern und verknüpfen können, sondern mit Silizium wird auch getastet, gefühlt, geschnüffelt werden.

Achtundneunzig Prozent aller mikroelektronischen Bauelemente entstehen heute aus Silizium, kleine Nischen nur verbleiben den Konkurrenzkristallen, vor allen Dingen bei den Anwendungen, wo Licht im Spiele ist. Das Silizium scheint sich geradezu selbst in seinem Zug zu immer komplexeren Anwendungen zu beschleunigen. Neue hochintegrierte Bauelemente sind heute schon so schwierig in der Planungsphase zu überschauen, daß eine Konstruktion nur noch mit großen Rechnern möglich ist. Riesige Softwareprogramme sind ausgearbeitet worden, die den Schaltungsentwurf am Leuchtschirm ermöglichen. Routinemäßig können solche Entwürfe überprüft werden, ob nicht irgendwelche Leitungen im Nichts enden, ob unerlaubte Überkreuzungen versehentlich eingeplant wurden oder ob unversehens Kurzschlüsse auftauchen. Ohne das Silizium in diesen großen Entwurf-Rechenmaschinen wäre der Entwurf nachfolgender Siliziumbauelemente nicht möglich. Das Nachspielen eines solchen neuen Schaltkreises am Computer ist schon so gut beherrscht, daß man sich viele Versuchsgänge ersparen kann. Zunächst einmal wird ein Entwurf rein theoretisch am Rechner ausprobiert. Die physikalischen Grundvorgänge im Silizium werden schon so weitgehend durchschaut, daß man das Zusammenwirken der vielfach strukturierten Kristalle simulieren kann. Das elektrische Verhalten des Entwurfs wird auf diese Art vor dem eigentlichen Laborversuch zunächst am grünen Schirm ausprobiert. Erst wenn hier alle Fehler ausgemerzt wurden, wird der Entwurf am Silizium selbst ausprobiert, dann erst wird wirklich das Bauelement hergestellt und angeschaut.

Auch die Herstellung der integrierten Schaltungen macht wiederum den Einsatz des Siliziums selbst erforderlich. Die Kontrolle über die einzelnen Prozeßschritte ist so anspruchsvoll, daß an jeder Stelle gemessen, geprüft und geregelt werden muß. Rechner aus Silizium übernehmen Meßdaten von Siliziumfühlern, um für ein exaktes Einhalten der Betriebsbedingungen zu sorgen. Schon das langsame Herausfahren eines mit Siliziumscheiben beladenen Quarzbootes aus einem heißen Ofen kann von Hand nicht gleichmäßig genug durchgeführt werden. Die Abkühlung, nach einer Oxidation zum Beispiel, von einer Temperatur weit über tausend Grad darf nicht zu schnell geschehen – auch das Aufwärmen beim Einfahren muß behutsam erfolgen – denn der

Schock des plötzlichen Temperaturwechsels schädigt die Unversehrtheit des Kristallbaus. Mit einem kleinen Motor, gesteuert von einem Mikrorechner mit Silizium, wird darum das mit Silizium beladene Boot nach genau errechnetem Fahrplan in den Ofen hinein und wieder herausgefahren. Aber auch an all den vielen anderen Stellen auf dem Wege vom Rohkristall zum Schaltkreis regelt ein Siliziumschaltkreis in irgendeinem der vielen Geräte schützend und sorgsam alle Eingriffe so, daß wiederum verbesserte Schaltkreise mit hoher Zuverlässigkeit und großer Ausbeute entstehen können. Der Mensch, vermummt in sauberen weißen Kitteln, um jedes Staubkörnchen fernzuhalten, scheint nur noch zuzuschauen, wie sich der Siliziumkristall auf eine immer höhere Stufe der Entwicklung hebt. Der Unterschied zwischen Produkt und Werkzeug scheint zu verschwimmen; dieses Auflösen des Unterschieds und die Selbstbeschleunigung der Entwicklung hat es aber mit jeder neuen Technik gegeben. Der eben entdeckte steinerne Faustkeil wurde zu ständig sich verfeinernder Bearbeitung anderer Steine genutzt; auch in der Eisenzeit war das neu entdeckte Material Werkzeug und Werkstoff zugleich.

Die integrierten Schaltkreise sind schon so vielfältig und verwickelt in ihrer Wirkung, daß die Prüfung des fertigen Produktes eine schier übermenschliche Anforderung bedeutet. Alle einzelnen Funktionen müssen getestet werden. Anfangs saßen noch Arbeiterinnen vor Mikroskopen und Geräten und schauten nach, ob alle Meßzahlen eingehalten wurden. Heute wäre das ein hoffnungsloses Unterfangen. Das Testen ist zu einer hohen Kunst, zu einer gesonderten Industrie geworden. Große Computer werden gebaut, um in höchster Schnelligkeit alle Möglichkeiten durchzuprüfen und zu entscheiden, ob der Schaltkreis freigegeben werden kann oder in die Ausschußkörbe fallen muß. Siliziumschaltkreise entscheiden, ob die nächste Generation der Schaltkreise Gnade finden darf. Rückkopplungen sind nötig, um die immer weiter wachsende Komplizierung zu meistern; schon im Entwurf muß festgelegt werden, ob der geplante Schaltkreis sich überhaupt noch auf seine Tüchtigkeit überprüfen läßt – der Ring der Kontrolle schließt sich. Aber schon kommen noch raffiniertere Techniken. Bewußt wird an vielen Stellen eine Reserve eingebaut, die einspringen kann, wenn ein Teil des Schaltkreises versagen sollte. Blitzschnell rechnet der Computer aus, wie ein laserchirurgischer Eingriff erfolgen soll, damit ein Schaltkreis mit Geburtsfehler doch noch lebensfähig umgeschaltet werden kann. Diese aufwendige Prüfung und Sofortreparatur erhöht wirksam die Ausbeute nutzbarer Exemplare auf dem Siliziumscheibchen.

Die moderne Mikroelektronik setzt mit ihrer Methode der sich ständig verstärkenden, selbst anfachenden Regeneration Tendenzen fort, die schon früher in der menschlichen Zivilisation erkannt und ausgenutzt wurden. Die Chemie hat die einzelnen Atome als austauschbare, elementare, unveränderliche Bestandteile erkannt und dann zielstrebig zum Aufbau immer vielfältigerer Strukturen eingesetzt. Auf atomarer Ebene läuft dabei in unendlich scheinender Zahl immer wieder derselbe elementare Akt der chemischen Reaktion ab. Der Mensch hörte auf, Jäger und Sammler zu sein, als er erkannte, daß ein Samenkorn eine kleinste Einheit war, die sich vervielfältigen ließ. Er begann diese Vervielfältigung in immer strenger geregelten, gleichmäßigen Anordnungen der Felder zu lernen und zu vervollkommnen. Die regelmäßig angepflanzten Wälder konnten den steigenden Rohstoffbedarf decken. Jetzt kommt die regelmäßige Anordnung, gleichförmig sich erneut und erneut wiederholend auf der Siliziumkristallfläche, für Speicherzellen, die mit ihren Kondensatoren und Leiterbahnen die Information aufnehmen und sie bereit halten für schnelle Verwendung. Immer größer mußten für die hungrige Menschheit die Felder und Wälder werden, der Informationshunger aber wird durch einen Weg in die regelmäßige Kleinheit gestillt werden.

Weihnachten 1959 fand in Pasadena das traditionelle »Wintertreffen im Westen« der Amerikanischen Physikalischen Gesellschaft statt. Ich war zum erstenmal auf einer Tagung dieser Fachgesellschaft. In einem altmodisch-schönen Hotel wurde den Physikern das Bankett serviert, ohne das keine solche Tagung auskommt. Ein »after-dinner«-Sprecher war angekündigt, den Shockley schon als Student im Praktikum als ungewöhnlich erkannt hatte: Richard P. Feynman, ein späterer Nobelpreisträger der Physik, heute allen Studenten durch sein Lehrbuch bekannt. Locker und lässig unterhielt er uns alle nach dem Essen. Sein Thema hieß »Viel Platz unten!« – there's plenty of room at the bottom, in Umkehrung der mutigen Parole für Aufsteiger, die ihren Platz oben suchen. Feynman sah damals schon in überraschender Klarheit, daß im Kleinen die große Chance lag. Er zeigte auf, daß die Physiker und Ingenieure eigentlich jetzt die Geräte und Verfahren erarbeitet hätten, um kleinste Mechanik zu verwirklichen. Die physikalischen Grenzen, so zeigte Feynman trotz lustiger Flachserei ganz deutlich, waren noch längst nicht erreicht, es gab noch viel Platz bevor die Quantenerscheinungen der einzelnen Atome das Spiel verderben würden. Diesen Platz unten beginnt der Siliziumkristall sich zu erobern.

XIII. Mikrokosmos

Die fünfte Generation

Wo endet das Rennen? Wer braucht diese Massen immer feingliedriger geformten Siliziums überhaupt? Warum dieser Wettlauf, ständig mehr Speicherplatz in immer kleineren Bezirken des Kristalls einzurichten? Diese Fragen werden immer wieder gestellt. Haben wir nicht jetzt schon genug Mikroelektronik? Lohnt es, die laufend wachsenden Kosten für eine weitere Generation von Schaltkreisen aufzubringen, wo die alten doch eigentlich schon von erstaunlicher Vielfalt und großer Leistung waren und dann abgeschrieben werden sollen? Schon am Anfang, als es erst nur tausend Speicherplätze pro Chip waren, tauchte diese Frage auf, vor allem bei den Firmen des Silicon Valley. Sie waren finanzschwach, hatten keinen inneren Markt, mußten versuchen, einen noch gar nicht vorhandenen Bedarf abzuschätzen und sich fragen, ob sich überhaupt Interesse und praktische Anwendung finden würden. Die Universalität des Rechnens bestätigte die Amerikaner und die Japaner darin, daß die Nachfrage nach Speichern unersättlich sein würde, jedenfalls für die nächste Zukunft.

Die Nutzung des Siliziumkristalls hat in den letzten Jahren gezeigt, daß die Vorausschau richtig war. Man kann das am Beispiel der Medizin sehen. Tomographie als ein Mittel zur Erkennung des Körperinneren ohne einen blutigen Eingriff wäre ohne die Hilfe eines leistungsfähigen Rechners und ohne die Speicherbarkeit umfangreicher Meßwerte des Patienten überhaupt nicht möglich. Dies ist nur ein Beispiel für eine große Familie neuer Methoden, wo stets große Datenmengen anfallen, die grundsätzlich nur mit einer Mikroelektronik zu bewältigen sind. Dann aber sind Informationen abrufbar, die man sonst nie erhalten würde. Große und detaillierte mathematische Manipulation der Tomographie-Meßwerte erst ermöglicht es dem Arzt, genau die Stelle im Körper zu bestimmen, wo sich Ungewöhnliches abspielt. Eine andere beispielhafte Anwendung könnte die immer bessere Unterstützung kranker Sinnesorgane sein. Das Hörgerät war die allererste Anwendung des Transistors. Heute spricht man davon, totale Schwerhörigkeit vielleicht besiegen zu können. Ein Geräusch-Fühler mit Nachverstärkung könnte vielleicht einmal direkt mit den Nervensträngen verknüpft werden und dem Gehirn die Information zuleiten. Aber auch mit Hilfe der Mikroelektronik verbesserte künstliche Gliedmaßen sind denkbar.

Die beachtlichste Leistung in der Verarbeitung von Signalen leistet immer noch unser Auge. Jeder Techniker muß Hochachtung verspüren, wenn er mit seinen unbeholfenen Mitteln Bilder bearbeiten und übertragen muß. Ein scharfes, schnell wechselndes Bild enthält auch heute noch zu viel Information, um in zerlegter, digitaler Form verarbeitet und übermittelt zu werden. Noch größere und noch schnellere Speicher werden benötigt. Wenn solche Bauelemente genügend preiswert angeboten werden können, wird mit Sicherheit die Bildübertragung einen großen Bedarf an Siliziumspeichern erzeugen.

Den ehrgeizigsten Slogan, was die zukünftigen Leistungen aus dem Silizium betrifft, haben die Japaner geprägt: »Rechner der fünften Generation« sind ihr langfristiges Ziel, ein noch nicht genau definiertes, aber vielleicht gerade deswegen anspruchsvolles Ziel. Vier Generationen in nur vierzig Jahren sollten wir nach dieser Einteilung bereits entwickelt haben. Die erste Generation der Rechner benutzte noch die plumpe Elektronenröhre, die zweite war mit dem einzeln verdrahteten Transistor schon ein Gerät der festen Körper. Der integrierte Schaltkreis, noch mit wenigen zusammengefügten Bestandteilen ausgestattet, hat die dritte Rechnergeneration bestückt. »VLSI« – die Größtintegration der Jetztzeit mit Hunderttausenden von Einzelelementen auf dem Kristallplättchen wäre dann die vierte Generation. Die fünfte Generation als Zielvorgabe wurde bei einer Konferenz in Tokio im Jahre 1981 angepeilt. Sie muß vermutlich bis an die physikalischen Grenzen des Kristalls reichen, um den Erwartungen gerecht zu werden. Kleinste Abmessungen, geringste Wärmeentwicklung, mehrlagige Anordnung – vielleicht schon fast eine dreidimensionale Raumerfüllung – kann nur mit neuen Werkzeugen erreicht werden. Nicht allein die Wahl der Bauteile wird diese Rechnergeneration auszeichnen; ein völlig veränderter Weg der Datenverarbeitung wird angestrebt werden. Die Zerlegung in einzelne Befehle, die Benutzung von computergerechten aber dem Menschen lästigen Kommandosprachen soll mit der fünften Generation endlich überwunden werden. Bildliche Information, menschliche Sprache, sollen dem Rechner verständlich gemacht werden, der damit zu einem Gerät »künstlicher Intelligenz« werden soll. Fähigkeiten des Auslesens und Vorentscheidens sollen eingebaut werden und die Primitivität des sturen Rechenapparates von heute ablösen. Eine riesige Zahl von speichernden und schaltenden, von ver-

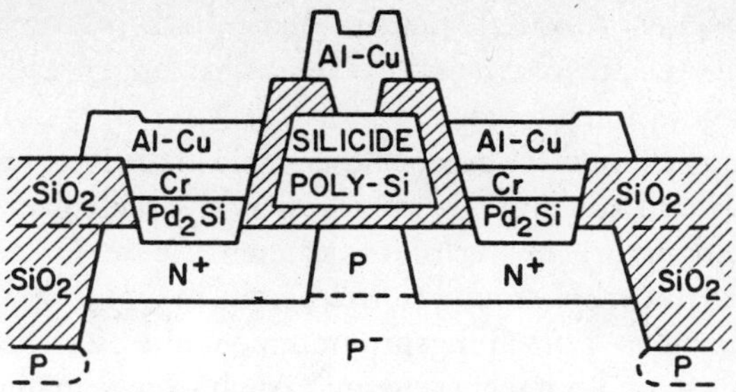

Schematischer Querschnitt durch eine Siliziumscheibe, auf der ein moderner Feldeffekt-Transistor aufgebaut ist. Die Komplexität der vielen unterschiedlichen Schichten wird erkennbar. Der Strom fließt links durch Kontaktschichten in die mit N+ bezeichnete Zone der »source« (Quelle). Ein Gatterkontakt, aus Siliziden, einer Aluminium-Kupfer-Legierung und polykristallinem Silizium bestehend, kann in der mit P bezeichneten Zone Strom fließen lassen oder unterdrücken. Am rechten »drain«-(Abfluß)Teil verläßt der Strom den Siliziumkristall wieder. Die gestrichelten Bereiche bestehen aus dem isolierenden Oxid des Siliziums. Dieses Prinzip eines Feldeffekt-Transistors aus Metall/Oxid/Silizium (»MOS«) ist heute eines der wichtigsten Bauprinzipien der Siliziumtechnik.

gleichenden und kombinierenden elektronischen Einheiten wird der Siliziumkristall beherbergen müssen, um dieses Ziel einer Verselbständigung wirklich erreichen zu können. Die »fünfte Generation« zu verwirklichen ist nach dieser Ankündigung nun zu einer Frage des nationalen Ehrgeizes in Japan geworden.

Die fünfte Generation würde den zentralen Großrechner in den Mittelpunkt der technischen Anstrengungen setzen. Daneben aber läuft eine vielleicht doch noch bedeutsamere Durchdringung unseres täglichen Lebens auf anderer Ebene. Die dezentrale Verfügbarkeit von steuernden und regelnden Instrumenten in Haushalt, Büro und Fabrik ist durch den rasanten Verfall des Preises je Speicherfunktion im Silizium weitaus schneller vorangetrieben worden als es die Fachleute noch vor einem Jahrzehnt vermutet hätten. Auch hier wird der Appetit mit dem Essen steigen. Immer komfortabler und schneller werden die vielen mikroelektronischen Geräte werden. Immer kürzer werden die Regelstrecken und immer größer wird die Flexibilität und Lernfähigkeit dieser Instrumente werden. Durchbrüche werden besonders dann erfolgen, wenn die Benutzung eines Rechners immer weniger an eigenem Fachwissen erfordert. Leichte Bedienbarkeit aber kann nur mit immer größeren Speichern und immer nachsichtiger reagierenden Siliziumchips gewonnen werden.

Die Eingabe und die Ausgabe der Signale in die Rechner der fünften Generation und aus ihnen heraus an den menschlichen Partner muß leichter und natürlicher erfolgen können. Diese Forderung wurde schon sehr früh erhoben und führte bereits in den sechziger Jahren in Japan zu großen Forschungsprogrammen über Zeichenerkennung, Sprachanalyse und Spracherzeugung. Auch unregelmäßige und nachlässig formulierte Zeichen und Laute soll ein Computer aufzunehmen bereit sein; das ist ein weiter Weg von der heutigen, absolut sturen Bedienungsvorschrift der eindeutigen und korrekten Eingabe, die jeder Computer unabdingbar fordert. Nur mit einem riesig großen speichernden Hintergrund, einer geschmeidigen Anpassung, einem Vergleich jedes eingehenden Signales mit früheren Erkenntnissen wird sich ein so ehrgeiziges Programm durchführen lassen. Dann aber wird eine der wichtigsten und schwerwiegendsten Barrieren gegen die Nutzung von elektronisch rechnenden Informationssystemen wesentlich verringert sein. Auf jeden Fall wird es wachsende Märkte und sich ausdehnende Anwendungen bedeuten. Auch die Ausgabe der Daten und Resultate muß schneller, leichter und angenehmer werden. Erstaunliche Fortschritte hat hier die künstliche Sprache gemacht. Zwar schnarrt und krächzt der sprechende Computer noch, und die künstliche Stimme flößt nicht unbedingt Zuversicht und Vertrauen ein. Die Nachbildung des menschlichen Stimmapparates und seine Steuerung aus dem Siliziumspeicher heraus sind jedoch beachtliche technische Leistungen. Der Fachmann ist hier vermutlich leichter zu beeindrukken, der weniger Bewanderte erkennt kaum den Unterschied zu einem ja doch ebenfalls sprechenden Radio oder einem Tonband. Hier aber läuft nichts Starres, Vorprogrammiertes ab, sondern aus der gerade herrschenden Situation wird von den Nullen und Einsen der Information im Speicher eine spezielle Reaktion geprägt und in hörbar verständliche Form gebracht! Die Analogie zur menschlichen Sprache ist schon weit fortgeschritten. In Zukunft wird diese Nachahmung menschlicher Verständigung immer mehr und immer raffinierter modelliertes Silizium brauchen.

Der Siliziumkristall wird also weiter in unser Leben eindringen. Er wird seiner Winzigkeit und Unsichtbarkeit zum Trotz immer geschickter die menschlichen Tätigkeiten nachahmen. Er wird unsere Handlungen ergänzen, verbessern, viele unserer Tätigkeiten aber auch verdrängen. Unsere Welt wird zunehmend ein Spiegelbild, ein Modell im Mikrokosmos des Kristalls finden. Solche Entwicklung ist nichts Neues. Keilschrift in Steintafeln, Griffelspuren auf Wachsgrund, Bilder und Worte auf Pergament und Papier haben wir in ähnlicher Weise als stellvertretende Spiegelbilder verwendet. All diese vertrauten Bildnisse unserer Wirklichkeit waren anschaulich, sichtbar und anfaßbar, sie waren tragbar und leicht zu verstehen. Gleichzeitig aber waren sie starr und unwandelbar, sie mußten so sein wegen ihrer Größe und ihrer unmittelbaren Lesbarkeit. Mit dem Speichern im unsichtbaren Inneren eines Stückchen Kristalles aber entsteht etwas nicht mehr Faßbares, etwas Körperloses, was auch nicht mehr ohne weitere Vermittlung lesbar ist. Diese neue Technik treibt die Abstraktion mit mächtigen Schritten voran. Der schnelle und auswählende Zugriff auf immer größere Datenmengen und die ordnende Auswahl des Gespeicherten werden eine bisher gänzlich unbekannte Art des Wechselspiels ermöglichen. Das Silizium wird immer stärker abstrahieren, koordinieren und kommunizieren.

Das handgreiflich Materielle wird weiter zurückgedrängt werden. Schon der Schritt vom Tauschhandel mit realen Gütern zur Geldwirtschaft mag schwierig gewesen sein. Diese Umstellung ist sicherlich von Mißtrauen begleitet worden. Aber es blieb viel Zeit zur Gewöhnung. Viel schneller wird jetzt die Einführung der neuen Abstraktion vor sich gehen. Ein wachsender Teil menschlichen Handels und Wandels wird von nun an lediglich im Austausch elektronischer Muster bestehen. Im Kristall hin und her geschobene Ladungsverteilungen von Elektronen stellen die Information dar. Sie kann gewandelt werden in informationstragende Anordnungen der elektronischen Magnetisierung in kleinsten Kriställchen auf Platten und Bändern, so kann sie transportiert und aufbewahrt werden, sie wird ausgetauscht und kann wieder in die Ladungsbewegung im Silizium zurückgewandelt werden. Dieser Verkehr ohne bildliche und greifbare Zwischenschritte wird wohl immer stärker und schneller anwachsen. Die Kreditkarte mit eingebautem Siliziumchip könnte ein alltägliches Beispiel werden. Präsident Leutwiller von der Schweizer Notenbank wies nach, daß durch Kleincomputer schon eine merkliche Änderung der Finanz-Liquiditäten durch die beschleunigten Abrechnungen erfolgt sei. Auch die Anweisungen vom Konstruktionsbüro an die Fabrik werden nicht mehr in Form von Zeichnungen und Modellen gegeben werden; an ihrer Statt werden Magnetbänder die Anweisungen für die automatisierten Maschinen transportieren.

Diese Abstraktion und der Verzicht auf die Materie bedeuten so starke Vereinfachungen, daß sich diese neue Technik selbstbeschleunigend fortsetzen wird. Große Massen in Bewegung zu setzen bedeutet, große Kräfte aufzubringen, um dem Beharrungsvermögen entgegenzuwirken – dieser Aufwand entfällt immer mehr. Zugleich verstummt der Ruf nach menschlichen Helfern, nach Boten und Verteilern für den Austausch. Große Gruppen von Berufen, die sich mit der Bewegung stofflicher Wirklichkeit ihr Brot verdienen konnten, werden sich immer schwerer tun. In der Abstraktion durch elektronische Bewegung im Inneren eines Kristalles liegen die wesentlichen Motive für den krisenhaften Wandel auf dem Arbeitssektor.

Die Fülle des Speicherplatzes im Kristall und die Schnelligkeit, mit der das darin aufbewahrte Wissen gemustert und ausgesondert werden kann, weist auch der ordnenden Tätigkeit des Menschen neue Grenzen auf. So manche berufliche Tätigkeit war bislang allein der ordnenden Übersicht, der Bewahrung einer vereinbarten Aufstellung gewidmet. Die Ablage im Büro, eine Lagerliste für Teile und Werkzeuge, die Akten einer Verwaltung sind Modelle der wirklichen körperlichen Vorgänge und symbolisieren deren Beherrschung. Auch hier ist der Kristall überlegen. Seine eigene Ordnung und die Geschwindigkeit des masselosen Sortierens und Suchens entwerten die ordnende Tätigkeit der langsameren Menschen. Moderne Lagerhaltung weicht immer mehr von einer starren vorgegebenen Ordnung ab. Was ins Lager eingeht, wird an irgendeiner gerade freien Stelle mit möglichst kurzem Weg abgelegt. Es mag seinen Platz neben völlig anderen, fremdartigen Teilen finden. Kategorien der Zusammengehörigkeit werden nicht mehr beachtet. Hoffnungslos wäre es, einen solchen Platz ohne ein regelndes System überhaupt wiederzufinden. Als Abbild dieser unordentlichen Ablagerung jedoch findet sich die Information im Speicher eines elektronischen Rechners. Damit ist ein weitaus schnelleres Verfahren von wesentlich wirksamerer Regelmäßigkeit gefunden worden. Karteikarten und dickleibige, schwere Nachschlagewerke werden in Frage gestellt. Die Durchsicht von Information kann heute in viel mehr Richtungen geschehen als es bislang mit noch vertretbarem Aufwand möglich war. Feinere Unterscheidung wird möglich, differenzierte Einsichten und Bewertungen können verborgenere Zusammenhänge sichtbar machen. Ein großer deutscher Automobilkonzern erwägt zur Zeit beispielsweise, in jeden Wagen einen Speicher einzubauen, der alle Einzelheiten des Baus und späterer Reparaturen aufzeichnen und bewahren soll.

Die Verdrängung der ordnungbewahrenden Tätigkeit ins Innere des Kristalls wird krasse Veränderung bewirken. Die Rebellion gegen eine Volkszählung zeigte die Bedenken auf, die sich gegen eine von der Technik beherrschte Datensammlung ins Felde führen lassen; es sind Daten, die nicht mehr einer langsamen menschlichen Verarbeitung zukommen, sondern sich in unterschiedlichsten Querschnitten ausdeuten lassen und schnell über lange Wege laufen können. Wichtiger noch wird die Umstellung werden, die aus der Überlegenheit des Kristalls entsteht. Berufe nur zur disziplinierten Ablage und der Bewahrung des Wiederauffindbaren sind in höchstem Maße gefährdet. Aufräumen und Ordnung halten allein genügt als berufliche Fähigkeit nicht mehr. Der Siliziumkristall kann das schneller erledigen.

Noch stärker aber als Abstraktion und Koordination wird eine weitere Eigenschaft wirksam werden: die Interaktion. Ein unmittelbares Wechselspiel, losgelöst von starrer Vorschrift, kann mit der Mikroelektronik begonnen werden. Eine Bekanntmachung, ein Verkehrsschild, ein Buch sind in ihren Aussagen ein für alle Mal festgelegt und nicht mehr wandelbar. Auskünfte, Belehrungen und Hilfen werden im direkten Wechselspiel zwischen Menschen ausgetauscht. Auch hier droht eine Überlegenheit der elektronischen Werkzeuge. Wer viel und schnell zugreifbaren Speicherplatz zur Verfügung hat, kann viele Einzelheiten und eine Fülle aller nur denkbaren Möglichkeiten und Kombinationen einprogrammieren. Im unmittelbaren Dialog mit dem Speicher können sofort Fallunterscheidungen ablaufen; nur das wirklich Zutreffende wird überhaupt in Erwägung gezogen, der Rest muß nicht mitgeschleppt werden.

Die Computerspiele sind – bei all ihren oft naiven Abläufen – schon ein sehr eindrucksvoller Vorbote kommender Möglichkeiten. Großes Erstaunen haben vor allen Dingen die ersten Schachcomputer hervorgerufen, weil sie ein Reagieren des elektronischen Partners andeuteten, was viele sich nur von einem menschlichen Gegner vorstellen konnten. Hier erschien zum ersten Male etwas Lebloses, das dennoch geschmeidig auf alle Handlungen reagieren konnte. Hier war keine starre Wand, gegen die man einen Tennisball übend spielte und auf deren vorhersagbar einfache Regeln des Rückpralls man zählen konnte. Hier lag schon ein echtes Kräftemessen vor, mit immer wieder neuen Situationen, mit Zug und Gegenzug. Solche Art des Wettstreits mit der Freude am gegenseitigen Messen in immer frischer Wechselwirkung hatte der Mensch bisher wirklich nur mit einem lebendigen Partner finden können. Die Jagd, der Sport und das gegenseitige Sich-Messen mit menschlichen Partnern stellten echte Herausforderungen dar – erstmals spiegelt sich jetzt ein menschlicher Partner nur noch im einprogrammierten Gedächtnis eines Siliziumchips.

Das Labyrinth als Urbild einer Vielfalt von Wegen und Möglichkeiten hat den Menschen seit Anbeginn fasziniert. Die Angst vor dem sich Verirren in einer Unendlichkeit von Verzweigungen sitzt tief in uns; sie ist ein Sinnbild der Furcht, mit den ständig notwendigen eigenen Entscheidungen vielleicht Fehler zu begehen, die unwiderruflich auf falsche Wege führen und eine Rückkehr unmöglich machen. Das Labyrinth ist ein Urbild für die Wege menschlichen Schicksals, für die unablässige Folge von Entscheidungen zwischen zwei Möglichkeiten; wie bei einem Baum verästeln sich die Alternativen. Labyrinthisch aber ist auch der Aufbau eines halbleitenden Speichers mit seiner auf binäre Ja-Nein-Entscheidungen gegründeten Struktur. Die intelligentesten Spiele auf einem modernen Computer haben darum auch den Labyrinth-Charakter. Das Buch »Die Seele einer neuen Maschine« von Tracy Kidder zeigt die Faszination eines Literaten von dieser neuen Möglichkeit.

Man sieht sich auf dem Bildschirm eine Märchenwelt betreten. Eine Aufgabe wird gestellt, vielleicht ist eine Prinzessin zu befreien. Wegweiser werden aufgezeigt, man hat zu wählen, betritt neue Räume und Gänge. Gegenstände werden gefunden, mit denen Handlungen zu vollbringen sind. Manches ist nur gestattet, wenn aus vorhergegangenen Handlungen die logischen Voraussetzungen vorbereitend geschaffen wurden. Manche Fehler sind nicht mehr rückgängig zu machen. Alle diese sich in ihrer Verzweigung vielfältig multiplizierenden Möglichkeiten kann sich der Siliziumchip, können sich seine magnetischen Speicherhelfer merken und immer wieder auf jede neue Aktion individuell reagieren. Der alte Traum eines Autors, mit seinem Leser in ein Labyrinth der Vielfalt einzudringen, kann hier verwirklicht werden – in einem festgeschriebenen Buch ist es unmöglich, hier muß die Phantasie als Mittel gegen die Starrheit des Gedruckten zu Hilfe kommen.

Die Vorausschau so vieler Möglichkeiten ist eine Stärke der neuen Technik, die wirklich erstmalig auftritt und ihre Wurzeln natürlich im

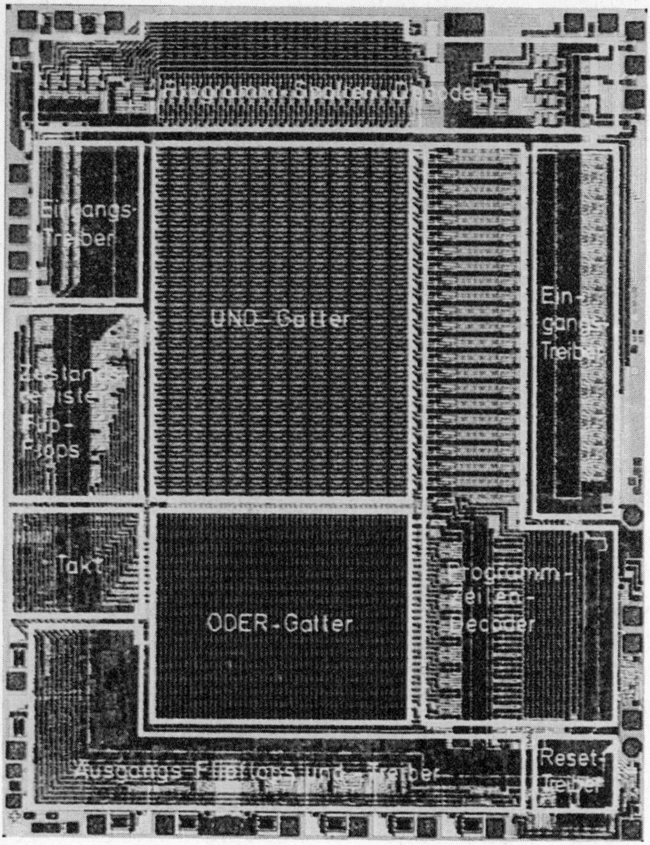

Integrierter Siliziumschaltkreis, der vom Anwender programmiert werden kann. Sequentielle und kombinatorische Logikschaltungen können so je nach Bedarf erzeugt werden. Die regelmäßigen Strukturen sind Felder von Gattern, die logische »und«- beziehungsweise »oder«-Funktionen erfüllen.

Kleinen hat, das so viel Information so schnell verarbeiten kann. Das japanische Traumziel der fünften Generation der Elektronenrechner soll diese Möglichkeit noch weiter verstärken und nutzen. Die Interaktion, das Wechselspiel mit dem anpaßbar zurückspielenden Rechner, soll durch leichteren Dialog zwischen Mensch und Maschine verbessert werden. Heute muß man noch an einer Tastatur seine Antworten eintippen. Erstaunlich ist zwar bereits der Wortschatz, den ein heutiger Rechner schon zu verstehen und zu verarbeiten vermag, aber er bleibt dennoch begrenzt. Auch die bildliche Darstellung auf dem Schirm ist noch grob gerastert. In der fünften Generation soll der Rechner auf menschliche Sprache reagieren können und soll Bilder bester Qualität, möglichst mit Bewegung, darbieten können. Siliziumspeicher höchster Dichte werden hierzu gebraucht.

Die Amerikaner benutzen menschliche Wortbilder, um diese Fähigkeiten des Wechselspiels zu beschreiben. Rechner arbeiten wechselseitig miteinander zusammen im »handshake«-Betrieb, als ob sie einander wie Menschen die Hand reichten. Von »personalisierten« Schaltkreisen ist die Rede, und natürlich von der »Intelligenz« der Geräte. Solche wörtliche Übertragung auf tote Siliziummaterie irritiert fast jeden Europäer; Japaner und Amerikaner sehen darin meist nur die Herausforderung, sich dem kaum erreichbaren Vorbild des Menschen für den Menschen anzunähern. Gerade das spielerische Element der labyrinthischen Pfade hat der jüngeren Generation mit ihrer Unbefangenheit ganz nebenbei die Grundzüge der Logik, der binären Verzweigungen und der Stärke der interaktiven Auseinandersetzung mit dem Computer nahegebracht. Bela Bartok hat seine kleinen Lehrstücke moderner Klaviermusik einen »Mikrokosmos« genannt; die Kunstwerke unter den Computerspielen können heute in ähnlich eleganter Einfachheit einen Einblick in den neuen Mikrokosmos bieten.

Aufeinander zugehen, auf den anderen eingehen, miteinander umgehen, waren lebensnotwendige Fähigkeiten, die das soziale Lebewesen Mensch auszeichneten. Jetzt hat er sich Maschinen geschaffen, die diese Fähigkeit nachahmen können und damit ihn verdrängen werden. Auch hier sind menschliche Arbeitsplätze gefährdet. Auskünfte geben, Beratung gewähren, Entscheidungen vorbereiten, nach Prüfung unter verschiedenen Wegen zu wählen, dies alles kann bald in steigendem Maße der Rechner. Aber schon dieser Name »Rechner« führt immer mehr in die Irre. Das Verknüpfen von Zahlen, das Berechnen von numerischen Werten gerät zunehmend in den Hintergrund. Die neuen Computersprachen werden viel allgemeiner, sie gestatten die Behandlung, das Sortieren und Einordnen aller möglichen Begriffe. Namen, Eigenschaften, Verhältnisse und nicht nur Ziffern können verarbeitet werden. Die großen Fortschritte im direkten Zugang zu menschlichem Ausdruck werden nicht allein mit immer schnellerer Schaltkreislogik zu erzielen sein. Der gesamte Aufbau des Computers, besser der Maschine, wird neu überdacht. Neue Programmiersprachen verwischen den Unterschied zwischen Daten und Befehlen; damit wird der Weg frei, daß Programme neue Programme erzeugen können. Eine sich selbst verstärkende Rückkopplung gibt es also nicht nur für den Siliziumkristall, sondern auch die parallel verlaufende Weiterentwicklung der Software zeigt diese innere Selbstbeschleunigung, diese prinzipielle Tendenz zu einer möglichen Selbstoptimierung.

Universelle Herausforderung

Diese grundsätzlichen Eigenschaften der Abstraktion, der Koordinierung und der Interaktion mit dem Benutzer verschaffen der Mikroelektronik eine immer breitere Anwendung. Universalität entwickelt sich, der Siliziumkristall dringt immer tiefer und immer breiter in alle Bereiche menschlichen Handelns ein. Ein sich gegenseitig stützendes Netzwerk formiert sich, denn immer intensiver werden die Verbindungen zwischen den Elementen der Mikroelektronik. Die Interaktion, das Wechselspiel zwischen einzelnen Computern wird leichter, neue Normen vereinfachen und verallgemeinern die Schnittstellen. Alte Technik wird zwar verdrängt, aber in vielen Fällen auch erneuert und belebt. Ohne Mechanik läßt sich keine Kraft, läßt sich kein Drehmoment ausüben – erst die Kopplung zwischen Elektronik und Mechanik kann dies bewirken. Auch die alten Prinzipien der mechanischen Bearbeitung werden verändert, höhere Anforderungen werden gestellt. Manches aber kann auch einfacher werden, die Passung zweier Teile kann beispielsweise individuell erfolgen, wenn ein Teil zunächst elektronisch vermessen und seine Maße gespeichert wurden.

Die Mikroelektronik mit ihren integrierten Schaltkreisen macht zur Zeit allenfalls einige Promille des Bruttosozialproduktes der großen Industrienationen aus. Das ist ein so verschwindend kleiner Anteil, daß man ihn kaum beachten würde, wären da nicht die ungewöhnlich großen Zuwachsraten, dieses exponentielle Anwachsen bei immer noch weiter sinkenden Preisen und das Vordringen in alle anderen Bereiche von Wirtschaft und Industrie. Die Mikroelektronik wird darum den entscheidenden Einfluß auf Märkte der Produkte und Märkte der Arbeit haben. Niemand kann sich in diesem sich selbst beschleunigenden Wettlauf ins Abseits stellen ohne sich damit in Gefahr zu begeben. Nur wer die neue Technik an der Spitze mitbeherrscht und sich an dem intellektuellen Wettstreit auch schöpferisch beteiligt, wird damit die Verluste an alten Arbeitsplätzen wieder wettmachen können. Diese Einsicht ist der Grund, warum das kleine Stück Siliziumkristall zum Symbol der Herausforderung schlechthin geworden ist.

Die Herausforderung des Siliziums wird in der ganzen Welt allmählich wahrgenommen und gewürdigt. Japans Nachbarn in Ostasien wollen auch von dieser neuen Technik profitieren. So fördert die kleine Stadtrepublik Singapur systematisch die Ansiedlung von Mikroelektronik und versucht, mehr als nur den Aufbau und das Verpacken der Bauelemente zu übernehmen und seine Jugend vor allen Dingen in den Sprachen der Software zu schulen. China hofft durch japanische Kontakte, besonders in den Freihandelszonen im Süden, zu lernen und aufzuholen. In der Chinesischen Akademie der Wissenschaften versucht man, Theorie und Fabrikation miteinander zu verbinden; erste Erfolge des Fleißes und der Konzentration der Forschung beginnen sichtbar zu werden.

Der alles überschattende Ost-West-Konflikt prägt die Mikroelektronik und wird wiederum selbst von ihr beeinflußt. Überlegenheit in der Waffentechnik ist ohne Mikroelektronik nicht denkbar, also wird auch in der Sowjetunion und ihren Satellitenstaaten Forschung und Ausbildung betrieben. Es wird immer schwerer, Lizenzen zu erhalten. Bittere Erfahrungen mußte manches Ostblockland machen, als sich herausstellte, daß eine eben scheinbar billig erworbene Lizenz für die Herstellung eines Schaltkreises schon nach zwei Jahren völlig wertlos war, weil neue Produkte im Westen die alten Ladenhüter bereits verdrängt hatten.

Fachleute meinen, daß die sozialistischen Wirtschaften mit ihrer Unbeweglichkeit grundsätzlich nicht wettbewerbsfähig sind – folgerichtig findet offensichtlich ein Großteil der Forschung und Entwicklung in gesonderten militärischen Laboratorien statt. Amerikaner entdecken in den irgendwie beschafften Systemen des Kontrahenten darum meist ihre eigenen, in den Osten geschmuggelten Schaltkreise oder gar nicht so ungeschickte Nachbauten eigener Produkte von vor drei oder vier Jahren.

Den amerikanischen militärischen Abnehmern ist darum die Lernkurve der ständigen Verbesserung und exponentiellen Verbilligung der Silizium-Schaltkreise sehr wichtig. Waffenüberlegenheit beruht auf dieser Schaltkreis-Verbesserung. Sehr offen spricht man deshalb in den USA davon, daß das Pentagon jede relevante Forschung vorantreiben möchte, die das exponentielle Verhalten noch für möglichst lange Zeit beizubehalten gestattet. Von strategischer Wichtigkeit ist also die wissenschaftlich begründete Prognose, wie lange noch und wie weit sich die Verkleinerung der Strukturen physikalisch und wirtschaftlich fortsetzen läßt.

Eine weite Verbreitung der Mikroelektronik in den westlichen Ländern wird das Leben und die Wirtschaft immer drastischer von denen im Osten unterscheiden. Freier Zugang zu Datenbänken, vielfältige und offene Telekommunikation, Einflußnahme bei den Medien über Rückkanäle, Heimcomputer mit Drucker, Satellitenfunk können schwerlich in Ländern eingeführt werden, wo schon ein Kopiergerät oder ein Telefonverzeichnis mit großem Mißtrauen betrachtet und überwacht wird. Damit wird auch eine Modernisierung der Wirtschaft und eine Ausbildung breitester Schichten der Bevölkerung in dieser neuen Technik auf politische Vorbehalte und Widerstände stoßen. Wissenschaftler aus Osteuropa sprechen darum immer mehr voller Sorge über dieses Dilemma in ihren Ländern, sie befürchten, daß die Gräben immer tiefer werden und die Militärs immer stärkeren Einfluß gewinnen – auf beiden Seiten. Auch diese Kluft wird sich, tiefer als anderswo, in Europa auftun.

Wo ist Europas Platz?

Damit kehren wir zurück zur Frage, warum und wieso sich Europa so ganz anders als die pazifischen Mächte USA und Japan verhält und was sich aus dieser Haltung entwickeln wird. Diese Frage ist weit mehr als ein kleines technisches Detailproblem. Aus der Sicht der anderen Erdteile jedenfalls liegt hier vielmehr eine historische und kulturelle Grundfrage, eine Vorentscheidung für das kommende Jahrhundert. Aber die Europäer, und hier vor allen Dingen die von Bruce Nussbaum so fürchterlich gescholtenen Deutschen, sind insgesamt anderer Ansicht. Der Wirtschaftsjournalist Dieter Balkhausen hat 1983 eine Analyse mit dem von ihm geprägten Wort »Elektronikangst« betitelt; er beschreibt in Einzelheiten die Furcht und das bewußte Ausweichen. Er schildert die verständlichen Sorgen vor dem Verlust und der Abwertung vieler Arbeitsplätze, verharmlost keineswegs die unerwünschten Folgen und Auswüchse einer hemmungslosen Einführung mikroelektronischer Technik mit den »kolossalen Winzlingen« der integrierten Halbleiter-Schaltkreise.

Bestimmt werden sich dereinst die Soziologen auf die Frage stürzen, warum und wie sich Europa so sehr von dieser neuen Technik abkapselte. Es sind letztlich die einzelnen Menschen, die die Entscheidungen fällen. Der Rückstand – in den Fabriken und Märkten der Halbleiterspeicher ist schon so gefährlich groß, daß es sich jeder Manager, jeder

Forscher oder Verkäufer schon peinlich genau überlegt, ob er sich in ein solches Abenteuer stürzen soll oder nicht lieber auf gewohnten Wegen wandeln soll. In den USA gibt es weithin bekannte Erfolgs-Stories, in Europa aber mehr die tragischen Geschichten von den Gescheiterten. Mit viel Vorschußlorbeer beladene Fachleute – oft aus den USA zurückgeholt und mit moderner Halbleitertechnik beauftragt – können diese Aufgabe in dieser Umgebung isoliert nicht bewältigen und suchen sich dann eine andere Position in der Metallbranche, bei Zahnrädern oder Panzerplatten. So kann sich keine soziologisch bedeutsame Gruppe einander stützender und fördernder Fachleute bilden, gleichzeitig aber werden die Nischen durch Importe und die Tochterfirmen aus den Erfolgsländern besetzt. Gefühle der Überfremdung und eines kulturellen Diktats entstehen, die diesen Prozeß selbst wiederum anfachen. Viele meiner japanischen und amerikanischen Freunde glauben, daß aus diesen Gründen – nicht wegen Dummheit, Faulheit oder Geldmangel – Europa den Rückstand kaum noch aufholen kann und es auch gar nicht will.

Interessant waren in der Bundesrepublik einige der Reaktionen auf Balkhausens Buch über die »Elektronikangst«. Seine drastisch vertretene Meinung, nicht in regungsloser Angst des Nichtstuns zu verharren, wurde eigenartig verfremdet aufgenommen. In einer Zeitschrift wurde sein Buch von einem fachmännischen und erfahrenen Politiker kritisch besprochen. Professor Dr. Ulrich Lohmar, lange Jahre ein angesehener Bildungsfachmann im Deutschen Bundestag und jetzt Beiratsvorsitzender für eine Stiftung für Kommunikationsforschung, schreibt: »Die Mikroelektronik wird unser aller Leben zwar in vieler Hinsicht verändern, aber auch sie wird nichts daran ändern, daß die Menschen immer und in erster Linie ihre Grundbedürfnisse befriedigen wollen: essen, trinken, wohnen und arbeiten. Daran wird es in Europa nie einen ernsthaften Mangel geben, ob nun mit oder ohne eine Spitzenstellung unserer Industrie in der Mikroelektronik. Die Japaner hingegen können ja gar nichts anderes tun, als ihre technischen Produkte zu verkaufen, wie sonst sollten sie die Lebensmittel bezahlen?« Eine erstaunlich souveräne Gelassenheit des alten Europa spricht aus dieser Betrachtung, die noch eine klare Leitlinie für den Wettbewerb gibt: »Aber solange man auf dem Weltmarkt alles Neue kaufen kann, ist die Selbstversorgung mit neuen technischen Dingen zwar wünschenswert, aber nicht lebensnotwendig.« Ein Gleichziehen mit der technischen Entwicklung in den USA und Japan sei wohl doch nicht nötig.

Warum also nicht auf dem Weltmarkt das Nötige einkaufen, sonst in Ruhe und Gelassenheit unsere technischen Produkte weiter fertigen und vertreiben? Ein Promille vom Bruttosozialprodukt – ist es tatsächlich nicht so schlimm? Ist es aber nicht doch bedenklich, wenn Europa gerade auf den Gebieten mit den größten Zuwachsraten die stärksten Einfuhrquoten hat? Ist nicht doch bedenklich, daß es nur noch eine einzige deutsche Firma gibt, die Fernseher herstellt, so daß die Basis für neue elektronische Produkte gefährlich schmal geworden ist?

Das Argument, im teuren und harten Wettbewerb zwischen den USA und Japan als Importeur letztlich der lachende Dritte und der kulturell Überlegene zu sein, geht in Deutschland weit über rein betriebswirtschaftliche Begründungen hinaus. Klaus von Dohnanyi, Erster Bürgermeister einer Hansestadt mit schrumpfenden Industriearbeitsplätzen, war auch einmal Bundesminister für Forschung und Technologie und kennt Japan und seine Herausforderung genau, hat darüber ein damals viel diskutiertes Buch verfaßt. Seine Meinung zur deutschen Rolle im Wettbewerb zwischen Japan und den USA ist interessant. Er hat sie auf einer Diskussionstagung über die Zusammenarbeit von Hochschulen und Industrie im Jahre 1982 formuliert. Es sei natürlich, daß neu aufstrebende Industrienationen den alten Völkern Anteile von Produktion und Wissen abnehmen. Gerade aber in den beiden neuen, von außen als so grundlegend eingeschätzten Gebieten der Mikroelektronik und der Gentechnologie sei es wohl kein Zufall, daß gerade die Japaner und Amerikaner den anderen Ländern etwas vormachten. Dieses seien die Gebiete, bei denen besonders tiefe Einschnitte durch Wissenschaft und Technik zu erwarten seien. Die Völker beider Länder, die USA und Japan also, seien aber besonders leidensfähig und könnten sich darum leichter mit den Folgen auseinandersetzen.

Die Amerikaner hätten in ihrer Geschichte durch die Auseinandersetzung mit den Schwierigkeiten der Umwelt weniger stark die »soziale Verpflichtung« gelernt und könnten damit auch die Folgen von technischen Entwicklungen leichter tragen. Japan, auf der anderen Seite, sei in der Lage, die Folgen einer neuen Technik weitgehend abzuwenden. Ein Land, in dem es vorwiegend Arbeitsplätze auf Lebenszeit gebe, bewältige technische Revolutionen leichter als Länder, bei denen solcher Fortschritt Kündigungen bedeute. Klaus von Dohnanyi nimmt diese Beobachtungen und Behauptungen zum Anlaß, nach einem allgemeinen Konsens zu rufen, der die jungen Leute zum Einstieg statt zum Ausstieg bringen soll. Er sieht das gefährliche Auseinanderklaffen von Geisteswissenschaft, Naturwissenschaft und politischer Kultur in den europäischen Ländern als beunruhigendstes Phänomen an.

Zeigt sich also mit dem Aufschwung dieser von Grund auf neuen und bislang unbekannten, auf der Wissenschaft des Kleinen fundierten Techniken, daß die europäischen Länder ihre gesamte Struktur, ihre Sitten und Gebräuche, ihre Wertvorstellungen zu ändern haben? Sind die noch vor zwanzig Jahren so erfolgreichen Organisationsformen von Wirtschaft und Politik nicht mehr zeitgemäß? Dann stünde ein schmerzhafter Anpassungsprozeß bevor, der eben auch Leidensfähigkeit entweder in asiatischer oder amerikanischer Form verlangen würde? Bliebe nicht doch die Möglichkeit, Tradition zu bewahren, Gleichgewichte festigend zu erhalten, sich anderen Bereichen zu widmen? Der Jahresbericht 1983 der Deutschen Bundesbank gab mit seiner ungewöhnlich mahnenden Aufstellung dazu eine mittelbare Antwort. Der Verlust der Spitzentechnologie auf dem Weltmarkt ist für Europa in diesem Bericht in erschreckender Klarheit verzeichnet. Von 1972 bis 1983 sank der Exportanteil der Bundesrepublik auf dem Sektor Datenverarbeitung von 40,2 auf 14,5 Prozent ab, bei der Nachrichtentechnik von 22,8 auf 14,5 Prozent; in Frankreich und Großbritannien gab es ebenfalls ein Absinken, wenn auch die Einbußen im Verhältnis geringer waren. Japan und die USA waren die großen Gewinner. Japan verdoppelte in den elf Jahren seinen Exportanteil auf den Weltmärkten auf genau ein Viertel, die USA stiegen von 32 auf 37 Prozent.

Europa also ist unbestritten gerade auf den Gebieten gefährlich zurückgefallen, wo der Weltmarkt die neuen Absatzchancen und die größten Zuwachsraten eröffnet, wo durch das Wesen dieser Wissenschaftstechnik nicht mehr große Mengen von Stoffen mit hohem Energieaufwand umgewälzt zu werden brauchen, sondern wo Verständnis, Intelligenz, Phantasie und Disziplin – nicht nur Leidensfähigkeit – gefordert werden. Man kann abschätzen, wieviele Tausende von Arbeitsplätzen einem Umsatz von über 30 Milliarden Mark entsprechen, den Japan allein mit Halbleiterschaltkreisen im Jahre 1984 erzielte, von der antreibenden Wirkung auf die Weiterverarbeitung in einer Volkswirtschaft ganz zu schweigen. Allein dieser Umsatz mit den Grundbausteinen entspricht dem fast Zehnfachen des Umsatzes bundesdeutscher Werkzeugmaschinen. Schaffung neuer Arbeitsplätze wird schwierig sein bei Verzicht auf die Chancen und Herausforderungen der Mikroelektronik! Kein Wunder, daß diese Frage, wieso es zu diesem Rückstand überhaupt kommen konnte, zur Zeit so viele Betroffene beschäftigt. Liegen die Gründe nicht tatsächlich sehr tief?

Die beruhigenden und entschuldigenden Worte erfahrener Politiker zeigen auch eine Stimmung im Volke, bei ihren Wählern. In Amerika herrscht Lust und sogar Spaß am Neuen; Japan erzielte eine nationale Integration für diese Betätigung mit der Mikroelektronik. Das geplagte Europa aber hat nach dem Kriege zunächst seine alte Identität wiederaufgebaut, bleibt sich eines kulturellen Erbes bewußt, das offenbar nur schwer mit all den unerwarteten Auswirkungen einer Mikroelektronik zu vereinbaren ist. Die Hektik dieser Industrie mit ihren schon von Anfang an todgeweihten Generationen von Schaltkreisen, unter dem ständigen Druck nach Verkleinerung und Verbilligung, verträgt sich schlecht mit dem Wunsch nach Stabilem und Solidem. Die Flüchtigkeit und damit das Oberflächliche in den Verfahren, Methoden und Resultaten dieses Mikrokosmos stehen in schroffem Gegensatz zum Wunsch nach Ausgereiftem und Bleibendem. Die anfangs so im Vordergründigen sichtbaren Auswirkungen der Mikroelektronik in Waffen, in billiger Unterhaltungselektronik und primitiven Spielen, aber auch in offenbar seelenlos eingesetzten Computern vertragen sich nicht mit dem europäischen Wunsch, einer Technik ein Höchstmaß an Kultur abzugewinnen. Tiefere Einsichten in die neuen Möglichkeiten wurden verdrängt, sie hätten bereits zu Zeiten erfolgen sollen, wo äußerlich Wohlstand und Beschäftigung mit altem Wissen noch gesichert schienen.

Politisches Zugpferd kann die Mikroelektronik in Europa wahrlich nicht sein. Mit technischen oder gar wissenschaftlichen Argumenten läßt sich kein Wahlkampf anfachen. Der Bundestagsausschuß für Forschung und Technologie ist als drittletzter im Handbuch des Parlaments aufgeführt, alle anderen Gremien werden generell als bedeutsamer und günstiger für politische Karrieren angesehen. Tatsächlich drängen die harten technischen und wissenschaftlichen Argumente und der von außen aufgezwungene technologische Ablauf auch die politischen Gesichtspunkte in den Hintergrund und lassen so immer weniger Raum für eigenständiges politisches Handeln. Nur eine wirklich führende Technologienation sieht darum auch in diesen Fragen ein Politikum und schafft dann auch andere Körperschaften – wie einen Wissenschaftsberater im Weißen Haus oder eine direkte Technologieberatung beim japanischen Premierminister.

Aktiver Umweltschutz müßte eigentlich eine Forderung sein, die viele Befürworter der Mikroelektronik auf den Plan rufen sollte. Benzineinspritzung in einen Automobilmotor und Messung der Abgase ließen sich erst durch eine schnelle, zuverlässige und erschwingliche Halbleiter-Mikroelektronik zu einem wirklich umweltfreundlichen Regelkreis zusammenfügen. Hier hat Europa, vor allen Dingen die Bundesrepublik mit ihrer starken Automobil- und Zuliefererindustrie, auch in der Tat eine wettbewerbsfähige und exportträchtige Position und kann die Schaltkreise in die sehr komplexen elektromechanischen Systeme wirkungsvoll einbringen. Das Antiblockiersystem ist ein ebensolches Beispiel einer schnell wirksamen Regelung mit Halbleiter-Schaltkreisen. Solche anpassungsfähigen Regelungen führen aber auch an allen anderen Stellen technischen Handelns zu sparsamerem und schonenderem Umgang mit Materie und Energie. Regelung vor Ort – statt starrer Steuerung – ist vernünftiger, jeder kann es an einer dem augenblicklichen Bedarf angepaßten Verkehrsampel selbst erkennen. Nicht nur die alternative Energiequelle der Halbleiter-Sonnenbatterie müßte also die Unterstützung ökologisch Bewußter finden. Die politische Realität aber sieht in Europa anders aus. Parolen und Anweisungen – der Grünen beispielsweise – empfehlen, auf diese positiven Aspekte in der Argumentation zu verzichten, auch die großen medizinischen Erleichterungen zu unterdrücken, denn Mikroelektronik sei im wesentlichen schädlich, unmenschlich, monoton und bedrohend – solche unreflektierte Verteufelung führt in Sackgassen.

Mehrheiten – nicht unbedingt Wahrheiten – braucht ein Politiker in einer demokratischen Staatsform. Wenn eine neue Industrie entsteht, die immer stärker von außen importiert statt sich selbst stark auszuweiten, woher sollen dann Lobbies und Interessengemeinschaften kommen, die einen Druck – oder wenigstens einen Gegendruck erzeugen können? In den USA wurde solcher Druck auch aus militärischen Motiven geschaffen, aber keineswegs war das die einzige Wurzel des politischen Interesses. Die europäischen Länder dagegen setzen ihre Politiker einem immer stärker wachsenden Zwang aus den absterbenden alten Industrien aus; das Beispiel der Lothringer Stahlindustrie gegen eine sozialistische Regierung ist da besonders drastisch. Es ist tatsächlich außerordentlich schwierig für jeden in den Regierungsgeschäften Verantwortlichen, sich nicht für subventionierende Erhaltung von Arbeitsplätzen zu entscheiden. Waren nicht diese vielen Arbeitsplätze noch vor ganz kurzer Zeit rentabel und brachten Brot und Beschäftigung? Reicht nicht eine ganz geringe Hilfe pro Arbeitsplatz aus, um doch noch die Konkurrenzfähigkeit zu halten? Ist es nicht viel zu riskant, vor allem viel zu langfristig und dem Wähler unverständlich, wenn statt dessen staatliches Geld in unsichere Forschung und Entwicklung gesteckt werden soll? Die Kosten zur Einrichtung eines Hochtechnologie-Arbeitsplatzes sind doch ungleich höher als es die Unterstützung kränkelnder Jobs ist. Gewerkschafter der Bundesrepublik glauben vorrechnen zu können, daß die neuen elektronischen Arbeitsplätze sogar zu teuer sind, als daß sie in genügend großer Zahl überhaupt in unserem Lande und in Europa eingerichtet werden könnten; daraus wird abgeleitet, daß kaum neue Arbeitsplätze entstehen können und die noch vorhandenen darum mit einer Arbeitszeitverkürzung geteilt werden müssen.

Die Gewerkschaften stehen im Wandel durch die Mikroelektronik unter besonders intensivem Druck und finden sich in einer schwierigen Situation. Maschinenstürmer sind jedoch eine kleine Minderheit; die Mehrheit weiß sehr wohl, daß man »auf Gedeih und Verderb« mit der Mikroelektronik wird leben müssen. Arbeitslosigkeit war bis in die Mitte der siebziger Jahre in der Bundesrepublik ein nahezu unbekannter Begriff. Dann aber tauchten zur gleichen Zeit zwei Dinge miteinander in Europa auf: die Mikroelektronik mit ihren Rechnern und einer neuen Konkurrenz aus Fernost auf der einen Seite und andererseits die plötzlich grassierende Arbeitslosigkeit. Auch die Energiekrise war ein dramatischer Einschnitt, aber sie wurde trotz ihrer nachhaltigen Bedeutung vermutlich von weiten Kreisen verdrängt. Also blieb als ein starkes Erlebnis das Zusammenwirken von Arbeitslosigkeit und Mikroelektronik. Wie selbstverständlich werden heute in der breiten Öffentlichkeit der europäischen Länder diese beiden Erscheinungen miteinander verknüpft: Die »jobkiller« aus Silizium hätten die Unordnung der Arbeitsplatzverluste mit sich gebracht. Diese öffentliche Meinung unterscheidet sich drastisch von der in Asien und Amerika, dort hat sie ja offen ersichtlich zu neuen Arbeitsplätzen und zu neuen Erfolgsgeschichten geführt. Gerade die triumphalen Erfolge gegen den alten Lehrmeister Europa beflügeln dort die neuen Techniken.

In einer Anhörung des Deutschen Bundestages machte im April 1984 Werner Dostal eine bemerkenswerte Aussage. Er wurde als Wissenschaftler am Institut für Arbeitsmarkt- und Berufsforschung der Bundesanstalt für Arbeit befragt, ob die Massenarbeitslosigkeit in der Bundesrepublik tatsächlich vorwiegend durch die neuen Technologien hervorgerufen worden sei. Dostal verneinte diese Frage der Parlamentarier. Eine Analyse der Zahlen zeigt tatsächlich, daß es andere Gründe waren. Die großen Arbeitslosenzahlen finden wir bei Kohle, Stahl, bei Werften, im Baugewerbe – aber auch bei Architekten, Lehrern. Selbstverständlich hat die Mikroelektronik zu erheblichen Rationalisierungen geführt und viele Arbeitsplätze, besonders bei Routinetätigkeiten und bei der Überwachung und Kontrolle, vernichtet. Feinmechanik litt unter der Elektronik, aber es entstanden auch neue Möglichkeiten. Die befürchteten großen Einbrüche in der Beschäftigtenzahl bei Banken, Verwaltungen und im Handel traten – jedenfalls bisher – nicht auf. In dieser Anhörung hatte zuvor ein Vertreter des Deutschen Gewerkschaftsbundes behauptet, daß es vor allem die Mikroelektronik gewesen sei, die Arbeitslose erzeugte; nach Dostals Richtigstellung blieb ihm die Gelegenheit, vor der dann jedenfalls noch kommenden Gefahr des »Arbeitsplatzvernichtungspotentials« der Mikroelektronik zu warnen. Tatsächlich laufen alle europäischen Länder in eine große Gefahr hinein: Sie stemmen sich gegen die moderne Technik, importieren dennoch aus dem pazifischen Raum die neuen Geräte zur Rationalisierung und exportieren damit tatsächlich ihre eigenen Arbeitsplätze.

Den Gewerkschaften ist eine Vorwärtsstrategie schlechterdings kaum zuzumuten. Der Siliziumkristall verlangt nach anderen Leuten, als dies bisher die Kumpel und Arbeiter in den traditionellen Gewerkschaften waren. Mit weißen Kitteln und vor Bildschirmen statt an den Fließbändern entstehen neue Beschäftigungen. In den USA hat sich gerade in dieser Industrie gezeigt, wie schwer es für die Gewerkschaften war, sich hier zu organisieren. Eine große Bedrohung für die Solidarisierung der Arbeitnehmer ist weiterhin die durch Mikroelektronik mögliche Dezentralisierung. Viel neue Heimarbeit wird möglich sein, man braucht nur einen eigenen Terminal zu Hause, der mit der Mutterfirma verbunden ist. Die abstrakte Technik verlangt nur nach einer Datenleitung für die Elektronen. Das Programmieren und Verarbeiten kann daheim geschehen, die Überwachung und Abrechnung der Arbeit läßt sich auch körperlos bewerkstelligen. Solche Angestellte sind nur schwer für gewerkschaftliche Solidarität zu gewinnen. Für ein Land, das sich von wenigen Prozenten an Abiturienten pro Jahrgang jetzt durch große bildungspolitische Anstrengungen auf fast ein Viertel jedes Jahrgangs mit höherer Schulbildung heraufgearbeitet hat, wäre die Einführung von Arbeitsstellen solcher Art – mit höheren Anforderungen – durchaus sinnvoll, aber man kann wohl kaum verlangen, daß die Gewerkschaften sich hier voller Begeisterung engagieren.

So kam es, daß bei einer Podiumsdiskussion über neue Technologien in den Schulen ein Vertreter des Deutschen Gewerkschaftsbundes einer Versammlung verdutzter niedersächsischer Lehrer ruppig vorwarf, sie beteiligten sich nur an einer »elektronischen Domestikation der Arbeiterklasse«. Auch die Anstrengungen des Bildungswesens gegen einen »Computer-Analphabetismus« finden nicht überall Unterstützung. Darum fällt hier beispielsweise die Bundesrepublik gegen Großbritannien weit zurück. In den britischen Schulen und Häusern wurden 1983 fast 0,8 Millionen Heimcomputer abgesetzt, ein umfangreiches Lehrprogramm beispielsweise durch die Rundfunkgesellschaft BBC hat dazu beigetragen. In der Bundesrepublik, die praktisch keinerlei Fertigung von Personalcomputern im eigenen Lande aufweisen konnte, war dagegen der Absatz nur etwa 0,16 Millionen im Jahre 1983. Eine massive Unterstützung – etwa durch Steuernachlässe wie bei der amerikanischen »lex Apple« gibt es naturgemäß in den deutschen Bundesländern nicht. Aber noch etwas anderes kommt hinzu: die Sprachbarriere. Englisch ist die ausschließlich benutzte Sprache, die der Kleinrechner versteht; in Englisch sind die flotten, leicht lesbaren Anleitungen geschrieben. Obwohl in allen deutschen höheren Schulen diese Fremdsprache gepflegt wird, bleibt eine Schwelle spürbar. Noch stärker scheint dieses Hindernis allerdings in den romanischen Ländern zu wirken, denn in Italien war – trotz großer Anstrengungen – im Jahre 1983 der Absatz der kleinen Personalrechner fast verschwindend gering, ganz im Gegensatz zu der Nachfrage in den USA.

An kleinen, eigentlich belanglosen Dingen merkt man, wie technologische Führungsansprüche auch kulturelle Änderungen erzwingen. Das »Franglais«, die Mischung von Englisch-Fachjargon in der französischen Muttersprache, ärgert die Sprachbewahrer in den Pariser Ministerien; die Computer werden diesen Mischdialekt noch verstärken. Im Deutschen ist sogar eine regelwidrige Rechtschreibung auf dem Vormarsch: Quartz statt Quarz bürgert sich ein; der den Rhythmus bestimmende Schwingkristall in Uhren und vielen anderen mikroelektronischen Geräten kommt aus englischsprechenden Ländern und führt das dort nötige Extra-t ein. Die amerikanische Vorherrschaft in der Technik bringt auch die Maße Zoll (inch) oder Mil (Tausendstel Zoll) gegen die metrischen Einheiten zurück.

In der allerjüngsten Zeit jedoch sind in Europa, besonders in England und Frankreich aber auch in der Bundesrepublik, das aktive Interesse und auch die öffentliche Meinung im Umschlagen begriffen. Galt noch vor kurzem eine Verweigerung als schick und schicklich, so beginnt ihr jetzt der Ruf des altmodisch Unbelehrbaren anzuhaften. Die

Medien haben erkannt, daß vor allen Dingen die Jugend sich mit unbeschwerter Leichtigkeit und spielerischer Freude der neuen technischen Möglichkeiten anzunehmen bereit ist. Starrer und unkritischer Widerstand gegen die Mikroelektronik gerät in Gefahr, als überholte Unwissenheit einer älteren Generation angesehen zu werden und wirkt bei Medien und politischen Parteien eher belastend als anziehend.

War es allein ein kulturelles Mißbehagen, das die Widerstände gegen eine technische Einführung der neuen Mikroelektronik in Europa verursacht hat? Sicherlich nicht. Wichtigster Grund war die fehlende Motivation, neue Produkte mit teuren Entwicklungskosten gerade zu einer Zeit einzuführen, wo Überbeschäftigung und brillanter Absatz anderer Produkte auf dem Weltmarkt funktionierten. Auch die großen traditionellen amerikanischen Elektrofirmen hatten Mühe, wie es Beispiele von RCA, Western Union, sogar auch Westinghouse und ähnlichen Firmen zeigen, mit der Übernahme der Technik des Siliziums. Eine genau auf dieses neue Material angepaßte Firmenstruktur – wie im Silicon Valley – war offensichtlich nötig. Zeiten einer Hochkonjunktur sind vermutlich nicht günstig zur Gründung kleiner Firmen auf völlig neuen Gebieten. Hier liegt Europas und besonders Deutschlands Schwäche: Es gelang nicht, kleine Firmen heranwachsen zu lassen. Die zu knappen Finanzdecken in Europa waren günstiger in den alten Industrien angelegt. In den späten siebziger Jahren aber entwickelte sich ein neues Phänomen. Die hohen Zinsen machten generell eine Kapitalanlage in US-Anleihen sinnvoller als ein auch steuerlich belastetes Engagement in einer kleinen Risikofirma. Zudem unterscheiden sich die USA auch in ihrem Stil und Bewußtsein gegenüber Kreditinstituten deutlich von Europa. Technische Fachleute, zum Teil erstklassige Kenner der Wissenschaft, arbeiten für Anlageinstitute, und ihr Experten-Urteil, vierteljährlich publik gemacht, wird von den Anlegern genau studiert. Auf Cocktailpartys in den USA reden selbst die »Witwen und Waisen« über neue Technik; in Europa sind andere Themen, wie die steuerliche Behandlung von Bauherrenmodellen, weitaus wichtiger.

Mag auch volkswirtschaftlich, auf ein ganzes Land gesehen, das Fehlen einer eigenen starken Schaltkreisentwicklung unerwünscht sein, so ist doch betriebswirtschaftlich für eine einzelne Firma gesehen, der Import der jeweils neuen Technik meist günstiger als die eigene Entwicklung mit all ihren Risiken in diesem so besonders brutalen und hektischen Wettbewerb. Immer wieder sah es zudem auch so aus, als würde endlich ein Abschluß der ständig neuen Folgen von Bauelementen kommen, damit ein eindeutiger und fester Preis erreicht wird und in den Fabriken ein gesicherter und endgültiger Standard der Fertigung entstehen kann. Dann einzusteigen, so die Entwicklung und Forschung in der Übergangsphase eingespart zu haben, war eine Hoffnung gerade der größeren europäischen Industriefirmen. Diese Meinung aber war falsch und wird es vermutlich noch eine Zeitlang bleiben, dennoch sollte man vorsichtig sein bei allzu voreiligen Vorwürfen gegen vermeintlich »verschlafene Manager« – hier hat das Silizium eine Entwicklung gebracht, wie sie in aller bisheriger Technik einfach noch nie üblich war.

Auch die Marktchancen wurden vollständig unterschätzt. Es brauchte jugendlichen Leichtsinn, um in die Produktion eines Heimcomputers einzusteigen; es war fast eine Rebellion der jungen Generation, die zu dem Phänomen »Apple« führte. »Spielsachen stellt unser Haus nicht her«, soll ein europäischer Manager gesagt haben und damit eine eigene Fertigung von Personalcomputern abgebrochen haben; zwei Jahre später aber machten die Amerikaner ein in diesem Umfang nicht geahntes Geschäft. So ist es vermutlich in vielen anderen Bereichen der Mikroelektronik. Diese Haltung ist selbstverstärkend, denn wo schon von vornherein wenig mit Mikroelektronik gespielt und gebastelt wird, wo wenige Fachleute sind, wird auch die schöpferische Phantasie zu neuen Anwendungen geringer sein; man wird sich immer mehr mit dem Import und dem Nachahmen zufrieden geben müssen. Die soziologische Gruppe der Interessierten kann sich nicht ausbilden. Erfahrene Lehrmeister und erfolgreiche Vorbilder fehlen.

Agile junge Techniker und Wissenschaftler, die in ihrer Universitätszeit oder als Bastler ›Blut geleckt‹ haben, können auch in Europa immer noch eigene Existenzen aufbauen. Tatsächlich gibt es eine Menge kleinerer Firmen. Meist betreiben sie jedoch die Entwicklung von »Software«, dies ist inzwischen ein wirtschaftlich immer stärker wachsender Sektor geworden. Man kommt mit wenig Personal und wenigen Investitionen aus, braucht sich daher nur wenig mit Bürokratie und Kreditsuche zu belasten. Die zweite, recht lukrative Möglichkeit besteht in der Übernahme einer Service-Vertretung für einen der vielen ausländischen Anbieter. Wer gut Englisch spricht und sich in den Mikroprozessoren und Meßgeräten gut auskennt, kann sich als importierender Vertreter für mittelgroße oder kleinere amerikanische und japanische Firmen eine gute Existenz aufbauen. Aber auch die großen Firmen fahren nicht schlecht, wenn sie importierte Produkte »durchhandeln«, das Riesengeschäft mit den Videorekordern aus Fernost ist das bekannteste Beispiel. Eigentlich müßten die Gewerkschaften alles daran setzen, daß mit mehr Forschung und Entwicklung hier mehr Fertigungstiefe erzielt wird; solche Forderung habe ich bisher nie vernommen. Nur die Regelungen der Europäischen Gemeinschaft helfen; es müssen mindestens 45 Prozent europäische Eigenfertigung vorhanden sein, damit etwa aus Irland ein Computer ohne Zollbarriere nach Italien gehen kann. Natürlich wird der Exporteur aus Japan versuchen, Gehäuse, mechanische Teile, Transformatoren, Kabel und Stecker in Europa fertigen zu lassen! Das Absatzvolumen für die jeweils jüngsten Schaltkreise dagegen ist so wichtig, daß man es den Europäern nicht überläßt.

Technische Rückstände zwischen konkurrierenden Ländern hat es stets gegeben. Im Jahre 1876 reiste ein Berliner Maschinenbauprofessor nach Philadelphia, zur Weltausstellung. Er war offizieller Vertreter des Deutschen Reiches. Voller Entsetzen kehrte er zurück: »Es darf nicht verhehlt werden, es muß sogar laut ausgesprochen werden, daß Deutschland eine schwere Niederlage erlitten hat!« schrieb Franz Reuleaux in seinen »Briefen aus Philadelphia«, um aufzurütteln. Die Gründerjahre mit ihrem großen Schwung der Industrialisierung folgten, und das »Made in Germany« wurde zum Qualitätsmerkmal. Diese Gründerjahre in ihrer ruppigen, ungezügelten und agilen Entwicklung waren geprägt durch viele kleine Keimlinge, die von mutigen Amateuren – nicht von den schon damals herrschenden mächtigen Multiunternehmen – neu ins Leben gerufen wurden. Sie scherten sich auch nicht um den starken intellektuellen Widerstand gegen jeden Machtzuwachs der neu aufkommenden Industrie.

Unbestreitbar ist, daß heute wiederum intellektueller Widerstand spürbar ist. Kaum wird anerkannt, daß diese entstehende Technik der Mikroelektronik ein anspruchsvolles wissenschaftliches Abenteuer, eine intellektuelle Herausforderung sei. Die praktisch veranlagten Bastler, wie es Bosch oder Daimler oder Siemens waren, scherten sich seinerzeit recht wenig um solche herbe Kulturkritik und konnten erfolgreich werden. Die Situation hundert Jahre später sieht jedoch anders aus. Mikroelektronik ist nicht mehr mit fleißigem Basteln oder geschicktem Probieren zu erreichen. Dies ist die erste Technik, die allein von einer streng wissenschaftlichen Grundlage aus zu erreichen war; vermutlich wird die Biotechnologie eine weitere solche Technik werden – vielleicht folgen andere im nächsten Jahrhundert. Darum ist schon für das Aufholen gegenüber den weniger verbildeten Konkurrenten der Konsens zwischen Kultur, Wissenschaft und Technik unerläßlich; deswegen ruft jeder bundesdeutsche Forschungsminister nach dieser Übereinstimmung, darum hatte Klaus von Dohnanyi nach seiner Deutung der vermehrten Leidensfähigkeit auch nach dem Konsens verlangt. Unter der so typisch deutschen Spaltung zwischen Kultur und Zivilisation wird sich die neue Technik nicht lebendig entfalten können. Was bei Lokomotiven und Dampfmaschinen noch möglich war, wird bei den Schaltkreisen nicht mehr gelten. Die wissenschaftliche Natur dieser neuen Technik verlangt nach einer kulturellen Bejahung. Mag sein, daß sie in Europa nicht zu erzielen ist.

Wenn ein Bundeskanzler vor einer großen wissenschaftlichen Gesellschaft sagt, daß die »Mikroelektronik das Ende der Lesekultur« bedeutet, so meint er damit speziell die medienpolitischen Aspekte, deren Gefährdung durch eine Reizüberflutung natürlich auch den Zugang des Politikers zu den Wählern erschwert. Aber dahinter steckt mehr. Nicht nur die Bürgerferne der computerisierten Unlesbarkeit einer Wasserrechnung wird angeklagt. Mikroelektronik wird als eine fremde, aufgepfropfte Technik empfunden, die vielen europäischen Werten zuwiderzulaufen scheint. In ihrer Entwicklung hat sie Flüchtigkeit und Vergänglichkeit, Unrast und Oberflächlichkeit in krassem Ausmaß dargeboten. Mikroelektronik ist von Beginn an eine Technik der Massenfertigung durch stete, stereotype Wiederholung gewesen. Ihr fehlt damit das große Einmalige, das durch eine gemeinsame Anstrengung erreicht wird. Die Tradition eines Bürgers, der am Dom seiner Stadt mitbaute, wird bei der Entwicklung eines Schaltkreises nicht sichtbar. Vor dem Computer war für lange Zeit die Orgel das größte und kompliziertest zusammengebaute technische System. Eine Orgel weist eine Reihe von Gemeinsamkeiten mit dem Elektronenrechner auf, dennoch ist sie von völlig anderer Qualität und Wirkung, von grundlegend anderer Bedeutung gewesen.

Ein tiefgehender Wunsch, auch einfache Technik zu einer gemeinsamen Kultur zu veredeln, hat die europäischen Entwicklungen beim Buchdruck oder der Technik der Musikinstrumente, beim Hochbau und vielen anderen handwerklichen Künsten beflügelt. Auch der »Staat als Kunstform« ist, wie Jacob Burckhardt forderte, ein solches Idealziel. Selbst das biedermeierliche Radio in seinem kitschigen Gehäuse spiegelt noch den Wunsch wider, mehr als einen Werbeträger oder ein Nachrichtenmittel zu besitzen, sondern sich an der Kultur einer öffentlich-rechtlichen »Anstalt« der Rundfunksender mitzubeteiligen. Wer aber nur die importierten aufdringlichen Walkman-Radios kennenlernt, wer von der Mikroelektronik nur als Arbeitsplätze vernichtendem Winzling hört und damit auch gar nicht sehen kann, daß hier eine Herausforderung und Möglichkeit menschlicher Betätigung entsteht, der wird leicht verleitet, europäische Mitwirkung zu verweigern, um damit vielleicht zu Kurzsichtigkeit, Abhängigkeit und tatsächlicher Wirkungslosigkeit beizutragen. Zweifach würden Arbeitsplätze verloren gehen, durch Passivität in der neuen Industrie und durch Rationalisierung mit den importierten Geräten der Mikroelektronik.

Mit der Beherrschung der Atome im Gitter des Siliziumkristalls ist ein Mikrokosmos geschaffen worden, der vieles beherbergen könnte. Die Herausforderung zu aktiver Mitgestaltung sollte Europa nicht mit falschem Stolz oder lähmender Angst verweigern. Im Mittelalter sah sich die Menschheit als einen Mikrokosmos, der ein Abbild der Harmonie eines größeren, des Makrokosmos, zu sein hatte. Für uns im ausgehenden zwanzigsten Jahrhundert hat der Weltraum das Geheimnis einer beängstigenden und bestimmenden Gewalt verloren, wir scheinen allein zu sein in einem leblosen, mechanisch festgelegten Planetensystem. Unser Schicksal ist ins Kleine gerückt worden. Atome sind es, ein neuer Mikrokosmos, die unser Geschick jetzt bestimmen. Plutoniumkerne, Siliziumatome oder die großen Biomoleküle sind unserem Verständnis und unseren Werkzeugen zugängig geworden. Der Makrokosmos unserer Lebensgesellschaften ruft nach Harmonie mit dem neuen Mikrokosmos. Der alte Traum und die Berufung zur Versöhnung der Teile mit dem Ganzen hat ein neues Gesicht erhalten. Auch unsere Beschäftigung mit dem Kristall gehört zu dieser Aufgabe. Dieser Aufgabe nur einäugig voller ängstlicher Ablehnung entgegenzublicken wäre unverantwortlich; einäugig verkennt man die Tiefe des Raumes.

XIV. Nachlese

Der Halbleiterkristall hat in der kurzen Zeit seit der ersten Auflage dieses Buches weltweit zunehmend Schlagzeilen gemacht und so für starkes Interesse und vermehrte Aufmerksamkeit gesorgt. In diesen zwei Jahren ist der »Halbleiterkrieg« quer über den Pazifik hinweg noch schärfer geworden; die Sorgen um den Rückstand der USA wiegen mit jedem wirtschaftlichen Erfolg Ostasiens schwerer. Europas Wachsamkeit ist gestiegen, ernsthafte Ansätze, die Rückstände aufzuholen, sind zu sehen. Auch die Erfolge in der Forschung, durch Nobelpreise bestätigt, machten Mut. Es wird jedoch sehr schwer werden, der geballten Macht, die Ostasien zielstrebig für diese neue Technik einsetzt, genügend starke Kräfte entgegenzustellen; die letzten Jahre unseres Jahrhunderts werden hier Entscheidungen bringen, mit denen künftige Generationen zu leben haben.

In den Vereinigten Staaten ist die Tragweite der Entwicklungen in der Mikroelektronik in letzter Zeit jedem Zeitungsleser klar geworden. Die Elektronikindustrie ist inzwischen auch zum größten Arbeitgeber des Landes geworden: »electronics is biggest boss...!«. Mit 2,5 Millionen Arbeitsplätzen rangiert diese neue Industrie ganz deutlich vor dem Transportgewerbe, der Ernährungsbranche und dem Maschinenbau im Bereich nichtelektronischer Maschinen (1,61 Millionen). Aber auch in der Elektronikindustrie gab es erhebliche Schrumpfungen bei den Arbeitsplätzen im produzierenden Gewerbe, immer mehr wird importiert. Neue Jobs entstanden in der Elektronik der USA vor allen Dingen bei der Programmierung, der Schaffung neuer »software«; diese neuen Stellen konnten den Wegfall von Arbeitsplätzen an den Halbleiterfließbändern aber nur mühsam ausgleichen.

In der Mitte der achtziger Jahre betrug der Weltumsatz an integrierten Schaltkreisen bereits fast dreißig Milliarden Dollar, und trotz aller jähen Rückschläge und hektischen Schwankungen steigt diese Zahl rapide weiter. Kein anderer Bereich der Weltwirtschaft kann auch nur annähernd solche Steigerungsraten verzeichnen. Überallhin dringen die integrierten Schaltkreise. Nicht nur ganz neue Produkte, wie »personal computer« oder der »compact disc«, verlangen nach dem Silizumkristall. Auch der Maschinenbau, die modernen Telefonsysteme, die Medizinelektronik und ganz besonders die Automobile mit modernen Einspritzmethoden oder dem Antiblockiersystem sind ohne die regelnde und steuernde Kraft der Schaltkreise schon nicht mehr denkbar.

Natürlich sind vor allen Dingen auch die modernen Waffensysteme auf schnelle Chips und große Speicher aus Silizium angewiesen. Bereits jetzt sind in den USA kaum noch neue militärische Geräte denkbar, die ohne japanische Komponenten auskommen. Der »Halbleiterkrieg« ist auf einigen Schauplätzen vollständig zugunsten Nippons entschieden worden. Mit jeder neuen Generation der Speicher-Bausteine steigt Japans Marktanteil. Über 90% der Bausteine der 256 Kilobit-Generation werden bereits in Japan gefertigt; unter solchem Druck von Entwicklung und Markteinführung mußten viele amerikanische Hersteller aufgeben. Das US-Militär muß jetzt in Fernost einkaufen. Ähnlich sieht es bei den kleinen, sorgfältig hergestellten Keramikscheibchen aus, auf die die Silizium-Chips aufgebracht werden; hier sitzt der unbestrittene Marktführer in der alten Kaiserstadt Kioto.

Der Niedergang der amerikanischen Halbleiterelektronik ist – etwa mit dem Jahre 1985 einsetzend – mit unerwarteter Schnelligkeit und Schärfe vor sich gegangen. Japan hat weiter unter großen Opfern – zumindest mit staatlicher Lenkung, nicht unbedingt mit direkter Subvention – in seine Mikroelektronik investiert und trotz des hohen Aufwandes das langfristige Ziel nie aus dem Auge gelassen. Der amerikanische Manager aber muß mindestens alle Vierteljahre seinen Aktionären berichten, und wehe ihm, er muß rote Zahlen beichten. Überall wurde in den USA zum Rückzug geblasen, vor allen Dingen bei den Massenprodukten der Speicherbausteine lohnte das Geschäft die riesigen Aufwendungen nicht mehr.

In Silicon Valley ist der Einbruch in der Mitte der achtziger Jahre von besonderer Schärfe. Entlassungen sind unvermeidlich, Firmenzusammenschlüsse und gegenseitige technische Hilfe können nicht immer genügend Entlastung bringen. Wie ein Schlag kommt die Nachricht, daß die Firma Fairchild in japanische Hände überführt wird: Fujitsu übernimmt. Mit Bitterkeit spricht man im Valley von der historischen Vorreiterin des Siliziumgewerbes jetzt als »Fujichild«. Aber auch im Osten, bei den großen Konzernen des Telefon- und Computergeschäfts, hilft die Stärke eines großen vertikalen Konzernaufbaus nicht immer in ausreichendem Maß. Viel zu langsam kommt der aufgespaltene Telefonriese American Telephone and Telegraph wieder in

Gang. Auf offenen Märkten sich der Konkurrenz zu stellen ist dann besonders schwer, wenn man bislang nie solche Erfahrungen hatte sammeln können.

Mit allen Mitteln versucht Amerika sich zu wehren. Der Vorteil Japans wird als unfair empfunden. Man glaubt nachweisen zu können, daß die fernöstliche Konkurrenz ihre Produkte »dumpt«, also unter den Gestellungskosten auf dem US-Markt anbietet, nur um die dortige Konkurrenz, die unter dem Zwang zu kurzfristigem Profit steht, zugrunde gehen zu lassen. Die Verbände der Halbleiterindustrie drängen die amerikanische Regierung zu Gegenmaßnahmen. »Anti-Dumping«-Gesetze wurden inzwischen tatsächlich verabschiedet, sie führten zu erhöhten Preisen im Inland und verhalfen zur gewünschten Verschnaufpause. Aber schnell zeigen sich die Schleichwege, auf denen eine freie Wirtschaft stets solchen Regulierungen ausweicht. In Korea und Taiwan gibt es die japanischen Chips noch immer zum alten Preis; also lassen die amerikanischen Gerätekunden einfach dort ihre Platinen mit den Speichern und Mikrocomputer-Chips bestücken – und in den USA gehen weitere Arbeitsplätze verloren. Man macht nun ähnliche Erfahrungen, wie Europa sie kennt, wo die Zollmauer die Silizium-Komponenten verteuert und dadurch die Geräteproduktion stirbt.

Noch mehr staatliche Hilfe wird gefordert. Das Pentagon ruft nach einer Subvention von mehreren Milliarden Dollar für die Zulieferindustrie, die noch gewillt ist, den Siliziumkristall zu bearbeiten. Direkt beim Weißen Haus soll ein »Halbleiter-Ratgeberkreis« eingerichtet werden, denn man hat erkannt, daß ohne den weiteren industriellen Umgang mit dem Siliziumkristall eine nationale Krise unabwendbar wäre. Die Wirtschaftszeitungen berichten inzwischen fast täglich von den neusten Geschehnissen an der Halbleiterfront. Längst haben sich alle Bereiche dieser neuen Technik im Handel zwischen USA und Japan negativ für die USA entwickelt, sie sind für die neueste Technik Einfuhrland geworden. Der Verbraucher aber genießt es, billige Nachbauten der IBM-Kleinrechner kaufen zu können oder preiswerte Unterhaltungselektronik aus Asien zu beziehen. Ohne gewaltige Eingriffe in die traditionelle Wirtschaftspolitik wird sich diese Tendenz kaum wesentlich verändern lassen.

Amerikas Produktivkraft erodiert unter diesem Ansturm aus Fernost. Immer mehr weichen die USA auf Dienstleistungs-Gebiete aus, die verarbeitende Industrie schrumpft gefährlich. Aber in den Serviceberufen läßt sich – vor allem bei einer unbekümmerten Schuldenpolitik – gut Geld verdienen. Wozu beispielsweise noch Physik oder Elektrotechnik studieren? Die immer mehr verkümmernden amerikanischen »high schools« motivieren ihre Schüler ohnehin nicht zu einem technischen Studium. Schon 1984 waren in den USA 39% aller Physikstudenten im ersten Studienjahr Ausländer, meist asiatische Immigranten.

Wen wundert es also, wenn viele Beobachter meinen, daß es wohl schon in den frühen neunziger Jahren praktisch keine eigenständige amerikanische Halbleiterindustrie mehr geben wird? Denn gleichzeitig wachsen die Investitionen für den Aufbau einer neuen Fabrik für moderne Siliziumschaltkreise in schwindelnde Milliarden-Höhen, werden die Risiken so hoch, daß allenfalls große Konzerne mit hohem Eigenverbrauch vielleicht noch werden mithalten können. Den kleineren Spezialfirmen, gerade im Silicon Valley, traut man den dafür erforderlichen langen Atem nicht mehr zu – vielleicht werden sie allesamt allmählich zu US-Fertigungsstätten asiatischer Großkonzerne degradiert? Auch in der Forschung und in allen peripheren Gebieten – wie der Geräteherstellung, der Materialentwicklung – sind inzwischen die Japaner führend. Amerikanische Ingenieure drängen in die Fachvorträge japanischer Wissenschaftler oder fahren zum Einkauf neuester Fertigungsgeräte nach Tokio.

Aber auch in Japan wachsen die Schwierigkeiten, denn die große Flaute um Halbleiterabsatz in den Jahren 1985 und 1986 wurde noch durch den enormen Anstieg des Yen gegenüber dem Dollar verschärft. Der Computerabsatz stieg langsamer als erwartet, auch die neuen Telefonsysteme – mit viel Silizium-Intelligenz – entwickeln sich zögernd. Aber das Land scheint den ungebrochenen Willen zu besitzen, diese entscheidende Zukunftstechnik unter allen Umständen zu beherrschen; hier liegt eine nationale Priorität, vielleicht überhaupt *die* nationale Priorität. Inzwischen ist ein neuer Konkurrent aufgetaucht: Korea. Die alte nationale Rivalität wird jetzt auf dem Siliziumgebiet ausgefochten. Mit noch niedrigeren Löhnen, noch disziplinierterer Arbeit, noch härterer Schulung will man in Korea den Japanern zeigen, daß Korea das kommende Land ist. Und wo kann man den Beweis besser erbringen als beim Siliziumkristall? Stahl, Autos und Schiffe gelten nicht mehr als der entscheidende Prüfstein. Koreanische Halbleiterfachleute ärgern sich, daß in den internationalen Statistiken ihr Land immer noch unter der Rubrik »ROW«, sprich »Rest of World«, aufgeführt wird. Der schnelle Anstieg des koreanischen Produktionsanteils wird wohl bald für eine eigene Spalte sorgen. Am liebsten sähen es die Koreaner, wenn Westeuropa von ihnen in diese Spalte des »Rest der Welt« verdrängt würde.

Europa aber hat sich in diesen hektischen Jahren weitaus stetiger entwickelt und besser gehalten, als zu befürchten war. Zwar blieben die Aufschwünge, die zu Euphorie Anlaß geben könnten, aus, aber auch die Rückgänge in Fertigung und Vertrieb verliefen gemäßigter als in den USA. Der Rückzug vieler amerikanischer Firmen kam Europa sogar zugute. Hier sind es die großen Konzerne, die ihren inneren Markt mit eigenen Siliziumschaltkreisen unbedingt versorgen müssen und dafür auch längerfristig planen und Opfer bringen können. Einige europäische Politiker in Brüssel haben die Rolle des Siliziums, den Kristall und seine Krisen, verstanden, wenn auch die Landwirtschaft das alles überragende Problem bleibt. Zwei große europäische Konzerne, Philips und Siemens, wurden von den Regierungen ihrer Länder unterstützt. So kam eine Zusammenarbeit in der Entwicklung neuer Schaltkreise auf dem am heißesten umkämpften Gebiet der Speicher zustande, und sie wurde nicht durch Kartellgesetze behindert. Man richtete das niederländisch-deutsche Gemeinschaftsprojekt »Mega« ein und motivierte mit einer in die Hunderte von Millionen Mark und Gulden gehenden Staatshilfe die Firmen, ihre viele Milliarden kostenden Investitionen in Forschung, Entwicklung und Fertigung zu wagen. Eine solche Entscheidung wird den Beteiligten nicht leichtgefallen sein, denn viel einfacher wäre es ja, auf die Herstellung der Silizium-Schaltkreise zu verzichten, sie zu attraktiven Preisen – wie ein Sonderangebot – aus Japan oder Korea zu beziehen und dann weiter zu verkaufen oder in eigene Systeme einzubauen. Aber wie lange kann man sich so etwas leisten? Immer mehr vom Geist und Witz jeden Systems nimmt ja der Siliziumkristall selbst auf, immer weniger bedeutsam wird das Drumherum. Man darf das Wissen und Können um das Silizium deshalb nicht preisgeben. Eine gewaltige Anstrengung wurde in Holland und der Bundesrepublik unternommen. Arbeitsteilung in der Forschung, Absprache in der Entwicklung, Gemeinsamkeit in der Planung der Fabriken wurde durch die staatlichen Förderungsmaßnahmen ermöglicht. In Regensburg, Hamburg, München und Eindhoven wurden in eiligem Tempo große Fabriken gebaut.

Merkwürdig ist, wie die Öffentlichkeit auf diese Vorgänge reagierte. Riesige Subventionen bei Milch und Käse, bei Kohle und Stahl sind wohl schon seit so vielen Jahren die Regel, daß man den Protest dagegen kaum noch wagt. Aber zwei reichen Firmen noch Geld dafür zu geben, daß sie wagen, auf ein Produkt zu setzen, das man in Japan ja fast schon kaufen kann? Selbst die der Industrie gewogenen Kreise äußerten bissige Kritik – das allerdings mehr in der Bundesrepublik als in den Niederlanden. Ganz heftig wurde der öffentliche Aufschrei, als der deutsche Partner in der bilateralen europäischen Vereinigung etwas überraschend bekanntgab, er habe eine umfangreiche Lizenz eines japanischen Konzerns genommen. Damit schienen die Forschungsgelder europäischer Steuerzahler gar direkt von München aus nach Japan zu fließen. Aber die Kritik in der Öffentlichkeit zeigt vor allem, wie wenig man von der Dynamik der Lernkurve und vom Risiko einer Schaltkreis-Entwicklung in unserem alten Erdteil begreift. Allzu lange wurde diese so vollständig neuartige Wissenschaft und Technik nicht beachtet. Gerade Japans systematische Fortschritte wurden verdrängt. Die Notwendigkeit einer japanischen Lizenz zum zeitgerechten Aufholen eines Rückstandes wurde kaum verstanden. Wer auf der Lernkurve zu spät kommt, kann kein Geschäft mit dem Siliziumkristall machen. Wer die internationale Konkurrenz nicht mit den Ergebnissen eigener Forschung schlagen kann, muß sich das Wissen von auswärts beschaffen, um so wenigstens Arbeitsplätze in der am schnellsten wachsenden modernen Industrie einrichten und erhalten zu können! Die Chancen für große, vertikal organisierte europäische Elektrokonzerne sind insgesamt besser geworden, aber ohne eine breite Unterstützung der Öffentlichkeit wohl doch nicht realisierbar. Vielleicht kommen die Einsichten in Europa zu spät. Die gemeinsamen Programme und die Zusammenarbeit auf dem Gebiet der Mikroelektronik sind jedoch immerhin ein Hoffnungsschimmer.

Eine der ganz großen Stärken Europas sind die Forschung und die Ausbildung des Nachwuchses. Die europäischen Schulen vernachlässigen Mathematik und Technik längst nicht so wie die amerikanischen. Viele Studienanfänger drängen bei uns seit einigen Jahren in die Technischen Universitäten, die erheblich ausgebaut wurden. Eine Kommission des bundesdeutschen Forschungsministers trug Zahlen zusammen, die die Industrie für die Schaffung von Arbeitsplätzen im Bereich der neuen Informationstechnik prognostizierte. Erstaunlicher Bedarf kam zutage. Bund und Länder tragen diesem Bedarf auch durch den Ausbau des technischen Bildungssystems Rechnung.

Zwei besonders herausragende Forschungsleistungen europäischer Wissenschaftler gelangten mit der Ehrung durch den Nobelpreis auch in das Rampenlicht der Öffentlichkeit. Der quantisierte Halleffekt, den Klaus von Klitzing im Grenobler Magnetlabor der Max-Planck-Gesellschaft fand (siehe S. 295 f.), und das Tunnelmikroskop, das Binnig und Rohrer im Züricher IBM-Forschungslabor entwickelten (siehe S. 350), beschäftigten nun auch die breitere Öffentlichkeit und zeigten, was an Neuem und Aufregendem am Kristall zu erkennen, zu erforschen und zu nutzen ist. Diese Anerkennung einer Spitzenstellung in der Grundlagenforschung macht auch wieder Mut und gibt Antrieb, Europas noch recht unbedeutende Rolle in der industriellen Nutzung des Halbleiterkristalls zu verbessern. Wir Europäer sollten die Hoffnung nicht aufgeben, denn die wichtigste Voraussetzung ist uns noch nicht verlorengegangen: Ideenreichtum, disziplinierte Sorgfalt und schöpferischer Fleiß des einzelnen Menschen. Wir könnten damit dem leblosen Kristall etwas Neues abgewinnen und die Krise zum Guten wenden.

Anmerkungen

Dieses Buch ist weder ein Lehrbuch noch eine Geschichte der Mikroelektronik, es soll dem nicht besonders vorgebildeten Laien ein Gefühl für die neuen wissenschaftlichen und technischen Zusammenhänge und ihre wirtschaftlichen und kulturellen Wirkungen vermitteln, ohne daß eine strenge und mathematische Fachsprache benutzt wird. Die folgenden Anmerkungen sollen nicht jede Äußerung und Meinung mit wissenschaftlicher Strenge durch Zitate belegen. Dem interessierten Leser sollen jedoch Hinweise für ausführlichere Literatur angeboten werden. Das große Interesse an Mikroelektronik wird sicherlich schnell zu viel weiterer Literatur führen.

Kapitel I: »Empfänger unbekannt«

Friedrich K. Kurylo schrieb 1965 die Biographie »Ferdinand Braun, Leben und Wirken des Erfinders der Braunschen Röhre, Nobelpreis 1909«, (Heinz Moos Verlag, München). Im Band 50 der wissenschaftlichen Reihe »Advances in Electronics and Electron Physics« (herausgegeben von L. Marton und C. Marton, Academic Press, New York) befindet sich der Artikel »Ferdinand Braun: Forgotten Forefather«, Seite 241. Im Jahre 1980 erschien im Verlag MIT Press, Cambridge, Mass., USA, die englischsprachige Biographie von F. Kurylo and C. Susskind, »Ferdinand Braun«. Eine kurze deutschsprachige Biographie über Guglielmo Marconi verfaßte Robert Gerwin: »Marconi«, Oppermann Verlag, Hannover 1957.

Zwei wichtige Originalarbeiten, die den heutigen Fachmann durch die Klarheit und persönliche Ansprache des Stils ebenso wie durch die wissenschaftliche Präzision beeindrucken, sind: »Versuche über Abweichungen vom Ohmschen Gesetz in metallisch leitenden Körpern«, Sitzungsberichte der Naturforschenden Gesellschaft zu Leipzig, No. 7/8/9 vom October, November, December 1876, Seiten 49 bis 62. Am Schluß des Artikels werden die Experimente beschrieben, die Braun am 14.11.1876 vorgeführt hatte. Die Braunsche Röhre wird erstmals beschrieben im Artikel »Über ein Verfahren zur Demonstration und zum Studium des zeitlichen Verlaufs variabler Ströme«, Annalen der Physik und Chemie, Leipzig, Band 136 (1897).

Über die Entwicklung der Elektronenröhre gibt es sehr viel Literatur, die hier nicht wiedergegeben werden soll. Lee de Forest schrieb eine Autobiographie »Father of Radio«, die 1950 erschien.

Die kommunalpolitischen Querelen um den Schulnamen in Fulda deckte der »Spiegel« in Heft 21, Seite 24 im Jahre 1956 unter dem Titel »Eine gewisse Geisteshaltung« auf.

Max von Laue beschreibt seine Begegnungen mit Braun im Buch von Hans Hartmann (Hg.), »Schöpfer des Neuen Weltbildes, Große Physiker unserer Zeit«, Athenäum Verlag, Bonn 1952, Seite 185. Das »geistige Erlebnis« des Studiums der Naturwissenschaften nach seinem abgeschlossenen Theologiestudium beschreibt Albert Schweitzer in Kapitel X seines »Aus meinem Leben und Denken« (Fischer Taschenbuch-Verlag).

Der Zitierindex, »Citation Index«, erscheint vielbändig für jedes Jahr und wird herausgegeben vom Institute of Scientific Information, Philadelphia, USA.

Kapitel II: »Harmonie in Erstarrung«

»Zur Bedeutung des Schönen in der exakten Naturwissenschaft« hielt Werner Heisenberg 1970 einen Vortrag vor der Bayerischen Akademie der Schönen Künste; dieser Vortrag ist abgedruckt in »Lust am Denken«, Serie Piper, R. Piper Verlag, München 1982, Seite 67.

Die ersten wissenschaftlichen Abhandlungen über den leuchtenden Bologneser Stein Sind : F. Licetus, Litheosphorus, sive de lapide Bononiensi, Bologna 1640, L F. Marsiglii, Dissertazione epistolare del fosforo minerale, gedruckt in Leipzig 1698, sowie O. Mont' Albanus: De illuminabili lapide Bononiensi, epistolae familiares duae, bei C. Ferrnoij, Bologna 1634. Eine Umfassende Geschichte der Erforschung de Lumineszenz gibt E. Newton Harvey »A History of Luminescence«, American Philosophical Society, Philadelphia 1957. Eine kurze Darstellung mit Vergleich der früheren und moderner Methoden zur Untersuchung der Lumineszenz ist ein Eröffnungsvortrag zur Internationalen Konferenz über Lumineszenz, Berlin 1981: H.J. Queisser, Journal of Luminescence, Band 24/25, Seite 3.

Die Goethezitate stammen aus Faust, Wilhelm Meister und dem Nachlaß; hier finden sich vor allem die kritischen Äußerungen zur wissenschaftlichen Kristallographie. Aus der »Farbenlehre« wird der Abschnitt 678 zur Frage der unterschiedlichen Mitteilung blauen und roten Lichts zitiert. Goethe beruft sich hier vermutlich mehr auf Untersuchungen von Seebeck und anderen als auf eigene Experimente. Die Beschreibung des Spaziergangs auf den Monte Paderno ist dem »Italienischen Tagebuch« entnommen.

Albert Einstein erhielt den Nobelpreis für Physik des Jahres 1921 nicht für seine Relativitätstheorie, die dem Preiskomitee offensichtlich noch zu umstritten erschien. Ausgezeichnet wurde seine Deutung der Fotoemission von Elektronen aus Metallen mit damals als sehr radikal empfundenen Vorstellungen über die Quantentheorie des Lichts, die erst nach Bohrs Erläuterung des Atomaufbaus allgemein akzeptiert wurde.

Edmond Becquerel (1820 bis 1891) war Sohn des Antoine-César Becquerel und Vater des späteren Nobelpreisträgers Henri Becquerel, der mit dem Ehepaar Curie zusammenarbeitete und mit ihnen die Radioaktivität nachwies. Alle drei Becquerels arbeiteten im »Musée d'Histoire Naturelle«, allen drei Forschern kam dessen ungewöhnlich große Sammlung von Kristallen und Mineralien zugute. Die Besprechung der damals als problematisch angesehenen Lichtaussendung findet sich im zweiten Band von »La lumière – ses causes et ses effets«, Verlag Didot, Paris 1867/1968.

Eine gut lesbare Einführung in die Geschichte der Physik, besonders der Quantentheorie geben Bücher von Friedrich Hund, z.B. »Geschichte der physikalischen Begriffe«, Teubner 1983.

Kapitel III: »Atome im Raum«

Max von Laue schrieb ein autobiographisches Kapitel in »Schöpfer des Neuen Weltbildes«, herausgegeben von Hans Hartmann, Athenäum Verlag, Bonn 1952. Aus diesem Bericht stammen die Einzelheiten der Entdeckung und Deutung der Beugung von Röntgenlicht im Kristall. Die Erinnerung an den Spaziergang im Englischen Garten zu München ist nachzulesen bei P.P. Ewald, »Max von Laue – Mensch und Werk«, im Verbandsorgan der Deutschen Physikalischen Gesellschaft, »Physikalische Blätter«,

35. Jahrgang, Heft 8, August 1979. In diesem Jahr wurde gemeinsam der hundertste Geburtstag von Laue, Einstein und Hahn gefeiert. Die von der Deutschen Bundespost dazu herausgegebenen Marken beschreibt im gleichen Heft ein Artikel von Herbert Venghaus.

Der Arbeitsplatz von Laue, Friedrich und Knipping ist im Deutschen Museum in München zu besichtigen. Sehr schön geordnetes und beschriebenes Anschauungsmaterial zur Physik und den Physikern brachten mehrere Ausstellungen in den letzten Jahren, die von Jost Lemmerich durchgeführt wurden. Die Kataloge Max Born – James Franck (1982/1983), sowie Einstein – Hahn – Meitner – Laue (1979), (Stiftung Preußischer Kulturbesitz), sind vergriffen. Diesen Katalogen sind die Zitate Einsteins aus Briefen an Laue entnommen. Die Max-Planck-Gesellschaft hat in ihrer Broschürenreihe »Berichte und Mitteilungen«, 1979, die Reden zur Hundertjahrfeier der Geburtstage Hahns, Laues, Einsteins und Lise Meitners abgedruckt. Laue war von 1951 bis zu seinem Tode 1960 Direktor des Fritz-Haber-Instituts der Max-Planck-Gesellschaft in Berlin.

Über die Rolle der deutschen Naturwissenschaftler im Nazireich hat Alan Beyerchen ein sorgfältiges und in vielen Einzelfällen durchaus anerkennendes Buch verfaßt: »Scientists under Hitler«, Politics and the Physics Community in the 3rd Reich, Yale University Press, New Haven 1979.

Aus der Sicht der DDR beschreibt W. Schlicker in »spectrum«, (Akad. Wissensch. der DDR), die standhafte Rolle Laues in dem Artikel »Vom Exodus der Physik im faschistischen Deutschland«, Heft 10/1983.

Robert Wichard Pohls dreibändige Lehrbuchreihe der Physik ist in vielen Auflagen erschienen und stellt mit präziser Kürze, ohne Umschweife und in knapper Klarheit, den Lernstoff dar (Springer Verlag, Heidelberg). Viele Generationen von Physikern, Chemikern, Ingenieuren aber auch Medizinern haben aus diesen Büchern und aus den brillanten Show-Erlebnissen der Vorlesungen Pohls und seiner Schüler die Physik gelernt. Die Beiträge der Göttinger Schule sind kurz gewürdigt in einem Symposium-Band »The Beginnings of Solid State Physics«, das 1980 unter der Schirmherrschaft der britischen Royal Society stattfand. Organisator dieses Symposiums war Sir Nevill Mott, Fellow of the Royal Society und Nobelpreisträger für Physik. Die Veröffentlichung erfolgte durch die Royal Society, London, in den »Proceedings« (Band 371), und später in Buchform durch University Press, Cambridge. E. Braun lieferte hierzu den Artikel »The contributions of the Göttingen school to solid state physics 1920–1940«. C. A. Hempstead berichtet im selben Band über ein Interview mit R. W. Pohl, 1974, dem – in Rückübersetzung – einige der hier zitierten Äußerungen Pohls entnommen worden sind. Die Hoffnungen auf eine Anerkennung der grundlegenden Arbeiten der Göttinger Schule durch einen Nobelpreis erfüllten sich nicht; Pohl starb 1976. Die Geschichte der Festkörperphysik und ihrer Auswirkungen wird jetzt in mehreren Ländern, vor allem in den USA und Großbritannien, systematisch erfaßt; in der Bundesrepublik ist unter der Förderung der Stiftung Volkswagenwerk vor allem das Deutsche Museum, München (Dr. J. Teichmann), betraut worden. Mit umfangreicheren Veröffentlichungen zu diesem Thema der Wissenschaftsgeschichte ist in den nächsten Jahren zu rechnen.

Kapitel IV: »Radarschirmherrschaft«

Einer der herausragenden Forscher und Entwickler der Radartechnik für friedliche und für verteidigende Nutzung war Sir Robert Alexander Watson-Watt (1892 bis 1973). Seine Bücher, »Three steps to victory« (1957) und »The Pulse of Radar« (1959), beschreiben den Einsatz einer neuen Wissenschaft in der »Battle of Britain«. Das britische-

»Royal Radar Establishment« ist noch heute eine bedeutende Forschungseinrichtung des Vereinigten Königreiches und wird zunehmend mit einer koordinierenden Funktion für die Forschung und Technologie im gesamten Lande zugunsten der Mikroelektronik und Kommunikationstechnik betraut.

Zwei Sonderhefte von Zeitschriften der Elektronik geben ausführliche, reich bebilderte Rückblicke über die Entwicklung der modernen Mikroelektronik: Eine »Special Commemorative Issue« der amerikanischen Publikation »Electronics«, vom 17. April 1980, »Elektronik – lebendiges Zeugnis einer Technologie«. Im Juli 1976 brachte das Fachorgan »Electron Devices« des International Institute of Electrical and Electronic Engineers, eines internationalen Fachverbandes mit Hauptquartier in New York, ein Sonderheft über die Historie der Elektronik. W. Shockley beschreibt darin ausführlich die Erfindung des Transistors. (IEEE Trans. Electron Devices, ED-23 (7), Juli 1976), auch die Vorläufer der Arbeiten während des Krieges werden in diesem Heft beschrieben.

Aus den Radarforschungen in den USA entstand nach dem Kriege eine lebhafte Nutzung der neuen Geräte zur Erforschung der Kristalle. Alle im Kriege erarbeiteten Resultate wurden in einer Buchreihe, der »M.I.T. Radiation Lab Series«, allgemein zugängig gemacht.

In Deutschland schrieb der Nobelpreisträger und lautstarke Anhänger der Nazis, Philip Lenard das Buch »Deutsche Physik«, das sich trotz politischer Unterstützung nicht durchsetzte. Lenard wurde auch von den deutschen Physikern geschnitten. Im Katalog der Ausstellung »Der Luxus des Gewissens« – Max Born und James Franck, Physiker in ihrer Zeit – finden sich Angaben zu Dokumenten (herausgegeben von Jost Lemmerich, Staatsbibliothek Preußischer Kulturbesitz, Ausstellungskatalog Nr. 17, 1983).

Die Festkörperphysik wird in verständlicher Form in einem von L. Genzel herausgegebenen Sammelband des Umschau-Verlages, Frankfurt, beschrieben: »Die feste Materie – Atome und Elektronen im Festkörper« (1973). Dort sind weiterführende Werke genannt. Ein Standardlehrbuch für Studenten ist: Charles Kittel, »Einführung in die Festkörperphysik«, R. Oldenbourg, München und Wien 1968.

Kapitel V: »Spitzen der Forschung«

Eine ausführliche, mehrbändige Geschichte der Bell Telephone Laboratories wurde verfaßt von Autoren des Laboratoriums. Für die Entwicklung der Halbleiter und des Transistors besonders wichtig ist der Band »Physical Sciences 1925–1980«, herausgegeben von S. Millman, AT & T Bell Laboratories, 1983.

Ernest Braun und Stuart Macdonald beschreiben Bell Labs und die Erfindung des Transistors in mehreren gesonderten Kapiteln ihres Buches »Revolution in Miniature«, Cambridge University Press, 1978. Besonders ausführlich in der historischen Beschreibung sind die beiden Sonderhefte der Elektronikfachzeitschriften, die in den Anmerkungen für Kapitel IV verzeichnet sind.

Shockley's Buch »Electrons and Holes in Semiconductors«, D. Van Nostrand, Princeton 1953, ist das erste Lehrbuch dieser neuen Disziplin der Halbleiterphysik gewesen, hatte einen wesentlichen Einfluß auf Forschung und Lehre und wird auch heute noch als ein Klassiker gelesen und zitiert.

Die ersten Ideen und Patente zu dem zwar naheliegenden aber technisch erst viel später realisierbaren Feldeffekttransistor schildert ein Artikel von Ernst Hofmeister, »50 Jahre Feldeffekttransistor«, Funkschau, Heft 20, Seite 857 (1976).

Viel historische Sammelarbeit wird in den nächsten Jahren von internationalen Fachleuten der Geschichte der Naturwissenschaften – auch zum Problem der Mikroelektronik – geliefert werden. Das »International Project in the History of Solid State Physics«

wird koordiniert von Dr. Lillian Hoddeson-Baym, Urbana (Illinois), Dr. Ernest Braun, University of Aston, Birmingham, Dr. Spencer Weart, American Institute of Physics, New York und Dr. Jürgen Teichmann, Deutsches Museum, Museumsinsel 1, München.

Max Webers berühmte und noch heute beherzigenswerte Rede über den »Inneren Beruf zur Wissenschaft« ist unter anderem nachzulesen in einem wohlfeilen Sammelband der »Soziologischen Schriften« im Kröner Verlag, Stuttgart.

Kapitel VI: »An zwei Fingern abzuzählen«

Die Purdue University in Indiana war in ihren Forschungen an Germanium nahe an ähnlichen Entdeckungen wie die viel umfangreichere Mannschaft bei Bell. Ein Interview mit dem Physiker Ralph Bray, der an Purdue Halbleiterforschung betrieb, ist im Buch von Braun und Macdonald (siehe Anm. zu Kap. V) geschildert. Die kleine Gruppe, von Prof. Lark-Horovitz angeleitet, hatte jedoch letztlich gegen die professionelle Forschung der Bell keine Chance.

Die erste Pressenotiz über den Transistor, erschien in der Rubrik »News of Radio« in der New York Times vom 1. Juli 1948, Seite 46. Die Nachricht ist kurz, am Ende einer ausführlichen Berichterstattung über Radioprogramme; Namen der Erfinder werden nicht genannt.

Die Widerstände gegen eine neue Erfindung sind beachtlich, sie werden im Buch von Braun und Macdonald ausführlich anhand von Wirtschaftsstatistiken für den Transistor belegt. Erich Staudt beschreibt »Innovationswiderstände gegen die Mikroelektronik – Deutsche Einsichten für japanische Leser« in »Blick durch die Wirtschaft« vom 22.9.1983 und 26.9.1983.

Bücher über den Computer und seine Entstehung sind jetzt in sehr großer Zahl, auch in deutscher Sprache, verfügbar. Modern ist das erfolgreiche Lehrbuch »Einführung in die Mikrocomputer-Technik« von Adam Osborne, te-wi-Verlag, München. Für die Frühgeschichte der großen Rechner ist wichtig die Autobiographie von Konrad Zuse: »Der Computer, mein Lebenswerk«, Verlag Moderne Industrie, München 1970. Alan Turing, der unkonventionelle Außenseiter wird geschildert von Andrew Hodges in »Alan Turing: The Enigma«, Simon & Schuster, New York 1983. Als eine literarisch anspruchsvolle Reportage vom Entwickeln einer neuen Computergeneration gilt Tracy Kidder, »Die Seele einer neuen Maschine«, deutsch bei Rowohlt, Hamburg und Birkhäuser, Basel.

Kapitel VII: »Silicon Valley«

Der Technik-Journalist Dirk Hanson schildert den Aufstieg und die Atmosphäre des Silicon Valley in seinem Buch »The New Alchemists – Silicon Valley and the Microelectronics Revolution«, Little, Brown and Company, Boston 1982, deutsche Fassung: »Die Geschichte der Mikroelektronik«, Heyne-Computerbücher 3 (1984), 13 (1985).

Eine flapsige Selbstverulkung des Stils von Sprache und Arbeit im Valley gibt das Büchlein »The official Silicon Valley guy handbook« von Patty Bell und Doug Myrland, Avon Books, New York 1983.

Die Abstammungstafel der einzelnen Firmen im Silicon Valley ist in Form eines Posters (»Silicon Valley Genealogy«) gedruckt von Semiconductor Equipment and Materials Institute, Mountain View, California. Aus der ursprünglichen Firma Shockley Transistor hatten sich bis 1981 bereits über 75 Elektronikfirmen entwickelt, deren Abstammungen und Verwandtschaften das Poster nachzeichnet.

In der wissenschaftlichen Literatur ist das Silizium mit weitem Abstand das am häufigsten behandelte chemische Element. Auch kein anderer Stoff findet annähernd soviel Bearbeitung und generiert so viel wissenschaftliche Literatur. Im Jahre 1982 verzeichnet das Referateorgan »Physics Abstracts« allein 3300 Arbeiten mit neuen wissenschaftlichen Ergebnissen für diesen Stoff. Alle drei Jahre scheint sich diese Flut der Literatur zu verdoppeln. Das Nachschlagewerk Landolt-Börnstein (Springer-Verlag, Heidelberg) hat 5 Bände eines großformatigen Werkes über die wichtigsten Daten der Halbleiter herausgegeben, Silizium nimmt darin eine wichtige Sonderrolle ein.

Kapitel VIII: »Integre Kreise«

Über den noch immer nicht beigelegten Patentstreit und die Prioritätsansprüche zur Erfindung des integrierten Schaltkreises zwischen Kilby (Texas Instruments) und Noyce (Fairchild/Intel) berichten die Bücher von Hanson sowie von Macdonald und Braun (siehe Anm. der vorigen Kapitel).

Das sogenannte Mooresche Gesetz beschreibt und deutet die exponentielle Entwicklung der Schaltkreise, ihre ständige Verdopplung der Dichte und Halbierung der Preise pro Transistorfunktion in festen Zeiträumen, also keinen linearen Zusammenhang (der in festen Zeiträumen jeweils feste Preisdifferenzen bedeuten würde). Gordon E. Moore, einer der Fairchild-Gründer aus Shockleys Firma beschreibt diese Zusammenhänge in IEEE Spectrum, Band 10, Seite 30, vom April 1979.

Einen generellen, jedoch fachlich bereits anspruchsvollen Überblick über das Gebiet der Größtintegration von Halbleiterschaltkreisen gibt das Buch »Very Large Scale Integration«, herausgegeben von D. F. Barbe, Springer-Verlag, Heidelberg 1980. In seinem letzten Kapitel »VLSI in other countries« beschreibt R.I. Scace auch die Situation der »Entwicklungsländer« Europas.

Das Standardlehrbuch für Halbleiter und Schaltkreise wurde von Simon Sze, einem Mitarbeiter der Bell Labs geschrieben: »Physics of Semiconductor Devices«, John Wiley, New York, 2. Auflage 1982.

Zur üblichen Terminologie: eine Siliziumscheibe, meist 5 Zoll im Durchmesser bei der heutigen Fertigungstechnologie, wird allgemein »wafer« genannt. Auf diesem »wafer« entstehen durch die Fotoprozesse regelmäßige Anordnungen der Schaltkreise, die später auseinandergetrennt werden; sie werden üblicherweise »chips« genannt. Auf jedem dieser »chips« befindet sich eine Fülle, oft mehr als 100000, einzelner Komponenten, z. B. Transistoren, Kondensatoren, Widerstände.

Kapitel IX: »Handotai Senso«

Die Japaner kennen eine ganze Reihe von Schlagworten, die ihren ökonomischen Wettbewerb und die entstandenen Spannungen mit den USA kennzeichnen, der Halbleiter (Handotai)-Krieg (sensō) ist eine besonders griffige Parole, welche Japaner jedoch meist ungern in Anwesenheit westlicher Beobachter benutzen.

Aufschlußreich und in überraschend offener Sprache, gefüllt mit persönlichen Anekdoten und Berichten ist das Buch des Forschungschefs der Konsumelektronik-Firma SONY: »Japanese Electronics – A Worm's Eye View of Its Evolution«, von Makoto Kikuchi, Simul Press, Tokio, 1983. Kikuchi geht darin hart mit den Vorwürfen seiner amerikanischen Kollegen gegen Japan ins Gericht. Er beschreibt ferner die seiner Ansicht nach prinzipiellen Denkunterschiede zwischen Japan und den USA.

In unregelmäßigen Abständen erscheinen in wichtigen technisch-wissenschaftlichen

Zeitschriften der USA, speziell dem »Scientific American« 24- bis 32seitige Anzeigenbeilagen, die von Ted Bates Advertising, New York, für japanische Firmengruppen redigiert werden und später teilweise auch in deutscher Übersetzung (z. B. in der deutschen Ausgabe des »Scientific American« – »Spektrum der Wissenschaft«) erscheinen. Sie tragen den Titel »Japanese Technology Today«, behandeln mit hoher Priorität die Elektronik-Entwicklung, betreiben werbende Propaganda und setzen sich mit den üblichen antijapanischen Vorwürfen, wie Imitationspolitik, Dumping, Einseitigkeit, Handelsschranken auseinander.

Über japanischen Management-Stil gab es kurzzeitig eine regelrechte Bücherschwemme auf dem amerikanischen Markt. In Deutschland erschien im Auftrag deutscher Bundesministerien ein dreiteiliges Werk, »Das Forschungs- und Technologiesystem in Japan«, im Verlag TÜV Rheinland, es enthält ein Gutachten der Prognos, Basel.

Japan forciert internationale Tagungen über zukünftige Entwicklungen; so z. B. existiert eine Arbeitsgruppe »Zukünftige Elektronikbauelemente«. Die Veröffentlichung eines Treffens in Tokio im Februar 1984 wurde finanziert von der Keigin Gesellschaft, die dafür die Überschüsse aus Radrennen und Wetten spendete.

Die Informationszentrale für Technik und Patente, Hatsumei Kyokai, wird unter dem Titel »Eckpfeiler des japanischen Erfolges« geschildert in der Zeitschrift »Markt und Technik«, Nr. 5, vom 3. Februar 1984, Seite 18.

Eine sehr harte Beurteilung der japanischen Handels- und Forschungspolitik gibt Bruce Nussbaum, »The World after Oil, The Shifting Axis of Power and Wealth«, Simon and Schuster, New York 1983. Deutsch: »Das Ende unserer Zukunft«, Kindler-Verlag, München. Das aufreizende Titelbild der »TIME« vom 16. 6. 1984 zeigt den bedauernswerten Europäer mit seinem alten Uhrwerk im Wettbewerb gegen Amerika und Japan.

Kapitel X: »American Return«

Bernhard Wieland beschreibt »Die Entflechtung des amerikanischen Fernmeldemonopols«, Springer-Verlag, Berlin 1985.

Kapitel XI: »Europa in der Abseitsfalle«

Eine schonungslose, ernüchternde Einschätzung der Mikroelektronik in Westeuropa gibt das von europäischen Fachleuten herausgegebene Buch »Microelectronics in Western Europe – the Medium Term Perspective 1983 bis 1987«, herausgegeben von K. P. Friebe und A. Gerybadze, Erich Schmidt-Verlag, Berlin 1984.

Goethes berühmte Worte nach der überraschend gegen die französischen Revolutionäre verlorenen Schlacht von Valmy stehen in seinem Bericht »Die Campagne in Frankreich 1792« unter dem Datum »19. September nachts«.

Die Angaben über die Pro-Kopf-Produktion von Schaltkreisen sind Schätzungen der Firma Valvo für das Jahr 1982. Die Importzahlen stammen aus dem Institut für Weltwirtschaft, Kiel, sie werden als Schaubild in der »ZEIT« vom 18. 2. 1984 wiedergegeben; der stärkste Importanteil mit 76 Prozent ist für die Bundesrepublik im Bereich »Büromaschinen, EDV«. Die Kommentare des Zentralverbandes der Elektrotechnischen Industrie ZVEI brachte die Frankfurter Allgemeine am 17. 2. 1984. Die deutsch-japanische Handelsbilanz mit der Quelle »Trade of Japan« wurde am 4. 2. 1984 von derselben Zeitung publiziert.

Der bissige lange Artikel über die allzu gründlichen Deutschen steht in der Londoner

»Financial Times« vom 8.2.1983; der ebenso kritische Artikel aus dem Silicon Valley wurde gedruckt im San Jose Mercury vom 12.2.1984. Im Jahre 1984 wurde diese Frage zu einem Standardthema in vielen Zeitschriften der gesamten Welt. Der Aufsichtsratsvorsitzende und vorher langjährige Vorstandssprecher der Siemens AG, Dr. Bernhard Plettner, schreibt ausführlich »Zur Lage der europäischen Elektroindustrie« in der Siemens-Zeitschrift, 2/84, Seite 5.

Die japanische Anzeigenkampagne erschien in mehreren deutschen Tageszeitungen, zum Beispiel in der FAZ am 15.7.1980.

Im Buch von Bruce Nussbaum »The World after Oil« (siehe Anmerkungen zu Kapitel IX) beschreibt vor allem das Kapitel 3 »The Decline of Germany and the Breakup of Europe« die nach Nussbaum total hoffnungslose Situation der Bundesrepublik als Staat der Subventionen für Schwerindustrie und ohne Ansätze einer modernen Elektronik.

Der Bericht über Pasquale Pistorio erschien unter dem Titel »In the Chips – Italy's SGS-Ates adapts«, in TIME, 26. März 1984, (europ. Ausgabe), Seite 49.

Mein Vortrag »Forschung und forschungsintensive Industrie« mit dem Beispiel der Landschaft einer Halbleiterindustrie um Stanford wurde schon am 12.1.1967 in Wiesbaden gehalten, gedruckt als Manuskript in der Schriftenreihe des Forschungsrats des Landes Hessen, Bad Homburg (1967).

Bereits im Jahre 1976 zeigte eine Studie von Mackintosh Consultants die Lage der europäischen Halbleiterindustrie mit Treffsicherheit und machte ausführliche Vorschläge zur Taktik des Aufholens gegen die USA und Japan. »Marktstudie Halbleiter« für das Bundesministerium für Forschung und Technologie, NT-0682, Dezember 1976.

Zur gewünschten Anwesenheit der europäischen Töchter der US-Hochtechnologiefirmen äußerte sich Bernhard Plettner bei einem Gespräch »Sind wir für die Zukunft gerüstet« in der Villa Hügel, veranstaltet vom Stifterverband für die Deutsche Wissenschaft, veröffentlicht vom Stifterverband, Essen 1983; diese Diskussion um Hochschulforschung und industrielle Innovation fand am 6.10.1983 statt.

Dem »Technologiepolitischen Dialog« lagen zur Beratung zwei von der Bundesregierung angeforderte Gutachten über die Auswirkungen der neuen Technologien auf den Arbeitsmarkt vor, die von Prognos (Basel) mit Mackintosh (Luton) sowie Ifo (München) angefertigt worden waren und sowohl die zentrale Rolle der Mikroelektronik als auch die kommende Arbeitslosigkeit vorhersagten. (»Technischer Fortschritt, Auswirkungen auf Wirtschaft und Arbeitsmarkt«.)

Der Regierungsbericht der Bundesregierung vom März 1984 (»Konzeption der Bundesregierung zur Förderung der Mikroelektronik, der Informations- und Kommunikationstechnik«) war am 10. April 1984 auch Gegenstand einer Anhörung des zuständigen Bundestagsausschusses. Den Bericht der Kritik des Deutschen Gewerkschaftsbundes brachte die Frankfurter Allgemeine Zeitung (und andere Blätter) am 21.3.1984.

Die Umfrage des Maschinenbau-Verbandes VDMA wird berichtet und kritisch kommentiert in den »VDI-Nachrichten« Nr. 13, 1984, vom 30. März 1984.

Kapitel XII: »Siliziumzeit«

Die Rolle des Siliziums für Sonnenzellen zur direkten Umwandlung des Sonnenlichtes in elektrische Energie beschreibt das Buch »Fotoelektrische Solarenergienutzung, Technischer Stand, Wirtschaftlichkeit, Umweltverträglichkeit«, von H. J. Queisser und P. Wagner, Band 5 der Reihe »Materialien zur Umweltforschung«, Kohlhammer-Verlag, Stuttgart 1980.

Galliumarsenid ist ein Vertreter der Halbleiter-Kristalle vom Typ $A^{III} B^{V}$. Sie kristallisieren wie das Mineral Zinkblende. Ein chemisch dreiwertiges Atom A (z. B. Gallium oder Aluminium) wechselt im Kristallaufbau mit einem fünfwertigen Atom B (zum Beispiel Arsen oder Phosphor) ab. Heinrich Welker und seine Mitarbeiter im Erlanger Forschungslabor der Siemens-Schuckertwerke A.G. entdeckten diese neue Klasse halbleitender Stoffe mit hoher Beweglichkeit der Elektronen.

Heute können Halbleiterschichten »maßgeschneidert« aufgebaut werden. Dazu nutzt man die Technik der »Molekularstrahlepitaxie«. Die Moleküle oder Atome der den Kristall aufbauenden Substanzen werden im Ultrahochvakuum auf eine kristallene Unterlage gelenkt.

Der »quantisierte Halleffekt« heißt nach seinem Entdecker auch von-Klitzing-Effekt; er wird beschrieben im »Max-Planck-Spiegel«, Heft 1 (1981), Seite 3. Das Tunnelmikroskop wurde von G. Binnig und H. Rohrer im Forschungslaboratorium der IBM in Rüschlikon bei Zürich entwickelt und erstmals zur Ausmessung von atomaren Strukturen an Oberflächen ausgenutzt; eine allgemein verständliche Beschreibung findet sich in Physikalische Blätter, 39. Jg., Seite 16 (Januar 1983). Diese beiden, mit hohen internationalen Preisen ausgezeichneten Entdeckungen junger europäischer Festkörperphysiker zeigen den erfolgreichen und konkurrenzfähigen Stand der Grundlagenforschung in Europa.

Mikromechanik mit hochpräzise bearbeiteten Siliziumkristallen wird beschrieben im »Spektrum der Wissenschaft«, Juni 1983, Seite 38.

Auch heute noch, nach der Entdeckung der Doppelhelix als Träger der genetischen Information, ist das 1943 entstandene Buch von Erwin Schrödinger lesenswert: »Was ist Leben? Die lebende Zelle mit den Augen des Physikers betrachtet«. Deutsch im Lehnen-Verlag, München, 2. Auflage 1951.

Kapitel XIII: »Mikrokosmos«

Das Büchlein »Chancen mit Chips« (Zwischenbilanz einer Basistechnologie), herausgegeben von der Siemens AG, beschreibt den Stand und die Aussichten der Halbleitertechnik, erläutert die Anwendungen und erklärt z. B. auch die Ziele der japanischen »Fünften Rechnergeneration«. Ausführlich und leicht verständlich sind die Bücher des Fernsehjournalisten Dieter Balkhausen: »Die dritte industrielle Revolution«, Econ-Verlag, Düsseldorf 1978, sowie »Elektronikangst«, Econ-Verlag, Düsseldorf 1983. Im letzteren Buch kritisiert Balkhausen die ängstliche Passivität Europas, besonders der Bundesrepublik und weist auf die Gefahren solcher Passivität ebenso hin wie auf die Gefährdung durch kritiklose Anwendung dieser neuen Technik. Die Buchbesprechung von Ulrich Lohmar zu »Elektronikangst« mit der Meinung, daß Selbstversorgung mit neuen technischen Dingen nicht lebensnotwendig sei, findet sich in der Zeitschrift »bild der wissenschaft«, 4/1984, S. 180.

Die Analyse des ehemaligen Forschungsministers und jetzigen Hamburger Bürgermeisters Klaus von Dohnanyi liest man nach in der Broschüre des Stifterverbandes, »Sind wir für die Zukunft gerüstet« (vgl. Anmerkungen zu Kapitel XI). In diesem Diskussionsprotokoll findet sich zu dieser Meinung Dohnanyis (SPD) auch eine Entgegnung des parlamentarischen Staatssekretärs Albert Probst (CSU). Er weist darauf hin, daß in der angeblich durch die Mikroelektronik gefährdeten Branche des Druckgewerbes wesentlich mehr Betriebsneugründungen zu verzeichnen sind und jetzt 30000 Menschen mehr beschäftigt sind als vorher. Probsts Entgegnung schließt mit den Worten »Wir haben zehn Jahre Akzeptanzdiskussion geführt, währenddessen die Japaner das Geschäft gemacht haben. Das ist jetzt unser Problem. Und jetzt muß umgekehrt werden.« Mit dem Ausspruch »Für Wissenschaftler zählen Wahrheiten, für Politiker jedoch Mehrheiten!« kennzeichnete Ulrich Steger (SPD) Schwierigkeiten der Wissenschaftspolitik in einer Diskussion über »Mikroelektronik und Dezentralisation«, als Buch herausgegeben von U. Steger und K. Meyer-Abich (Erich Schmidt-Verlag, Berlin 1982).

Die Angaben zum Marktverlust bei der Spitzentechnologie für die Bundesrepublik finden sich im Jahresbericht 1983 der Deutschen Bundesbank, siehe Seite 61, dort die Tabelle »Technologiebilanz«.

Günter Friedrichs und Adam Schaff sind Herausgeber von »Auf Gedeih und Verderb« (Mikroelektronik und Gesellschaft, Bericht an den Club of Rome), Europaverlag, Wien 1982.

Die Zahlenangaben über die Arbeitsmarktentwicklung von Werner Dostal finden sich im Protokoll der Bundestagsanhörung vom 10. April 1984.

»Neue Technologien und Schule« war Thema einer Wochenendtagung in Loccum, vom 14. bis 16. Oktober 1983, die von der Evangelischen Akademie und dem Niedersächsischen Kultusministerium veranstaltet wurde; hier nahm Ulrich Briefs vom Wirtschafts- und Sozialwissenschaftlichen Institut des Deutschen Gewerkschaftsbundes Düsseldorf an einer Podiumsdiskussion teil. Die Veranstaltung zeigte auch eine Reihe von Unterrichtsprojekten. Zusammenfassender Bericht in »Loccumer Protokolle 23«, Ev. Akademie, 3056 Rehburg-Loccum 2.

Die »Briefe aus Philadelphia« von Franz Reuleaux (1877) sind neu aufgelegt im Physik-Verlag, Weinheim 1983 erschienen.

Bildnachweis

AEG-Telefunken, Forschungslabor (Ulm) 294;
Archiv für Mathematik und Datenverarbeitung (St. Augustin) 146, 147;
Bagon J. (Hrsg.), Artikel von K. N. Tu (New York) 311;
Bell Laboratories (Murray Hill) 112, 115, 121;
Bosch GmbH, Werkbild, Farbtafel 2 (unten);
Cornell University, Prof. M. Isaacson (Ithaca) 239;
Deutsche Bundespost, Farbtafel 1 (unten);
Deutsches Museum (München) 21, 25, Farbtafel 1 (oben);
Fraunhofer-Institut für Mikrostrukturtechnik (Berlin), Prof. Dr. A. Heuberger 240, 305 (oben, unten);
Nakagawa Masaaki (Foto) (mit freundlicher Genehmigung von Scientific American Inc.) 227;
C. O'Rear / West Light / Focus (Hamburg), Farbtafel 4 (unten);
Physical Review, 1949, (New York) 133;
Queisser, Prof. Dr. H., Farbtafel 4 (Mitte)
Siemens Zeitschrift, 1977, (Berlin, München) 184, 197;
Siemens AG (Villach), Farbtafel 4 (oben);
Ullstein Bilderdienst (Berlin) 73;
Valvo, Werkbild, (Hamburg) 317;
Wacker-Chemitronic, Werkbild, (Burghausen), Farbtafel 3 (oben, Mitte).

Personenregister

Amdahl, Gene 235
Anderson, Philip 123

Babbage, Charles 145
Baldridge, Malcolm 253
Balkhausen, Dieter 321
Bardeen, John 102, 109, 115, 118, 133, 157, 171
Bartok, Bela 318
Beckman, Arnold 164
Becquerel, Alexandre Edmond 51, 89
Beethoven, Ludwig van 134
Bell, Alexander Graham 98, 134
Beneking, Heinz 239
Bingen, Hildegard von 40
Binnig, Gerd 340f., 350
Bleicher, Siegfried 282
Bohr, Niels 72
Boole, George 151
Born, Max 67, 72
Bosch, Robert 332
Bragg, William Henry 60
Branly, Edouard 27
Brattain, Walter 100, 111, 115, 118, 113
Braun, Ferdinand 11, 13ff., 21, 33ff., 56, 86, 109, 123, 151
Brock, William 254
Brooks, Harvey 137
Brown, Jerry 199
Burckhardt, Jacob 333
Butenandt, Adolf 75

Carter, John 165
Casciarolo, Vincenzo 41
Churchill, Winston 81
Coolidge, Archibald 257

Daimler, Gottlieb 332
Davisson, Clinton Joseph 123
Dehlinger, Ulrich 92
Dilthey, Wilhelm 13
Dohnanyi, Klaus von 323
Dostal, Werner 327

Edison, Thomas Alva 28, 83
Einstein, Albert 49, 65, 84
Esaki, Leo 224
Ewald, Paul Peter 58

Faraday, Michael 89
Fermi, Enrico 75, 118
Feynman, Richard P. 308
Fleming, John Ambrose 29
Franck, James 67, 72
Friedrich, Hans 290
Friedrich, Walther 61

Gaulle, Charles de 193
Goethe, Johann Wolfgang 43, 134, 258
Göring, Hermann 84
Greene, Harold H. 245
Grinich, Victor 165

Haber, Fritz 65
Hankel, Wilhelm 16, 22
Hawkins, L. A. 83
Hayashi, Kenji 231
Heil, Oscar 108
Heimpel, Hermann 34
Heisenberg, Werner 72, 74, 92
Heuß, Theodor 34
Hewlett, William 158
Hilsch, Rudolf 76
Hoerni, Jean 165
Humboldt, Wilhelm von 78

Isaacson, M. 239

Josephson, Brian 297

Kelly, Mervin 100
Kepler, Johannes 39
Kidder, Tracy 316
Kikuchi, Makoto 207, 225, 226, 231
Kilby, Jack 180
Kleiner, Eugene 165
Klitzing, Klaus von 295, 340
Knipping, Paul 61
Kuhn, Thomas S. 14
Kurylo, Friedrich K. 37

Langmuir, Irving 31
Last, Jay 165

Laue, Max von 24, 56, 65
Lauer, Richard de 233
Leibniz, Gottfried Wilhelm von 144
Lepselter, Marty 267
Lilienfeld, Julius 108
Lohmar, Ulrich 322

Marconi, Guglielmo 9, 26
Mikulyak, Robert 120
Mommsen, Theodor 13
Mont'Albano 43
Moore, Gordon 165, 186, 246
Morton, Jack 207
Mott, Nevill 72

Nakamura, Tokizo 227
Newton, Isaac 15, 144
Noyce, Robert N. 163, 180, 183
Nussbaum, Bruce 270

Ohm, Georg Simon 16
Orwell, George 243

Packard, David 158
Paracelsus 40
Pauli, Wolfgang 39, 73, 90
Peierls, Rudolf 74
Penzias, Arno 123
Peter der Große 145
Pierce, John 115
Planck, Max 15, 54, 57, 62
Plato, 39, 105
Plettner, Bernhard 261, 276
Pohl, Robert Wichard 67, 73, 92

Reifenberg, Benno 34
Reuleaux, Franz 332
Roberts, Sheldon 165
Rock, Arthur 172
Röntgen, Wilhelm Conrad 57, 60
Rohrer, Heinrich 341, 350
Roosevelt, Franklin D. 83, 139
Roosevelt, Theodore 257
Ruge, Ingolf 290

Scipio, Bagatello 43
Seitz, Frederik 72
Shockley, William 100, 115, 118, 157, 170
Siegel, Murray 165
Siemens, Werner von 20, 332
Sommerfeld, Arnold 57f.
Späth, Lothar 283
Spenke, Eberhard 161
Sporck, Charles 183
Susskind, Charles 36
Schottky, Walter 77, 93, 102, 161
Schrödinger, Erwin 303
Schweitzer, Albert 24
Stone, Hayden 165
Stuke, Josef 92

Tarui, Yasuo 214
Teal, Gordon 143
Terman, Frederick 158
Turing, Alan M. 148

Watson, Thomas J. 153
Watson-Watt, Robert 81
Weber, Max 80, 103, 104, 124
Welker, Heinrich 95, 108, 292
Westphal, Wilhelm 62
Wiberg, Egon 161
Wickenden, William 158
Wilson, Alan 92, 123
Wilson, Kenneth 235
Winkler, Clemens 85

Zenneck, Jonathan 33
Zornig, Herman 149
Zuse, Konrad 146

Sachregister

Abstraktion 313 ff.
Akzeptor 289
Alchemisten 41
Allentown 250
American Telephone and Telegraph 98, 125, 140, 244, 347
Analogtechnik 152, 195
Antiblockiersystem 326
Antiteilchen 107
Antitrust 244
Anwendung 128, 208
Apple Computer 243
Arbeitslosigkeit 327
Arbeitsplätze 264, 314
Atombombe 82, 95, 126
Atsugi 217
Ausbeute 162, 180, 189, 216, 251
Ausbildung 237 ff.

Bändermodell 90
Barriere 119
Basis 121
Bell Telephone Laboratories 99, 104, 123, 125, 140, 149, 185
Benzineinspritzung 326
Berkeley 157
BESSY (Berliner Elektronenstrahl-Synchrotron) 282
Beugung 61
Bildplatte 152
Bildschirmtext 285
Biochips 302
Biomoleküle 300 ff.
Biotechnologie 332
bipolar 121
Bistabilität 154
Blasenspeicher 296
Bleiglanz 9
Bohrsches Atommodell 72
Boston 143
brain drain 239
Braunsche Röhre 12
Bundesbank 324
Burlington 250

California Institute of Technology 158
Cambridge 159
China 320
Chip 186
CoCom 236
Colossus 148
Columbia 82
Computer 143, 179, 181, 188, 196, 217, 243
Computerspiele 315
C.N.R.S. 295
Cornell Universität 239

Dallas 142, 180
Defektelektron 91, 107
Detektor 9, 81, 93, 102, 104
Deutsche Bundespost 125, 217, 285
Diamant 66
Differentialrechnung 144
Diffusion 162
Digitaltechnik 150, 188, 195
Donator 106, 289
Dualität 152

Edelsteine 40
Einkristall 69, 121
Einwanderer 238 f.
Electrotechnical Laboratory 212 f.
Elektronen 87
Elektronenröhre 24, 100, 132, 150
Elektronik 20, 28, 93, 117
Elektronikangst 321
Elektronikindustrie 83
elektronische Spiele 198, 225
Emitter 121
Energiebänder 91
Eniac 150
Enigma 148
Entscheidungsproblem 148
Entwurfstechnik 187, 306
Epitaxie 177
Europäische Gemeinschaft 272

Fairchild 165, 171, 180, 182, 193, 336
Falle 109
Farbzentrum 70

Faser 293
FBI 231
Feldeffekt-Transistor 108, 185, 295, 311
Festkörperforschung 63
Festkörperphysik 137
Fernmeldetechnisches Zentralamt Darmstadt 280
Finanzierung 172
Fishkill 250
Forschung 208
Forschungsförderung 211
Frankreich 274
Fujitsu 219, 336

Galliumarsenid 292
Geisteswissenschaften 46f.
General Electric Company 31, 83, 141
Gentechnologie 323
Geophysical Services 142
Germanium 85, 95, 104, 112, 160
Germaniumtransistor 112
Gewerkschaft 277, 282, 327, 328, 331
Gewerkschaften, Japan 221
Gitter 64
Glasfaserkabel 249
Gleichrichter 18, 86, 119
Göttingen 66, 77, 159
Grenoble 295
Grenzfläche 93, 121
Grenzschicht 93, 119
Größtintegration 214, 310
Gruppentheorie 39

Halbleiter 87, 88, 92, 104, 106
Hardware 196
Harmonie 39
Hartmann und Braun 32
Harvard 82, 124, 137, 141, 143, 238
Heimcomputer 243, 329
Heinrich-Hertz-Institut 282
Heliotronic 292
Herzschrittmacher 135
Hewlett-Packard 229, 242, 276
Hitachi 231, 253
Hochschulen, USA 191
Hörgerät 134, 309
Hohlraum-Strahlung 54

IBM 153, 186, 201, 219, 224, 231, 244, 252, 253, 269, 276, 298
Information 247
Informationstechnik 277
Intel 183, 198, 276
Intelligenz, künstliche 310
Interaktion 315
Investitionen 220
Ionenimplantation 177
Isolatoren 87
Italien 275
ITT 276

Japan 201 ff.
Japan Incorporated 215
Japanpreis 209
Japscam 231
JETRO 212
jobkiller 327
Junction-Transistor 120

Kernphysik 137, 177, 269
Kerntechnik 281
Kioto 216
Kochsalz 66
Kohärer 27
Kollektor 121
Kommunikation 313 ff.
Koordination 313 ff.
Kreativität 222
Kristall, aperiodischer 303
Kristallisation 46
Kristallographie 44
Kristallstruktur 63
Kristallzüchtung 68
Kultur 46
Kulturpolitik 269
Kupferoxidul 101

Labyrinth 316
Lagerhaltung 314
Laser 251, 293
Laserdiode 294
Laue-Diagramm 66
Legierung 141
Lernkurve 186
Leuchtschirme 43
Leuchtstoffe 42, 53
Licht 48, 92
Lichtleitertechnik 249
Lichtquelle, kalte 42
Linearität 17
Lizenz 140
Loch (Defektelektron) 91, 111, 130
Loewe-Opta 285

Logik 154
Luftkrieg 81

Magnetspeicher 155
Makroelektronik 29
Manhattan Project 82
Massachusetts Institute of Technology 82, 143, 163 f., 207
Materialforschung 117
Matsushita 208, 227
Max-Planck-Gesellschaft 218, 295
Max-Planck-Institut für Festkörperforschung 74, 224
Medien 283, 330
Meister-Syndrom 270
Membran 119
Merit Review 126
Mesa 168
Metalle 87
Mikroelektronik 21, 76, 86, 112, 132, 135, 136, 142, 153, 179, 186, 202, 206, 210, 214, 227, 256, 286, 319, 333
Mikromechanik 304
Mikroprozessor 193, 197
Mikroskop 115
Militär 138, 167, 168, 179, 195, 229, 233
Minderheitsladungsträger 120
Minuteman-Rakete 182
MITI 211, 220, 223
Mitsubishi 231
Monopol 139, 141, 142
Mooresches Gesetz 186
MOS 185, 220, 250, 311
Mountain View 157
Murray Hill 99, 246
Musashino 217

NEC 228
Neuron 302
New York Times 131
NHK 225
Nichtgleichgewicht 116
Nichtlinearität 19
Niederlande 275
Nippon Telegraph and Telephone 217, 254
Nixdorf 261
n-Leitung 119
Nobelpreis 80, 122, 124, 171, 208, 224, 245, 308, 335
Nordrhein-Westfalen 228
North Carolina 239
Nuvistor 133

Oberfläche 94, 102, 109, 129, 176, 299
Oberflächenphysik 110
Off shore-Produktion 192
Ohmsches Gesetz 17
Optoelektronik 282, 294
Ostblock 271
Oszillograph 25
Oxford 159
Oxid des Siliziums 175, 185, 248, 289

Palo Alto 30, 157, 198
Palo Alto Times 173
Paradigma 15, 53
Patent 222
Pauliprinzip 73
Periodensystem 85, 104
Personalpolitik 126
Philco 141
Philippinen 192
Philips 217, 247, 259, 275, 293, 339
Photoätztechnik 167
Photoleitung 67
Photon 71, 92, 106
Physical Review 133, 157
Physik, angewandte 79
Physikalisch-Technische Bundesanstalt 213, 279
Planartechnologie 175
p-Leitung 119
p-n-Übergang 119, 290, 293
Präzisions-Maschinen 215
Preisverfall 186, 197
Princeton 102
Purdue 103

Quanten 49
Quantentheorie 55, 60, 64, 71, 90, 106, 129
Quarks 110

Radar 81, 94, 132
Radiogeräte 31, 135, 265
Rauschen 123, 152
RCA 186
Rechenmaschine 144
Rechnergeneration, fünfte 234 f., 311
Reinheit 69
Relativitätstheorie 16
Risiko-Kapital 174, 285
Röntgenstrahlen 57, 63

Royal Radar Establishment 81
Rubin 45
Rückkopplung 30
Rückwärtsintegration 196

San Francisco 158
Saphir 45
Satellit 126, 245
Schalter 100
Schaltkreis 180
Schlüsseltechnologie 266
Schneeflocke 38
Schottky-Diode 93
Schulen 269
Shockley-Diode 160
Siemens 93, 261, 290, 292, 339
Signetics 259
Silicon Glen 273
Silicon Valley 157ff., 190, 210, 246, 256, 336, 338
Silizium 104, 157, 216, 250, 289, 306
Singapur 192, 320
Software 196, 252
Solarzelle 290f.
Sonnenaufgangsfächer 223
Sonnenbatterie 245
Sonnenuntergangsbranchen 223
SONY 207, 225
Speicher 154, 183, 216, 227, 229, 232, 250, 253, 314
Spitzenkontakt 16, 23, 86, 94, 111, 116, 117, 133, 138, 298
Spitzentechnologie 324
Spitzentransistor 117, 133
Spracherzeugung 312
Sputnik 35, 163, 182
Staatslaboratorien 97
Stanford 157, 166, 238
Stanford Industrial Park 159
Straße 128, 143
Supraleitung 171, 297
Symmetrie 38, 110
Symmetriebrechung 110

Technische Universität München 290
Technologiediebstahl 232
Technologiepolitik 254
technologiepolitischer Dialog 277
Technologie-Transfer 236
Telebraun 32
Telefon 98, 133, 217, 245, 255
Telefon-Monopol 125
Telefunken 32, 274, 294
Telegraphie 26
Telekommunikation 139
Tetraeder 105
Texas Instruments 135, 143, 234
Thomson 274
Tokio 217
Transistor 108, 113, 115, 121, 131, 151, 163, 245
Transistorradio 136
Translation 64
Tunnel-Mikroskop 298
Turing-Maschine 148

Ultrakurzwelle 136, 141
Umkehrbarkeit 17
UNIDATA 269
Universität Straßburg 23
Universitäten, BRD 269
Universitäten, Japan 209, 222ff.
Universitäten, USA 237
Unix 252
Urknall 123

Verbindungshalbleiter 294
Verein Deutscher Maschinen- und Anlagenbauer 286
Verstärker 94, 112
Verstärkung 29, 114
Verunreinigung 91
VHSIC 234
Videorekorder 331
Visionen (MITI) 214
VLSI *siehe* Größtintegration
Vorwärtsintegration 196

Wacker-Chemitronic 161
Wärmeleitung 89
Wall Street Journal 36, 157
Wasser 13, 38
Webstuhl 145
Wellenbewegung 48
Wellenfunktion 129
Weltraum 167
Western Electric 101, 128, 138, 140, 245
wissenschaftliche Revolutionen 22

Z_3 147
Zero Defects 232
Zitier-Index 35
Zölle 192, 236, 253, 260, 276, 285

Rudolf Kippenhahn
Hundert Milliarden Sonnen

Geburt, Leben und Tod der Sterne. 5. Aufl., 31. Tsd. 1985.
278 Seiten mit 6 Farbtafeln. Serie Piper 343

»So wünscht sich der anspruchsvolle Laie eine Tour d'horizon durch die moderne Astrophysik: wissenschaftlich fundiert, aktuell, authentisch, spannend, humorvoll, unterhaltsam ...«
Spektrum der Wissenschaft

Rudolf Kippenhahn
Licht vom Rande der Welt

Das Universum und sein Anfang. 1987. 348 Seiten mit 88 Abb.
Serie Piper 562

Ist die Welt unendlich groß? Hat sie einen Anfang – und wenn ja, was war davor? Solche und ähnliche Fragen diskutiert der Astrophysiker Rudolf Kippenhahn in diesem Buch. Er hat dafür Darstellungsformen entwickelt, die den Lesern selbst komplizierteste Begriffe der modernen Kosmologie nahebringen können.
Der Autor entwirft ein Bild des Weltalls, das der heutigen Sicht entspricht, er erzählt aber auch, wie dieses Bild entstanden ist, welche Entdeckungen es mit geprägt haben. Kippenhahns Darstellungskunst macht dieses Buch fast zu einem »Roman des Weltalls«.

Leben = Physik + Chemie?

Das Lebendige aus der Sicht bedeutender Physiker. Ein Lesebuch, herausgegeben und eingeleitet von Bernd-Olaf Küppers.
1987. 256 Seiten. Serie Piper 599

Die Frage, ob und inwieweit sich die Lebenserscheinungen physikalisch erklären lassen, gehört zu den grundlegenden Fragen der modernen Naturwissenschaften. Sie besitzt einen praktischen Aspekt insofern, als sich die Molekularbiologen anschicken, das Erbmaterial mit Hilfe physikalisch-chemischer Techniken zu manipulieren und die Evolution im Reagenzglas nachzuvollziehen. Zum anderen trägt sie bei zur Klärung eines uralten Problems, des Zusammenhangs von Geist und Materie.
